Rosabeth Moss Kanter

e-volve!

Rosabeth Moss Kanter

e-volve! Revolutionieren Sie Ihr Business!

Was Unternehmen in der Netzwerk-Kultur kreativ, wendig und erfolgreich macht

Übersetzung aus dem Englischen von Stefan Gebauer

FINANCIAL TIMES
DEUTSCHLAND

FINANCIAL TIMES PRENTICE HALL

München • Amsterdam • Hongkong • Kapstadt
London • Madrid • New York • Paris • San Francisco
Singapur • Sydney • Tokio • Toronto

Die Deutsche Bibliothek – CIP-Einheitsaufnahme

Ein Titeldatensatz für diese Publikation ist bei
Der Deutschen Bibliothek erhältlich.

Umwelthinweis:
Dieses Buch wurde auf chlorfrei gebleichtem Papier gedruckt.
Die Einschrumpffolie – zum Schutz vor Verschmutzung – ist aus
umweltverträglichem und recycelbarem PE-Material.

10 9 8 7 6 5 4 3 2 1

03 02 01

ISBN 3-8272-7062-6

Die englische Originalausgabe erschien 2001
bei Harvard Business School Press unter dem Titel *Evolve!*

Pearson Education Deutschland GmbH
Martin-Kollar-Straße 10–12
D-81829 München
www.ftmangement.de

Übersetzung: Stefan Gebauer, Madrid
Redaktion: Text + Stil, Anne Stalfort, Hamburg
Lektorat: Michael Schickerling, mschickerling@pearson.de
Herstellung: Claudia Bäurle, cbaeurle@pearson.de
Einbandgestaltung: Jarzina Kommunikations-Design, Köln
Titelabbildung: Jfa-Bilderteam, Düsseldorf
Satz: PC-DTP-Satz und Informations GmbH
Druck und Verarbeitung: Kösel, Kempten (www.koeselBuch.de)
Printed in Germany

Inhalt

Einleitung: Lobotomie der New Economy 7

Teil I – Die große Suchmaschine:
Herausforderungen des Wandels 19

1 Online-Gemeinschaften und Offline-Herausforderungen:
Wie sich das Internet auf unser Leben auswirkt 21
2 Alice im Zukunftsland: Weisen uns die Jungen den Weg? 49
3 Kosmetische Tricks:
Warum oberflächliche Veränderungen nichts bewirken 77

Teil II – Im grünen Bereich:
Die Essenz der Effektivität im E-Commerce 109

4 Wogender Applaus: Strategie als Improvisationstheater 111
5 Die Dots verbinden: Partnernetze 139
6 Von Zellen zu Communities:
Die Organisation zerlegen und neu zusammensetzen 169
7 People.com: Wie der Krieg um Talente gewonnen wird 195

Teil III – Morphing:
Tief greifender Wandel mit Internet-Geschwindigkeit 223

8 Kurs auf die Zukunft: Die Veränderung ins Rollen bringen 225
9 Den Veränderungsprozess leiten:
Neue Herausforderungen und bleibende Potenziale 243
10 Die Veränderung des Menschen:
Zwischenmenschliche Fähigkeiten und
gesellschaftliche Entwicklung 263

Anhang 277

Unternehmensbeschreibungen 279
Ausgewählte Ergebnisse der globalen Studie zur E-Culture 285
Anmerkungen 297

Einleitung
Lobotomie der New Economy

> Wir wollen aus der Vergangenheit lernen. Doch zugleich wollen wir, dass unsere Träume unsere Erinnerungen auslöschen.
> *Christopher Galvin, CEO von Motorola*

Was für ein Leben wir führen, hängt mittlerweile von unserem Leben im Internet ab. Ein Brief wird mittlerweile als »Snail Mail«, als Schneckenpost bezeichnet, da die E-Mail zu einem festen Bestandteil unserer Wirklichkeit geworden ist. Sitzungen werden mit den Worten »Dieses Gespräch sollten wir *offline* fortsetzen« unterbrochen, obwohl die Unterhaltung nicht *online*, sondern von Angesicht zu Angesicht stattfindet. Denn »offline« ist ein Synonym für »privat« geworden, so als spiele sich mittlerweile das gesamte öffentliche Leben im Internet ab.

Früher haben wir Phänomene auf dem Bildschirm mit Hilfe von Analogien aus dem wirklichen Leben beschrieben – gelöschte Dateien warf man zum Beispiel »in den Papierkorb«. Heute dagegen definieren wir bereits das gesamte wirkliche Leben anhand des im Internet entstandenen Vokabulars. Eine Karikatur in der Zeitschrift *New Yorker* zeigt Petrus, der nach dem Namen und dem Passwort eines Mannes fragt, bevor er ihn in den Himmel eintreten lässt. In einer anderen Karikatur ist ein »Offline-Geschäft« zu sehen: »Alle Produkte in Originalgröße! Sie können sie gleich mit nach Hause nehmen! Die Ware kann vor dem Kauf angefasst werden!«[1]

Vielleicht gibt es schon bald nur noch drei Arten von Unternehmen: Dotcoms, Geburtshelfer von Dotcoms und Möchtegern-Dotcoms.

Man muss nicht unbedingt in der Geschäftswelt tätig sein, um den vom Internet herbeigeführten kulturellen Wandel zu sehen, doch die Wirtschaft ist ein guter Ausgangspunkt für diese Beobachtungen. Vielleicht gibt es schon bald nur noch drei Arten von Unternehmen: Dotcoms, Geburtshelfer von Dotcoms und Möchtegern-Dotcoms.

Die *Dotcoms* sind reine Internet-Unternehmen, die ihr Geschäft online abwickeln. Sie gehen ihrer Tätigkeit im Wesentlichen im Cyberspace, in der Datennetzwelt, nach. In der zweiten Hälfte der neunziger Jahre entstanden zahlreiche derartige Unternehmen, die meistens rasch wieder von der Bildfläche verschwanden. Doch erfolgreiche Pioniere wie eBay, Amazon.com und Yahoo! haben in ihren Branchen bereits den Gang der Dinge geändert, Karrieremöglichkeiten eröffnet und eine neuartige Arbeitsumgebung kreiert. Andere Unternehmen drohen ihre jeweilige Branche zu revolutionieren: Napster greift die Musikindustrie an, und die sich rasch ausbreitenden E-Learning-Unternehmen fordern die etablierten Hochschulen heraus. Und einige rein digitale Unternehmen beginnen bereits, sich Unternehmen aus Fleisch und Blut einzuverleiben: AOL hat TimeWarner gekauft, und Amazon übernimmt Warenhäuser.

Bei den *Dotcom-Geburtshelfern* handelt es sich um jene Anbieter von Technologie und Dienstleistungen, die den Gang ins Internet predigen. Sun Microsystems sieht seine Aufgabe im »Dotcoming« der Welt. IBM hat sich in das größte E-Business der Welt und in einen E-Vangelisten verwandelt, der die frohe Botschaft des elektronischen Geschäftsverkehrs verbreitet. Cisco Systems nutzt sein schlankes elektronisches Geschäftsmodell, um andere zum Kauf seiner Router und seiner Kommunikationsprodukte zu bewegen. Lucent Technologies, der ehemalige Entwicklungs- und Produktionsarm von Ma Bell, bietet Wagniskapital an, fungiert als Inkubator und hilft anderen beim Aufbau ihrer Internet-Infrastruktur. Eine Zeit lang meldeten die neuen Strategieberater für das Web - darunter Razorfish, iXL, Digitas, Mainspring und Brand Farm - die höchsten Zuwachsraten in ihrer Branche. Die selbst im Netz tätigen Anbieter von Technologie und Dienstleistungen für das Internet sind Veränderungsmakler, deren Überleben davon abhängt, ob es ihnen gelingt, auch alle anderen Unternehmen in Internet-Unternehmen zu verwandeln. Wenn man ihren Prognosen Glauben schenkt, erleben wir gegenwärtig die zweite Dotcoming-Welle.

Zu den *Möchtegern-Dotcoms* oder Wannadots zählen alle Übrigen - bestehende Unternehmen, Schulen, Krankenhäuser und andere etablierte Organisationen. Manche Konzernriesen, die früher den Ton in traditionellen Branchen angaben, gelten heute nur noch als »Offline-Unternehmen«. Weil sie sozusagen noch aus Ziegeln und Mörtel bestehen, werden sie als Bricks-and-Mortar-Unternehmen (BAM) bezeichnet. Oder sie werden danach beurteilt, wie weit sie ins Internet vorgedrungen sind und sich in Clicks-and-Mortar-Unternehmen verwandelt haben.

Williams-Sonoma, ein Unternehmen, das Küchenzubehör in einer Einzelhandelskette und per Katalog vermarktet, brauchte trotz seiner Erfahrung im Direktverkauf mehrere Jahre, bis es die Bedeutung des E-Commerce erkannte.

Im Frühjahr 1999 führte Williams-Sonoma ein Online-Sortiment von Hochzeitsgeschenken ein; sechs Monate später gründete es eine eigene Abteilung für den elektronischen Handel. Doch es ist dem Unternehmen bisher nicht gelungen, die Beziehung zwischen Filialen, Katalogverkauf und E-Commerce zu klären.

NBC gelang es erst nach mehreren Fehlstarts, seine Website CNBC.com einzuführen, auf der Finanzdienstleistungen angeboten werden. Mittlerweile denkt man darüber nach, inwieweit die Site mit dem Fernsehsender verknüpft werden sollte. Als Arrow Electronics, ein führender Anbieter von Halbleitern, erkannte, dass es durch die Online-Beschaffung aus dem Geschäft gedrängt zu werden drohte, richtete es einen eigenen Online-Markt ein: Sollte sein Geschäft tatsächlich dem neuen Medium zum Opfer fallen, so sollten wenigstens die eigenen Aktionäre davon profitieren. Jack Welch, der Leiter von General Electric, bezeichnet eine Reihe von Konzernbereichen als »DestroyYourBusiness.Com, deren Aufgabe es ist, unsere eigenen Märkte anzugreifen«.

Selbstverständlich können diese drei Kategorien von Unternehmen nicht klar gegeneinander abgegrenzt werden. Denn auch die Dotcoms bauen ganz reale, physische Infrastrukturen auf, die Wannadots verwandeln sich in Hybride, die mehrere Kanäle nutzen, und die Zuordnung zahlreicher Dot-Organisationen und Dot-Netze wird zusehends schwieriger. Die größten Unternehmen im elektronischen Geschäftsverkehr sind IBM und Cisco. Der taiwanesische Computerhersteller Acer gründete zwischen 1997 und Anfang 2000 mehr als 40 Software- oder Dotcom-Unternehmen, investierte in Internet-Unternehmen in China und Ostasien und schloss Bündnisse mit - dreimal dürfen Sie raten - IBM und Cisco. In Großbritannien zählen Tesco.net und FreeServe, die jeweils Ableger herkömmlicher Einzelhandelsketten sind, zu den größten Internet-Portalen.

Dennoch stehen Dotcoms und Wannadots vor unterschiedlichen Herausforderungen. Fragt man Großunternehmen nach ihren Zielen im Internet, so lautet ihre wahrscheinlichste Antwort, es gehe ihnen um die »vorsichtige Erkundung« des Netzes. Die Antwort der Dotcoms auf dieselbe Frage: »Wir wollen die Welt beherrschen.«

Die Unterschiede in Rhetorik und Einstellung beruhen auf dem Gegensatz zwischen jenen, die sich nicht von der Vergangenheit trennen möchten, und jenen, die mit Lichtgeschwindigkeit in die Zukunft reisen wollen. Die Unternehmen, die nicht als digitale Unternehmen geboren wurden, müssen folgende

Fragen klären: Wann und wie sollen sie sich wandeln, und wie können sie ihre Mitarbeiter darauf vorbereiten, mit den Folgen des Wandels zu leben?

Die Geschichte lehrt, dass neue Kanäle die alten nur selten ersetzen, sondern eher neben ihnen existieren und manchmal mit ihnen verschmelzen.

Doch vor dem Sprung in die Zukunft sollten wir kurz innehalten, um die Dinge ins Lot zu bringen. Die Debatte über die New Economy findet meistens in einem historischen Vakuum statt. Wenn die Sprache auf das Internet kommt, verhalten sich viele intelligente Menschen so, als wäre ihnen ein Teil ihres Gehirns entfernt worden, und zwar ihr Gedächtniszentrum - daher spreche ich im Titel dieser Einleitung von »Lobotomie«. Bei der Auseinandersetzung mit den Neuerungen, die uns aufgrund der Revolution der Kommunikationstechnologien bevorstehen, sollten wir uns aber auch vor Augen halten, was uns frühere Innovationsschübe gelehrt haben. Vor einigen Jahrzehnten schickte sich das Fernsehen an, das Radio zu verdrängen. Die Fernsehkurse des Programms *Sunrise Semesters* wurden damals als ein erster Hinweis darauf gedeutet, dass die Massenmedien an die Stelle der Hörsäle treten würden. Die Reichweite und die Interaktivität des Internets übersteigen jene des Fernsehens und anderer Medien deutlich, und dasselbe gilt für sein Verdrängungspotenzial. Doch die Geschichte lehrt, dass neue Kanäle die alten nur selten ersetzen, sondern eher neben ihnen existieren und manchmal mit ihnen verschmelzen.

Sowohl die Anhänger als auch die Feinde der New Economy neigen zu einer extremen Rhetorik. Seit dem Angriff des Marxismus auf die bestehende gesellschaftliche Ordnung wurde der Begriff »Revolution« nicht mehr so hemmungslos verwendet wie in der Ära des Internets. Die Prediger der New Economy verlangen von den Unternehmen, ihre bestehenden Geschäftsmodelle »in die Luft zu sprengen«, während die Kritiker die vom Internet-Boom ausgelösten »kapitalistischen Exzesse« anprangern. Beide Seiten werfen leichthin mit provozierenden Slogans um sich, ohne sich mit den tatsächlichen Vorgängen zu beschäftigen. Die Journalisten melden nach Ansicht von Medienkritikern vielfach Finanzdaten, ohne deren tatsächliche Bedeutung zu überprüfen, und verzichten auf eine gründliche Analyse der Geschäftsmodelle all dieser glänzenden neuen Unternehmen. Die Presse brachte erst die jungen Millionäre, deren Unternehmen noch keinen Heller verdient hatten, auf die Titelseiten, und fielen dann im Frühjahr 2000, als die Börsen nachzugeben begannen, unbegründet ins andere Extrem.[2]

Woher dieses mangelnde Interesse an der Geschichte kommt, wird deutlich, wenn man sich vor Augen hält, dass die Reise in den Cyberspace in den Vereinigten Staaten ihren Ausgang nahm. Jemandem anzukündigen, er werde »bald Geschichte sein«, ist eine typisch amerikanische Ankündigung der unmittelbar bevorstehenden Eliminierung. »Legacy«, eine Hinterlassenschaft, ist in der Welt der Informationstechnologie ein Synonym für schwerfällige traditionelle Systeme geworden, die nur den Fortschritt behindern. Die Anthropologin Margaret Mead erklärte einmal, die Vereinigten Staaten hätten die erste Kultur hervorgebracht, in der die Jungen die Alten belehren. Damit bezog sie sich auf die Kinder der Einwanderer, die die Sprache der neuen Heimat als Erste lernen, um sie dann an ihre Eltern weiterzugeben. Dasselbe geschieht heute mit dem Internet.

Wenn die Sprache auf das Internet kommt, verhalten sich viele intelligente Menschen so, als wäre ihnen ein Teil ihres Gehirns entfernt worden, und zwar ihr Gedächtniszentrum.

In der Internet-Wirtschaft werden die antihistorischen Tendenzen übertrieben: Die Neue Ökonomie honoriert Unternehmensneugründungen und neue Ideen, die eine bewusste Abkehr von der Tradition bedeuten. Man muss sich nur die aus etablierten Unternehmen hervorgegangenen Dotcoms ansehen, deren Marktkapitalisierung bis zur großen Krise der Internet-Aktien vielfach jene ihrer Mutterunternehmen überstieg. Wie lange ein Unternehmen tätig ist und welche Erfolge es vorzuweisen hat, zählt auf den Märkten manchmal weniger als die Tatsache, dass es sich um ein Versprechen für die Zukunft handelt. Eine lange Geschichte scheint eher als Belastung oder als Hinweis darauf zu gelten, dass sich ein Unternehmen nicht von der Vergangenheit lösen kann. Selbst die jüngsten Leistungen sind weniger wichtig als die Versprechen für die Zukunft.

Als ich im Jahr 1999 mit der Arbeit an diesem Buch begann, bekamen die Unternehmensleitungen von allen Seiten zu hören, sie sollten vergessen, was sie gelernt hätten, da das Internet alle geltenden Geschäftsprinzipien auf den Kopf stelle. Also begab ich mich in der Annahme an die Arbeit, nichts zu wissen. Bevor ich mich an mein umfangreiches Forschungsprojekt machte, ging ich bei den 20-jährigen in die Lehre, denn sogar meine MBA-Studenten an der Harvard Business School besaßen bereits zu viel »herkömmliche« Berufserfahrung.

An einem Wochenende brachten vier Studenten zwischen 19 und 22 Jahren

Laptops, Flipcharts und Branchenstatistiken in mein Landhaus und diskutierten über ihre Geschäftspläne. Als ich dem jungen Gründer einer Zeitschrift, der mit dem Gedanken spielte, sein Printmagazin für eine Online-Ausgabe aufzugeben, erklärte, die gedruckte Ausgabe sei ein Asset, das vom Internet nicht so rasch beseitigt werden könne, erhielt ich die verblüffende Antwort, ich sei »nicht mehr 25 Jahre alt«. Also verdoppelte ich meine Anstrengungen, um mich von meinen voreingenommenen Ansichten zu trennen. (Allerdings hatte ich Recht, wie der Gründer mittlerweile eingestanden hat: Die gedruckte Ausgabe ist unersetzlich, um Besucher zur Website zu lenken und Werbekunden anzulocken.)

Meine virtuelle Lobotomie führte mich zu interessanten Erkenntnissen, doch nach einiger Zeit kehrte meine Erinnerung zurück. Ich erkannte, dass es im Internet von zum zweiten Mal erfundenen Rädern wimmelt. Es ist richtig: die Technologie ist revolutionär, im Netz herrschen andere wirtschaftliche Bedingungen, und alle Räder müssen sich dort viel schneller drehen. Doch die Probleme mit der Führung, mit der Organisation und mit der Veränderung, die wir in früheren Jahrzehnten zu bewältigen hatten, verschwinden auch im Internet nicht. Daher beruht dieses Buch, obwohl es sich mit einer Reihe großer neuer Herausforderungen beschäftigt, auf den dauerhaften Erkenntnissen über das Verhalten von Menschen und Organisationen. Nur ausgehend von dieser Grundlage können wir den Schritt in das Zeitalter der Vernetzung tun.

Im Internet wimmelt es von zum zweiten Mal erfundenen Rädern.

Meine Forschungsarbeit war nicht auf die Vereinigten Staaten beschränkt, sondern umfasste auch Untersuchungen meines von Daniel Galvin und Michelle Heskett geleiteten Forschungsteams in Kanada, Europa und Asien. Wir stützten uns dabei auf drei Verfahren, um unsere Hypothesen zu entwickeln und zu überprüfen:

1. An einer teils schriftlich, teils online durchgeführten Umfrage beteiligten sich 785 Organisationen aus verschiedensten Bereichen, die in erster Linie in Nordamerika und Europa ansässig waren; dazu kamen lateinamerikanische und afrikanische Organisationen. Zu den befragten Organisationen zählten Mitgliedsunternehmen des Weltwirtschaftsforums, schnell wachsende Unternehmen aus der Gruppe der Inc. 500 sowie Mitglieder der Young Entrepreneurs Organization.
2. Mein Forschungsteam von der Harvard Business School führte 300 Inter-

views in fast 80 Unternehmen und anderen Organisationen in Nordamerika, Europa und Asien durch. Dabei stützte es sich auf einen Leitfaden zur Beurteilung des Entwicklungsstands der elektronischen Kultur, suchte jedoch auch nach bewährten Methoden. Wir befragten prominente und neu entstandene Unternehmen aus verschiedensten Bereichen sowie eine Reihe von Anwalts- und Beratungsfirmen, Schulen und Wirtschaftsverbänden. Zudem führten wir einen Dialog per E-Mail und richteten bei theglobe.com ein Diskussionsforum ein.

3. Zwei Dutzend Unternehmen aus drei Kontinenten wurden anhand umfassender Interviews und detaillierter Fallstudien genau untersucht: Abuzz, AlliedSignal, Amazon.com, Arrow Electronics, barnesandnoble.com, Blackboard.com, Cisco Systems, CNBC.com/NBC, Digitas, Earth-Web, eBay, Hewlett-Packard, Honeywell, IBM, iSteelAsia, iXL, Lucent Technologies, Mainspring, Razorfish, renren.com, Reuters, Sun Microsystems, Tesco und Williams-Sonoma. Um die Forschung über die Wirtschaft hinaus auf das öffentliche Bildungswesen auszudehnen, berücksichtigten wir auch IBMs Initiative Reinventing Education und Bell Atlantics Partnerschaft mit dem Schulsystem von New Jersey. Mehrere amerikanische Unternehmen wurden sowohl an ihren heimischen als auch an den internationalen Standorten befragt.

Meine Untersuchung führte zu dem Ergebnis, dass das Internet und die mit ihm verbundenen Vernetzungstechnologien zwei vorrangige Funktionen erfüllen: Das Internet erzwingt die Entwicklung einer neuen Organisationskultur und ermöglicht zugleich ihre Entstehung. Diese neue Funktionsweise bezeichne ich als E-Culture. Die E-Culture definiert die menschliche Seite der globalen Informationsära und der New Economy. Unabhängig davon, wie intensiv das Internet bisher genutzt wird, müssen sich die Menschen und Unternehmen in aller Welt diese Unternehmenskultur der Zukunft aneignen.

Wenn wir das gesamte Potenzial des Internets ausschöpfen wollen, müssen die Führungskräfte anders führen und die Mitarbeiter in anderen Konfigurationen zusammenarbeiten. Die folgenden Prinzipien der E-Culture bilden die Grundlage für den zukünftigen Erfolg:

- *In der E-Culture geht es um kreative Zerstörung*. Sie erfordert fortgesetzte tief greifende Veränderungen, selbst wenn diese bereits rentable Geschäfte zerstören.

- *In der E-Culture leben wir rund um die Uhr bei voller Beleuchtung in einem Glashaus.* Jeder Fehler wird sofort sichtbar. Niemand will Entschuldigungen hören. Die Welt will nur hören, welche Neuigkeit wir als Nächstes anzubieten haben.
- *Die E-Culture ist - im positiven Sinn - oberflächlich.* Im Mittelpunkt steht immer die Kommunikation. Das Internet erzwingt eine rasche Kommunikation zwischen Fremden, die keine Zeit haben, um subtile Äußerungen zu deuten oder eine enge Beziehung zu knüpfen.
- *Eine gut entwickelte E-Culture schützt vor bewaffneten Auseinandersetzungen.* Sie fördert den Geist der Zusammenarbeit, da wir im Internet trotz der Kämpfe um den Platz auf dem Bildschirm, das Markenimage oder die Merchandising-Entscheidungen auf Kooperation angewiesen sind. Die Zeit ist zu knapp, um Kämpfe auszutragen. Weil wir vorankommen müssen, müssen wir lernen zusammenzuarbeiten.
- *Die E-Culture entwickelt sich, während wir handeln.* Sie erfordert die stetige Weiterentwicklung der Strategien sowie Improvisation zur Nutzung der Chancen.
- *Die E-Culture steckt voller Paradoxe.* Die digitale Welt ist weitgehend dezentralisiert und schwer zu kontrollieren. Gleichzeitig zwingt sie die Organisationen zur Integration und sogar zur Zentralisierung. Um Anwender zu gewinnen, müssen sich die neuen Medien der alten bedienen, die sie verdrängen möchten. Der Wert von Unternehmen, die sich auf dem Markt noch nicht bewährt haben, kann proportional zu ihren Verlusten steigen.
- *Die E-Culture kann sehr vergnüglich sein.* Die Unternehmen wetteifern um talentierte Mitarbeiter, indem sie die schrägsten Spiele und die exotischsten Reisen organisieren.

Diese einfachen Thesen haben weit reichende Implikationen. Wie gut sind verschiedene Unternehmen auf die E-Culture vorbereitet und inwieweit sind die Menschen bereit, diese Kultur zu übernehmen? Dieses Buch enthält zum einen die Lehren, die Organisationen unterschiedlicher Internet-Reife bezüglich der Effektivität im Netz gezogen haben, und zum anderen Beschreibungen von Rollenvorbildern und bewährten Methoden in den Pionierunternehmen der digitalen Kultur. Darüber hinaus versuche ich zu erklären, warum in den Unternehmen, die im digitalen Geschäft hinterherhinken, Widerstand gegen Veränderungen geleistet wird. Dazu kommen praktische Erkenntnisse, die jedem Leser im eigenen Unternehmen zum Erfolg verhelfen können.

Wie dieses Buch aufgebaut ist

Teil I: Die große Suchmaschine: Herausforderungen des Wandels

In den ersten drei Kapiteln wird eine Reihe von Auswirkungen dargestellt, die das Internet auf unser tägliches Leben hat. Im ersten Kapitel geht es um die grundlegenden Prinzipien der Community und der E-Culture: gemeinsame Identität, geteiltes Wissen und gemeinsame Beiträge. Im Online-Bereich ist die Gemeinschaft eine Metapher. Offline ist Gemeinschaftssinn nötig, um die vom Internet ermöglichten Veränderungen herbeizuführen: Den Kunden können mehr Wahlmöglichkeiten zugestanden, den Bürgern größere Mitbestimmung erlaubt, den Lehrern bessere Mittel zur Bildung ihrer Schüler verschafft und den Unternehmen eine größere Marktreichweite und eine höhere interne Effizienz ermöglicht werden.

Eine verbreitete Einschätzung lautet, dass sich in dieser verwirrenden neuen Umgebung nur die Jungen zurechtfinden könnten. Nicht zufällig findet man in den Dotcoms unverhältnismäßig viele Angehörige der Internet-Generation. Weisen uns diese Jugendlichen und diese jungen Unternehmen den Weg in die Zukunft? Im zweiten Kapitel wird die Dotcom-Kultur und die Umkehrung der Generationsrollen untersucht, die sich daraus ergibt, dass die Jungen die Alten belehren. Einige dieser jungen Unternehmen haben das Potenzial, sich auf dem Markt durchzusetzen. Doch die Entwicklung wird nicht von der Jugend bestimmt, sondern von neuen Ideen, die mit Disziplin und auf der Grundlage traditioneller Werte in die Tat umgesetzt werden.

Neue Unternehmen haben einen unbestreitbaren Vorteil: den Neubeginn. Hingegen können die Größe und die ererbten Organisationsstrukturen der Wannadots einen erfolgreichen Gang ins Internet verhindern. Mit diesem Problem befasse ich mich im dritten Kapitel. Herkömmliche Unternehmen sind im Bemühen um Veränderungen mit zahlreichen Hindernissen konfrontiert, die sie vielfach vom Sprung ins Internet abhalten. Manche Nachzügler unter den Wannadots durchlaufen auf dem Weg ins Netz eine Reihe vorhersehbarer Stadien – Verweigerung, Schuldzuweisungen und unwesentliche kosmetische Veränderungen. Andere erweisen sich als Schrittmacher, die sich durch große Neugierde und den aufrichtigen Wunsch nach Erneuerung auszeichnen. Diese Unternehmen zeigen einige Merkmale der E-Culture und können gemeinsam mit den besten Dotcoms als Modelle für die Zukunft dienen.

Teil II: Im grünen Bereich: Die Essenz der Effektivität im E-Commerce

»Im grünen Bereich« bedeutet, dass alle Systeme funktionieren und dass ein Unternehmen auch finanziell erfolgreich ist. Im zweiten Teil des Buches befasse ich mich mit der Frage, wie sich der Vormarsch des Internets auf die Unternehmen auswirkt, und beschreibe vorbildliche Methoden zur Umsetzung der E-Culture. In den vier Kapiteln dieses Abschnitts geht es darum, was Unternehmen und Organisationen tun müssen, um sich zu behaupten:

- *Strategieentwicklung als Improvisationstheater (Kapitel 4).* Wenn es unmöglich ist, im Voraus Prognosen bezüglich der Ergebnisse anzustellen, muss sich das Ziel aus dem Handeln ergeben. Daher spielen Unternehmen, die sich erfolgreich im Internet bewegen, immer Improvisationstheater, anstatt exakte Regieanweisungen auszugeben. Die Akteure gehen von einem Grundthema aus, das sie in verschiedenen Szenarien ausprobieren. Im Wechselspiel der Akteure entwickelt sich die Geschichte. Da man unmöglich wissen kann, welches Modell, welcher Standard, welches Konzept sich durchsetzen wird, wäre es ein Fehler, sich an ein von vornherein feststehendes Skript zu halten. Vielmehr gilt es, aus den Ergebnissen zahlreicher kleiner Experimente zu lernen.
- *Partnernetze (Kapitel 5).* In der Old Economy entsprangen Partnerschaften dem Wunsch, die bestehenden Beziehungen umzugestalten und einander besser zu behandeln. In der New Economy verbinden sich zahlreiche Partner zu Netzen, die nicht nur erforderlich sind, um die Online-Verbindungen zwischen den Dotcoms herzustellen, sondern auch dazu dienen, die Dotcom-Geburtshelfer miteinander zu verknüpfen, die auf komplexe multilaterale Partnerschaften angewiesen sind, um die Technologie für den virtuellen Raum zu entwickeln.
- *Die Organisation in eine Community verwandeln (Kapitel 6).* Die Umrisse des neuen Organisationsmodells sind vertraut: flache Hierarchien, fließende Grenzen, Förderung der Teamarbeit, Bevorzugung des Prozesses gegenüber der Struktur. Dieses Modell hat in den achtziger und neunziger Jahren vielfach zur Dezentralisierung geführt. Nun fördert das Internet erneut die Integration, da die Unternehmen ihren Kunden ein einziges Gesicht zeigen, die getrennten Systeme nahtlos miteinander verbinden und die innerhalb und außerhalb der Organisation erhobene Forderung nach umfassender

Vernetzung erfüllen müssen. Doch in den Wannadots kämpfen die Bereiche und Abteilungen um ihre in der Dezentralisierung gewonnene Unabhängigkeit.

In diesem Kapitel geht es um zwei einander überschneidenden Fragen: 1. Wie entwickelt man das beste Angebot für das Netz, das heißt, welches Gesicht soll man der Außenwelt zeigen? 2. Wie kann man die Zusammenarbeit anders gestalten, um intern die Vorteile der Technologie zu nutzen und die E-Culture zu verwirklichen?

- *Die talentiertesten Mitarbeiter gewinnen (Kapitel 7)*. Muss die Bindung an das Unternehmen in unserer Zeit der Mobilität als veraltetes Modell betrachtet werden, oder gibt es neue Wege, um die Bindungen zwischen Menschen und Organisationen zu festigen? In diesem Kapitel beschreibe ich den Aufbau der E-Culture auf der Ebene des Arbeitsplatzes. Die Herausforderung besteht darin, die Mitarbeiter wie Freiwillige zu behandeln, die ihr Engagement für das Unternehmen regelmäßig erneuern.

Teil III: Morphing: Tief greifende Veränderungen mit Internet-Geschwindigkeit

In den letzten drei Kapiteln geht es um eine praktische Anleitung für Veränderungen: Wie kann eine ganze Organisation rasch umgewandelt werden, wie können die Veränderungen geleitet und die menschlichen Fähigkeiten gepflegt werden?

Nehmen wir an, Sie finden Gefallen an der Idee einer neuen Organisationskultur, wissen jedoch nicht, wie Sie diese verwirklichen können. Oder Sie sind auf dem Weg, wissen jedoch nicht, ob sie in der richtigen Richtung gehen. Das achte Kapitel enthält einen Veränderungsfahrplan für Führungskräfte, insbesondere für den Übergang zum E-Business und zur E-Culture. Ich versuche zu zeigen, wie sich ein Unternehmen eine neue Arbeitsmethode aneignen kann, die auf Dauer erfolgreiche Veränderungen ermöglicht. Und ich beschreibe, wie man umfassende Veränderungsaktivitäten gestaltet: Es geht nicht um isolierte Projekte, sondern darum, die gesamte Organisationsplattform zur Ausgangsbasis für eine stetige Veränderung zu machen.

Die Veränderung ist keine Entscheidung, sondern eine Kampagne. Die Protagonisten des neunten Kapitels sind Unternehmer und Innovatoren, die in unabhängigen neuen Unternehmen oder in bereits bestehenden Unternehmen tätig sein können. Die Veränderung in der digitalen Welt hat Ähnlichkeit mit einer politischen Kampagne, da sie eine Mobilisierung der Massen erfordert. Um Veränderungen herbeizuführen, muss man die herrschenden Vorstellungen durcheinander schütteln, mit dem internen und externen Publikum kommunizieren, Motivationskampagnen starten und die Unterstützung der Organisation sowie der Außenwelt gewinnen.

Im zehnten Kapitel befasse ich mich mit den gesellschaftlichen Auswirkungen der E-Culture: Was bedeutet sie für den Einzelnen und für die Gemeinschaft? Stehen wir an der Schwelle einer neuen Phase der gesellschaftlichen Entwicklung? Die Entwicklung des Internets kann, sofern sie von Menschen geleitet wird, die sein Potenzial erkennen und seine weiter reichenden Auswirkungen verstehen, zur Entstehung und Festigung vieler verschiedener Communities beitragen. Doch wenn die menschlichen Gemeinschaften in der realen Welt nicht in der Lage sind, die soziale Interaktion zu erhöhen, könnte das Internet auch die Isolation fördern. Die besten Internet-Unternehmen weisen alle ein Gemeinschaftselement auf; die Unternehmen mit der am weitesten entwickelten E-Culture funktionieren im Inneren wie eine Gemeinschaft und dienen dem Gemeinwesen, in dem sie leben.

Teil I

Die große Suchmaschine: Herausforderungen des Wandels

1

Online-Gemeinschaften und Offline-Herausforderungen: Wie sich das Internet auf unser Leben auswirkt

Ich dachte, die Leute würden lediglich daran interessiert sein, Dinge zu kaufen und zu verkaufen. Doch in Wirklichkeit ging es ihnen vor allem um die Begegnung mit anderen Menschen.
Pierre Omidyar, Gründer von eBay

Das Internet ist der ungebetene Gast, der die Party hat platzen lassen.
Pete Blackshaw, CEO von PlanetFeedback.com

Wo man auch hinschaut, sieht man Menschen, die herauszufinden versuchen, wie das Internet ihre Zukunft beeinflussen wird und was sie tun können, um die kommenden Veränderungen zu bewältigen. Das Internet löst eine Revolution aus, der sich niemand entziehen kann. Die neuen wirtschaftlichen Kräfte und Organisationsformen, die es hervorbringt, wirken sich nicht nur auf die Menschen aus, deren Arbeit um das World Wide Web kreist. Betroffen sind Arbeitsplätze in sämtlichen Wirtschaftsbereichen. Das Internet erreicht Personen, die keinen Computer besitzen, ebenso wie die Technologiefreaks. Es hat das Potenzial, alle wirtschaftlichen und gesellschaftlichen Einrichtungen zu verwandeln, seien es Unternehmen, Bildungsstätten oder Regierungsstellen.

Die Frage nach der richtigen Reaktion auf das Internet geht deutlich über die einfache Frage hinaus, ob sich die Unternehmen am elektronischen Geschäftsverkehr beteiligen sollten. Das Internet verändert nicht nur das Gesicht der Märkte, sondern wirkt sich auch auf die Entwicklung der Gesellschaft aus:

- *Macht der Vernetzung.* Alle sind potenziell mit allen verbunden. Die Reichweite im Netz ist wichtiger als die Größe der einzelnen Bestandteile. Man ist auf Partner angewiesen, um überall schnell groß zu werden.
- *Transparenz und direkte Kommunikation.* Die Information ist für jeden augenblicklich direkt zugänglich. Wir sind zunehmend der Allgemeinheit ausgesetzt.
- *Rasches Feedback, einfacher Protest.* Konkurrenten können sich in Partner verwandeln, doch überall lauern Widersacher, die rasch aktiv werden können.
- *Stetige Veränderung und Abhängigkeit von neuen Kenntnissen.* Es tobt ein erbitterter Wettbewerb um talentierte Menschen, die über die neuesten Fähigkeiten verfügen. Für dieses neue Wissen werden Spitzenhonorare bezahlt.
- *Riesiges Publikum und Herdenverhalten.* Die Botschaften erreichen immer größere Gruppen. Um die komplexen Netze zu koordinieren, müssen größere Gruppen Informationen austauschen und weiter verbreiten.

Um sich in dieser Umgebung zu behaupten, sind neue Arbeitsmethoden erforderlich, die Unternehmenstätigkeit muss anders gestaltet und die zwischenmenschlichen Beziehungen neu definiert werden. Gemeinsam bilden diese Komponenten die E-Culture. Im Internet haben flinke und innovative Unternehmen einen Vorteil. Sie können rasch reagieren, wenn sie die richtigen Verbindungen hergestellt haben. Dass man im Internet auf Beweglichkeit angewiesen ist, ist allgemein bekannt. Hingegen wird außer Acht gelassen, dass man im Internet kooperative Arbeitsbeziehungen eingehen und offene Gemeinschaften bilden muss, anstatt Verwaltungsbürokratien zu errichten, die sich durch Segregation und hierarchische Beziehungen auszeichnen.

Das Internet verändert nicht nur das Gesicht der Märkte, sondern wirkt sich auch auf die Entwicklung der Gesellschaft aus.

Der Begriff der *Community*, der Gemeinschaft, mag im Zusammenhang mit der sich ausbreitenden virtuellen Welt unangebracht erscheinen. Doch es besteht kein Zweifel daran, dass die E-Culture auf starke Communities angewiesen ist, und zwar sowohl online als auch offline. Die Tatsache, dass sich das Internet zur Bildung von Communities eignet, stellt zugleich die größte Chance und die größte Bedrohung für die Unternehmen dar. Eine Communitiy von eigenverantwortlichen Usern, die einem Unternehmen treu zur Seite steht, ist die größte Bedrohung für die Konkurrenten. Die große Chance des einen Unternehmens bedeutet für ein anderes das Aus.

Dies konfrontiert all jene, die mit dem Internet zu tun haben, mit drei Herausforderungen:

1. Das Internet kann wesentlich zur Vernetzung der Menschen beitragen und ihre Autonomie fördern, aber es kann auch zu ihrer Isolierung und Marginalisierung beitragen.
2. Das Internet ermöglicht die Entstehung und Entfaltung von Communities, doch es besteht auch die Gefahr, dass diese Gemeinschaften zu Angriffsformationen werden oder sich auf die Verweigerung beschränken.
3. Das Internet kann den Aufbau von Unternehmen und Communities erleichtern, doch es kann sie auch zerstören.

Es verwundert nicht, dass unter diesen Bedingungen alle Welt nach Antworten sucht. Doch vielleicht blickt die Welt in die falsche Richtung. Denn die Antworten finden wir nicht im virtuellen Raum, sondern auf dem Boden, wo reale Menschen reale Entscheidungen fällen.

Das I-Paradox

Tausende von Domainnamen beginnen mit einem doppeldeutigen »I« (iVillage, iflowers, I-traffic), das sowohl für »interaktiv« als auch für »Ich« stehen kann. Ich kann ausschließlich MyNews aus dem Netz herunterladen, ohne mich darum zu kümmern, was andere Menschen lesen, oder ich kann Websites mit Namen wie myhealth, mycar und mydog besuchen. Das Internet ist persönlich, erklären uns die Anbieter. Es bringt die Unternehmen den Usern näher, weshalb die Angebote perfekt auf die Kunden abgestimmt werden müssen. Modeworte wie One-to-one-Marketing fördern den Individualismus zusätzlich. Manche Kritiker befürchten, das Internet werde in die Isolation führen. Und angesichts der Medienberichte über die Dotcom-Milliardäre kann man den Eindruck gewinnen, die Entwick-

Das Internet kann wesentlich zur Vernetzung und Autonomie der Menschen beitragen, aber es kann auch ihre Isolation und Marginalisierung fördern.

lung des Internets werde nur von persönlicher Gier vorangetrieben. Doch hinter all dem versteckt sich das große Paradox der Internet-Ära: Der zügellose Individualismus beraubt uns der Möglichkeit, wirtschaftlichen Nutzen aus der Technologie zu ziehen. Wenn die Mitglieder eines Netzes nicht kooperieren und Informationen weitergeben, büßt das Netz seine Dynamik ein. Zu viele Ideen, die nicht von einem gemeinsamen Thema gelenkt werden, verhindern die Innovation und fördern Konflikte, die nur Zeit vergeuden und Energie kosten. Unternehmen, die die individuelle Leistung belohnen, kommen im Internet langsamer voran als solche, die den Gemeinsinn fördern.

Den größten Erfolg haben Menschen, die als Teil einer Gemeinschaft ihre individuellen Fähigkeiten entfalten können - das heißt starke Individuen mit starken Beziehungen. Die Kehrseite des Individualismus sind Isolation und Abkapselung, die in der verdrahteten Welt zum Scheitern verurteilt sind. Doch der Individualismus kann auch positive Wirkungen entfalten, und zwar dort, wo starke Individuen ein ausgeprägtes Verantwortungsgefühl gegenüber den übrigen Mitgliedern ihrer Gemeinschaft hegen. Im Internet stellt die Gemeinde, die Community, eher eine Analogie als eine emotionale Realität dar. Community wird vielfach fälschlich als Synonym für ein potenziell interagierendes Publikum verwendet - aber nicht jede Website, die für sich in Anspruch nimmt, dem Aufbau einer Gemeinschaft zu dienen, fördert die Interaktion oder verbindet die Benutzer miteinander. Manchmal handelt es sich bei der Gemeinde um eine verzerrende Analogie, da viele so genannte Communities lediglich dazu dienen, Besucher auf eine Website zu locken, da die Werbepartner für die Eyeballs bezahlen, die auf der Site vorbeischauen. Doch die Metapher der Gemeinschaft legt eine andere Einstellung zu Kunden und Benutzern nahe: Die Verbraucher sollen nicht länger als passive Mitglieder eines Publikums, sondern als aktive Mitglieder einer Community betrachtet werden.

Innerhalb der Unternehmen muss sich die Community in eine emotionale und betriebliche Realität verwandeln, die sich über die Unternehmensgrenzen hinaus auf Freiwillige, Partner und bisher nicht wahrgenommene Zielgruppen erstreckt. Das erhöht automatisch die Geschwindigkeit, wenn die Menschen erkennen, wie sie zusammenarbeiten müssen, um Aufgaben reibungslos auszuführen. Energie und Kreativität der Mitarbeiter werden freigesetzt, weil das Gefühl, kein Untergebener, sondern ein Mitglied einer Community zu sein, ungemein

> *Innerhalb der Unternehmen muss sich die Community in eine emotionale und betriebliche Realität verwandeln.*

motivierend wirkt. Auch in einer Zeit, in der die Menschen laufend den Arbeitsplatz wechseln, sind ausgezeichnete Leistungen und sogar Loyalität möglich, wenn jemand nicht nur durch wirtschaftliche Transaktionen an die Community gebunden ist, sondern auch in seiner Rolle als Mitglied, Bürger, Helfer oder Hilfeempfänger, Käufer oder Verkäufer.

Das Ideal einer solchen Community beinhaltet sieben Elemente (die jedoch in der Realität nicht immer vorzufinden sind):

1. *Mitgliedschaft*. Kunden, User, Partner, Mitarbeiter - wenn sie Mitglieder sind, verschwinden die Unterschiede zwischen diesen Gruppen, und die Verbindungen erhalten Vorrang vor den Funktionen. Gegenüber einem anderen Mitglied der Community hegen die Menschen ein Gefühl der Verpflichtung, das sie gegenüber einem Kunden nicht entwickeln. Die Mitgliedschaft beinhaltet auch eine Form von Bürgerschaft, das heißt das Recht und die Pflicht zur Beteiligung.
2. *Fließende Grenzen*. Communities sind lockere Ansammlungen. Möglicherweise haben sie einen organisierten und stabilen Kern, doch rund um diesen Kern kommen und gehen die Menschen. Das Ausmaß ihres Engagements in der Gemeinschaft schwankt von Fall zu Fall. Es eröffnen sich verschiedenste Möglichkeiten, und es bleiben Bindungen an Menschen erhalten, die das Zentrum seit langem verlassen haben (zum Beispiel Vereinigungen von Universitätsabsolventen). Ein Mensch kann gleichzeitig vielen Gemeinschaften angehören.
3. *Freiwillige Aktivität*. Es scheint unangemessen, die Freiwilligentätigkeit in einem Atemzug mit der Unternehmenstätigkeit zu nennen, doch das Handeln der Mitglieder von Communities hat eine freiwillige Qualität. Sie leisten am Arbeitsplatz aus eigenen Stücken mehr, als von ihnen verlangt wird. Führungskräfte, die neue Vorhaben verfolgen, sind auf Beiträge von Mitarbeitern aller Ebenen angewiesen. Veränderungsinitiativen haben Ähnlichkeit mit Wahlkampagnen.
4. *Identität*. Die Community ist eine Idee, die nicht geografisch lokalisiert werden kann. Sie existiert, weil viele Menschen an ihre Existenz glauben und sich ihr zugehörig fühlen. Dabei kann es sich um eine Berufsgemeinschaft oder eine Interessengemeinschaft handeln. Die mit einem Ort verbundene Identität der Community gehört zusehends der Vergangenheit an, da die Kommunikationsmedien die menschlichen Bindungen ausgeweitet haben. China ist ein Ort, die chinesische Welt eine Gemein-

schaft. Eine Idee oder »Marke« bildet die Grundlage für die gemeinschaftliche Identität. Sogar Nationen versuchen inzwischen, sich in Marken zu verwandeln, um ihre Attraktivität zu erhöhen: So wird Neuseeland zur Quelle grüner Produkte und Massachusetts zum dotCommonwealth.

5. *Gemeinsame Kultur*. Gemeinsame Auffassungen und eine gemeinsame Sprache ermöglichen eine relativ reibungslose Übergabe des Staffelholzes. Dieser gemeinsame Zugang zieht gleichzeitig die Außengrenzen der Communitiy.
6. *Kollektive Stärke*. Gemeinschaften erschließen die Energie von vielen. Den eigenständigen individuellen Konsumenten gibt es nicht, es sei denn, es wird vielen Konsumenten gleichzeitig Eigenständigkeit zugestanden. Menschen schließen sich zu Gemeinschaften zusammen, wenn sie ein höheres Ziel verfolgen, das sie mit kollektivem Kraftaufwand besser erreichen können. Vielleicht ist das der Grund dafür, dass Unternehmensgründungen mit derart viel Weltveränderungsrhetorik einhergehen.
7. *Kollektive Verantwortung*. Der Dienst an der Community kann die Einheit festigen - abgesehen davon, dass er die Belegschaft motiviert, begabte Leute anlockt und die Marke aufbaut. Überall gleichzeitig groß zu werden bedeutet meistens, sich überall in einen Insider zu verwandeln und in vielen realen und virtuellen Gemeinschaften aktiv zu werden. Internet-Unternehmen, die Operationsbasen außerhalb ihres Heimatmarktes errichten, sprechen nicht von Globalisierung, sondern von Lokalisierung. Global sind sie bereits im Internet; nun müssen sie lokal nach Usern suchen.

Die Analogie der Gemeinschaft hat selbstverständlich ihre Grenzen und Nachteile. Ein schlechtes Geschäftskonzept macht eine erfolgreiche Entwicklung der internen Kultur unmöglich. Auch können sich Communities in Sekten verwandeln, die den Horizont verengen, anstatt ihn zu erweitern, und die Innovation ersticken, anstatt sie zu fördern. Die Bindungen können umfassend, aber instabil sein, womit sich selbst ernannte Gemeinschaften in flüchtige Versammlungen verwandeln. Oberflächliche Ankündigungen über die »Bildung von Communities« lenken die Aufmerksamkeit von der Substanz eines Unternehmens ab. Daher muss zwischen der Etikette und den grundlegenden Prinzipien unterschieden werden, die die Gemeinschaft zum unver-

> *Wenn die Mitglieder einer Community nicht kooperieren und Informationen weitergeben, verliert das Netz seine Dynamik.*

zichtbaren Bestandteil der E-Culture machen: Austausch von Wissen, gemeinsame Beiträge, reibungslose Koordination, durchlässige Grenzen und gemeinsame Verantwortung.

Dotcommunities

Im Online-Bereich ist die Community nur einer der drei Faktoren, die als unverzichtbare Voraussetzungen für den Erfolg im E-Business gelten. Diese drei Faktoren sind die 3 C: Community, Content und Commerce. Im Offline-Bereich ist Gemeinschaftsgeist erforderlich, um von den Veränderungen zu profitieren, die das Internet ermöglicht: größere Auswahl für die Kunden, mehr Mitbestimmung für die Bürger, bessere Bildung für die Kinder und größere Marktreichweite und interne Effizienz für die Unternehmen. Wer die Funktionsweise von Communities richtig versteht, kann selbst besser Veränderungen herbeiführen und besser mit den von anderen herbeigeführten Veränderungen leben. Der Erfolg von eBay, dem größten Internet-Auktionshaus der Welt, ist ein Beispiel für perfektes Wechselspiel zwischen online und offline gebildeten Gemeinschaften.

Vom Online-Handel zur Offline-Gemeinschaft: eBay

Im Juni 2000 hatte eBay 12,6 Millionen eingetragene User. Das waren vier Mal so viel wie 15 Monate zuvor. Im ersten Quartal 1997 hatte die Zahl noch bei geradezu lächerlichen 88 000 Usern gelegen. Im ersten Quartal 2000 erzielte eBay einen Bruttowarenumsatz von 4,6 Milliarden Dollar, wobei vier Millionen Artikel in 4300 Kategorien zum Verkauf angeboten wurden. Ausschlaggebend für den Erfolg des Unternehmens ist nach Ansicht der Analysten, dass es eBay gelungen ist, eine geradezu religiöse Gemeinschaft von Benutzern aufzubauen.[1]

Der Aufbau der Community zählte von Anfang an zu den Zielen von eBay. Am Labour Day 1995 eröffnete der Gründer Pierre Omidyar das Auction Web, um seiner damaligen Freundin (und heutigen Ehefrau) die Möglichkeit zu geben, über das Internet Pez-Spender zu tauschen. Omidyar, der sich selbst als »anti-kommerziellen« Softwareentwickler bezeichnet, wollte den Usern die Möglichkeit geben, die Site selbst zu betreuen und Probleme selbst zu lösen.

Er sträubte sich gegen Regeln und trat für Empowerment und Vertrauen ein.[2] Werbeeinnahmen wurden generell abgelehnt. Stattdessen verlangte eBay Eintragungsgebühren und einen prozentuellen Anteil am Gewinn aus dem Verkauf der angebotenen Artikel. Das Unternehmen gab sich alle Mühe, nicht allzu geschäftsmäßig oder glatt zu wirken.

Gerade der ausgeprägte Gemeinschaftssinn ermöglichte es eBay, eine enge Kundenbindung herzustellen, die im virtuellen Raum Seltenheitswert hat. Viele User kauften ihren ersten Computer, um bei eBay Waren kaufen und verkaufen zu können. CEO Meg Whitman verglich die Philosophie des Unternehmens mit der anderer Internet-Auktionshäuser: »Im Weltbild von OnSale nehmen Versteigerungen und wirtschaftliche Kriegsführung einen zentralen Platz ein. Aber bei uns geht es nicht um Versteigerungen. Es geht um den Austausch von Gütern innerhalb der Community.«[3]

Viele User kauften ihren ersten Computer, um bei eBay Waren kaufen und verkaufen zu können.

In den Wohnzimmern zahlreicher User entstanden Kleinunternehmen wie Scoop 98. Dessen Leiterin Berta Maginniss ist tagsüber eine sanftmütige Führungskraft in der Handelskammer von Washington. In der Nacht verwandelt sie sich in Scoop 98 und verkauft von zu Hause aus Secondhand-Kleidung über eBay. Ende 1998 bot Maginniss, die über keinerlei Erfahrung im Einzelhandel verfügte, erstmals ein Paar gebrauchte Schuhe an. Bis Juli 2000 hatte sie es auf 35 bis 50 Einträge pro Woche gebracht. »Bei eBay fühlt man sich vom ersten Tag an als Teil der Gemeinde. Die Transaktionen werden effizient und sicher abgewickelt. Die Produkte werden von Generation zu Generation besser. Dank der guten Anleitung kann man die Abläufe problemlos bewältigen, ohne ein Technikfreak zu sein. Ich betreibe von zu Hause aus ein globales Geschäft. Es könnte nicht leichter oder unterhaltsamer sein!«

Meg Whitman verwendet ein Zitat aus Abraham Lincolns Gettysburg-Rede, um eBay zu beschreiben: »Vom Volk durch das Volk für das Volk.«[4] Empowerment und Vertrauen sind allgegenwärtig. Die User geben einander Noten für Qualität und Zuverlässigkeit. Freiwillige aus den Reihen der eBay-Gemeinde bilden »Nachbarschaftsgruppen«, um Missbrauch zu verhindern – ein Beispiel für Politik in Online-Gemeinschaften. Das Unternehmen bindet die User in die Verbesserung und Aktualisierung der Website ein. Dazu Maginniss: »eBay verändert sich laufend, ohne jedoch die User zu verwirren. Sie werden in die Veränderungen einbezogen. Die neue Homepage ist die fünfte unter meiner

Leitung. Jede neue Version läuft mehrere Woche als Beta-Version, zu der alle Beteiligten Vorschläge machen können. Dieses Verfahren ermöglicht einen reibungslosen Übergang.« Einige User verwandelten sich sogar in Mitarbeiter. In den ersten beiden Jahren engagierte eBay einige besonders angesehene User, um von zu Hause aus Fragen zu beantworten, die andere Kunden auf auf dem schwarzen Brett der Site hinterlassen hatten. Später richtete eBay eine eigene Kundendienstgruppe ein.

User sehen in eBay mehr als ein Auktionshaus. »Ich hatte gedacht, die Leute würden lediglich daran interessiert sein, Dinge zu kaufen und zu verkaufen«, erklärte Omidyar. »Doch in Wirklichkeit ging es ihnen vor allem um die Begegnung mit anderen Menschen.«[5] Die Online-Elemente (darunter kategoriespezifische Chatrooms, schwarze Bretter, ein monatliches Mitteilungsblatt, E-Mail und das Angebot an die Benutzer, kostenlos eigene Homepages einzurichten) haben eBay in ein rund um die Uhr geöffnetes Forum verwandelt, auf dem man handeln und über den Handel plaudern kann. Seit Mai 1999 gibt es ein eBay-Magazin. Mit der Zeit bildeten sich Fachgruppen, und die eBay-Benutzer begannen, Picknicks zu veranstalten, gemeinsame Reisen zu organisieren, zusammenzuarbeiten und einander offline zu unterstützen. Die Führungskräfte des Unternehmens verglichen die Entwicklung mit dem Wachstum einer Siedlung: »Bei eBay fühlen sich die Leute wie die Bürgermeister ihrer eigenen kleinen Cyberstädte.«[6]

eBay möchte, dass seine Mitarbeiter nicht nur den wirtschaftlichen Nutzen, sondern auch den sozialen Wert der Gemeinschaft schätzen. Dieses Konzept geht auf. Whitman wurde im Mai 1998 mit der Leitung des Unternehmens beauftragt, weil sie nicht nur die Markenpolitik beherrschte, sondern auch das Gemeinschaftsideal verstand. Zunächst passte sie die interne Organisation den Erfordernissen eines wachsenden Unternehmens an: Sie unterteilte die Anbieter abhängig vom Typ und von der Häufigkeit ihrer Transaktionen in mehrere Gruppen und legte interne Zuständigkeitsbereiche fest. Doch eBay versucht weiterhin, bei seinen bezahlten Angestellten Gemeinsinn zu wecken. Whitman möchte, dass sich die Mitarbeiter selbst als Sammler betätigen und wie die Kunden denken. Auf den meisten Tischen in der Zentrale von eBay findet man irgendwelche Sammlungen.

Wenn das Wachstum Kontrollmechanismen erforderlich macht, wird es schwierig, den Charakter einer weitgehend von den Usern geführten Community zu bewahren. Nachdem der New Yorker Verbraucherschutzverband im Januar 1999 mehrere Betrugsfälle bei eBay aufgedeckt hatte, kündigte das Unternehmen an, die Betrugsbekämpfung zu intensivieren. Im Rahmen des Programms SafeHarbor spürte ein Team von 24 Mitarbeitern illegalen Artikeln nach und schloss die betreffenden User aus. Allerdings mussten diese Veränderungen behutsam vorgenommen werden, da Mitarbeiter und User keine autoritären Eingriffe in das Regelwerk hinnehmen würden. Als eBay Anfang 1999 entschied, keine Auktionen von Waffen und Munition mehr zuzulassen, erhielt es die Zustimmung von Analysten und Investoren, während ein Teil der eBay-Community Widerstand leistete. Ein User hinterließ auf dem schwarzen Brett folgenden Kommentar: »Ich bin angewidert.«[7]

Die Mitglieder der eBay-Community handeln üblicherweise direkt miteinander; eBay stellt nur die Verbindung her. Direkte Kontakte zum Unternehmen sind selten. Omidyar erklärt, unter diesen Umständen sei es schwierig, das Verhalten der User zu kontrollieren. »Wir haben keinen Einfluss darauf, wie die Menschen einander behandeln. Wir können sie nicht hinauswerfen oder in eine Umschulung schicken. Wir können ihr Verhalten nur beeinflussen, indem wir sie dazu ermutigen, bestimmte Werte zu übernehmen.« Besonders schwierig ist die Pflege eines Wertesystems in einer Online-Community, die exponentiell wächst: In einem Quartal überstieg die Zahl der Neukunden sogar die bisherige Gesamtzahl der Kunden. »In der Vergangenheit wurden diese Werte von einer Person an die andere weitergegeben – die meisten neuen User kamen als Käufer in Kontakt mit einem bereits erfahrenen Verkäufer. Doch da mittlerweile immer mehr neue Teilnehmer mit weiteren Neulingen zu tun haben, fehlt beiden Seiten das Wertfundament.«

Bei einer Online-Community, die exponentiell wächst, ist die Weitergabe eines bestimmten Wertesystems besonders schwierig.

Also stützt sich eBay auf greifbare Zeichen nicht greifbarer Werte: Der offline erbrachte Dienst an der Gemeinschaft ist die sichtbare Manifestation der online geltenden Gemeinschaftswerte. Im Juni 1998 richtete eBay eine Stiftung ein, um seine Mitglieder nicht nur in die Lage zu versetzen, »in einem von Vertrauen geprägten Umfeld Geschäfte zu machen, sondern ihnen auch Respekt für das zu zollen, was sie für die Gemeinschaft leisten«. Ein Komitee freiwilliger Mitarbeiter entscheidet über die Verteilung gemeinnütziger Fördermittel. Bis Januar 2000 hatte die eBay Foundation in mehreren Bundesstaaten Fördermittel für Initiativen in den Bereichen Lebensmittelsicherheit, Beratung am Arbeitsplatz, Bekämpfung der Armut und Blindenhilfe bereitgestellt.

Doch was eBay aus der Masse heraushebt, ist nicht die Spendenbereitschaft des Unternehmens, sondern eine wirklich einzigartige Benutzerinitiative namens Giving Board. Beim Giving Board handelt es sich um ein schwarzes Brett, auf dem Informationen über bedürftige Menschen platziert werden können. Eine Gruppe von Puppensammlern stellte Nachforschungen über eine Sammlerin an, die eines Tages von der Site verschwunden war. Wie sich herausstellte, hatte sie bei einer Scheidung ihren Computer verloren und konnte sich keinen neuen leisten. Die Gruppe legte zusammen und kaufte ihr ein Gerät.[8]

Das erste Giving Board fand derart großen Widerhall, dass die Benutzer ein Freiwilligenkomitee bildeten, um bei eBay ein permanentes Board einzurichten. Spendenwillige konnten beispielsweise Bücher für eine Leihbücherei spenden, die einkommensschwache Eltern betreute, oder auf Anzeigen privater Bittsteller wie die folgende reagieren: »Allein stehende Mutter. Vater verließ Familie bei Geburt des zweiten Kindes mit Pfeiffer-Syndrom (heute 7 Monate alt). Vater verweigert Unterhaltszahlungen.« Die Veranstalter von Auktionen können 10 Prozent oder mehr ihrer Einnahmen für ein bestimmtes Giving Board spenden. (Das Zeichen ^1^ weist darauf hin, dass es sich um eine »Engelsauktion« für einen guten Zweck handelt.)

Die einzige offizielle Vorgabe besteht im »Common Sense«, im Gemeinsinn, wie aus den Board-Anleitungen hervorgeht. »Die Mitglieder, die Hilfe gewähren, müssen selbst Familien ernähren. Wir verfügen leider nicht über ausreichende Mittel, um monumentale Probleme zu lösen. Wenn Sie in eine Notsituation geraten, teilen Sie uns bitte mit, wie wir Ihnen helfen können.« Die Anweisungen enthalten auch eine Ermahnung zur Aufrichtigkeit, da »wir unmöglich wissen können, ob es sich um einen Betrug handelt«. Obwohl es fast unmöglich ist, die Spenden zu verfolgen, erklärten Anfang 2000 325 Personen, Geld für mindestens einen der mehr als 1600 Bittsteller gespendet zu haben. Diese Zahlen mögen gering scheinen, doch der symbolische Wert ist gewaltig.

Die Geschichte von eBay gibt Aufschluss über zahlreiche der in diesem Buch beschriebenen Voraussetzungen für den Erfolg im E-Business: häufige und rasche Verbesserungen unter Einbeziehung der User; ein stabiles Netzwerk, in dem die einseitigen Bindungen an das Unternehmen durch Querverbindungen zwischen allen Mitgliedern ersetzt werden; eine Wertstruktur, die die Mitarbeiter eint und Machtkämpfe verhindert. So wurde eBay zugleich zu einem professionell geführten Unternehmen und einer selbstregulierten und hilfreichen Gemeinschaft unabhängiger Unternehmer, die ihren Mitgliedern selbstständiges Handeln ermöglicht und zugleich ihre Investoren bereichert. Das klingt fast zu schön, um wahr zu sein. Möglicherweise kann ein solches Modell nicht aufrechterhalten werden, wenn das Unternehmen wächst, größere Geschäftspartner findet und mehr teure Luxusgüter in sein Sortiment aufnimmt.

Die Geschichte von eBay zeigt, dass der geschäftliche Nutzen steigt, wenn die online propagierte Community auch offline zum Leben erweckt wird. Wie sieht es aus, wenn der Prozess in der anderen Richtung verläuft? Im nächsten Kapitel geht es darum, wie das Internet dabei helfen kann, unter offenbar widrigen Umständen leistungsfähige Gemeinschaften zu bilden, zum Beispiel im öffentlichen Bildungswesen in verarmten amerikanischen Innenstadtbezirken.

Von der Offline-Bürokratie zur Online-Gemeinschaft: Die öffentlichen Schulen von New Jersey

Eine Gemeinschaft kann nie mit Computern begründet werden, sondern ist auf menschliche Bindungen angewiesen. Doch elektronische Netzwerke können, indem sie Beziehungen möglich machen, wesentlich zur Verbesserung gesellschaftlicher Einrichtungen beitragen. Ein Beispiel dafür sind die amerikanischen öffentlichen Schulen, die sich zunehmend verschiedener Netzwerke bedienen, um neue Verbindungen zwischen Lehrern, Eltern und Schülern zu knüpfen. Die meisten Leute verbinden Technologie in den Schulen immer noch mit Computern im Klassenzimmer. Doch dieser Einsatz der Technologie entfaltet die geringste Wirkung und ist vielfach kontraproduktiv, da er die individuelle Isolation fördert. Hingegen können Netzwerke zum Aufbau der Gemeinschaft beitragen und das Bildungsniveau heben.

Im lange Zeit hoch problematischen innerstädtischen Schulbezirk von Union City in New Jersey veränderte eine in der Frühzeit des Internets geschlossene Partnerschaft mit Bell Atlantic, die den Schülern Zugang zum Netz gab, die Beziehungen und in der Folge die Bildung. Der Bürgermeister Robert Menendez wollte Union City zur ersten vernetzten Stadt machen, wobei die Schulen im Mittelpunkt eines Gemeinschaftsnetzes stehen sollten. Im Jahr 1992 rüstete Bell Atlantic eine neu eröffnete Mittelschule für die Hochgeschwindigkeitskommunikation aus und stellte Schülern aus den verwahrlosten Innenstadtbezirken sowie ihren Lehrern Computer zur Verfügung, damit sie sich von zu Hause aus mit der Schule vernetzen konnten.

Bei meinem ersten Besuch im Jahr 1997 besichtigte ich die winzige Bibliothek der Columbus Middle School und fragte mich, wie es möglich war, dass für all die Schüler nur derart wenige Bücher zur Verfügung standen. Dank des Internets konnten die räumlichen Beschränkungen und der Mangel an Büchern überwunden werden. Die Klassenzimmer verwandelten sich in Lernzentren, in denen im Team gearbeitet wurde. Das Internet diente als Forschungsinstrument und ermöglichte es den Schülern, innerhalb und außerhalb der Schule zusammenzuarbeiten. Die Lehrer änderten ihren Unterrichtsstil. »Innerhalb der Grenzen eines Buches war ich eine gute Lehrerin«, erklärte mir Marian Secudas. »Doch im Internet stößt man das Tor zu einer beängstigend weiten Welt auf.« Sie stellte den klassischen Unterrichtsvortrag ein und begann, mit den Schülern Forschungsprojekte im Internet durchzuführen – sie verwandelte sich von der »Weisen auf der Bühne« in eine »begleitende Ratgeberin«. Mit dem Netz vertraute Schüler vermittelten ihren Mitschülern neue Kenntnisse. Die Eltern konnten dank der Parent University von ihren Kindern und den Lehrern technologische Kenntnisse erwerben, die das Familieneinkommen erhöhten. Die öffentlichen Bibliotheken von Union City wurden im Rahmen eines Gemeindenetzes an die Schulen angebunden, und die Schüler richteten Websites für Gemeindeorganisationen ein. Die schulischen Leistungen der Jugendlichen verbesserten sich drastisch.[9]

Noch umfassender wurde dieses Modell in einer 1994 von IBM eingeleiteten Initiative namens Reeinventing Education angewandt. In Zusammenarbeit mit öffentlichen Schulen an 21 Orten in den Vereinigten Staaten und in acht weiteren Ländern versuchte das Unternehmen, die von den Schulbezirken identifizierten Hindernisse für Spitzenleistungen aus dem Weg zu räumen. Die Initiative ging weit über die Bereitstellung von Computern hinaus: IBM musste sogar Schulen abweisen, die glaubten, bei dem Programm gehe es um Gratiscomputer. In Charlotte-Mecklenburg (North Carolina) wurde ein Kommunikationsnetz namens Wired for Learning zur Verbindung von Schulen und Eltern eingerichtet. Im Broward County (Florida) entstand ein Data Warehouse, das einen einfachen Zugang

An öffentlichen Schulen werden durch das Internet räumliche Beschränkungen und Büchermangel überwunden. Die Klassenzimmer verwandeln sich in Lernzentren, in denen im Team gearbeitet wird.

zu sämtlichen Informationen gewährte. Und in Vermont wurden elektronische Sammlungen von Schularbeiten entwickelt.

In gewisser Hinsicht hat die traditionelle Schule Ähnlichkeit mit einem Gefängnis - die einzelnen Lehrer sind in Klassenzimmern gefangen, die nicht mit der Außenwelt kommunizieren können. Die Schulen müssen sich in besser vernetzte Gemeinschaften verwandeln. In den Schulen, denen IBM diese Vernetzung ermöglicht hat, sind Lehrer und Eltern besser in der Lage, den Kindern das Lernen zu ermöglichen. Die Eltern können sich die Arbeit ihrer Kinder im Netz ansehen und per E-Mail den Kontakt zu den Lehrern pflegen, anstatt um Sprechstunden ansuchen zu müssen. Die Lehrer können das Netz verwenden, um Unterrichtspläne zu gestalten und vorzustellen, Ratschläge erfahrener Kollegen zur Unterrichtsgestaltung einzuholen, nach geeigneten Kollegen für Vertretungen zu suchen oder Zugang zu E-Learning-Programmen außerhalb ihres Schulbezirks zu finden. Die Mitglieder der Schulgemeinde können eigene Homepages einrichten, um mit anderen Mitgliedern der Gemeinde in Kontakt zu treten. Einige grundlegende Elemente des Schulalltags haben sich nicht geändert. Die Lehrer stehen den Schülern immer noch jeden Tag im Klassenzimmer gegenüber. Doch sie genießen die Unterstützung einer virtuellen Gemeinschaft von Mentoren und engagierten Eltern. Ann Clark, Direktorin der Vance High School in Charlotte-Mecklenburg, erklärt dazu: »Viele unserer Lehrer machten entscheidende Erfahrungen, als sie ins Netz gingen und sahen, wie die Lehrer in West Virginia im Mathematikunterricht vorgingen oder wie in Vermont mit Aufsätzen umgegangen wurde.«

Den elektronischen Kontakten zu den Eltern entsprangen ebenfalls reale Veränderungen: Die Öffnungszeit der Schule wurde bis zehn Uhr abends verlängert, und die Eltern erhielten Zugang zu den Ausbildungsstätten. »Die Technologie hat unsere Betriebszeiten, unsere Unterrichtsverfahren und die Lernmethoden unserer Schüler verändert.« Und die Schulbehörde stellte fest, dass diese Veränderungen die schulischen Ergebnisse verbesserten.[10]

Virtuelle Bürgerversammlungen

Das Empowerment hat zwei Seiten. Dieselben Kräfte, die zur Bildung einer Community führen können, die den Interessen von Unternehmen und anderen Organisationen dient, können auch eine Gemeinschaft schaffen, die sich diesen Interessen widersetzt. Wenn sich die User als Teil einer Community fühlen, betrachten sie es auch als ihr Recht, sich Veränderungen zu widersetzen. Sie können die Technologie des Unternehmens auch gegen dieses kehren. Dies ist die zweite große Herausforderung, mit der uns das Internet konfrontiert. Dort tagt rund um die Uhr eine virtuelle Bürgerversammlung, an der sämtliche Bewohner des Global Village teilnehmen können, wann immer sie es für angebracht halten. Einige der weniger vorteilhaften Merkmale traditioneller Organisationen könnten so dank des Internets verschwinden.

Nie wieder Mushroom-Management

Der unmittelbare, ungehinderte Zugang zur Information und die Möglichkeit, jederzeit mit fast jedermann an jedem Ort der Welt zu kommunizieren, ist das Hauptmerkmal der E-Culture. Unternehmen, Schulen und andere Einrichtungen sind daher gezwungen, Menschen nicht länger wie Pilze zu behandeln. Das so genannte »Mushroom Management« eignete sich ausgezeichnet dazu, die Mitarbeiter im Dunkeln zu halten, mit Dung zu bedecken und in Dosen abzufüllen, wenn sie reif waren. In großen, bürokratischen Unternehmen waren die Manager versucht, sich dieser Methode zu bedienen, denn das Informationsmonopol war ein Ausdruck ihrer Macht: »Ich weiß etwas, was du nicht weißt.«

Doch wenn jede Maßnahme von einem großen, komplexen Publikum verfolgt wird, wird das Verhalten der Organisation transparenter. Es ist schwieriger, Probleme zu verbergen, und die Wahrscheinlichkeit sinkt, dass Kunden, Mitarbeiter oder Vorgesetzte Übergriffe übersehen. Auf die Frage, was den Verkauf über das Internet von der herkömmlichen Vermarktung unterscheidet, antworten die Manager, dieses Medium sei weniger tolerant und nachsichtig. Die Führung der britischen Supermarktkette Tesco stellte fest, dass ihr der Online-Verkauf neue Kunden mit anderen Kaufmustern brachte (weniger, jedoch größere Bestellungen). Allerdings tolerierten die Online-Kunden keine Fehler, selbst wenn diese zu ihren eigenen Lasten gingen. Lucia Quinn, Marketingmanagerin bei Honeywell, erklärt: »Im E-Business gibst du deinem Kunden eine riesige Lupe in die Hand. Mängel in den übrigen Unternehmensabläufen treten online

> *Warum sollten wir uns die Mtteilung des Oberbosses vom Boss holen, wenn es kein Problem für den Oberboss ist, sie direkt an uns zu schicken?*

sehr viel deutlicher zutage.« Transparenz ist das neue Gebot. Immer mehr Menschen an mehr Orten erhalten Zugang zu immer mehr Daten über mehr Dinge. Bei den Empfängern kann es sich um ein Publikum von unbekannter Zusammensetzung, aber auch um Freunde und Nachbarn handeln. Es wird mehr gesprochen, man ist der Öffentlichkeit mehr ausgesetzt, und der Schaden ist größer, wenn Informationen falsch sind oder von einem Gegner mit schlechten Absichten verwendet werden.

Selbst ernannte Hüter der Moral wie Corpwatch.org, eine Site, die unmoralisches Verhalten von Unternehmen anprangert, nutzen das Internet als virtuellen Versammlungort. In Beschwerdegemeinschaften wie customerssuck.com klagen Kundendienstmanager darüber, dass sie dem Kunden den ersten Rang einräumen müssen. Es gibt für flammende Proteste bestimmte »Flame-Sites« wie northworstair.org, eine im März 1999 von einem verärgerten Kunden gegründete Website, die innerhalb eines Jahres 160 000 Besucher zählte. Im Mai 2000 fand man bei Netscape unter der Rubrik »sucks.com« 57 000 Webseiten von chasebanksucks.com bis zu walmartsucks.com. Milksucks.org und meatstinks.org sind nur zwei von unzähligen Sites, die einer Familie verwandter Themen angehören. Es gibt sogar Sites, die sich der Kontrolle anderer Sites widmen. Gegen eine Gebühr von bis zu 137 000 Dollar im Jahr verfolgt eWatch.com im Auftrag von Unternehmen potenziell schädliche Online-Aktivitäten; für eine zusätzliche Gebühr stellt ein Service namens Cyber-Sleuth (Cyber-Schnüffler) hinter dem Bildschirm Nachforschungen über Unruhestifter an.

In der E-Culture müssen die Unternehmensleitungen lernen, Informationen nicht zu horten, sondern rasch zu verbreiten. Die indirekte Kommunikation wird zunehmend mit Misstrauen betrachtet, wenn es möglich ist, die Informationsquelle direkt anzuzapfen oder wenn E-Mail-Verteilerlisten es erleichtern, alle über alles zu informieren. Wenn die Unternehmen die »Direktverbindung« zu ihren Kunden herstellen - wenn sie nicht nur direkt an sie verkaufen, sondern ihnen auch die Möglichkeit geben, ihre Bestellungen zu verfolgen -, müssen sie auch direkt mit ihren Mitarbeitern und Partnern kommunizieren. Das Kaskadenmodell, in dem die Information von einer Ebene auf die darunter liegende weiterfließt, ist nicht mehr schnell genug. Warum sollten wir uns die Mitteilung des Oberbosses vom Boss holen, wenn es kein Problem für den Oberboss ist, sie direkt an uns zu schicken?

In der E-Culture müssen die Unternehmensleitungen lernen, Informationen nicht zu horten, sondern schnell zu verbreiten.

Hier handelt es sich um einen der revolutionären, subversiveren Aspekte des Internets, und die Revolutionäre machen ihn sich zunutze. In einem konservativen Wannadot gelang der E-Commerce-Gruppe ein Durchbruch, als sie Namen und E-Mail-Adresse des Unternehmensleiters gut sichtbar auf der Website des Unternehmens platzierte und seine Sekretärin aufforderte, dafür zu sorgen, dass er jede E-Mail unabhängig von seinem Aufenthaltsort innerhalb von fünf Stunden beantwortete. Dieser gewiss riskante Schritt zahlte sich aus. Die Kunden teilten dem Unternehmensleiter direkt mit, was sie sich vom Internet erhofften. Das Feedback wurde nicht mehr von einer Verkaufsabteilung gefiltert, die eine Abneigung gegen das Internet hegte. Die direkte Kommunikation begünstigt Veränderungen. »Der CEO zählt mittlerweile zu unseren besten Verbündeten«, erklärte ein Insider.

Cyberproteste und E-Organizing

Das E-Organizing erschwert es dem Establishment in aller Welt, die Kontrolle aufrechtzuerhalten. Es folgen Beispiele aus drei Kontinenten:

- *Europa*: Im Oktober 1998 richteten italienische Internet-Nutzer eine Website ein, um gegen das Vorhaben der Telecom Italia zu protestieren, die Ortsgespräche und damit den Internet-Zugang zu verteuern. Die Besucher der Website wurden aufgefordert, die Site der Telecom zu stürmen und lahmzulegen. Dazu kam eine E-Mail-Kampagne, die auf die Telecom-Führung und die Gesetzgeber zielte.[11] Ergebnis: Die Telekommunikationsbehörde entschloss sich, die Internet-Tarife nicht anzuheben, während die Ortsgespräche verteuert wurden.
  Im Juni 1999 organisierten Benutzergruppen aus 15 europäischen Ländern einen 24-stündigen Netzstreik, um gegen die hohen Zugangsgebühren der Anbieter von Internetdiensten (ISPs) zu protestieren. In Griechenland gaben drei politische Parteien Erklärungen zu dem Konflikt ab, und France Telecom schlug eine Flatrate vor.[12]
- *Asien*: »Cyberproteste tragen wesentlich zur Stärkung der Verbraucherrechte bei, da sie sehr rasche Reaktionen ermöglichen«, erklärte ein koreanischer Aktivist. »Verbraucherschutzverbände und NROs melden sich heute bei jedem Thema zuerst im Internet zu Wort. Es gibt Leute, die sich nur mit dem Internet vertraut gemacht haben, um sich Online-Protesten anschließen zu

können.«[13] Bei den südkoreanischen Wahlen im April 2000 mussten nicht weniger als 50 führende Kandidaten Niederlagen hinnehmen, weil im Internet schädliche Information über sie veröffentlicht worden waren, die die traditionellen Medien nicht aufgegriffen hatten. Eine Dachwebsite gab rund 600 Basisgruppen die Möglichkeit, Informationen und Meinungen auszutauschen, und verwandelte sie damit in einen nationalen Machtfaktor.

- *USA*: Die Organisatoren der Proteste gegen die Welthandelsorganisation in Seattle (Dezember 1999) arbeiteten in erster Linie per E-Mail. Im Direct Action Network wurden unterschiedlichste unabhängige Gruppen online koordiniert. Schon vor den Protesten vor Ort attackierte eine Gruppe von »Hacktivisten« die Website der Welthandelsorganisation.

In manchen Fällen werden Unternehmen zum Ziel, manchmal führen sie auch selbst Proteste gegen Konkurrenzeinrichtungen an. Im Jahr 1995 erhielt der Dienstanbieter Asia Online beträchtlichen Rückenwind durch Proteste gegen eine behördlichen Angriff auf mehrere ISPs. Die Polizei in Hongkong hatte sieben ISPs – darunter Asia Online – gestürmt, ihre Ausrüstung beschlagnahmt und die Leiter mit der Begründung in Haft genommen, sie hätten keine gültigen Lizenzen. Nach Angabe der Polizei diente die Schließung der ISPs der Jagd nach einem Hacker, obwohl der Durchsuchungsbefehl mit einer Verletzung der gesetzlichen Vorschriften begründet wurde. Die Opfer vermuteten politische Interventionen hinter der Polizeimaßnahme, da ein mit der Regierung verbundenes Unternehmen die Konkurrenz ausschalten wolle. Um Druck auf die Regierung auszuüben, wurden 10000 empörte Kunden, die plötzlich keinen Internet-Zugang mehr hatten, aufgefordert, die Aufmerksamkeit der Medien in aller Welt auf die Ereignisse in Hongkong zu lenken. Nach einigen Tagen gab die Polizei die Computer zurück, und die Verfahren gegen die Dienstanbieter wurden rasch eingestellt. Joseph Sweeney, einer der Gründer von Asia Online, erinnert sich: »Dieses Fiasko unserer Gegner rückte unser Unternehmen tatsächlich ins Rampenlicht.«[15]

Das E-Organizing erschwert es dem Establishment in aller Welt, die Kontrolle aufrechtzuerhalten.

Über das Internet können Einzelpersonen Berge (oder Großkonzerne) versetzen. Im Juni 1999 richtete ein über mangelhafte Reparaturen an zwei fehlerhaften Toshiba-VCRs verärgerter Konsument in Japan eine Website ein, auf der er Kritik an Toshibas Kundendienst übte. Er verlangte eine förmliche Entschuldigung des Unternehmens und die Rückerstattung von 26 Dollar Versandkosten. Bis August zählte die Site mehr als 7 Millionen Besucher. Das Medienecho war gewaltig. Nachahmer richteten ähnliche Sites ein, deren Inhaber vergleichbare Geschichten erzählten und teilweise zu einem Boykott des Unternehmens aufriefen. Am 19. Juli veröffentlichte Toshiba eine öffentliche Entschuldigung, zog eine Klage gegen die Site zurück und schickte einen Bereichsleiter, der persönlich Abbitte bei dem Kunden leistete.[16] Doch die Site blieb offen.

Unternehmen werden häufig von der Geschwindigkeit überrascht, mit der sich Widerstand gegen ihr Vorgehen und ihr Angebot regt. Im Herbst 1999 erreichte e-Toys eine gerichtliche Verfügung, die es einer schweizerischen Künstlervereinigung mit Namen etoy untersagte, den seit 1995 verwendeten Unternehmensnamen zu verwenden. Kunden von e-Toys waren irrtümlich auf die Site von etoy gelangt und hatten dort verletzende Inhalte vorgefunden. Doch etoy lehnte e-Toys Kaufangebot für die Namensrechte ab. Die rechtlichen Schritte von e-Toys zogen die Einrichtung einer oppositionellen Website namens toywar.com nach sich, auf der sich innerhalb von zwei Tagen 700 Freiwillige meldeten, die bereit waren, Protestaktionen gegen e-Toys zu organisieren. Im New Yorker Museum of Modern Art hielten Künstler eine Pressekonferenz ab. ®Tmark, eine erklärt unternehmensfeindliche Site, half bei der Organisation virtueller Sit-ins (Aktivisten legten die Server von e-Toys mit unzähligen Anfragen lahm) und schlug vor, die Websites für Investoren mit negativen Nachrichten über das Unternehmen zu bombardieren. Auf dem Höhepunkt der Auseinandersetzung nahmen zwischen zehn- und zwanzigtausend Protestler am Feldzug gegen e-Toys teil.[17] Schließlich zog das Unternehmen seine Klage zurück.

»Mauspropaganda«

Im virtuellen Raum scheint ein bisher unbekanntes physikalisches Gesetz zu gelten: Schlechte Neuigkeiten verbreiten sich rascher als gute. Die Technologie begünstigt Guerillataktiken wie die rasche Verbreitung unbestätigter Gerüchte oder die unverzügliche Veröffentlichung durchgesickerter Dokumente. Im Mai 2000 berichtete Silicon Investor, dass es durchschnittlich eine Strafandrohung pro Tag für die in seinen Chatrooms verbreiteten Gerüchte über die Finanzmärkte erhalte. »Viele Verbraucher glauben eher den Quellen in ihrem E-Mail-Adressbuch als einem unbekannten Unternehmenssprecher, der darin geschult ist, die Öffentlichkeit zu beschwichtigen«, erklärt Pete Blackshaw, der Leiter von PlanetFeedback.

Über das E-Mail haben sich schon alle möglichen Warnungen verbreitet: in der Parkgarage eines Einkaufszentrums lauert ein Entführer, irgendwo werden Nieren gestohlen, und Deodorants verursachen Brustkrebs. Die Leute verbreiten diese Warnungen durch »Mauspropaganda«, das heißt mittels ihrer E-Mail-Listen, in ihrem Bekanntenkreis, weil sie glauben, damit etwas Gutes zu tun. In meinem Posteingang fand ich in jüngster Zeit Berichte über antisemitische Bücher bei Amazon.com und darüber, dass Intel angeblich für die Weiterleitung eines Kettenbriefs zahlt.

Im virtuellen Raum scheint ein bisher unbekanntes physikalisches Gesetz zu gelten: Schlechte Nachrichten verbreiten sich rascher als gute.

Ein Teil dieser Gerüchte ist relativ harmlos. Doch Gerüchte und Proteste können verheerende Schäden in einer Branche anrichten. Britische Agrartechnologiefirmen verloren die Auseinandersetzung um gentechnisch veränderte Lebensmittel in Großbritannien, weil ihre Gegner die öffentliche Meinung für sich gewannen, obwohl die Regierung ihre Produkte unterstützte. Die wenig fundierten Botschaften der Kritiker verbreiteten sich rascher, als sich die Hersteller hatten vorstellen können, und erstickten die Stellungnahmen angesehener Wissenschaftler im Keim.

Online-Gejammer

Jedes Problem eröffnet findigen Unternehmern Chancen. Die Infomediäre haben Proteste, Gerüchte und Klagen in ein lohnendes Geschäft verwandelt und geben immer mehr Menschen die Möglichkeit, sich immer öfter zu beklagen. Bitchaboutit.com verspricht all jenen, die einen besseren Service, eine bessere Regierung oder auch eine bessere Behandlung durch ihre Mitmenschen verlangen, rechtlichen Beistand, um ihre Forderungen durchzusetzen. (Das Banner trägt den Schriftzug »Ich will klagen! Wo muss ich unterschreiben?«) Als Alternative werden Gemeinschaftsaktionen angeboten (»Habe endgültig die Nase voll. Will mich dem Boykott anschließen!«). eCaveat.com und eComplaints.com bieten Zugang zu Beschwerdedatenbanken; Epinions.com enthält Berichte über mehr als 100 000 Produkte. Andere Websites, darunter

Feedback Direct und ugetheard, bieten den Konsumenten kostenlose Dienste zur Streitbeilegung an und liefern Unternehmen gegen Gebühr Informationen.

PlanetFeedback.com nimmt eine Spitzenposition auf diesem Gebiet ein. Das Unternehmen möchte eine konstruktive Rolle spielen und genießt das Vertrauen der Investoren. Doch man könnte PlanetFeedback auch als sich selbst erfüllende Prophezeiung bezeichnen: Allein die Existenz dieses Unternehmens ist eine Gewähr dafür, dass sich die Verbraucher beschweren werden.

»Das Internet hat die Position der traditionellen Einflussgruppen erschüttert«, erklärt Pete Blackshaw, der Leiter von PlanetFeedback. »Es ist der ungebetene Gast, der die Party hat platzen lassen.« PlanetFeedback wurde Ende 1999 in einem Loft in Cincinnati gegründet, um »die Stimme des Einzelnen in die Macht der Vielen zu verwandeln«. Auf dieser C2B-Site können die Verbraucher Beschwerde gegen Unternehmen führen und ihre Klage dem Kongress oder anderen Einrichtungen, die ihrer Meinung nach davon wissen sollten, zur Kenntnis bringen. Nach nur zwei Monaten zählte die Site mehrere tausend regelmäßige Besucher (die zum zweiten oder dritten Mal schrieben) und leitete die erste »Eskalationswelle« ein, um Unternehmen zu bestrafen, die nicht auf das Feedback reagierten.

Menschen, die dazu neigen, alle Welt über ihre angenehmen oder unliebsamen Erfahrungen mit einem Unternehmen in Kenntnis zu setzen, sind der Schlüssel zum Virus-Marketing. Als Mitglied eines interaktiven Marketing-Teams von Procter & Gamble hatte Pete Blackshaw eine wichtige Lektion gelernt: Er hatte die Anrufe verfolgt, die sich auf eine per E-Mail verbreitete unzutreffende Nachricht über einen angeblichen Asbestgehalt von Tampons bezogen. P&G registrierte rund 100 Anrufe pro Monat, aus denen darauf geschlossen wurde, dass etwa eine Millionen Menschen die E-Mail erhalten hatten. Doch plötzlich stieg die Zahl der Anrufe deutlich an. »An einem bestimmten Punkt entfaltet der Prozess im Internet eine Eigendynamik und wird unkontrollierbar. Und man weiß nicht, wann das Gerücht verstummen wird und wie man ihm Einhalt gebieten kann.«

Blackshaws Team fand heraus, dass man am besten Feuer mit Feuer bekämpfte, wozu man eigene Einflussgruppen (»Virenverbreiter«) finden musste. Auf diesem Modell beruht PlanetFeedback.com. Aus den Stellungnahmen der User werden wertvolle Informationen für die Unternehmen gewonnen: Orientierungspunkte für die Beeinflussung der Konsumenten und für die Feststellung von Trends und Einflussgruppen. PlanetFeedback.com ist ein Frühwarnsystem für Unternehmen. Ende Mai 2000 lieferten die Investoren einen Vertrauensbeweis, indem sie in einer Zeit, als die Dotcoms in Ungnade gefallen waren, 25 Millionen Dollar an Kapital für das Unternehmen bereitstellten. PlanetFeedback nimmt eine neutrale Position ein, die jedoch vielerorts Besorgnis weckt: »Schlauere Unternehmen könnten sagen: ›Hallo, wir sitzen hier auf einer Fokusgruppe.‹ Andere sagen vielleicht: ›Noch mehr schlechte Neuigkeiten zu bewältigen.‹« Jedenfalls hat die Tatsache, dass die Leute die Möglichkeit haben, sich mit Hilfe von PlanetFeedback, anderen Sites oder dank ihrer eigenen Mittel zu beklagen, zur Folge, dass die Zahl der direkten Gegenreaktionen zunehmen wird. Daher bedarf es größerer Reaktionsfähigkeit.

Planet Feedback.com ist ein Frühwarnsystem für Unternehmen: Aus den Stellungnahmen der User werden Informationen über Konsumentenwünsche und Trends gewonnen.

IBM bewies diese Reaktionsfähigkeit, als es einen eben erst beschlossenen Pensionsplan nach wenigen Tagen wieder zurücknahm, da eine Flut von E-Mails und Online-Protesten von Mitarbeitern über das Unternehmen hereingebrochen war. Einer Ende 1999 durchgeführten Studie zufolge machten sich 60 Prozent von fast 600 befragten Unternehmensleitern Sorgen über im Internet veröffentlichte negative Informationen über ihre Unternehmen. An erster Stelle wurde die Angst vor im Internet verbreiteter Kritik seitens unzufriedener Kunden genannt (40 Prozent), gefolgt von Angriffen ehemaliger Mitarbeiter (28 Prozent) und gegenwärtiger Mitarbeiter (25 Prozent). Eine weitere Sorge galt gegenwärtigen Angestellten, die die interne E-Mail nutzen, um ihr Unternehmen anzuschwärzen (25 Prozent).[20] Doch die Fragestellung dieser Studie erscheint sehr begrenzt, da das Internet die Unternehmen einem gewaltigen neuen Publikum aussetzt. Das World Wide Web verwandelt sich in den virtuellen Versammlungsort des Global Village. Und der Verlauf dieser Versammlung entscheidet über das Schicksal von Unternehmen und Nationen.

Morddrohungen und andere Reaktionen auf Veränderungen

Die loyale Community des einen Unternehmens kann eine tödliche Bedrohung für ein anderes darstellen. Die Revolution in einem Unternehmen bedeutet das Aus für ein anderes. Darüber hinaus hängen die Reaktionen auf das Internet davon ab, ob dieses an sich die Existenz eines Unternehmens bedroht.

Heute wird dem Endverbraucher fast alles direkt über das Internet angeboten. Eine Fluglinie kann die Reisebüros umgehen und die Tickets direkt an die Reisenden verkaufen. Sie kann darauf verzichten, ein Ticket auf Papier auszudrucken, und die Verkaufsaufzeichnungen direkt zum Check-in weiterleiten. Ein Hersteller kann den Groß- und Einzelhandel umgehen und direkt an Unternehmenskunden und Verbraucher verkaufen. In einer Art von Montagesystem im Cyberspace kann dem Kunden ein Paket von Produkten und Dienstleistungen angeboten werden: Honeywell zum Beispiel gibt seinen Kunden auf der Website MyPlant.com die Möglichkeit, im Internet ihr eigenes System für die Prozesssteuerung zu gestalten, zu bestellen und zu kaufen, ohne teure Ingenieure mit der Konfiguration des Systems beauftragen zu müssen.

Im Netz verschwimmen die Grenzen zwischen den Branchen. Wer in einem Geschäft erfolgreich ist, kann auch in vielen anderen tätig werden und damit Unternehmen außerhalb seiner angestammten Branche bedrohen. Ein Beispiel ist 7-Eleven, eine japanische Kette von Nachbarschaftsläden, die eine virtuelle Bank gegründet hat. Oder die Napster-Software, die eine gewaltige und zugleich schwer zu greifende Bedrohung für die Musikindustrie darstellt, denn jedermann kann im Internet in einem Netz kleiner Sites fast jede Musikaufnahme finden und augenblicklich herunterladen. Der Industrie fällt es ungemein schwer, diese Sites aufzuspüren, geschweige denn unter Kontrolle zu bringen.

Wenn ein Unternehmen ins E-Business einsteigt, ordnet es seine Lieferkette neu: Um die komplizierte Logistik von Online-Bestellungen und Lieferungen zu bewältigen, müssen zahlreiche Beziehungen gleichzeitig neu gestaltet werden, und sämtliche Partner müssen ihre Arbeitsweise grundlegend ändern. Eine der schwierigsten Aufgaben für die Internetpioniere besteht darin, die elektronische Geschäftstätigkeit auf die bestehende Aktivität abzustimmen, denn die traditionellen Abteilungen des Unternehmens fürchten sich vor einem Verlust ihrer Kunden oder ihres Einflusses. Die Internet-Geschäftsmodelle verschieben das interne Gravitätszentrum oder beseitigen Arbeitsschritte – und damit möglicherweise eine ganze Abteilung oder eine Geschäftseinheit.

Im Netz verschwimmen die Grenzen zwischen den Branchen. Wer in einem Geschäft erfolgreich ist, kann auch in vielen anderen tätig werden.

Bei den so genannten Channel Conflicts – gemeint ist die Konkurrenz zwischen den verschiedenen Vertriebskanälen (zum Beispiel zwischen Ladenverkauf und Direktverkauf über das Internet) - handelt es sich häufig um erbitterte Auseinandersetzungen, die mit einem heftigen verbalen Schlagabtausch einhergehen können. Versetzt der neue Online-Kanal dem Offline-Geschäft tatsächlich den Todesstoß, so ist die Reaktion häufig: »Wenn ich schon sterben muss, werde ich dich mit ins Grab nehmen.« Dieses Schicksal ereilte Steve Rothschild, den Gründer von Furniture.com.

Rotschild sah im Internet die Rettung für das dahinsiechende Familienunternehmen, doch die übrigen Mitglieder der Möbelbranche wollten seine unternehmerische Medizin nicht schlucken. Als Rothschild 1996 mit dem Direktverkauf über das Internet begann, erklärten ihm die Möbeldistributoren den Krieg. Er erhielt Hassbriefe und sogar eine Morddrohung. Die Distributoren versuchten die Fabriken zu einem Boykott von Furniture.com zu bewegen. Furniture.com und sein Gründer überlebten - doch Ende des Jahres 2000 gab Rothschild das Geschäft auf.

Bestehende Beziehungen zu beenden ist besonders schwierig, wenn sie eine geografische Grundlage haben. Ein Beispiel sind lokale Unternehmen mit Franchise-Rechten für bestimmte Gebiete, denen eine Umgehung durch virtuelle Gemeinschaften droht. Was geschieht mit Autohändlern, die Gebietsschutz genießen, wenn Greenlight.com online über geografische Grenzen hinweg Autos verkaufen kann oder wenn sich die Hersteller entschließen, selbst in den Direktverkauf zu gehen? Im Frühjahr 2000 entbrannte eine Diskussion darüber, ob die Autoproduzenten nicht nur Autos, sondern auch Händlerkonzessionen an Dotcoms verkaufen sollten. CarOrder.com, eine Tochter der Softwarefirma Trilogy, bemühte sich um ein Dutzend Konzessionen.

Mary Kay: Direktverkauf und Web-Community

Das Kosmetikunternehmen Mary Kay gewährt traditionell seinen Vertreterinnen im Direktverkauf Gebietsschutz. Das Internet stellte eine tödliche Bedrohung für dieses bewährte Modell dar. Doch anstatt zu versuchen, das angestammte Revier zu verteidigen, baute das Unternehmen eine Web-Community auf. Besonders interessant ist, dass sich ältere Bürger und Frauen, zwei Gruppen, die gemeinhin als wenig aufgeschlossen gegenüber dem Internet gelten, an die Spitze der Bewegung setzten. Mitte des Jahres 2000 rief Mary Kay jede Woche hunderte unabhängige Dotcoms ins Leben, die mit Unterstützung des Unternehmens von seinen unabhängigen Beauty Consultants geführt wurden. »Ein Unternehmen, das stets an die Mundpropaganda glaubte, glaubt jetzt an die Mauspropaganda«, erklärt Vizepräsident Richard Bartlett. »Wir glauben, dass das Internet die gewohnten Geschäftsabläufe auf den Kopf stellen wird, insbesondere unseren gewohnten Direktverkauf.« Mit nur 3200 fest angestellten Mitarbeitern, aber über 620 000 Beauty Consultants in aller Welt ist Mary Kay führend im Direktverkauf von Kosmetika sowie im E-Commerce. Das Unternehmen erzielt einen beträchtlichen Teil seines Umsatzes im Internet - im Jahr 1999 50 Prozent des gesamten Großhandelsumsatzes von fast 1 Milliarde Dollar.

Zwischen September 1999 und April 2000 wurden 34 000 unabhängige Unternehmen gegründet, deren Websites mit marykay.com verbunden waren. Das alte, auf geografischen Gebieten beruhende Geschäftsmodell, in dessen Mittelpunkt das persönliche Verkaufsgespräch stand, machte eine Wandlung durch. Die über das Internet eintreffenden Hinweise auf potenzielle Kundinnen, etwa jene von der Gratis-Hotline, wurden den Beauty Consultants nach dem Rotationsprinzip zufällig zugeteilt. Das Internet lockte neue Kundinnen unter den jüngeren Frauen an und brachte eine neue Art von Unternehmerinnen hervor, die Dotcoms gründeten, um Aufnahme in die Mary-Kay-Gemeinschaft zu finden.

Hope Pratt ist ein Beispiel für eine solche Karriere. Im Jahr 1982 wollte die junge Mutter von zu Hause aus ein Unternehmen führen und stieß auf Mary Kay. Als Pratt 1987 von der Computerabteilung des Unternehmens aufgefordert wurde, ihren Betrieb auf Computer umzustellen, hatte sie noch nie eine Tastatur berührt. Zwölf Jahre später hatte sie sich in ein Vorbild für ihre Kolleginnen verwandelt: Sie betrieb auf ihrer Website E-Commerce, gab Software-Unterricht und nutzte das E-Learning-System von Mary Kay für die Online-Ausbildung. Im Juli 2000 führte die ehemalige Computeranalphabetin mehr als 30 unabhängige Schönheitsberaterinnen und betreute persönlich 650 loyale Kunden in 27 Bundesstaaten.

Das Internet erleichterte es Pratt, ihre Kunden an sich zu binden, obwohl sie häufig umziehen musste (ihr Mann ist Footballtrainer). Hingegen fiel es ihr schwer, mit lokalen Franchises zu konkurrieren, die den Kundinnen die Produkte direkt vorführen konnten. »Ich musste mich ungeheuer anstrengen, um eine Kundin dazu zu bewegen, bei mir zu bleiben, anstatt von einer Schönheitsberaterin in der Nähe zu kaufen. Ich erklärte meinen Kundinnen, dass ich jede Bestellung, die bis 9 Uhr morgens bei mir eintreffe, bis 13 Uhr versenden würde, womit sie abhängig vom Wohnort der Kundin innerhalb von ein oder zwei Tagen bei ihr eintreffen würde.« Ihre Ausgaben für Versandgebühren stiegen, doch mit der Einführung des Internets sank ihre Telefonrechnung. Da der persönliche Kontakt in diesem Geschäft weiterhin von großer Bedeutung ist, ruft Pratt ihre weit entfernten Kunden regelmäßig an, weil ein Telefongespräch persönlicher ist als eine E-Mail.

Verzaubert, verunsichert oder verwirrt?

Wer sind Sie in diesem Augenblick? Ein eigenständiger Konsument, ein begeisterter Unternehmer oder ein ums Überleben kämpfender Manager? Sind Sie ein Virenverbreiter, der Informationen weitergibt, oder ein bedrängter Manager, der versucht, der Ausbreitung schädlicher Informationen Einhalt zu gebieten? Stufen Sie sich auf meiner Skala der Einstellungen ein:

- *Verzaubert:* Sie sind vom Internet begeistert, ein überzeugter Anhänger, der nichts Schlechtes über das Web hören will. Sie glauben daran, dass im Internet große Reichtümer zu finden sind (selbst wenn Sie Geld mit einer Investition in ein Dotcom verloren haben).
- *Verunsichert:* Vielleicht gehen Sie einer Tätigkeit nach, die vom Internet verdrängt zu werden droht. Oder Sie sind ein besorgter Bürger, der Sorgen über die gesellschaftlichen Auswirkungen des Internets hat. Neue Technologien sind für Sie nicht nur deshalb beunruhigend, weil sie eine persönliche Bedrohung darstellen können, sondern auch, weil ihre potenziellen Auswirkungen unbekannt sind und nicht gesteuert werden können. Das war zum Beispiel zu beobachten, als der Aufschwung der Dotcoms an den Börsen endete und das Dotcom-Sterben eine gesellschaftliche Gegenreaktion auslöste.
- *Verwirrt:* Sie sind in guter Gesellschaft, denn diese Verwirrung ist allgemein. Es herrscht zwar Klarheit über die unternehmensinterne Seite der elektronischen Geschäftstätigkeit (elektronische Beschaffung, Netze zur Mitarbeiterinformation und Kundendienstverbindungen), gleichzeitig verbreitet sich aber Verwirrung über die wirtschaftlichen und sozialen Auswirkungen des Internets. Selbst die engagiertesten Befürworter des Netzes sprechen von großer Ungewissheit und kündigen unerwartete Kursänderungen an. Den meisten meiner Interviewpartner fiel es schwer, exakt zu definieren, *was* das Internet verändert – abgesehen davon, dass es Technologieexperten

und Freaks in Helden verwandelt. Einig waren sich die Befragten nur in der Prognose: Dies ist erst der Anfang.

Die Verwirrung wird nicht geringer, nur weil ein Unternehmen selbst im Internet tätig wird. Die Leiter einiger kleinerer Unternehmen, darunter auch reine Internetfirmen, äußerten sich in Interviews unsicher und besorgt über die kommenden Entwicklungen. Der Geschäftsführer einer Online-Kunsthandlung, die sehr früh ins Internet gegangen ist und auf einem fragmentierten Markt eine vorteilhafte Position einnimmt, stellt sich zum Beispiel die Frage, was die Kunden in Zukunft davon abhalten wird, das Pionierunternehmen links liegen zu lassen und direkt zu anderen Händlern zu gehen, die sich mit einiger Verzögerung doch noch zum Einstieg ins Internet entschlossen haben. Der Leiter einer anderen Dotcom, die eine Vielzahl von Reparatur- und Unterstützungsdiensten für Kleinunternehmen zusammenstellt, macht sich Sorgen darüber, was geschehen wird, wenn die Kunden lernen, selbst nach geeigneten Diensten zu suchen, oder wenn Unternehmen aus anderen Branchen, etwa aus dem Bankgewerbe, diese Dienstleistungen auf ihren Sites anbieten.

Das Internet lebt von Imagination und Visualisierung. In den Werbespots von Microsoft heißt es: »Wohin wollen Sie heute gehen?« Aber die Vorstellungskraft ist der Machbarkeit noch weit voraus. Der mit dem Internet einhergehende Wandel verläuft uneinheitlich.

Die Netzwerke entwickeln sich rasch, während die Benutzer noch immer gerne zum Telefon greifen. Online-Kunden erhalten telefonisch möglicherweise eine bessere Betreuung als im Internet – weshalb einige Dotcoms einen Service mit echtem Betreuungspersonal einrichten. Ein erfahrener User erklärt: »Wenn ich ins Netz gehe, hege ich größere Erwartungen. Ich will alles, was ich sehe, und ich will es sofort. Daher ist meine Enttäuschung größer, wenn meine Erwartungen nicht erfüllt werden.«

»Im Internet wirkt ein kleines Unternehmen wie meines genauso groß wie die Konkurrenten, denen ich nacheifere«, erklärt der Gründer einer Website für lokale Haushaltsdienstleistungen. Obwohl seine Dotcom nur einen festen Angestellten, einige Teilzeitkräfte und einen freiwilligen Mitarbeiter hat, die im Haus des Unternehmers arbeiteten, kann man beim Besuch seiner Website glauben, es mit einem großen und gut organisierten Unternehmen zu tun zu haben. Auf der anderen Seite schrumpfen Großunternehmen mit riesigen Verkaufsabteilungen im Internet zu Zwergen. Es ist wie in dem Märchen, wo auf der Vordertür des Hauses »Der kleinste Riese der Welt« und auf der Hintertür »Der größte Zwerg der Welt« geschrieben steht.

Das Internet konfrontiert die Unternehmensführungen mit neuen Erfordernissen. Es erfordert neue Organisationsformen, Karrierepläne und Fähigkeiten. Um sich im E-Business durchzusetzen, muss man einen neuartigen Zugang wählen. Es genügt nicht, sich für das Internet zu entscheiden, eine Website zu gestalten und eine Strategie für den elektronischen Geschäftsverkehr zu entwerfen. Die Unternehmen müssen das Potenzial der Online-Communities berücksichtigen, die ein vorteilhaftes Organisationsmodell, aber auch eine gefährliche Opposition darstellen können.

Kleinstunternehmen können sich im Internet wie Riesen präsentieren, während Großunternehmen auf Zwergengröße schrumpfen.

Als Mitglied einer Internet-Community gehen wir eine ganz andere Beziehung zu einem Unternehmen ein als die Angehörigen klassischer Interessengruppen. Das Internet wirkt sich auf jeden Einzelnen aus, weil es uns in die Lage versetzt, Meinungen zu äußern und Entwicklungen zu beeinflussen. Wäre dies die einzige Wirkung des Netzes, so hätten wir allen Grund zur Besorgnis und wären gut beraten, uns mittels technologischer und rechtlicher Einschränkungen gegen einen Missbrauch zu wappnen. Glücklicherweise eröffnet uns das Internet ebenso große Chancen, die gesellschaftliche Entwicklung und die Beziehungen zwischen den Menschen zu fördern, indem wir eine für alle offene Gemeinschaft aufbauen. So treibt das Internet gleichzeitig die Dezentralisierung und die Integration voran. Das Ergebnis steht nicht von vornherein fest: Es liegt an uns, es zu beeinflussen.

2

ALICE IM ZUKUNFTSLAND: Weisen uns die Jungen den Weg?

> Wie du siehst, musst du hier so schnell laufen, wie du kannst, um an derselben Stelle zu bleiben. Wenn du vorankommen willst, musst du mindestens doppelt so schnell laufen!
> *Die Rote Königin zu Alice, in* Alice hinter den Spiegeln *von Lewis Carroll*

> Ob Old oder New Economy: Es gelten immer dieselben Regeln. Keine Marke kann sich ohne eine gute Markenpositionierung behaupten, die dem Kunden einen Nutzen verspricht und gegen Angriffe verteidigt werden kann. Kein Unternehmen wird Erfolg haben ohne Ertragswachstum und Erhöhung des Shareholder Value.
> *Jeanne Jackson, CEO von Walmart.com*

In den ersten Jahren des Internets schienen die Dotcoms in einem anderen Universum zu leben, in dem die Fantasie blühte und leichtes Geld zu verdienen war. Es hatte den Anschein, als würden in diesem Reich die Regeln neu geschrieben und alte wirtschaftliche Prinzipien auf den Kopf gestellt. Die Kultur, die sich dort entwickelte, ist auf die Jugend zugeschnitten. Büros verwandeln sich in Wohnungen, und die Küche dient der Belegschaft als Ort der Begegnung. Die Mitarbeiter haben befristete Arbeitsverträge, während mit außenstehenden Partnern langfristige Vereinbarungen geschlossen werden. Neue Mitarbeiter mit wenig Geschäftserfahrung erhalten freie Hand und entscheiden über die Zukunft von Unternehmen. Die Jungen unterweisen die Alten.

Es ist wie bei Alice im Wunderland: Durch den Spiegel betritt sie eine verkehrte Welt, nur dass sie im Zukunftsland (der Fantasiewelt des virtuellen Raums) niemals einfach nur gehen darf, sondern immerzu laufen muss. Die Geschwindigkeit des Wandels erinnert an Alices Krocketspiel, in dem alles lebt und sich rasch bewegt: Ihr Schläger ist ein Flamingo, der Ball ein Igel,

Soldaten beugen sich vornüber, um die Tore zu bilden, und es ist unmöglich, einen von ihnen zum Stillhalten zu bewegen.

Es heißt, im Internet verstreiche die Zeit sieben Mal so schnell wie in der materiellen Welt. Neue Unternehmen nehmen schneller den Betrieb auf, beginnen früher mit Übernahmen, gehen schneller an die Börse, erleiden innerhalb kürzester Zeit erste Rückschläge und bauen Arbeitsplätze ab - und all das, bevor ein herkömmliches Unternehmen die Hälfte seines fünfjährigen Planungszyklus hinter sich gebracht hat.

Muss man sein wie Alice - ein fantasievolles Kind, das noch offen für Wunder ist -, um durch das Zukunftsland zu reisen? Die Dotcoms wissen möglicherweise, dass im virtuellen Raum Überraschungen, harte Auseinandersetzungen und tödliche Fallen auf sie warten, doch sie scheinen fest davon überzeugt, in die richtige Richtung zu gehen. In meiner globalen Studie zur E-Culture stimmten 88 Prozent der Vertreter reiner Internet-Unternehmen folgender Aussage uneingeschränkt zu: »Das Internet wird in absehbarer Zukunft sämtliche Aspekte der Unternehmenstätigkeit vollkommen verändern.« Die Leiter junger Dotcoms hegen keine unerschütterliche Zuversicht, denn sie sind mit Marktbedingungen konfrontiert, die nur wenige überleben werden. Doch diejenigen, die ein solides Geschäftsmodell besitzen, sind fest davon überzeugt, die globale Vorherrschaft zu erringen.

Es heißt, im Internet verstreiche die Zeit sieben Mal so schnell wie in der materiellen Welt.

Abuzz: Die Chronik einer Dotcom

Abuzz Technologies ist eines dieser jungen Unternehmen. *Total World Domination* lautet der Titel des Films, den Abuzz in Auftrag gab, um seine erste große Produkteinführung zu feiern. Gäbe es Abuzz nicht, so hätte ich es gerne erfunden, denn es weist alle Merkmale der idealen Dotcom auf. Abuzz ist ein reines Internet-Unternehmen, das eine Dienstleistung anbietet, die ohne elektronische Netzwerke nicht denkbar wäre. Das Unternehmen hat eine Arbeitsgemeinschaft und Online-Communities aufgebaut, was es ihm erlaubt, einen ungewöhnlich hohen Anteil der besten Mitarbeiter im Unternehmen zu halten. Die Ingenieure, Designer und Verkäufer sind perfektionistische Teamarbeiter, die sich durch ihre Fähigkeit auszeichnen, mit atemberaubender Geschwindigkeit Lösungen für komplexe Probleme zu finden. In seiner kurzen Lebenszeit hat das Unternehmen Produkte erfunden, improvisiert und mehrere Kehrtwendungen vollzogen, wobei es immer noch aussieht wie viele andere jugendliche Dotcoms: Gemeinschaftsküche, eine rund um die Uhr arbeitende Belegschaft, lässige Kleidung, Haustiere im Büro, unablässige Musikkulisse, revolutionäre Rhetorik und der Wunsch, Mutti und Vati zu beeindrucken.

Abuzz ist in zweierlei Hinsicht ein Inbegriff der Jugend: da ist zum einen die Jugend des Unternehmens und zum anderen die Jugend der Gründer und Mitarbeiter. Doch hinter diesen jugendlichen Himmelsstürmern steht ein kluges Mutterunternehmen, das Abuzz in eine wirtschaftlich sinnvolle Richtung lenkt und zugleich bereit ist, von ihm zu lernen. Im nächsten Kapitel geht es um die Kultur von Abuzz und die Frage, ob uns die Jungen - die jungen Leute und die jungen Dotcoms - tatsächlich den Weg in die Zukunft weisen können.

Tolle Technologie, keine Anzüge: Das erste Geschäftsmodell

Abuzz wurde im Sommer 1996 von drei Partnern ins Leben gerufen, die damals allesamt Mitte zwanzig waren, jedoch bereits einige berufliche Erfahrung besaßen. Andy Sack war ein ehemaliger Venture Capitalist und zählte zu den Gründern von Firefly Network, das schon nach kurzer Zeit an Microsoft verkauft worden war. Andres Rodriguez war ein Softwareentwickler, dessen gerade entstandenes Unternehmen mit dem neuen Betrieb fusionierte. Shaun Cutts war ein Computerwissenschaftler, der gerade eine Forschungstätigkeit beim Human Genome Project in Europa abgeschlossen hatte. Cutts wollte wie seine Partner nie wieder gezwungen sein, am Arbeitsplatz einen Anzug zu tragen. (Eine Mitarbeiterin verriet mir, sie habe sechs Monate bei Abuzz gearbeitet, bevor sie Rodriguez zum ersten Mal in langen Hosen gesehen habe.) Die ersten Büros waren in der Mansarde von Rodriguez' Haus untergebracht.

Ursprünglich wollten die drei Gründer Informationsauktionen veranstalten, um Käufer und Verkäufer von Fachwissen zusammenzubringen. Das Territorium war noch unerschlossen, und das Konzept der Versteigerung war noch nicht vergeben (eBay stand erst am Anfang seiner Entwicklung). Den Namen Abuzz (Gesumme, Summen) wählte Cutts. Das Bild von sozialen Tieren, vielleicht sozialen Insekten, schien das Konzept der Weitergabe von Wissen am besten auszudrücken. Doch was sollte man nehmen: Affen? Bienen? Ameisen? Sack begab sich zum Hauptbahnhof von Boston und fragte die vorübereilenden Reisenden nach ihrer Meinung zu verschiedenen Tiernamen. Die Bienen machten das Rennen. Cutts zog ein Adjektiv vor und entschied sich nach einer Computersuche für Abuzz. Freundliche Bilder tauchten auf: »beehive« (Bienenstock), »beeline« (der kürzeste Weg, also der, den die Biene zur Rückkehr in den Bienenstock wählt), Servernamen wie »I'llbeeback«. Später wurde deutlich, dass die frühe Position im Alphabet ebenfalls ihre Vorteile hatte. »Damals wusste ich nicht, was der Name wert war«, gesteht Rodriguez. »Heute ist mir klar, dass er wahrscheinlich der zweitwichtigste Vermögenswert des Unternehmens ist. Der Name kommt nach den Menschen und vor der Technologie.«

Und wie wurde der wertvollste Vermögenswert aufgebaut, die Menschen? Charakteristisch für die ersten Neuzugänge war eine Mischung von sozialem Aktivismus und technologischen Kenntnissen. John Capello, damals 22 Jahre alt, war der zweite Mitarbeiter. Capello, ein Zimmergenosse von Rodriguez' Bruder in Harvard, hatte mit jugendlichen Angehörigen von Risikogruppen gearbeitet und vergeblich versucht, ein Cybercafé einzurichten. Die erste Mitarbeiterin, Jess Brooks, war an der Wall Street als Aktienhändlerin tätig gewesen und hatte in einer gemeinnützigen Organisation misshandelten Frauen geholfen. Die Kombination von Technologie und sozialem Gewissen lockte Menschen mit ähnlichen Einstellungen an.

> *»Der Name ›Abuzz‹ ist der zweitwichtigste Vermögenswert des Unternehmens. Er kommt nach den Menschen und vor der Technologie.«*

Zunächst galt es, ein geeignetes Geschäftsmodell zu finden, in dem die Kooperationstechnologie angewandt werden konnte. »Da es uns an Selbstvertrauen mangelte, änderten wir ziemlich oft den Kurs«, erinnert sich Cutts. Im Februar 1997 hatte Abuzz das Konzept der Informationsauktion aufgegeben. An die Stelle von Beeline (Verbindung von Menschen und Inhalten) trat das Modell Beehive (Verbindung von Menschen mit anderen Menschen). In der Verknüpfung von Menschen und Inhalten waren bereits andere Unternehmen tätig; das ebenfalls in Boston beheimatete Firefly wuchs rasch. Doch auch mit Beehive bekamen die drei noch einmal kalte Füße: Man hörte allerorten, das Internet sei tot; Firefley gab seine Website, um die sich eine Community von einer Millionen Benutzern gebildet hatte, zugunsten der Entwicklung von Werkzeugen auf. Das Internet-Angebot von Abuzz war fraglich, und es war noch nichts aufgebaut worden. Die drei Gründer waren davon überzeugt, neue Unternehmen müssten Gewinne vorweisen, um Investoren anzulocken. (Kurze Zeit später machte der schrankenlose Internet-Optimismus der amerikanischen Anleger diese Gewinne und sogar Einnahmen überhaupt zu einer entbehrlichen Voraussetzung für die Bereitstellung von Kapital.)

Wie sollte es also mit Abuzz weitergehen? Über einen Bekannten erhielt Sacks einen Beratervertrag für Technologieentwicklung bei Sony. Diese und einige andere Beratungstätigkeiten bewegten Abuzz dazu, ein Beratungsmodell zu wählen. Ein Mitarbeiter beschrieb, wie man sich bei Abuzz fühlte: »Dieses große Unternehmen kaufte unsere Technologie, und wir waren der Aufgabe gewachsen.« Es gab einen Markt für die Technologie von Abuzz. Die großen Unternehmen hatten ausgefeilte Informationssysteme, doch sie wussten nicht, wie sie Menschen, deren Fragen oder Kenntnisse einander ergänzten, zusammenbringen konnten.

Also entwickelte Abuzz ein Modell für die Unternehmensberatung. Mehrere Investoren stellten insgesamt vier Millionen Dollar Wagniskapital zur Verfügung. Im Oktober 1998 brachte Abuzz die Betaversion seiner Beehive-Software heraus, die mittels eines kooperativen und anpassungsfähigen Filters das unausgesprochene Wissen der Mitarbeiter eines Unternehmens sammeln konnte.

Richtungsänderung: Ein neuer Partner und das Internet

Die Beratungstätigkeit war eingeleitet und in acht Unternehmen liefen Testversionen der Software. Microsoft und Lotus streckten die Fühler aus, um eine Partnerschaft einzugehen. In diesem Augenblick vollzog Abuzz erneut eine Kehrtwendung und besann sich auf die ursprüngliche Vision seiner Gründer. Jonathan Glick, der Sacks den Auftrag von Sony vermittelt hatte, hatte einen Job beim Internet-Ableger der *New York Times* angenommen und erzählte seinen Kollegen von Abuzz. Im Winter 1999 nahm New York Times Digital, wie dieser Bereich mittlerweile hieß, Abuzz unter Vertrag und bot an, das Unternehmen zu kaufen, sofern es seine Technologie dem Internet anpasste. Rodriguez, der damals für die Entwicklungsarbeit bei Abuzz zuständig war, wollte die Arbeit an der Beratungssoftware fortsetzen. Doch schließlich gab er seinen Widerstand auf und stimmte einem Verkauf zu.

Abuzz stand Kopf. Kaum hatte es sein erstes Produkt fertig gestellt, war es gezwungen, es wieder aufzugeben. Jess Brooks, die zu jener Zeit im Verkauf tätig war und später zur Leiterin des Bereichs Communities und angegliederte Websites aufstieg, erinnert sich: »Es war eine verrückte Zeit. Wir hatten gerade eine Kundendienstabteilung für unser Unternehmensprodukt eingerichtet. Die erste Software für die Unternehmenskunden wurde am 30. April vorgestellt. Im Mai begann der Verkauf. Doch dann wurden wir von der *New York Times* gekauft und mussten im Juli plötzlich auf ein Internet-Produkt umsteigen.«

Bei allem Aufruhr herrschte Erleichterung darüber, dass sich Abuzz nicht in ein Tochterunternehmen von Lotus oder Microsoft verwandeln würde, wie es einer der Gründer vorgehabt hatte. Mit diesen Partnern hätte Abuzz wahrscheinlich seine Tätigkeit im Wissensmanagement fortgesetzt und seinen Charakter sowie seine relative Unabhängigkeit eingebüßt. Schließlich war die Unternehmensführung Zeuge gewesen, wie Microsoft Firefly integriert und »in Stücke gehackt« hatte, wie ein Mitarbeiter sagte.

Das Internet-Modell erwies sich als Kraftquelle. Plötzlich waren die zwiespältigen Gefühle, die einige sozial engagierte Mitarbeiter in Bezug auf das Geschäft mit Unternehmen gehegt hatten, wie weggeblasen. Es war »fast wie eine Bekehrung«, erklärt Brewer. Obwohl fast 20 Prozent der Mitarbeiter entlassen werden mussten, waren alle fest davon überzeugt, »zur Abwechslung etwas Gutes für die Welt zu tun«.

Doch bald geriet das Unternehmen erneut in Turbulenzen. Konkurrenten versuchten, begabte Abuzz-Mitarbeiter abzuwerben. Die Unternehmensführung musste ihre Leute davon überzeugen, dass man nun nicht nur ein besseres Geschäftskonzept hatte, sondern dass Abuzz auch über das Geld, das Ansehen, die Marke und die Sicherheit verfügte, die mit der Bindung an ein Unternehmen der Fortune 500 einher ging. Bald machte sich Optimismus breit. Die Marketing-Leiterin Liesel Pollvogt erklärt: »Wir stehen im Mittelpunkt einer großen Vision. Wir werden mehr sein als eine newspaper.com.« Und Capello meint: »Es geht bei der *Times* nicht nur um die Produktion von Zeitungen, sondern auch um das Gemeinwohl. Sie ist seit jeher ein Unternehmen mit einer Vision.«

Im Vertrag mit NYTD hatte sich Abuzz verpflichtet, innerhalb von zwei Monaten die erste Version eines Internet-Produktes vorzustellen. Drei Monate später, das heißt im November, musste die zweite Version fertig sein. Um diese – nach Meinung einiger Mitarbeiter unmögliche – Mission zu erfüllen, wurden zwei Teams gebildet. Eine kleinere Gruppe arbeitete an Version eins, während sich das größere Team mit der zweiten Version beschäftigte. Die Anwendung der Technologie im Internet konfrontierte Abuzz mit neuen Herausforderungen. Dazu kam die Größe des Marktes: Wie konnte man Menschen, die einander überhaupt nicht kannten, dazu bewegen, ihr Wissen auszutauschen?

Ein Prinzip von Abuzz lautet, stets pünktlich zu liefern. »In unserem Unternehmen gilt eine Regel«, erklärt Andres Rodriguez. »Du kannst tun, was du willst, du kannst zu spät oder gar nicht zur Arbeit kommen oder über Nacht bleiben. Es ist uns egal, solange du jede Aufgabe zum vereinbarten Zeitpunkt fertig stellst. Liefere niemals, niemals zu spät. In diesem Punkt waren wir sehr hart. Wer eine Frist überschritt, war aus dem betreffenden Projekt draußen. Das mochte einige Leute überfordern, doch auf diese Art schufen wir diese phänomenale Kultur, in der ein großer Druck seitens der Kollegen besteht, alles pünktlich abzuliefern.« In einer letzten Anstrengung wurde jedes Produkt perfektioniert, bevor es einer weniger eingehenden Prüfung unterzogen wurde. »Wir erschwerten uns selbst die Aufgabe«, erklärt Brewer. »Es war ungeheuer anstrengend. Wir wollten alles richtig machen.«

»Du kannst tun, was du willst, du kannst zu spät oder gar nicht zur Arbeit kommen – solange du jede Aufgabe zum vereinbarten Zeitpunkt fertig stellst.«

Wie ist es Abuzz gelungen, so rasch voranzukommen? Durch unablässige Kommunikation und Teamarbeit. Brewer stellt den Zugang von Abuzz den Methoden gegenüber, den die Ingenieure an ihren früheren Arbeitsplätzen kennen gelernt haben: »Bevor wir einen Liefertermin festlegen, setzen sich 20 oder mehr Ingenieure zusammen und sagen: ›Wir werden dies und das bauen. Wie lange wird es dauern?‹ Wir fragen nicht die Manager, sondern die Leute, die die Arbeit machen müssen. Sie fühlen sich einander verpflichtet. Das Design wird bis ins Detail besprochen. Die Mitarbeiter legen ihren Zeitplan selbst fest.« Während die Beziehungen zu früheren Kunden gelöst und die Organisation des Unternehmens umgekrempelt wurde, passte Abuzz die Beehive-Software den Bedürfnissen einer großen Benutzergemeinde im Internet an. »Wir haben ein ganz neues Unternehmen mit einem völlig anderen Geschäftsmodell aufgebaut«, erklärt ein Mitarbeiter. »Ich hatte nie Zweifel daran, dass wir es schaffen würden.«

Das jugendliche Team profitierte von guter elterlicher Fürsorge. Martin Nisenholtz, der Leiter von NYTD, wollte den Leuten von Abuzz den Übergang so leicht wie möglich machen: »Ich wollte ihnen signalisieren, dass wir gemeinsam ganz neue Dinge tun würden, dass ich jedoch keinerlei Absicht hegte, die Führung ihres Unternehmens an mich zu reißen. Wir mussten sehr behutsam vorgehen. Abuzz musste als Teil unseres Unternehmens die Möglichkeit haben, seinen eigenen Weg zu gehen.«

Im Dezember 1999 gab Rodriguez einen Film mit dem Titel *Total World Domination* in Auftrag, um dem Unternehmen und NYTD das Webdesign vorzustellen. Er wollte »im Stil von Apple« vorgehen und die Leute dazu bewegen, »genauso wie wir zu denken«. Der professionell gemachte Film über die Website, der militärische Bilder enthielt und von einer martialischen Musik begleitet wurde, wurde regelmäßig in *Abuzz TV* wiederholt, das unter anderem zeigte, was auf der Website vor sich ging.

Im Januar 2000 eröffnete Abuzz seine öffentliche Website, die mit Keen.com, ExpertCentral.com, Ask Jeeves, Deja.com und anderen konkurrierte. Die Benutzer konnten an Frage-und-Antwort-Zirkeln zu Themen wie Gesundheit, Arbeit, Technologie, internationale Nachrichten usw. teilnehmen. Innerhalb weniger Wochen tauschten 20 000 aktive Benutzer mehr als eine Million Mitteilungen aus. Wie eBay baute Abuzz eine Online-Community auf, die ihre Regeln selbst bestimmte.

»Anfangs glaubten wir, die Site genau überwachen zu müssen«, erinnert sich Brooks. »Doch die Community kontrolliert sich weitgehend selbst.« Nachdem Abuzz die hohen Kosten analysiert hatte, die mit der Verbreitung eines von der Marke *New York Times* getrennten Namens einhergingen, suchte es Anschluss an andere Sites von NYTD (NYTimes.com, NYToday.com, WineTodey.com, eGolfDigest.com und Boston.com), die ihre Benutzer zu Abuzz weiterleiteten. So erhielt das Unternehmen Zugang zu einem Netz von Benutzern mit hohem Bildungsstandard.

Wie Abuzz arbeitet: Die Kultur

Die Führung von Abuzz bemühte sich von Anfang an um die Entwicklung einer Arbeitsumgebung, die das Gemeinschaftsleben online und offline begünstigen und alle Merkmale der neuen Dotcom-Welt enthalten würde, in der Arbeit und Spiel ineinander übergehen.

- *Das Büro als Wohnung*. Abuzz hat fast 100 Mitarbeiter, die in einem umgewandelten Fabrikgebäude in Cambridge und an weit entfernen Orten arbeiten. Die Insignien der Unternehmenskultur springen dem Besucher sofort ins Auge: Fahrräder, von den Mitarbeitern angefertigte Gemälde, Stofftiere und Figuren aus *Krieg der Sterne*. Im Büro wird nicht nur gearbeitet, sondern auch gelebt. So arbeitete ein Produktentwickler in zwei Wochen 180 Stunden, wobei er auf einer Couch im Büro schlief. Die Tatsache, dass Abuzz keine Software für Unternehmenskunden entwickelt, sondern ein Internet-Unternehmen ist, passt wunderbar zu seiner Arbeitsethik, zu deren Bestandteilen der 24-Stunden-Tag zählt – denn das Web schläft nie. »Wir leben hier in der Internet-Zeit«, erklärt ein Abuzzer. »Hier kannst du so viel arbeiten, wie du möchtest, was nicht immer gut ist. Die Leute schicken einander um Mitternacht oder am Wochenende E-Mails mit der Aufforderung ›Get offline‹.« Jess Brooks erinnert sich, dass sie einmal um drei Uhr nachts aufwachte und nicht mehr einschlafen konnte, weil ihr so viele Ideen durch den Kopf gingen. Also fuhr sie ins Büro, wo sie Shaun Cutts vorfand, der nach dem Abendessen um elf Uhr nachts an den Arbeitsplatz zurückgekehrt war.

- *Musik rund um die Uhr.* Die Mitarbeiter können nicht nur *Abuzz TV* sehen, sondern auch *Abuzz Radio* hören. Sie beladen den Server mit MP3-Aufnahmen. Sie können bestimmte Songs verlangen und Werbesendungen hören, die fingierte Abuzz-Spots enthalten. Dieses freiwillige Projekt hat Russ Miner gestartet, der an der Universität eine Radiosendung moderierte: »Wenn du von morgens früh bis spät in der Nacht im Büro bist, ist es nett, ein wenig Musik zu hören.«
- *Haustiere im Büro.* Neben dem Computer von George steht ein Terrarium, in dem unter einer Wärmelampe ein Gecko lebt. Georges Vermieter verweigerten dem harmlosen Haustier die Aufnahme. Andres Rodriguez erklärte sich bereit, dem Tier im Büro Unterkunft zu geben, sofern Georges Kollegen nichts dagegen hatten. Problematisch war nur, dass sich manche der Grillen, die dem Gecko als Futter dienten, ihrer Bestimmung durch Flucht entzogen. Bienen gibt es nicht, dafür jedoch einen Hund. Zwei der Direktoren, Jay Dunne (Mitgliederbetreuung) und Jess Brooks (Communities und angeschlossene Websites), teilen ihr Büro mit einem deutschen Schäferhund namens Grizelda.
- Brooks beschreibt, wie NYTD-Chef Martin Nisenholtz auf den ersten Besuch bei Abuzz reagierte: »Er war offensichtlich nicht an den formlosen Umgang gewöhnt, den wir in unseren Sitzungen pflegten. Die Leute riefen ihm ihre Fragen zu, und jedes Mal, wenn sie eine Antwort mit Applaus bedachten, begann Grizelda zu bellen. Schließlich fand er die richtige Wellenlänge und bellte zurück.«

- *Gemeinschaftsküche.* Das Essen spielt bei Abuzz eine große Rolle, und die Küche stellt einen großen, offenen Ort der Begegnung dar. Beim Essen knüpfen die Abuzzer Beziehungen und lernen einander persönlich kennen. Anfangs versammelte sich fast das gesamte Unternehmen täglich zum Mittagessen. Als die Belegschaft wuchs, wurden die gemeinsamen Mahlzeiten in kleineren Gruppen fortgesetzt. Es gibt den Dolce Vita Lunch Club (der sich einmal im Monat trifft) und eine morgendliche Coffee Group. Da es mit Absicht nur eine Kaffeemaschine gibt, kommen alle Mitarbeiter in die Küche.
- *Community Events.* Alle zwei Wochen findet eine von einem Gratisessen (üblicherweise Pizza) begleitete Veranstaltung statt, die als Cool Talk bezeichnet wird. Dort haben die Mitarbeiter Gelegenheit, ihre Neigungen und Freizeitaktivitäten vorzustellen. In einem Cool Talk zum Thema Musik traten der kurz zuvor zum Geschäftsführer ernannte John Capello und eine Mitarbeiterin namens Jess Tardy auf. Capello hatte seine Bassgitarre mitgebracht. Tardy war eine in Harvard ausgebildete Jazzsängerin, die einen Job bei Abuzz angenommen hatte, nachdem ihr klar geworden war, dass sie von ihren Auftritten nicht leben konnte. Sie berichtete, dass sie früher mit Capello aufgetreten sei, bevor er aufgrund der vielen Arbeit bei Abuzz keine Zeit mehr für die Musik gefunden habe.
- Die wöchentlichen Vollversammlungen des Unternehmens sind gut besucht und gelten als wichtiges Kommunikationsforum. »Anstatt die Informationen durchsickern zu lassen, informieren wir alle Mitarbeiter auf einmal«, erklärt ein Manager. In einer lockeren Atmosphäre werden aktuelle Geschäftsdaten präsentiert (Zahl der registrierten Kunden, Produkte, Marketing), Ankündigungen gemacht (zum Beispiel Zugang zum Intranet von zu Hause aus), neue Mitarbeiter vorgestellt und Freizeitaktivitäten organisiert.
- *Offene Kommunikation und Teamarbeit.* Im rasanten Internet-Geschäft muss Abuzz dafür sorgen, dass alle Mitarbeiter laufend über wichtige Geschehnisse informiert werden und dass die Kommunikation nicht der Effizienz oder dem Bemühen um eine rasche Produkteinführung geopfert wird. Eine zentrale Rolle in der internen Kommunikation spielt der Produktmanager, der für die Koordination zwischen Entwicklung, Marketing und anderen Unternehmensbereichen zuständig ist. Auch in den Teams kommt die Kommunikation nie zum Stillstand. Sämtliche Mitarbeiter, die an der Gestaltung und Aktualisierung der Site beteiligt sind, treffen sich wöchentlich, um die Prioritäten für die kommenden Aktivitäten festzulegen. Allerdings unterscheidet die Führung von Abuzz sorgfältig zwischen Kommunika-

tion und Entscheidungsfindung. Die Mitarbeiter sollen immer gut informiert sein, doch das bedeutet nicht, dass alles einem Plebiszit unterzogen wird.

- *Dienst an der Online- und Offline-Gemeinschaft.* Es werden häufig Parallelen zwischen der Arbeitsgemeinschaft bei Abuzz und den Online-Communities auf seiner Website gezogen. »Wir nehmen an der Erfahrung teil, die wir ermöglichen«, sagt die Marketing-Leiterin Christine Mohan. Rodriguez erklärt dazu: »Abuzz ist eine Gemeinschaft, deren erster Zweck natürlich darin besteht, Geld zu verdienen. Doch betrieblich verfolgt das Unternehmen zwei Ziele. Zum einen will es die beste Technologie für die Kooperation und für Communities entwickeln, zum anderen will es wirklich gut für die Menschen sorgen, die der externen Community angehören, das heißt für die Kunden.« Das Ziel, Menschen dabei zu helfen, online zu lernen, ist auch innerhalb von Abuzz greifbar.
- Kurz nach ihrem Eintritt in das Unternehmen beschrieb Jess Brooks im Gespräch mit einem der Gründer ihr Interesse an einer gemeinnützigen Aktivität im Bildungswesen. Abuzz griff die Anregung auf und ging eine langfristige Vereinbarung mit einer öffentlichen Schule in einem benachteiligten Viertel in East Boston ein. Mitarbeiter von Abuzz vermittelten Lehrern und Schülern Computerkenntnisse, halfen bei der Vernetzung der Schulcomputer und richteten eine Website für die Schule ein. Diese Aktivität hat auch zur Festigung der Beziehungen innerhalb des Unternehmens beigetragen. Normalerweise nimmt ein Viertel des Unternehmens - Designer, Systemadministratoren, Ingenieure und Kundendienstmitarbeiter - an den Aktivitäten teil und berichtet in den Versammlungen über die Fortschritte in der Schule. Mittlerweile wurden solche Dienste auf andere Schulen in der Umgebung der Abuzz-Büros ausgeweitet.

Unterweisung der Eltern

David Thurm, Betriebsleiter von NYTD, weist auf den unerwarteten Zusatznutzen hin, der mit dem Erwerb von Abuzz einherging: »Wir wollten im Wesentlichen eine Anwendung kaufen. Doch mittlerweile profitieren wir obendrein von der Innovationskultur, die Abuzz auszeichnet.«

Die Bemühung von Abuzz um Teamarbeit und Kommunikation fand großes Interesse bei einem Kulturausschuss von NYTD, in dem Vertreter aller angegliederten Unternehmen sitzen. Jess Brooks und Christine Mohan vertraten Abuzz (bis Mohan im August 2000 zu NYTD wechselte). In einer Konferenz des Ausschusses, der sehr an Abuzz' Betonung der Offenheit interessiert war, fragte ein Teilnehmer, warum Abuzz die anonyme Kommunikation ablehne. Brooks antwortete: »Dabei fühlt man sich behandelt wie ein Kind.«

In der Frühzeit von Abuzz diskutierte das Gründerteam darüber, woran man den Erfolg des Unternehmen erkennen könnte. Die Wände eines Konferenzraums waren mit gelben Post-ist bedeckt, auf denen jeweils ein Ziel festgehalten war. Alle Besucher, seien es Kunden oder Stellenbewerber, sollte diese Zielsetzungen sehen: *Milliarden Dollar. Respekt bewahren. Erwähnung im* Wall Street Journal. *Nach eigenen Vorstellungen leben. Thema einer Fallstudie der Harvard Business School sein.*

Ist Abuzz als Organisation auf Dauer lebensfähig? Man könnte es so formulieren: Abuzz hat gute Wachstumsaussichten, weil seine E-Culture auf einem soliden Fundament ruht.

Der Riese Cisco Systems, der seit 1999 mit atemberaubender Geschwindigkeit wächst, hat einige kulturelle Merkmale mit Abuzz gemein:

- Eine regelrechte »Kriegsberichterstattung« über pünktliche Lieferung und Kontrolle der Ausgaben. (CEO John Chambers erzählt gerne, wie seine Spesenabrechnung für das Parkhaus am Flughafen zurückgewiesen wurde.)
- Bemühung um Kommunikation mit einer möglichst großen Gruppe. (Bei Cisco nehmen 700 Manager an Strategiesitzungen teil, die am nächsten Tag jedermann per Webcast verfolgen kann. In den Informationsnetzen für das Personal werden jeden Monat 10 Millionen Suchanfragen verarbeitet, und jede Führungskraft muss lernen, ohne Notizen vor Publikum zu sprechen.)
- Nutzung der Ressourcen größerer Partner. (Bei Cisco ist dies IBM.)
- Ein wichtiger Beitrag zur öffentlichen Bildung. (In der Cisco Academy werden Vernetzungsfähigkeiten vermittelt.)
- Der unerschütterliche Wunsch, das größte und beste Unternehmen aller Zeiten zu werden.

Das Mutterunternehmen lässt Abuzz deshalb freie Hand, weil es erkannt hat, dass die Kultur des jungen Unternehmens besser für die digitale Welt der Zukunft geeignet sein dürfte. Die *New York Times* nimmt nicht für sich in Anspruch, aufgrund ihrer 150-jährigen Geschichte alle Antworten zu kennen. NYTD suchte eine andere Werbeagentur für Abuzz (was dessen Mitarbeiter begrüßten, da sie damit Zugang zu besseren Ressourcen erhielten), hielt sich jedoch mit Forderungen zurück. Die »Alten« bei NYTD sind bereit, von dem »Jungen« bei Abuzz zu lernen. Hier werden wir Zeugen einer umgekehrten Mentorenbeziehung, die in der Internet-Ära immer häufiger anzutreffen ist.

Es scheint, dass junge Leute und junge Dotcoms die geeigneten Führer für die Reise ins Zukunftsland sind – aber vielleicht scheint es tatsächlich nur so.

Aus den Windeln zum Wohlstand: Dotcoms als Jugendbewegungen

Kann sich nur die Jugend rasch genug ändern, um im Cyberspace Erfolg zu haben? Fest steht, dass Menschen um die zwanzig in der Welt der Dotcoms überrepräsentiert sind. Die Zahl der Teenager, die Tätigkeiten in Zusammenhang mit dem Internet nachgehen, steigt rasch: Das amerikanische Department of Labor schätzt, dass die Zahl der 16- bis 19-Jährigen, die in der Computer- und Datenverarbeitungsbranche tätig sind, zwischen 1994 und 1998 von 5000 auf 29 000 stieg.[2] Einige jugendliche Unternehmer (die so genannten »Infantrepreneure«) leiten Internet-Unternehmen, bevor sie sich ans Steuer eines Autos setzen dürfen. Im Alter von 22 Jahren gelten sie als alte Hasen. Ryan Zacharia, dem Besitzer von Stockpickz.com, wurde kurz nach seinem 16. Geburtstag ein Artikel im *The New York Times Magazine* gewidmet. »Diese Generation wächst in einer Revolution auf«, erklärte er. »Wir haben Wissen zu bieten, das anderen Leuten fehlt.« Allerdings gestand er ein, dass er selbst wahrscheinlich keine Teenager einstellen würde.[3]

Antony Yip, der mit 21 Jahren als Pionier des chinesischen Internet-Markts gilt, gründete im Jahr 1998 (noch vor seinem 20. Geburtstag) MyRice.com als chinesisches Portal, das er durch Übernahmen zu einer Sammlung von Internet-Einrichtungen ausbaute. Angesichts der Tatsache, dass immer mehr Studenten Internet-Unternehmen gründeten, sah sich die Harvard University gezwungen, ihre strikten Regeln zu ändern, die es Studenten bisher verboten, auf dem Campus Geschäften nachzugehen.

Manchmal sind die Führungskräfte von Internet-Unternehmen selbst von der Jugend ihrer Mitarbeiter überrascht. Als eine Bereichsleiterin von Allaire, einem im elektronischen Handel erfolgreichen Softwareunternehmen, eine Rede vor 400 Mitarbeitern halten sollte, fragte sie im Scherz: »Seit wann rekrutieren wir unsere Mitarbeiter im Kindergarten?« Selbst in den Boards von

Internet-Unternehmen gibt die Jugend den Ton an. Das Personalberatungsunternehmen Spencer Stuart fand heraus, dass im Jahr 1999 25 Prozent der internen Direktoren in den Leitungsgremien von Internet-Unternehmen weniger als 40 Jahre alt waren. »In den Boards von S&P-Unternehmen dürfte diese Altersgruppe kaum vertreten sein.«[4]

Doch das Alter ist bei weitem nicht die einzige Variable, die über den Erfolg im Internet entscheidet. Meine Nachforschungen haben unter anderem ergeben, dass die über 60-jährigen die E-Culture begeistert und mit Erfolg angenommen haben. Und Jugend – sei es jene des Unternehmens oder jene der Mitarbeiter – kann auch Nachteile haben. Dennoch müssen die Dotcoms als ein weiterer Beleg dafür betrachtet werden, dass das Alter bei der Übernahme neuer Technologie eine wichtige Rolle spielt: Junge Menschen scheinen aufnahmefähiger zu sein und besetzen den überwiegenden Teil der mit neuer Technologie verbundenen Arbeitsplätze. Die niedrigen Eintrittsbarrieren machen es relativ leicht, in einer Garage oder im Studentenwohnheim ein Unternehmen zu gründen.

Doch das kann nicht der einzige Grund dafür sein, dass die Jugend in den Dotcoms eine derart wichtige Rolle spielt. Auch spezialisieren sich die Jungen nicht darauf, an andere junge Menschen zu verkaufen, obwohl sich bei den jungen Entrepreneuren in aller Welt Geschäftskonzepte im Musikbereich besonderer Beliebtheit erfreuen. Ich glaube, der hohe Anteil von Jugendlichen im E-Business hat einen einfachen Grund: Revolutionäre Technologie kommt dem Wunsch der Jugend nach revolutionären Neuerungen entgegen. Die Rhetorik und der Stil der jungen Dotcoms zeigt auffällige Parallelen zur Jugendbewegung der sechziger Jahre.

Die Welle der Unternehmensgründungen im Internet verändert nicht nur die Unternehmenswelt, sondern weist auch Merkmale einer sozialen Bewegung auf. Und das ist seit jeher eine Domäne der Jugend. Viele Dotcoms behaupten von sich, einen Kreuzzug zur Veränderung der Welt zu führen. Und tatsächlich werden die Dotcom-Millionäre von Organisationen ohne Gewinnzweck und sozialen Aktivisten flankiert, die das Internet für die gesellschaftliche Veränderung nutzen wollen. In den Dotcoms wimmelt es von Idealisten, die zu großen Risiken bereit sind. Und das können sich eben nur jene leisten, die noch keine der freiwilligen Verpflichtungen eingegangen sind, die gemeinhin von ver-

Revolutionäre Technologie kommt dem Wunsch der Jugend nach revolutionären Änderungen entgegen.

antwortungsvollen Erwachsenen erwartet werden.

Revolutionen wurden zumeist von jungen Leuten angeführt. Ende der siebziger und Anfang der achtziger Jahre verkündeten die jugendlichen Gründer von Apple, »Fahrräder für den Geist« zu bauen, um den Zugang zur Computermacht zu demokratisieren. Sie erklärten IBM und dem staatlichen Fernsehen den Krieg und betrachteten sich als revolutionäre Avantgarde. Die Entwicklung gab ihnen Recht, obwohl sie letzten Endes vom PC überrollt wurden und in der Versenkung verschwanden. Das Durchschnittsalter der Belegschaft von Digital Equipment lag in den ersten zwei Jahrzehnten bei Ende zwanzig; als Digitals alternder Gründer Ken Olson den Kontakt zum Markt und zur technologischen Entwicklung verlor, stieg das Durchschnittsalter der Mitarbeiter, und schließlich wurde das krisengeschüttelte Unternehmen von Compaq geschluckt.

Wenn die Kinder ihre Eltern erziehen: Generationskonflikt oder umgekehrte Mentorenbeziehungen?

Da die Jungen als Experten für das Internet gelten, genossen sie in der Anfangszeit des Dotcom-Booms eine Vorzugsbehandlung. Den Neulingen räumte man bessere Aussichten ein als jenen, die über Erfahrung im Unternehmen oder in der Branche verfügten.

Ein Venture Capitalist im Silicon Valley verkündete, er investiere in kein Internet-Unternehmen, dessen Gründer älter als 26 sei. Der Gründer eines erfolgreichen Internet-Beratungsunternehmens, ein Mann Mitte zwanzig, erklärte mir, der ideale neue Mitarbeiter besitze nicht mehr als drei Jahre Berufserfahrung. »Wir wollen die Leute, bevor sie bei den McKinseys oder Andersens ihre Gehirnwäsche bekommen haben.«

Diese Bevorzugung der Jugend sorgt auch für Verärgerung. Im Jahr 1999 wurden die jugendlichen Dotcom-Millionäre zu einem wichtigen Gesprächsthema in der Generation ihrer Eltern. Überall beschwerten sich erfolgreiche Babyboomer – Rechtsanwälte, Ärzte, Berater –, es sei unfair, dass derart junge Menschen derart schnell derart reich würden. Anstatt mit ihren Leistungen zufrieden zu sein, erklärten viele Angehörige dieser Generation enttäuscht, sie hätten ihr Arbeitsleben Tätigkeiten gewidmet, die nun anscheinend in eine Sackgasse führten. Einige wollten daraufhin ihren Beruf aufgeben und sich einen Job in einer Dotcom suchen.

Noch größer ist die Verärgerung unter den älteren Arbeitssuchenden. In Briefen an Zeitungsredaktionen wird die Frage gestellt, ob die jungen Leute bessere Chancen verdienen, weil sie die Einzigen sind, die die Internet-Revolution anführen können. In den Unternehmen sind die Spannungen zwischen den Generationen unübersehbar. Ältere Mitarbeiter sind erbost darüber, dass die Jungen ihnen nicht zuhören wollen. Und wer sich weigert, von den Jungen zu lernen, begeht oft den Fehler, Jugend mit Unerfahrenheit gleichzusetzen.

Als James Toledano im Alter von 24 Jahren in London brandnewmusic.com gründete, verfügte er bereits über sieben Jahre Erfahrung in Internet-Unternehmen. Er nahm eine globale Perspektive ein (er wusste, dass er sich vom US-Markt fernhalten musste und sich besser auf Lateinamerika und Japan konzentrieren sollte), hatte eine Vereinbarung mit Smart Card Axis (was in Lateinamerika besonders wichtig war, wo sein Publikum keinen Kredit genießt) und verfügte mit Apple über einen starken Partner, auf dessen Website brandnewmusic.com ein fixer Kanal war. Er kannte seine Grenzen als Manager und ging sparsam mit dem Geld der Investoren um. Er lernte aus dem Aufstieg und Fall seines ehemaligen Arbeitgebers Web Media, des ersten britischen Online-Designers.

Toledanos Unternehmen hatte einige Merkmale mit anderen Dotcoms gemein: flexible Arbeitszeiten, völlige Freiheit bei der Wahl der Kleidung, Musikbegleitung bei der Arbeit und das Versprechen der Gleichheit. (»Jedermann ist so viel wert wie der Unternehmensleiter.«). Doch Toledano versuchte, die Vorzüge der Jugend (»Weil wir alle jung sind, schaffen wir unsere eigene Umwelt«) mit dem Wert der Erfahrung zu verbinden (»Ich habe Investoren, die fünfzigmal so erfahren sind wie ich«).

Wie nicht anders zu erwarten, zählt die Erfahrung also weiterhin, und die Klügeren unter den jungen Dotcom-Gründern sind bereit, das Wissen der älteren Generation zu nutzen. Jugendliche Unternehmer sind für Schlagzeilen gut, doch hinter den jungen Dotcoms stehen oft erfahrene Leute wie Tim Koogle bei Yahoo! Die Gründerin von Women.com musste gemäß dem Wunsch eines frühen Investors die Unternehmensleitung an Marleen McDaniel abtreten, die über 20 Jahre Erfahrung in der Hochtechnologie verfügte.[5] Stephan Schambach gründete im Jahr 1992 als 22-Jähriger gemeinsam mit zwei älteren Partnern Intershop, das sieben Jahre später weltweit zu den drei größten Anbietern von Software für den E-Commerce zählte. Schambachs jugendliche Ungeduld wurde durch die Reife seiner Partner ausgeglichen, wie ein Journalist des *Wall Street Journal* feststellte.[6] Im Oktober 1999 gewann Schambach den 58-jährigen Leiter von Compaq, Eckard Pfeffer, als Chairman für Intershop.

Doch die Berufserfahrung gibt im Web nicht den Ausschlag. Sogar die Erfahrung bekannter Spitzenmanager wird nicht immer als wertvoll betrachtet. Vielfach wird von ihnen erwartet, das Gelernte zu vergessen und sich an weniger erfahrenen Managern zu orientieren. Als der angesehene Redakteur Michael Kinsley zu Microsoft ging, um dessen Online-Magazin *Slate* aufzubauen, musste er zu seiner Verblüffung Anweisungen eines Vorgesetzten entgegennehmen, der fast zwei Jahrzehnte jünger war als er. Dazu kam, dass vieles von dem, was er gelernt hatte, im Internet nicht galt.

Jugendliche Unternehmer sind immer für Schlagzeilen gut, doch hinter diesen jungen Dotcoms stehen oft erfahrene Profis.

Ältere Manager müssen sich geistig verjüngen und bereit sein, sich von unerfahreneren Kollegen führen zu lassen. Veteranen, die wegen ihrer Erfahrung eingestellt wurden, sind dem Einfluss der jugendlichen Umgebung ausgesetzt und müssen lernen, in ihrem Handeln jugendlicher zu werden. Der altgediente, grauhaarige Übergangsleiter von Blackboard.com, der von den beiden 27-jährigen Gründern des Unternehmens eingestellt worden war, bezeichnete seine Tätigkeit als Lernerfahrung, nicht als Gelegenheit, um seine Kenntnisse einzusetzen.

Umgekehrte Mentorenbeziehungen werden immer häufiger. Hier einige Beispiele für diesen Rollentausch:

- *Studenten unterrichten ihre Lehrer.* In den öffentlichen Schulen von Union City (New Jersey) leiten die Schüler die Computerkurse in der Parent University. Jonathan Loor, der die elfte Klasse besuchte und über gute Computerkenntnisse verfügte, unterrichtete für einen Stundenlohn von 50 Dollar seine Lehrer.
- *Neulingen werden große Investments anvertraut.* Dass intelligente Studenten mit Unternehmergeist Firmen gründen, ist nichts Neues; verblüffend ist jedoch, dass große Institutionen ihnen die Verantwortung für die finanziellen Entscheidungen überlassen. So stellte eine Gruppe von Kapitalgebern vier Universitätsstudenten ein, um Geschäftspläne zu bewerten. Anschließend wurden die Studenten von ihrer eigenen Universität (einer sehr

angesehenen) engagiert, um Empfehlungen für die Gestaltung eines Investment-Portfeuilles abzugeben. Man stellte ihnen Büroräume auf dem Campus und einen Fakultätsberater zur Seite, der jedoch nie um Rat gefragt wurde.

- *Kinder stellen ihre Eltern ein.* Nachdem er mit gerade einmal 20 Jahren eine erfolgreiche Musik-Website in Schweden aufgebaut hatte, gründete Olaf Ahlvarsson einen Dotcom-Inkubator namens Result Venture Knowledge International und überredete seinen Vater, einen ehemaligen stellvertretenden Bürgermeister von Stockholm, die Führung eines seiner Unternehmen zu übernehmen.
- *Kinder machen ihren Eltern Konkurrenz.* Richard Li, Sohn des Magnaten Li Ka-shing aus Hongkong, gründete mit 23 Jahren nach Abschluss seiner Studien in Stanford ein eigenes Kommunikationstechnologie-Imperium. Pacific Century Cyber-Works, das er 1993 mit den Milliardeneinnahmen aus dem Verkauf von *Star TV* an Rupert Murdoch gründete, zählt mittlerweile zu den größten Internet-Unternehmen der Welt - ein satellitengestütztes Netz, das mittels Akquisitionen, Jointventures und Wagniskapital-Investitionen geknüpft wurde. Innerhalb weniger Jahre hat er ein fast so großes Vermögen aufgebaut wie sein Vater und zählt zu den potenziellen Konkurrenten von dessen Internet-Unternehmen Tom.com.[7]

Innerhalb der Unternehmen verlangt es die E-Culture, von jenen zu lernen, die neues Wissen mitbringen. John Chambers, der legendäre CEO von Cisco Systems, beschäftigt im Büro des Unternehmensleiters einen Teenager, um den Kontakt zu den jugendlichen Anwendern der Technologie zu pflegen. Gleichgültig, ob die Besitzer des neuen Wissens eingestellt oder lediglich als Berater engagiert werden: Sie stellen die Hierarchie auf den Kopf. Die Unerfahrenen führen die Altgedienten, Untergebene leiten Teams, in denen ihre Chefs sitzen, Neulinge ohne interne Erfahrung entscheiden über die Angebote, die den Kunden gemacht werden, Berater übernehmen Unternehmensbereiche. Konzernmanager beklagen sich darüber, die Kontrolle über ihr Internet-Angebot 20-jährigen Designern überlassen zu müssen oder Unternehmen, die weniger als zwei Jahre im Geschäft sind. Doch einen Augenblick - das ist nur eine Seite der Medaille.

Umgekehrte Mentorenbeziehungen werden immer häufiger: Schüler unterrichten ihre Lehrer, Kinder stellen ihre Eltern ein oder machen ihnen Konkurrenz.

Mag sein, dass die Jungen einen unverhältnismäßig großen Teil des Dotcom-Universums beherrschen. Mag sein, dass sie einen eigenen Stil haben und sogar neues Wissen besitzen, das sie den Alten vermitteln können. Doch das umgekehrte Mentoring macht die traditionellen Beziehungen nicht überflüssig. Einige der Werte und Managementlehren, die für die herkömmliche Wirtschaft gelten, sind auch in der Neuen Ökonomie entscheidend für den Erfolg.

Wenn das Mentoring in beiden Richtungen funktioniert: Der Aufbau der New Economy auf dem Fundament der Old Economy

Das Beispiel des Internet-Pioniers Jack Hidary und seines Vaters zeigt, wie unterschiedlich die Fragen von Stil und Erfolg in verschiedenen Generationen gehandhabt werden. Doch es zeigt auch, dass bestimmte Werte Gültigkeit behalten. Die Alten dürfen nie versäumen, sie den Jungen zu vermitteln, auch wenn diese ein Monopol auf das technologische Wissen haben.

Jack Hidarys New York ist jenes der New Economy, das New York der Multimedia-Unternehmen in der Silicon Alley. Dies ist eine ganz andere Stadt als das New York seines Vaters, der im alten Textilbezirk von New York zu Hause ist. Die Büros von EarthWeb, dem Unternehmen des Sohnes, sind in einem modernen Hochhaus an der Park Avenue untergebracht. Die Mitarbeiter arbeiten in offenen Großraumbüros und teilen sich eine geräumige Küche. Einige Blocks weiter, in der West 33rd Street, befindet sich das Unternehmen des Vaters, M. Hidary & Company, ein Bekleidungunternehmen, das Jacks Großvater aufbaute.

Jack gründete EarthWeb im Jahr 1994 im Alter von 25 Jahren gemeinsam mit seinem Bruder Murray und ihrem Freund Nova Spivack. In ihrem früheren Unternehmen, das Websites eingerichtet hatte, hatten sie feststellen müssen, dass die Entwickler im Internet unter einem frustrierenden Mangel an Informationsquellen litten. Im Jahr 1999 nahm EarthWeb in der Info-Tech-100-Liste von *Business Week* den dritten Rang unter den am schnellsten wachsenden Unternehmen ein. Mitte 2000 arbeiteten 350 Mitarbeiter für 15 Websites, auf denen Fachleute im Bereich Informationstechnologie Unterstützung finden konnten (eine Zielgruppe von rund 15 Millionen Menschen).

Im November 1998 ging EarthWeb mit der Aussicht an die Börse, in der ersten Jahreshälfte 2001 die Gewinnschwelle zu erreichen. Zum wachsenden

Imperium von EarthWeb zählen dice.com, das größte Portal zur Vermittlung von Arbeitsplätzen in der Informationstechnologie, Online-Zertifizierungsprogramme wie MeasureUp und die E-Learning-Site CCPrep. Dice.com, dessen 150 000 bezahlte Stellenanzeigen EarthWeb im Jahr 2000 51 Prozent seiner Einnahmen einbrachten, steht im Mittelpunkt von Content- und Marketing Vereinbarungen, zum Beispiel mit Yahoo!Careers. 32 Prozent seiner Einnahmen erzielt das Unternehmen mit Bannerwerbung und Sponsorbeiträgen, und 17 Prozent entfallen auf Produkte und Dienstleistungen. Die per E-Mail verschickten Newsletter von EarthWeb erreichen über eine Millionen Abonnenten.

Jack und sein jüngerer Bruder Murray hätten eigentlich wie ihre Vorfahren in das Familienunternehmen eintreten sollen. Tatsächlich saß Jack eine Zeit lang in den Büros von M. Hidary – allerdings nutzte er sie nur als Ausgangsbasis für ein Internet-Unternehmen, das Jacks Vater vollkommen neue Dinge lehrte. Als Student an der Columbia University hatte Jack Computersysteme aufgerüstet. Im Anschluss an sein Studium betrieb er am nationalen Gesundheitsinstitut NIH in Washington Forschung mit per Computer angefertigten Hirnscans und versuchte sich nebenbei als Unternehmer. Für kurze Zeit betätigte er sich als Textilimporteur, doch dann sah er seine Chance im Internet. Er begann, von seiner Wohnung aus Websites zu gestalten und entwickelte eine Reihe von Geschäftsideen.

Als sich New York in ein Internet-Zentrum verwandelte, kehrte Jack in seine Heimatstadt zurück und ließ sich in den Büros seines Vaters nieder. Dieser erinnert sich: »Wir stellten ihm etwas Raum und ein paar Tische zur Verfügung. Er und sein Freund Nova Spivack arbeiteten rund um die Uhr. Sie wälzten bis spät in die Nacht Projekte für wichtige Kunden, für Einzelhändler und Elektronikunternehmen. Für das Metropolitan Museum of Art richteten sie ein virtuelles Museum im Internet ein. Man konnte einen Rundgang durch die Hallen machen und sich die Kunstwerke ansehen.«

Bald fand auch der jüngere Bruder Murray Interesse am Web, und die Büros von M. Hidary verwandelten sich in das Zentrum eines expandierenden Internet-Unternehmens. David Hidary war vom Unterschied zwischen den Kulturen verblüfft: »Sie stellten all diese jungen Leute ein – Programmierer, Computergrafiker, eine ganz andere Art von Menschen. Sie trugen Zöpfe und Ohrringe und liefen in Jeans herum. Niemand trug eine Krawatte. Wir fragten uns, was da vorging. Irgendwann waren es ein Dutzend, und wir mussten ihnen Platz verschaffen. Wir stellten einen weiteren Tisch, ein weiteres Telefon und einen weiteren Computer hin. Es war alles sehr beengt. Wir machten um fünf oder sechs Uhr abends Feierabend, aber sie blieben bis Mitternacht. Wenn sie an einem Projekt arbeiteten, blieben sie die ganze Nacht.«

Als das Unternehmen nach sechs Monaten ausreichende Einnahmen erzielte, zog es in eigene Büros um. Bald darauf wurde der Name in EarthWeb geändert, und schließlich änderte sich auch das Geschäftsmodell: Statt Websites einzurichten, bot das Unternehmen nun Unterstützung bei der Karriereentwicklung und technische Informationen für die IT-Fachleute der Welt an. David Hidary, der die New Economy kennen lernte, indem er seinen Söhnen zusah, wurde in eine andere Welt katapultiert. »Sie arbeiteten wirklich hart, um ihren Traum zu verwirklichen«, sagt der Vater. »Die Leute glaubten an sie. Die Kapitalgeber vertrauten ihnen.« Der Börsengang seiner Söhne war ein bewegendes Erlebnis für David Hidary, der der Handelseröffnung im Büro der Konsortialbank beiwohnte.

Obwohl die Rollen der Generationen durcheinander gerieten, pflegt Jack Hidary weiterhin eine enge Beziehung zu seinem Vater und hält an den Werten fest, die dieser ihm vermittelt hat. Entsprechend einer Familientradition engagiert er sich in zwei gemeinnützigen Organisationen: MOUSE (Making Opportunities for Upgrading Schools and Education) gewährt öffentlichen Schulen technologische Unterstützung, und Trickle Up stellt Kleinkredite für Frauen aus benachteiligten Gruppen bereit.

»Ich bin in einer Familie aufgewachsen, in der der Dienst an der Gemeinschaft selbstverständlich war«, erklärt er. »Fast jede Woche fanden in unserem Haus Veranstaltungen statt. Schon mein Großvater engagierte sich sehr in der Gemeinde.« Jack, der aufgrund seines Einsatzes für das Gemeinwohl großes Ansehen als Führungskraft genießt, eröffnet auch anderen Mitgliedern von EarthWeb Gelegenheiten für soziales Engagement.

Die besten Mentorenbeziehungen funktionieren in beide Richtungen. Die Technologie mag das Terrain der Jungen sein, doch die Wertvorstellungen werden von guten Eltern, Lehrern und Vorgesetzten geprägt. Man kann durchaus sagen, dass der Erfolg von EarthWeb der Kombination einer auf Werten beruhenden Führung mit technologischen Kenntnissen entspringt. Abuzz befindet sich in einer früheren Phase als EarthWeb, doch es baut auf demselben Fundament auf.

E-Culture oder E-Kult?

Unternehmen wie EarthWeb, Abuzz und eBay geben Aufschluss über den Stil der jugendlichen Dotcoms und über die Substanz der E-Culture. Dass es Abuzz gelungen ist, die Grundlage für zukünftiges Wachstum zu schaffen, ist darauf zurückzuführen, dass das Unternehmen beträchtliche strategische, organisatorische und technologische Substanz hat. Abuzz setzt die Technologie ein, um einen in der Online-Welt einzigartigen Dienst anzubieten. Seine Teams überbrücken die Kluft zwischen Technologie, Marketing und Inhalten. Die Mitarbeiter verfügen über ausgezeichnete Fachkenntnisse, sind jedoch auch bereit, mehr über andere Bereiche zu lernen. Das Unternehmen zeichnet sich durch unablässige Kommunikation, Professionalität und die strikte Einhaltung von Terminen aus. Wie alle herausragenden Unternehmen konzentriert sich Abuzz auf die Kunden/User und auf die rasche Innovation. Seine Partnerschaften mit anderen Medienunternehmen verschaffen ihm eine große Reichweite.

Doch es gibt viel zu wenige Unternehmen von diesem Schlag. Etliche Dotcoms weisen nur die stilistischen Elemente auf - Gemeinschaftsküchen, Verzicht auf eine Kleiderordnung, Haustiere und Musik im Büro, revolutionäre Rhetorik -, während es ihnen an Substanz mangelt. Sie scheinen keine E-Culture zu haben, sondern ähneln eher E-Kulten. Allein ihre Jugend verleiht ihnen eine besondere Note.

Dieser andere Stil macht für einige Angehörige dieser Unternehmen bereits das halbe Vergnügen aus. Sie sind glücklich, keine Schlipsträger zu sein, doch ihr schwarzes Outfit ist ebenfalls Ausdruck des Konformismus. Seit der Jugendbewegung der sechziger Jahre waren nicht mehr derart viele junge Männer mit langen Haaren zu sehen. Das charakteristische Aussehen der jungen männlichen Technologieexperten - Ohrringe und Zopf - hat bereits die konservative Schweiz erreicht. Die Leiter eines jungen New Yorker Internet-Unternehmens äußerten sich nach ihrer ersten Firmenübernahme abschätzig über die uncoolen Khakihosen der Leute im übernommenen Unternehmen. Rudy Chan erinnert sich lachend daran, wie er im Alter von 38 Jahren zum CEO des größten südostasiatischen Portals hongkong.com bestellt und der Belegschaft vorgestellt wurde: »Ich drehte mich um und sah all diese Kids ... in abgetragenen Jeans und T-Shirts.«

Etliche Dotcoms entwickeln keine E-Culture, sondern höchstens E-Kulte.

Für viele jugendliche Dotcoms, die ich in meinem Forschungsprojekt zur

E-Culture untersucht habe, stellt die Küche den wichtigsten Raum und das Essen das bedeutsamste Bindeglied dar. Die Mitarbeiter kommen mit Schlafsäcken zur Arbeit und sind stolz darauf, sich die Nächte im Büro um die Ohren zu schlagen. Sie sind fest davon überzeugt, die Welt zu verändern, und trauen keinem über 30. Sie geben das von ihren Geldgebern bereitgestellte Wagniskapital aus, als handele es sich um Taschengeld von ihren Eltern.

Ein 22-jähriger Spitzenmanager eines neu gegründeten Internet-Unternehmens erklärt hinter vorgehaltener Hand, der Unternehmensgründer, ein 42 Jahre alter ehemaliger Investmentbanker, verstehe das Internet nicht wirklich, da er immer noch im Anzug zur Arbeit komme. In gewissen Kreisen heißt es über Internet-Unternehmen, die erfahrene Manager einstellen, sie unterwürfen sich der Aufsicht durch Erwachsene. Ein Inkubator im Silicon Valley wird allgemein als »Kindertagesstätte für Entrepreneure« bezeichnet.

Manche junge Mitarbeiter von Dotcoms vermitteln den Eindruck, ihre Unerfahrenheit sei ein Vorzug. Ein Dotcom-Manager, der in mehreren E-Commerce-Unternehmen gearbeitet hatte und selbst gerade erst das 30. Lebensjahr vollendet hatte, sagte dazu: »Die Arbeitgeber sind gegenwärtig mit einem interessanten Phänomen konfrontiert – ich meine die Erwartungen der Mitarbeiter, die weniger als fünf Jahre im Unternehmen sind und in untergeordneten Positionen arbeiten. Sie wissen nicht, dass es eine Welt gibt, in der die Dotcoms nicht in aller Munde sind und in der nicht ständig Geschichten vom schnellen Reichtum erzählt werden. Sie hegen sehr unrealistische Erwartungen bezüglich des angemessenen Gehalts. Sie können nicht einschätzen, wie hart sie arbeiten sollten, wie rasch sie mit Belohnungen für ihre Mühen rechnen dürfen, wie gut sie wirklich in ihrem Beruf sind. Man findet ihre Lebensläufe auf Monster Board, sie listen ihre Erfahrung in HTML und Adobe Photoshop auf – sie sind Experten, Experten, Experten. Ich hätte Lust, sie zu fragen, ob sie wirklich selbst glauben, Experten zu sein. Ich hatte schon Leute, die auf einer ganz niedrigen Ebene ins Unternehmen einstiegen und nach weniger als zwei Monaten eine Gehaltserhöhung von 40 Prozent forderten, weil sie nun tatsächlich in der Web-Produktion arbeiteten.«

Ähnlich unrealistisch sind manche Studenten, die Pläne für ein Internet-Geschäft wälzen. Da anfangs einige dieser Träume wahr wurden, glaubt jedermann, ebenfalls mit wenig mehr als einer guten Idee für das Internet schnell reich werden zu können. Ich traf mich mit einer Gruppe von 20-Jährigen, die ein sehr kreatives Konzept für eine Website hatten, auf der die Kauflustigen per Streaming Video reale Orte aufsuchen konnten. Unter ihnen waren Leute mit ausgezeichneten Design- und Programmierfähigkeiten, gute Verkäufer und Leute, die in der Lage waren, die Internet-Nutzung statistisch zu erfassen. Doch es war alles theoretisch. Sie hatten die Orte, die auf ihrer Site vertreten sein sollten, nie besucht. Noch schlimmer war, dass sie die Arbeit eigentlich nicht selbst machen wollten. Sie suchten einen Käufer für ihre Idee, der ihnen einen Teil bar bezahlen und einen Anteil am Unternehmen sowie einen Beratervertrag geben sollte. Und dann wollten sie die Universität abschließen.

Derartige Selbstüberschätzung ist im Internet-Geschäft weit verbreitet. Neue Unternehmen beanspruchen Territorien für sich, ohne jene Sachkenntnis zu besitzen, die sie brauchen, um einen wirtschaftlichen Wert anbieten zu können, wenn sie einmal im Geschäft sind. Sie glauben, die Sachkenntnis später immer noch kaufen zu können. Manche Beratungsfirmen für Internet-Strategie, die Werbung für ihre überlegenen Lösungen machen, haben noch gar keine Fachleute eingestellt, die diese Lösungen erarbeiten könnten.

In London trafen wir die Gründer von therumour.com, die Mitte zwanzig sein mochten. Chris Mair (Geschäftsführer), Rob Pawlowicz (Techniker) und Omar Ali (Finanzen) hatten am King's College ein Zimmer geteilt. Mein Experte für die kulturelle Szene, Dan Galvin (23), bemerkte, dass sie cool und trendy wirkten: unrasiert, kantig, locker. Die drei hatten zunächst die Idee gehabt, einen neuen Zahlungsmechanismus für das Internet zu entwickeln. Nachdem sie viel Zeit in der Stadtbücherei verbracht hatten, um Marktforschungsberichte abzuschreiben, kamen sie auf die Idee, eine Online-Community für weibliche Teenager aufzubauen. Also beauftragten sie Mairs 17-jährige Schwester mit einer informellen Marktstudie (unter ihren Freundinnen), um ihre Geschäftsidee zu prüfen.

Der erste Name für die Site, agreeablenotion.com, hatte nicht den richtigen Klang. Sie entschieden sich für den Domainnamen therumour.com, der jedoch bereits einer Frau in Palm Beach (Florida) gehörte. Da sie feststellen mussten, dass es ihnen an Verhandlungsgeschick mangelte, verwendeten sie nicht ihre Unternehmenstitel, sondern die E-Mail-Adresse und den Namen von Mairs Freundin, um den Domainnamen billiger zu erwerben.

Die drei jungen Männer versuchten, in England an Wagniskapital heranzukommen, hatten jedoch keinen Erfolg. Voller Geringschätzung erinnerten sie sich daran, dass »die traditionellen Kapitalgeber eindeutig noch der alten Schule angehörten. Sie wollten mehr Infrastruktur sehen und waren nicht bereit, das Wagnis einzugehen, in Universitätsabsolventen Anfang zwanzig zu investieren.« Inkubatoren waren auch nichts für die drei Entrepreneure, da sie sich nicht als »Küken« bezeichnen lassen wollten. Doch Mairs Freundin arbeitete in einem exklusiven Nachtklub, in dem einige wichtige Leute verkehrten, und stellte ihren Partner einer Gruppe von Investoren vor, die sich bereit erklärten, therumour.com zu unterstützen. Diese Investoren bildeten einen beratenden Finanzausschuss und sicherten sich ein Vetorecht in wichtigen strategischen Entscheidungen.

Als wir mit den Gründern sprachen, waren sie gerade von ihrem Appartement (wo sie in Unterwäsche gearbeitet hatten) in Büroräume ihrer Entwicklungspartner umgezogen, in denen es von Angestellten anderer Firmen wimmelte. Nun mussten sie ein auf Diskussionen zwischen Freunden beschränktes Management aufgeben und beginnen, in der Auseinandersetzung mit Fremden eine Führungsrolle zu übernehmen.

Besteht irgendeine Hoffnung für therumour.com? Wohl kaum, denn es ist nur Stil ohne Substanz.

Stil oder Substanz

In meinem Forschungsprojekt zur E-Culture habe ich Dotcoms wie EarthWeb, eBay und Abuzz, die alle Voraussetzungen für dauerhaften Erfolg besitzen, mit einer Gruppe von anderen (teilweise gut bekannten) Unternehmen verglichen, die todkrank (hoher Umsatz, Börsenbewertung nahe Null) oder bereits tot sind. Der Unterschied zwischen diesen beiden Gruppen liegt darin, dass die einen die Substanz und die anderen den Stil in den Mittelpunkt rücken. Die Dotcoms mit den besten Erfolgsaussichten streben nicht nur einen guten Börsenkurs, sondern den langfristigen Erfolg an. Sie bauen professionell geführte Organisationen auf, die als geschlossene Gemeinschaften funktionieren. Im Gegensatz dazu sehen die krisengeschüttelten Dotcoms blendend aus, besitzen jedoch kein unternehmerisches Fundament. Die Gründer von Startups wie therumour.com wissen wenig über ihre potenziellen Benutzer, haben weder einzigartige Technologie noch erfahrene Partner und weigern sich, sich von Erwachsenen beaufsichtigen zu lassen. Zwischen jenen Dotcoms, die lediglich den richtigen Stil mitbringen, und jenen, die sich um Substanz bemühen, bestehen einige wesentliche Unterschiede:

Die Dotcoms mit den besten Erfolgsaussichten streben nicht nur gute Börsenkurse, sondern langfristige Erfolge an.

Dotcoms mit Stil	Dotcoms mit Substanz
Mentalität des »Geldausgebens«: Finde eine Marktlücke, und die Einnahmen werden sich schon irgendwie einstellen	Mentalität des »Geldverdienens«: Am Anfang steht ein lukratives Angebot, für das die Kunden zu zahlen bereit sind
Mangelnde Kenntnis der Benutzer: beschränkte Erfahrung mit Inhalten, kaum Ähnlichkeiten zwischen Gründern und Benutzern	Gute Kenntnis der Benutzer: Viele Ähnlichkeiten zwischen Gründern und Benutzern, Erfahrungen mit dem Inhalt
Plötzliche Kursänderungen: verschwommenes, instabiles Geschäftsmodell	Durchdachte Veränderungen: Jede Version des Geschäftsmodells ist klar, Änderungen erfolgen gezielt
Wichtigste Zielgruppe: Kapitalmärkte	Wichtigste Zielgruppe: User/Kunden
Arroganz, Allwissenheit: »Das hat noch niemand versucht.« Keine Auseinandersetzung mit der Konkurrenz	Lernbereitschaft: Zuversicht bezüglich der Fähigkeit, neues Wissen zu erwerben, Angst vor Konkurrenz
Technologie: untergeordnetes Thema, das Augenmerk gilt Marketing und PR	Technologie: Ausgewogen mit Marketing und Inhalten
Falsche Gleichheit: oberflächliche Kameradschaft, aber Kontrolle seitens der Gründer, Persönlichkeitskult, Cliquenbildung, unsichtbare Hierarchie	Vollkommen offene Kommunikation: Einbindung aller, die etwas beizutragen haben
Nachlässigkeit: entspannter Stil wirkt sich auf Termine aus, viel Zeitverschwendung und wenig Koordination	Flexibel: Arbeitszeiten sind frei wählbar, aber die Arbeit wird erledigt, klare Regeln, Termine müssen eingehalten werden
Gezwungene Vergnügtheit: Spaß scheint verpflichtend zu sein, stört die Arbeit, ähnelt üblichen Vergnügungen	Echtes Vergnügen: Belohnung für harte Arbeit, aber nicht aufgenötigt, die einzigartige Charakteristika der Gruppe widerspiegelt
Materialistisch: Es geht nur darum, Geld zu verdienen	Ethik des Gemeinwohls: Durch Dienst an der Gemeinschaft werden Bindungen hergestellt

In der Unterscheidung zwischen Stil und Substanz spiegelt sich die zwiespältige Natur des Internets. Tatsächlich gibt es zwei Internets: ein zweckdienliches, in dem sich alles um die betrieblichen Abläufe dreht und darum, die Arbeit zu erledigen. Hier geht es um das, was die Hersteller der Technologie, die den Dotcoms als Geburtshelfer zur Seite stehen, unter Produktnamen verkaufen, die für die breite Öffentlichkeit völlig unverständlich sind. Diese Seite des Internets strahlt weniger Glanz aus als das, was auf den Bildschirmen zu sehen ist, doch in vielerlei Hinsicht liegt hier das eigentliche Versprechen des Internets. Und dann ist da das Internet der Imagination und der Fantasie, in dem man jede Persönlichkeit erfinden und alles sein kann, was man will. Zum Teil beruht die E-Culture auf der Anziehungskraft der Fantasie, denn an der Kundenschnittstelle zählt vor allem der Stil.

Stil ohne Substanz ist nichts anderes als Blendwerk und Spielerei. Doch eine Technologie ohne eine verspielte Kultur der Rituale und Gemeinschaftsküchen droht langweilig und demotivierend zu werden. Die Substanz muss an erster Stelle stehen, doch der Stil kann sie unterstützen.

Glühwürmchen, Popcorn-Stände oder Pioniere im Cyberspace

Da es im Internet auch um Image, Erscheinung, Präsentation und Stil geht, betrachten viele altgediente Manager die Dotcoms mit Misstrauen. Sie glauben, diese neuen Unternehmen seien eine flüchtige Erscheinung, die wieder verschwinden werde, sobald die etablierten Unternehmen das E-Business für sich entdecken. IBM-Chef Louis Gerstner bezeichnete die unabhängigen Dotcoms als »Glühwürmchen vor dem Sturm«. Jack Welch von General Electric sprach von »Popcorn-Ständen«. Ein Spitzenmanager von Williams-Sonoma erklärte, etablierte Einzelhändler wie sein Unternehmen würden das Internet bald von den jugendlichen Startups zurückerobern. »Wir brauchen eine Website mit Namen AmateurHourIsOver.com«, erklärte er. Der Absturz der Dotcoms an den Börsen in den Jahren 2000 und 2001 schien ihm Recht zu geben. Viele Glühwürmchen erloschen, die Investoren verloren den Appetit auf weiteres Popcorn, und die Amateure galten nicht mehr länger als Profis.

Werden uns die Jungen den Weg weisen? Müssen ganze Generationen abtreten, um Veränderungen herbeizuführen? Die Sterblichkeitsrate der Dotcoms zeigt, dass die jungen Unternehmen noch kein Modell für die Zukunft sind, insbesondere was die oberflächlichen Merkmale wie den Bekleidungsstil anbelangt. Das richtige Altersprofil ist nicht die wesentliche Komponente der E-Culture.

Was man tatsächlich von den im Internet geborenen Unternehmen lernen kann, ist Improvisation, rasches Lernen, Gemeinschaftssinn und die Mission, die Welt zu verändern oder überhaupt zu beherrschen. Die unverbrauchten Dotcoms zeigen die Grenzen der etablierten Unternehmen auf. Die Vorstellungskraft der jungen Internet-Unternehmen und die Geschwindigkeit, mit der sie sich bewegen, stehen in deutlichem Gegensatz zu den schwerfälligen Veränderungsbemühungen älterer Unternehmen. Traditionelle Großkonzerne haben oft viel Substanz, vernachlässigen jedoch die Firmenkultur und schaffen so eine angespannte und kalte Arbeitsatmosphäre.

Traditionelle Großkonzerne haben oft viel Substanz, vernachlässigen jedoch die Firmenkultur und schaffen so eine angespannte und kalte Arbeitsatmosphäre.

In gewisser Weise weisen die Jungen tatsächlich den Weg – zur Verjüngung. Sie bewegen Unternehmen, Bürokratien und Menschen jeden Alters dazu, sich geistig zu verjüngen und umgekehrte Mentorenbeziehungen einzugehen. Unternehmen und Menschen können sich verjüngen, ohne die Geschichte zu vergessen. Doch um sich zu verjüngen, genügt es nicht, Falten zu überschminken.

3

KOSMETISCHE TRICKS: Warum oberflächliche Veränderungen nichts bewirken

> Hätte es keinen Widerstand gegeben, so wären wir wohl nicht derart erfolgreich gewesen. Dieser Widerstand war es, der mich zur Weißglut brachte.
>
> *Patrick Connolly, Executive Vice President von Williams-Sonoma*

Die Anhänger der digitalen Wirtschaft sind davon überzeugt, dass das Internet die Wettbewerbsregeln ändert, alles überkommene Wissen über die Unternehmensführung überflüssig macht und unbegrenzte Möglichkeiten zum Aufbau neuer Unternehmen eröffnet. Auf der anderen Seite stehen die Gegner des Internets, die sich aus dem Cyberspace ausgegrenzt fühlen: Sie glauben, die Möglichkeiten des Internets würden überschätzt, der E-Commerce verspreche mehr, als er halten könne, und E-Mails und Surfen seien unterm Strich produktivitätsverringernde Zeitverschwendung. Der Blutzoll, den die Dotcoms an den Börsen zahlen mussten, scheint die Gegner des Internets zu bestätigen.

Mit Skeptikern bevölkerte Unternehmen möchten so wenig wie möglich im Internet tun, so wenig wie möglich dafür ausgeben und so wenig wie möglich dafür verändern. Sie richten eine oder zwei Websites ein und glauben, damit sei es getan. Cheryl Shearer von IBM Global Services in London beschreibt ihre Erfahrung mit Unternehmen, die sich in diesem Entwicklungsstadium befinden, so: »Der Sohn des Finanzleiters kommt einmal übers Wochenende und gestaltet ihnen eine Website. Sie verknüpfen den E-Commerce nicht mit einem Cashflow-System, sie sehen keine Notwendigkeit, den Internet-Betrieb rund um die Uhr aufrechtzuerhalten, sie denken nicht darüber nach, ob sie ihre Marke neu gestalten oder ihre Prozesse verändern sollten. Und sie sind durchwegs enttäuscht vom Internet.«

Ein Unternehmen ändert sich nicht, indem es eine Website einrichtet. Fast alle Arbeitsabläufe müssen neu organisiert werden. Die überkommenen Vorstellungen davon, wie Kundenbeziehungen, interne und externe Kommunikation, Entscheidungsfindung, Betriebsmethoden, Management und Mitarbeitermotivation zu handhaben sind, müssen in Frage gestellt und anschließend neu konzipiert werden. Doch hier handelt es sich nicht um ein technologisches, sondern um ein menschliches Problem.

Während reine Dotcoms für das Internet geboren sind, müssen sich Wannadots die dort erforderlichen Eigenschaften erst aneignen. Ihre Struktur und ihre Geschichte ziehen sie in eine andere Richtung. Daher überrascht es nicht, dass einige von ihnen es ihren Kunden, Lieferanten oder Konkurrenten überlassen, über ihr Schicksal zu entscheiden. So dachte man zum Beispiel im Bereich Meeresprodukte von Raytheon noch darüber nach, ob man tatsächlich im Internet aktiv werden sollte, während ein anderes Internet-Unternehmen bereits eine Website einrichtete, auf der Dutzende von Raytheon-Produkte angeboten wurden.

Ein Unternehmen ändert sich nicht, indem es eine Website einrichtet. Fast alle Arbeitsabläufe müssen neu organisiert werden.

Eine Führungsposition im Offline-Reich ist keine Gewähr für Innovation im virtuellen Raum. Auch den besten Unternehmen kann der Wechsel ins Internet schwer fallen. Wollen sie wirklich erfolgreich sein, so müssen sie das ganze System verändern und ihre Funktionsweise neu definieren. Das ist der Grund dafür, dass die reinen Dotcoms in den frühen Tagen des Internets stets einen Startvorsprung zu haben schienen.

Nachzügler und Schrittmacher: Wer ist für den Wandel gerüstet?

In meinem Forschungsprojekt zur E-Culture unterteilte ich die Unternehmen in zwei Gruppen: Schrittmacher und Nachzügler. Anschließend untersuchte ich, wie sich ihre Tätigkeit im Internet entwickelte – oder nicht entwickelte.[2] Schrittmacher sind jene Unternehmen, die zentrale Betriebsabläufe schneller und früher als ihre Konkurrenten ins Internet verlegen, klare Ziele definieren und schnellere Fortschritte machen. Die Nachzügler bewegen sich langsamer, sind in der Nutzung des Internets beschränkt, hinken der Konkurrenz hinterher und sind mit ihren Fortschritten nicht zufrieden.

Die Schrittmacher betrachten die Tätigkeit im Internet als Chance, ihr

Geschäftsmodell zu überdenken, mit neuen Einsatzmöglichkeiten der Technologie zu experimentieren und ihre Abläufe zu verbessern. Sie denken eher über die Auswirkungen des Internet-Konzepts auf das gesamte System nach. Schrittmacher warten nicht, bis das Topmanagement einen fertigen Plan entwickelt hat, sondern lassen sich auf Experimente ein, bis sie den geeigneten Zugang gefunden haben. Anschließend sorgen sie dafür, dass die Führungsebene diesen Zugang übernimmt, für eine Integration verbundener Initiativen sorgt und das übrige Unternehmen zur Mitarbeit bewegt.

Die Nachzügler gehen anders an die Veränderung heran. Ihre erste Reaktion besteht in Verweigerung. Anstatt sich für die möglichen Veränderungen in der neuen Umgebung zu interessieren, klammern sie sich an ihre vergangenen Erfolge und reden sich ein, denselben Zugang wie immer wählen zu können. Manchmal geht die Verweigerung mit Wut und Schuldzuweisungen einher. Cheryl Shearer von IBM erklärt: »Diese Leute verteufeln die gesamte Entwicklung, erklären, das Internet-Geschäft funktioniere nicht. Natürlich sehen sie bei sich selbst keine Schuld.« An diesem Punkt kommt es zu Morddrohungen und Protestbewegungen oder zu deren Gegenstück in der Unternehmenswelt - man zieht vor Gericht. Selbstverständlich kostet die Suche nach Schuldigen viel Kraft und gebietet dem Objekt der Entrüstung nur selten Einhalt.

In einer zweiten Phase ringen sich die Nachzügler zu kosmetischen Veränderungen durch: Sie gründen einen Unternehmensableger oder leiten ein zusätzliches Projekt ein, der oder das allerdings Teil der üblichen Betriebsabläufe bleibt und sich nicht von den überkommenen Vorstellungen lösen darf. Das macht Synergien mit dem traditionellen Geschäft unmöglich. Kosmetische Veränderungen beruhen oft eher auf Nachahmung und Konformität als auf Kreativität und Innovation. Kennzeichnend für dieses Verhalten ist auch eine obsessive Auseinandersetzung mit den Hauptkonkurrenten. Kleine Siege über die Konkurrenz werden wichtiger als interne Veränderungen. Während die Schrittmacher experimentieren und erneuern, ahmen die Nachzügler nur die letzten Schritte irgendeines Konkurrenten nach.

Die Herausforderung für die Nachzügler besteht also darin, kosmetische Veränderungen durch eine umfassende Erneuerung zu ersetzen. Die kosmetischen Veränderungen sind meist unzureichend und kommen zu spät, doch manchmal haben sie sehr wohl einen Sinn: Das neue Aussehen bewegt die Skeptiker dazu, ihre Verweigerungshaltung aufzugeben und sich zu engagieren. Ein Pilotprojekt kann deutlich machen, dass es systematischer Veränderungen bedarf, um das Potenzial der neuen Technologie wirklich nutzen zu können.

In den von uns untersuchten Unternehmen gaben die Entscheidungsträger erst dann zu, dass das gesamte traditionelle Organisationssystem verändert werden müsse, wenn sie erkannten, dass das E-Business wichtig und finanziell einträglich ist.

Aber sogar entschlossen vorpreschende Schrittmacher müssen ihre Einstellung ändern, um verstehen zu können, wie sehr sich die Internet-Welt von der bekannten unterscheidet und wie groß die mit der Interaktivität einhergehenden Herausforderungen sind. Sun Microsystems zählte beispielsweise zu den ersten Computerunternehmen, die ihr Schicksal mit dem Internet verknüpften, und wurde so zu einem Favoriten der Anbieter von Internet-Diensten. Sun hatte stets Produkte für Netzwerke entwickelt und bezeichnete sich selbst als »the dot in dot-com«. Dennoch musste das Unternehmen seine internen IT-Systeme einer aufreibenden zweijährigen Umwandlung unterziehen, um sie seinen eigenen Netzwerken anzupassen. In seinen Partnerschaften mit Internet-Unternehmen musste sich Sun mit unangenehmen Geschäftspraktiken abfinden (zum Beispiel erwarteten die Entwickler Gratissoftware und billige Hardware und wollten Sun mit Aktienpaketen bezahlen). Es dauerte fast ein Jahr, alle Bereichsleiter dazu zu bewegen, dem Online-Verkauf volle Unterstützung zu gewähren. Suns Bemühung, »sein eigenes Hundefutter zu essen«, wie es im Jargon des Silicon Valley hieß, ging mit mühsamen Veränderungen einher.

Während die Schrittmacher experimentieren und erneuern, ahmen die Nachzügler nur die letzten Schritte irgendeines Konkurrenten nach.

Wenn die Anpassung an das Internet schon Dotcom-Geburtshelfern schwer fällt, wird verständlich, welch große Schwierigkeiten Wannadots haben, die Lichtjahre vom Silicon Valley entfernt sind. Ein Beispiel dafür ist die amerikanische Einzelhandelskette »FashionCo« (auf Wunsch des Unternehmens verwende ich ein Pseudonym), die Luxuskleidung vertreibt.

Die erste Reaktion von FashionCo auf das Internet bestand in völliger Ablehnung. Die Unternehmensführung glaubte, diesen Kanal ignorieren zu können. Dann entschloss sie sich, einen Online-Katalog einzurichten – ein einfacher Schritt, denn man ersetzte die Bestellung per Fax einfach durch die Bestellung per E-Mail. Als sich FashionCo ernsthafter mit dem E-Commerce auseinander zu setzen begann und eine in den Bereichen E-Strategie und Webdesign führende Firma engagierte, waren sich die Manager immer noch nicht sicher, ob sie Ratschläge zur Umleitung des Geschäfts in das Internet brauchten, denn sie betrachteten das Merchandising als ihr Fachgebiet. »Anfangs glaubten sie, die Frage laute, wie man die in der realen Welt üblichen Geschäftsabläufe auf das Internet übertragen könne«, erklärte der Leiter der Beratergruppe.

Doch in dem Bemühen, die Veränderung auf kosmetische Eingriffe zu beschränken, stießen die Manager auf beunruhigende Unterschiede zwischen dem traditionellen und dem neuen Geschäft. Einige dieser Unterschiede, die einen umfassenderen kulturellen Wandel nahe legten, betrafen einfache praktische Fragen, beispielsweise die Fotos der Waren. FashionCo war an die analoge Technologie und an teures, hochwertiges Material für gehobene Modeaufnahmen gewöhnt. Um die Bilder für die Website herzurichten, mussten sie eingescannt und retuschiert werden. Also stellte sich die Frage, ob man für das Web auf digitale Aufnahmen umsteigen und für die Papierkataloge an der analogen Fotografie festhalten sollte. Sollte man Offline- und Online-Geschäft voneinander trennen und in den Studios von vornherein getrennte Fotos aufnehmen, oder sollte man die Bilder lediglich im Nachhinein digitalisieren?

Die Produktbeschreibungen waren ein weiteres scheinbar simples Thema mit komplexen Konsequenzen. Traditionell konnten Käufer, Händler, Kundendienstmitarbeiter und andere interne Benutzer interne Dokumente per Computer abrufen. Doch um die internen Informationen auf die Website stellen zu können, mussten der Inhalt und die Form (zum Beispiel Abkürzungen) angepasst werden. Sollte man von den Mitarbeitern verlangen, das gesamte interne Material für das Internet aufzubereiten? In Abteilungen, die nichts mit dem Internet zu tun hatten, entbrannten erhitzte Debatten über Fotos und Berichte. Um die Website einzurichten, krempelten Topmanager die Ärmel hoch und befassten sich mit Detailfragen wie der Genehmigung von Texten.

Es genügte FashionCo nicht, das Web lediglich als Medium für einen elektronischen Katalog zu benutzen. Stattdessen wollte das Unternehmen ein qualitiv hochwertiges Internet-Angebot entwickeln, das der Firmenphilosophie entsprach. Die innovative Lösung bestand in einem virtuellen Laden, der auf einem tatsächlichen Geschäftslokal beruhte. In der Simulation eines Einkaufsbummels konnte die Kamera Details vergrößern, und der Kunde konnte online eine Bestellung aufgeben. Diese Strategie war potenziell sehr viel lukrativer, erforderte jedoch auch umfassende Änderungen am System. Die gesamte Organisation musste zusammenarbeiten, um die Lagerbestände in sämtlichen Filialen zentral zu steuern und hunderte von Lagern zu integrieren.

»Die größte Herausforderung besteht darin, den interaktiven Raum zu verstehen und zu erkennen, dass sich die Tätigkeit in diesem Raum wesentlich von den traditionellen Geschäftsabläufen unterscheidet«, erklärte der Berater. »Die Unternehmensführung unterstützt das E-Business und erkennt sein Potenzial sowie seine strategische Bedeutung für ihr zukünftiges Geschäft. Die Frage ist nur, inwieweit sie tatsächlich zu Veränderungen bereit ist.«

Allzu viele Nachzügler unter den Wannadots sind nicht wirklich zu Veränderungen bereit. Sie ernennen einen Leiter für den E-Commerce, putzen ihre Website heraus und überlassen die neue Einheit sich selbst. Es ist, als ginge es ihnen darum, das Engagement auf ein Mindestmaß zu reduzieren und sich alle Optionen offen zu halten. Es ist, als hielten sie sich an ein Handbuch zur Vermeidung der Veränderung - und des Erfolgs.

Ich habe ein imaginäres Handbuch für kosmetische Veränderungen zusammengestellt, das vergnüglich sein könnte, beschriebe es nicht das tatsächliche Verhalten vieler Unternehmen. Kosmetische Veränderungen fördern nicht Innovationen im Interesse der Kunden, sondern sollen mit möglichst geringer Anstrengung das äußere Erscheinungsbild eines Unternehmens verbessern. Wie zu sehen ist, kann dieses Verhalten sogar erfolgreiche Unternehmen ins Schleudern bringen.

Wie man mit kosmetischen Veränderungen Probleme vertuscht: Anleitung zur *Vermeidung* des Übergangs zum E-Business:

- Verteilen Sie die Verantwortung für das Internet auf das gesamte Unternehmen: Eine kleine Website, ein paar Printmedien unverändert ins Netz gestellt. Lassen Sie all diese Einheiten von der Leine, solange sie irrelevant bleiben. Zeigt eine von ihnen größeres Potenzial, so stellen Sie in den Sitzungen skeptische Fragen zur ihrer Aktivität und wiederholen Sie regelmäßig, dass die Bedeutung des Internets überschätzt wird.
- Bilden Sie einen Ausschuss für die Tätigkeit im Internet und besetzen Sie ihn mit Leuten aus nicht verwandten Bereichen, die bereits fünf andere Projekte betreuen müssen. Übertragen Sie die Leitung einem altgedienten Manager ohne Erfahrung im Internet-Geschäft als Belohnung für jahrelange treue Dienste.
- Finden Sie die einfachste und anspruchsloseste Tätigkeit, die Sie ins Internet übertragen können. Suchen Sie nach etwas, was auch alle anderen machen. Entwickeln Sie statt einer »Killer-Applikation« eine »Gähn-Applikation«.
- Wählen Sie für die Gestaltung Ihrer Website jene Anbieter aus, die Ihrem traditionellen Geschäft besonders kritisch gegenüberstehen und Sie für einen Dinosaurier halten. Überlassen Sie ihnen die technische Arbeit (so muss

niemand im Unternehmen etwas Neues lernen), aber lehnen Sie alle Ratschläge zu den Geschäftsabläufen ab (schließlich sind Sie der Branchenexperte).

- Kopieren Sie Ihr herkömmliches Geschäftskonzept im Internet. (Schließlich ist das Internet nur ein Werkzeug, oder?)
- Bestehen Sie darauf, dass der Internet-Bereich allen internen Normen entspricht: Kostensenkung, vierteljährliche Ertragsberichte, Personalrekrutierung, Gehaltspolitik, Beschaffungsverfahren. Stellen Sie ihm gerade genug Mittel zur Verfügung, um sein Überleben zu sichern. Er darf sich nicht in ein viel versprechendes Unternehmen verwandeln, denn das würde weitere Investitionen erforderlich machen.
- Belohnen Sie im Namen von Dezentralisierung und Autonomie jede Einheit für ihre individuellen Leistungen. Gewähren Sie keine Anreize für die Kooperation im Internet. Halten Sie an der Überzeugung fest, dass kleinere Konflikte die Leistung verbessern.
- Vergleichen Sie Ihre Ergebnisse mit denen traditioneller Konkurrenten. (So gibt es immer jemanden, dem Sie sich überlegen fühlen können.) Betrachten Sie konkurrierende Internet-Unternehmen als flüchtige Modeerscheinungen. Denken Sie nie an die Möglichkeit, dass Unternehmen aus fremden Branchen die Grenzen überschreiten und Ihnen im Internet Kunden abspenstig machen könnten.
- Feiern Sie Ihren Einstieg ins E-Business, indem Sie den übrigen Abteilungen Werkzeuge in die Hand geben, die sie nicht verwenden können. Organisieren Sie Schulungen an einem weit entfernten Ort. Sehen Sie sich an, wie die neuen Werkzeuge und Abläufe die Arbeit erschweren – und bestrafen Sie die Mitarbeiter für ihren Widerstand gegen die Veränderung.
- Vergessen Sie nie, dass nicht die Kunden, sondern das Unternehmen am Ruder sitzt. Das Internet gibt *uns* die Möglichkeit, mit *ihnen* zu kommunizieren.

Kosmetische Veränderungen fördern keine Innovationen im Sinne des Kunden, sondern sollen mit möglichst geringen Anstrengungen das äußere Erscheinungsbild eines Unternehmens verbessern.

Falls Sie vorhaben, mit Erfolg ins E-Business einzusteigen, stellen Sie diese Regeln einfach auf den Kopf.

Kosmetische oder systematische Veränderungen? Der Fall barnesandnoble.com

Als Barnes & Noble zum ersten Mal seine Fühler im Internet ausstreckte, dachte es nicht an eine Änderung seiner Kultur. Das Unternehmen hatte in der realen Welt verblüffenden Erfolg. Im Jahr 1972 hatte Leonard Riggio eine Buchhandlung gekauft, die ein New Yorker Symbol war. Im Jahr 1995, als Amazon.com seinen Online-Buchladen einführte, war Barnes & Noble eine Kette mit 1000 Läden. Als das Unternehmen das Internet erobern wollte, sah es keinen Grund, auf die bewährten Führungskräfte und Prinzipien zu verzichten. Bis zum Jahr 2000 war Barnes & Noble auch im Internet groß geworden und besaß die vielleicht erfolgreichste Site, die bis dahin von einem traditionellen Bricks-and-Mortar-Einzelhändler eingerichtet worden war.

Die Auseinandersetzung zwischen Amazon.com und Barnes & Noble wird als typisches Beispiel dafür herangezogen, wie gefährlich es ist, neue Konkurrenz im Internet zu unterschätzen. Barnes & Noble setzte offline neue Maßstäbe im Buchhandel und gab seinen traditionellen Konkurrenten im Internet das Nachsehen. Beispielsweise stieg Borders zu spät in den E-Commerce ein, obwohl das Unternehmen ein Vorreiter beim Einsatz der Informationstechnologie in Kundendienst und Logistik gewesen war und sich früh mit der Möglichkeit beschäftigt hatte, den Kunden Disketten zur Verfügung zu stellen, damit sie von zu Hause aus per Computer Bücher bestellen könnten. (Borders.com, das im Mai 1998 den Betrieb aufnahm, erzielte in jenem Jahr einen Umsatz von 4,6 Millionen Dollar im Internet, ein bedauernswert niedriger Betrag im Vergleich zu den 63 Millionen Dollar, die barnesandnoble.com umsetzte. Doch der von Amazon.com gemeldete Umsatz von 610 Millionen Dollar ließ auch diesen Wert geradezu kümmerlich wirken.[3])

Um die Hypothese von den Schrittmachern und Nachzüglern zu überprüfen, befragten ich und mein Team eine Reihe ehemaliger Mitarbeiter von Barnes & Noble, die an den Entwicklungen teilgehabt hatten. Dabei verzichteten wir auf die Angestellten, die dem Unternehmen nicht mehr gewogen waren, und konzentrierten uns auf jene, die ihre Erfahrungen positiv einschätzten. Diese Leute hegten durchweg Bewunderung für Leonard Riggio, den Gründer und Leiter des Unternehmens. Doch sie erzählten auch von den Schwierigkeiten, auf die Barnes & Noble gestoßen war, als es versucht hatte, einen neuen Vertriebskanal und neue Technologie mit den alten Methoden in Angriff zu nehmen. Denn der Weg von der Verweigerung über kosmetische Veränderungen zu einem systematischem Wandel kann steinig sein, wenn man sich nicht vorbehaltlos zur Veränderung bekennt.

Verweigerung

Die Neuerer, die sich mit dem Aufbau von Großbuchhandlungen beschäftigten, wollten zunächst nicht glauben, dass es dem 1995 gegründeten Branchenneuling Amazon.com gelingen könnte, in der von Barnes & Noble beherrschten Branche Fuß zu fassen. Die Fliege Amazon würde man mit dem entsprechenden Gerät erledigen. So wurde Stephen Riggio, der im Jahr darauf seinen Bruder Leornard, den Leiter von Barnes & Noble, davon überzeugte, dass ihr Unternehmen im Internet präsent sein müsse, zum Teilzeitleiter eines Projekts ernannt, das auf der Annahme beruhte, das Internet könne zur Vermarktung der Buchläden beitragen. Barnes & Noble glaubte, seine starke Marke, das ausgedehnte Vertriebsnetz und seine gut gefüllten Kriegskassen würden genügen, um Amazon in die Schranken zu weisen. Schließlich konnte man in einem Online-Buchladen keine Schmökerecke einrichten und keinen Kaffee anbieten. Das Internet könne man deshalb mit minimalen Investitionen und den vorhandenen Mitarbeitern nebenbei bearbeiten.

In dieser ersten Phase versuchte Barnes & Noble, die in seinen Läden gesammelten Erfahrungen auf das Internet zu übertragen. Die erste Website, die im März 1997 in Betrieb genommen wurde, wurde von einer Agentur aus dem Druckgewerbe entworfen und sah wie eine Zeitung aus. Ein ehemaliger Manager erklärte, diese Website sei wie ein Online-Literaturmagazin geführt worden, das zufällig auch Bücher verkaufte. Als Einzelhandelskette war Barnes & Noble für die Couches bekannt, auf denen sich die Leseratten niederlassen konnten; daher investierte das Unternehmen in Anschlagbretter, Online-Chats mit Autoren und virtuelle Winkel, in denen man zum Schmökern verweilen konnte.

»Interessant war, dass sich Barnes & Noble anfangs vor allem auf zwei Dinge konzentrierte, die Amazon überhaupt nicht tat und an denen die Kunden keinerlei Interesse hatten«, berichtete ein Insider. »Bei unseren Marktstudien stellten wir fest, dass weniger als 5 Prozent der Benutzer an den Rezensionen der Lektoren oder an Gesprächen mit den Autoren interessiert waren. Aber genau diesen Elementen galten 50 Prozent der Aufmerksamkeit des Unternehmens.«

Als sich das rasante Wachstum von Amazon.com fortsetzte, mischte sich die Verweigerungshaltung mit Wut und Schuldzuweisungen. Als Barnes & Noble die von dem Internet-Unternehmen ausgehende Bedrohung erkannte, verklagte es Amazon wegen unfairer Geschäftspraktiken, da der Konkurrent in einem Werbeslogan behauptete, nicht Barnes & Noble, sondern Amazon sei der größte Buchladen auf der Erde. Im *Guinness Book of Records* wurde eine B&N-Filiale in der Fifth Avenue in New York als »Größter Buchladen der Welt« genannt. Mehrere Monate später schlossen die Streitparteien einen Vergleich, von dem Amazons Slogan »Größter Buchladen der Erde« nicht betroffen war.

Die öffentlichen Wutausbrüche halfen Barnes & Noble kaum, Kunden zu gewinnen, insbesondere unter den jungen Leuten, die die frühe Online-Kundschaft stellten. Außerdem lenkte diese Auseinandersetzung barnesandnoble.com von seinen tatsächlichen Vorteilen gegenüber Amazon ab, zu denen die Tatsache zählte, dass es bestellte Bücher dank der eigenen Lagerhaltung rascher liefern konnte. Doch es fiel dem Unternehmen schwer, das Image eines traditionellen Buchhändlers loszuwerden. »Die Leute glaubten einfach, Amazon könne rascher liefern, da es sich um ein virtuelles Unternehmen handelte«, erklärte ein ehemaliger Mitarbeiter.

Drei weitere Herausforderungen überzeugten Barnes & Noble schließlich davon, dass der virtuelle Raum tatsächlich anders beschaffen war als eine Buchhandlung. Vorgehensweisen, die in der Offline-Welt sinnvoll waren – etwa die behutsame Ausweitung des Filialnetzes –, waren im Internet sinnlos, denn dort lautete die Regel: »Big, everywhere, fast.« Die Anpassung der Markenidentität an das Internet erwies sich ebenfalls als schwierig. Die Website wechselte in weniger als drei Jahren fünf- oder sechsmal den Namen, das Logo und die Markenkampagne – was jeweils an der einfachen Tatsache lag, dass man in einer URL kein »&« unterbringen kann. Barnesandnoble.com konnte mit Amazons Diskontangeboten nicht mithalten, solange die Site mit den physischen Verkaufsstandorten verbunden war, da Barnes & Noble ansonsten die lokalen Umsatzsteuern hätte verrechnen müssen. Dies war ein weiterer Faktor, der die Website dazu bewegte, sich von den Buchläden zu trennen und größere Unabhängigkeit vom Mutterunternehmen anzustreben. So würde das elektronische Unternehmen die Marke nicht nutzen können,

Die behutsame Ausweitung des Filialnetzes ist im Internet sinnlos, denn dort lautet die Regel: »Big, everywhere, fast.«

doch zumindest erhielt es damit Raum zum Wachsen. So endete die Phase der Verweigerung. Die kosmetischen Veränderungen konnten beginnen.

Veränderungsversuche

Ende des Jahres 1997 zog barnesandnoble.com mit einem eigenen Führungsteam und einem neuen Partner für das Webdesign in eigene Büros um. Der neue Betriebsleiter Jeff Killeen, der einst Amazons Vorzüge bestritten hatte, ermutigte seine Leute nun, sich voll auf Amazon zu konzentrieren und seine Merkmale exakt zu kopieren. Anfang 1998 zitierte ein Reporter Killeen mit den Worten: »Ihre Aufgabe lautet nicht, einfach nur Bücher zu verkaufen. Ihre Aufgabe lautet, die Konkurrenz zu vernichten. Sie sollen sie totschlagen!«[4] Die neue Aggressivität zeitigte einige Erfolge, erinnert sich ein Insider: »Wir überraschten Amazon, denn wir begannen, ihnen laufend Geschäft abspenstig zu machen. Das Unternehmen war sehr aggressiv, schnell, vollkommen auf rasches Wachstum fixiert.« Das Netz angegliederter Websites wuchs in kürzester Zeit von Null auf 100 000. Doch die Menge verdeckte die Tatsache, dass Amazon als Erster Verträge mit einigen der größten Portale geschlossen hatte, was ihm viele Besucher sicherte.

Barnesandnoble.com versuchte immer noch, eine Bulldogge zu schminken. Die Website sah nun besser aus, doch sie unterschied sich nicht ausreichend von der Amazon-Site. Die Unabhängigkeit vom Mutterunternehmen machte Markensynergien unmöglich, und Berichten zufolge mischte sich die Unternehmensführung immer noch in den Managementalltag ein. Mehrere ehemalige Spitzenmanager erklärten uns, es sei der Führung nicht klar gewesen, worauf sie sich konzentrieren sollte. So habe sie alle möglichen Dinge versucht, anstatt sich den Fragen zu widmen, die wirklich Bedeutung für den Kunden hatten: »Ist die Site schnell und einfach?« Und: »Erhalte ich meine Bestellung innerhalb von 48 Stunden?«

Als Killeen nach etwa einem Jahr wieder ging, hatte das Unternehmen bereits zirka 100 Millionen Dollar ausgegeben.

Das neue Führungsteam hielt anfangs das Versprechen, die Kultur zu ändern. Mittels eines im Oktober 1998 geschlossenen Jointventures mit Bertelsmann, das Investitionen in Höhe von mehreren 100 Millionen Dollar beinhaltete, wurde barnesandnoble.com als eigenes Unternehmen mit eigenem CEO (Jonathan Bulkeley, ein Veteran des Jointventures von AOL und Bertelsmann) ausgegliedert und durfte seinen eigenen Weg gehen. Das Unternehmen bemühte sich erneut um Synergien zwischen Online-Vermarktung und Verkauf in den Filialen. Im Frühjahr 1999 tauchte die URL der Website auf den Einkaufstaschen und Rechnungen von Barnes & Noble auf. Im Mai 1999 wurde barnesandnoble.com an die Börse gebracht: Die Partner behielten 41 Prozent der Anteile, während Barnes & Noble die Kontrolle über den Betrieb aufrechterhielt. Der Börsengang diente unter anderem dazu, das Online-Unternehmen in eine rechtlich eigenständige Einheit zu verwandeln, damit es bei Online-Bestellungen keine Mehrwertsteuer mehr verrechnen musste. Barnesandnoble.com stieg auf den vierten Rang unter den meistbesuchten E-Commerce-Sites auf (die Nummer eins war Amazon) und eroberte einen Platz unter den 30 beliebtesten Internet-Sites. Das Unternehmen begann sich mit dem E-Book zu beschäftigen, und Leonard Riggio erklärte, er denke angesichts des Siegeszugs des Internets darüber nach, das Wesen des Buchladens neu zu definieren. Anscheinend erkannte er endlich, dass die neue Technologie die traditionellen Geschäftskonzepte in Frage stellte.

Offline-Hindernisse für den Online-Erfolg

Im Bemühen um Veränderung stolperte das E-Venture weiterhin über Veränderungshindernisse, zu denen interne Rivalitäten und Einflüsse aus der Offline-Welt zählten. Ein ehemaliger Manager erinnert sich an die Auseinandersetzungen zwischen Lektorat und Merchandising-Leuten, denen die Ästhetik der Bücher am Herzen lag, und den Technologieexperten, denen die Ästhetik völlig gleichgültig war: »Niemand dachte darüber nach, wie die Kunden die Website benutzten. Der Besucher der Site macht eine ganzheitliche Erfahrung. Es geht nicht nur um den Inhalt, um die Bücher, es geht nicht nur um den Programmcode hinter der Benutzeroberfläche. Es geht darum, wie all diese Dinge zusammenpassen, und genau hier lag die Schwäche des Unternehmens.« Also bildete Barnesandnoble.com ein Produktentwicklungsteam, das die Kluft zwischen Technologieexperten und Geschäftsstrategen überbrücken sollte.

Barnesandnoble.com trug immer noch schwer am Ballast aus der Einzelhandelswelt und vergeudete Zeit damit, Dinge zu korrigieren, die die Dotcom vom Mutterunternehmen geerbt hatte. Die IT-Systeme von Barnes & Noble waren weder dafür gemacht, direkt mit dem Kunden abzurechnen, noch eigneten sie sich für den Umfang eines Internet-Marktes. »Das Unternehmen war weniger als drei Jahre alt und stöhnte unter einer Reihe frustrierender Hinterlassenschaften«, sagte ein früherer Mitarbeiter.

Besonders befremdet waren viele Mitarbeiter vom Zusammenprall zwischen der traditionellen Einzelhandelskultur und der Internet-Kultur. »Im traditionellen Einzelhandel kann man erst nach einer angemessenen Zeit von üblicherweise 15 Jahren in das Topmanagement aufsteigen«, erklärte ein Mitarbeiter. »Daher hatten Angehörige der Internet-Generation keine Chance, in die Unternehmensführung aufgenommen zu werden. Die Gehaltssysteme und die Verantwortungsbereiche bei barnesandnoble.com entsprachen jenen des herkömmlichen Einzelhandelsunternehmens. Doch die 400 Mitarbeiter einer Dotcom kann man nicht so führen wie die 25 000 Angestellten einer Einzelhandelskette.« Die Folge war eine Abwanderungswelle im Sommer 1999.[5]

»Das Unternehmen machte viele Fehler, aber es machte auch vieles richtig«, erklärte ein früherer Manager. »Die Führung ging Risiken ein, um die Kultur des Unternehmens zu verändern. Sie wagte den Drahtseilakt, ihrer traditionellen Tätigkeit das Internet-Geschäft zur Seite zu stellen.« Im September 2000 waren erste Anzeichen dafür zu erkennen, dass die Offline-Stärken von Barnes & Noble endlich auch online Früchte trugen. Barnesandnoble.com ersetzte Amazon als Händler auf der Site von Yahoo!, und in den 551 Filialen von Barnes & Noble sollten neue gemeinsame Internet-Angebote unterbreitet werden.

Wer in der Veränderungsbewegung an vorderster Front marschiert, muss härter arbeiten, um die Veränderung zu bewältigen. Man denke nur daran, wie barnesandnoble.com vier wichtige Elemente der E-Culture vernachlässigte: Das E-Venture konzentrierte sich zu sehr auf die Nachahmung, anstatt innovativ zu improvisieren. Es wartete zu lange damit, Anschluss an ein Partnernetz zu suchen; auch wenn es letzten Endes viele Partner gewann, waren einige der besten bereits vergeben. Interne Auseinandersetzungen und Spannungen zwischen dem neuen Unternehmen und der bestehenden Organisation verhinderten das reibungslose Funktionieren als Gemeinschaft. Und statt durch eine Kultur, welche die Mitarbeiter an das Unternehmen gebunden hätte, zeichnete es sich durch eine hohe Fluktuationsrate aus.

Fest steht, dass die Wannadots aufgrund ihrer Größe und Geschichte vor zahlreichen Hindernissen stehen und wesentliche Nachteile gegenüber neu entstandenen Dotcoms haben. Auch das erfolgreichste Unternehmen kann sich die Veränderung nicht kaufen, indem es sein Erscheinungsbild modifiziert: Es muss bereit sein, seine Funktionsweise grundlegend zu ändern.

Hindernisse für Veränderungen

Welches sind die häufigsten Hindernisse für den Aufbau eines E-Business und einer E-Culture? Welche Rolle spielt das Alter des Unternehmens? Ich konnte insgesamt 17 Hindernisse für die produktive Nutzung des Internets feststellen und bei einer Umfrage mit 785 Unternehmen überprüfen. Anschließend verglich ich die Häufigkeit, mit der die 390 über 20 Jahre alten Unternehmen (d. h. die vor Beginn des Informationszeitalters um das Jahr 1980 gegründeten) auf bestimmte Hindernisse stießen, mit den entsprechenden Werten für die 395 jüngeren Unternehmen (d. h. die nach 1980 gegründeten). Das Ergebnis ist in der folgenden Tabelle zu sehen.

Auch das erfolgreichste Unternehmen kann sich Veränderungen nicht kaufen, indem es sein äußeres Erscheinungsbild modifiziert.

Auffällig ist, dass der Anteil der Unternehmen, die auf Markt- oder Technologiehindernisse stießen, bei den älteren Unternehmen etwas geringer war als bei den jüngeren, während die älteren sehr viel häufiger interne Hindernisse nannten, zum Beispiel Unsicherheit der Führung, Widerstand der Mitarbeiter und Rivalität zwischen den Abteilungen. Einige Hindernisse wurden von bestimmten Funktionsträgern immer wieder genannt. Hier eine Auswahl:

- *Führungskraft im Bereich Finanzdienstleistungen*: »Zunächst einmal ignoriert das Topmanagement die Technologie. Dies hat sich in den letzten zwei Monaten geändert. Doch Teile der Organisation fühlen sich vom Internet bedroht und leisten Widerstand. Die Verkaufsabteilung sträubt sich dagegen, einen Teil ihres Umsatzes an das Internet abzutreten.«
- *Führungskraft aus einem Einzelhandelsunternehmen*: »Im Internet werden Hierarchieebenen überflüssig, aber ein Teil des Managements findet keinen Gefallen an der Teamarbeit. Unser Unternehmen ist 50 Jahre alt und sehr hierarchisch organisiert. Zudem haben wir schon schlechte Erfahrungen mit neuer Technologie gemacht.«
- *Führungskraft aus einem Transportunternehmen*: »Man kann nicht einfach vom Kunden verlangen, das Geschäft über das Internet abzuwickeln, wenn er dieses Medium nicht kennt. So wird man zu einem mühsamen Geschäftspartner. Intern setzen unsere Leute die neuen Werkzeuge schlecht ein, was ihre Arbeit sehr erschwert. Wir haben unseren IT-Bereich ausgelagert und verstehen selbst sehr wenig von der Materie. Die Gewinnmargen

Hindernisse für Veränderungen in älteren und jüngeren Unternehmen

Prozent der Befragten			
Gesamt (785)	Unternehmen über 20 Jahre (390)	Unternehmen unter 20 Jahre (395)	Hindernis
38	48	27	Es fehlt der Einheit an Personal mit angemessenen technischen oder für das Internet geeigneten Kenntnissen.
37	37	37	Kunden und Schlüsselmärkte wollen ihr Verhalten nicht ändern.
35	33	37	Es gibt wichtigere Projekte, die die vorhandenen Ressourcen und alle Zeit in Anspruch nehmen.
34	31	36	Technologie und Werkzeuge sind ungeeignet, nicht verfügbar oder unzuverlässig.
31	29	32	Es ist schwer, die richtigen Partner zu finden.
28	27	29	Die Lieferanten sind nicht kooperativ oder nicht für den elektronischen Geschäftsverkehr gerüstet.
25	29	20	Die Mitarbeiter lehnen die Veränderung ab.
21	30	12	Das Management weiß nicht genau, womit es beginnen soll; es weiß nicht, wie es die richtigen Entscheidungen fällen kann.
16	22	10	Die Topmanager sind persönlich nicht mit dem Internet vertraut.
15	22	9	Rivalitäten oder Konflikte zwischen den Abteilungen behindern Veränderungen.
13	15	11	Es ist schwer, Kapital für neue Investitionen zu finden.
12	17	7	Die Manager fürchten sich vor dem Verlust ihres Status oder ihrer privilegierten Position.
10	14	6	Die Mitarbeiter fürchten sich vor dem Verlust des Arbeitsplatzes; Gewerkschaften und Belegschaftsvertretungen fürchten, ihren Einfluss zu verlieren.
10	10	10	Staatliche Vorschriften behindern die Veränderungen.
10	12	8	Da das Unternehmen in seiner gegenwärtigen Form erfolgreich ist, sieht seine Führung keine Notwendigkeit für Veränderungen.
9	10	8	Das Unternehmen hat schon einmal schlechte Erfahrungen mit neuer Technologie gemacht.
4	5	2	Die Veränderung ist eine Verschwendung von Zeit oder Geld und hat keine Relevanz für das Unternehmen.

in unserer Branche sind nicht hoch, und laufende technologische Veränderungen erfordern hohe Investitionen. Wir haben langsam angefangen, unsere Website in die falschen Hände gelegt und die Orientierung verloren. Wir haben keine Vision.«

Das alles sind Ausreden. Einige Unternehmen sahen sich mit praktisch allen hier genannten Hindernissen konfrontiert und überwanden sie. Ein ausgezeichnetes Beispiel dafür, wie man den Hindernislauf zum Erfolg im E-Business bewältigt, ist Williams-Sonoma.

Williams-Sonoma: Wie man lernt, im Internet zu kochen

Williams-Sonoma (W-S) bediente sich mit Erfolg zweier Vertriebskanäle und setzte seine Produkte in Einzelhandelsfilialen und per Katalog ab. Es betrieb in Memphis in unmittelbarer Nachbarschaft von Federal Express ein riesiges Warenlager für den Direktverkauf. In Anbetracht dieser Voraussetzungen hätte es dem Unternehmen eigentlich leicht fallen müssen, sich mit dem Internet anzufreunden. Als das Unternehmen im Jahr 1998 erstmals seine Fühler in den virtuellen Raum ausstreckte, betrieb es 163 W-S-Filialen (Kochzubehör), 96 Pottery-Barn-Filialen (Haushaltszubehör), 33 Hold-Everything-Filialen und 6 Standorte für den Werksverkauf. Rund 60 Prozent seiner Kataloge wurden zur Förderung des Markenbewusstseins in Gebiete verschickt, in denen es auch Einzelhandelsfilialen gab. In der Datenbank des Unternehmens waren über 19 Millionen Haushalte gespeichert.

Dennoch fiel es W-S schwer, sich zum Einstieg ins Internet durchzuringen. Und als es den Schritt schließlich wagte, versuchte es, sich auf kosmetische Veränderungen zu beschränken. Die Befürworter des elektronischen Geschäftsverkehrs stießen auf folgende Hindernisse: Skepsis des Unternehmensleiters; Erinnerung an fehlgeschlagene Technologieexperimente; die Überzeugung, die Kunden würden den neuen Kanal nicht nutzen; beschränktes Kapital und strenge Kriterien für die Kapitalrendite neuer Geschäftsbereiche; Ungewissheit bezüglich des geeigneten Modells.

Auch wer schon mehrere Vertriebskanäle nutzt, kann beim Einstieg ins Internet auf große Schwierigkeiten stoßen.

Nachdem die Befürworter des E-Commerce diese Probleme überwunden und CEO Howard Lester seine Unterstützung zugesagt hatte, tauchten weitere Hindernisse auf: Schwierigkeiten, die richtigen Entwicklungspartner zu finden; Mangel an in der neuen Technologie geschulten Mitarbeitern; Rivalitäten zwischen Einzelhandels- und Katalogbereich.

Als die erste Site den Betrieb aufnahm und ein engagiertes Team im Internet tätig wurde, traten neue Herausforderungen zutage: Umschulung der Mitarbeiter, die sich gegen Veränderungen sträubten; Entscheidung darüber, welchem Bereich der Umsatz gutgeschrieben werden sollte; Probleme, die begehrten Internet-Talente zu gewinnen, ohne den Insidern das Gefühl zu geben, keine Möglichkeiten mehr zu haben.

Patrick Conolly, eine langjährige Führungskraft im Bereich Direktverkauf, erklärte uns: »Ich hatte geglaubt, es würde ein Leichtes für uns sein, einen dritten Kanal zu öffnen. Schließlich nutzten wir mit großem Erfolg zwei Kanäle. Doch es kam zu zahlreichen Konflikten. Am Ende stand ein vorbehaltloses Bekenntnis zu einem strikten Plan. Aber ich glaube, hätte es keinen Widerstand gegeben, so wären wir wohl nicht derart erfolgreich gewesen. Dieser Widerstand war es, der mich zur Weißglut brachte.«

Der mühsame Weg bis zu den Startlöchern

Kehren wir zum Ausgangspunkt der Geschichte zurück. In den Jahren 1997 und 1998 schossen überall in der Umgebung der Zentrale von Williams-Sonoma in San Francisco Dotcoms aus dem Boden. Im ganzen Unternehmen wurde über das Internet gesprochen. Doch als Connolly vorschlug, sich ernsthaft mit dem neuen Medium auseinander zu setzen, reagierte Howard Lester mit Skepsis. Er hielt das Internet für überbewertet und konnte sich nicht vorstellen, dass die Kunden Produkte von W-S online bestellen würden.

Erschwerend kam die Erinnerung an frühere Fehlschläge mit neuen Verkaufstechnologien hinzu. Mitte der achtziger Jahre hatte das Unternehmen an einem Feldversuch mit CD-ROMs teilgenommen, die in Geschäften und an Flughäfen verteilt wurden und Informationen über das Katalogangebot enthielten. »Das Ergebnis waren etwa 20 Aufträge«, erinnert sich Connolly. Im Jahr 1995 wurde Williams-Sonoma angeboten, seine Katalogprodukte über Kabelfernsehen im DreamShop von Time Warner anzubieten. Dieser Kanal war erprobt und der finanzielle Aufwand war gering. Mit dieser Website zählte W-S zu den Pionieren des E-Commerce. Doch die wenig riskante Investition erwies sich als Zeitverschwendung, da die Site ungemein schwerfällig war. Also zog sich das Unternehmen aus dem Projekt zurück und lehnte ein Jahr später das Angebot einer großen Beratungsfirma ab, praktisch kostenlos an einer Demonstrationssite für den E-Commerce teilzunehmen.

Doch Connolly gab sich trotz der anfänglichen Ablehnung seiner Kollegen nicht geschlagen. Er versammelte mehrere Bereichsleiter, die seinen Optimismus teilten, in einer Taskforce und engagierte das auf Internet-Strategie spezialisierte Beratungsunternehmen Prophet Brand Strategy. Die Taskforce arbeitete einen überzeugenden Geschäftsplan aus, und die Berater schlugen ein billiges, risikoloses Pilotprojekt vor: eine Website, auf der zum Muttertag 1998 20 Produkte von Williams-Sonoma angeboten werden sollten. Die Einnahmen waren nicht hoch, doch die Site bewies, dass die Kunden bereit waren, die Produkte online zu kaufen. Doch Lester und ein Teil der Führung waren immer noch nicht überzeugt.

Lesters Bekehrung begann mit einem Vortrag vor Studenten der Universität Berkeley, deren positive Einstellung zum Internet ihn dazu bewegte, seinen Widerstand zu überdenken. Lester bildete eine Taskforce, die eine Website für Hochzeitslisten namens wsweddings.com gestalten sollte. Allerdings musste die Site Geld verdienen und in das Unternehmen integriert sein. Lester hatte kein Interesse an einem Internet-Ableger.

In der Zwischenzeit tauchte Konkurrenz im Internet auf. Anfang 1998 ging Cooking.com online und gewann rasch Internet-Giganten wie AOL als Partner. Im Herbst 1998 nahm Digitalchef.com, das ein Jahr zuvor mit 10 Millionen Dollar an Wagniskapital den Betrieb aufgenommen hatte, Haushaltswaren in sein Angebot auf. Bei Williams-Sonoma machte sich das Gefühl breit, in Rückstand zu geraten.

Eines Tages im November 1998 schlug eines der Mitglieder des Internet-Teams ein weiteres Pilotprojekt vor: Warum tat man sich nicht mit einem Handelspartner zusammen und bot einfach einen Teil der 24 Produkte, die gerade in einem Katalog mit Geschenkideen für den letzten Augenblick präsentiert worden waren, auch im Internet an? Die Bestellungen konnte der Händler in Los Angeles entgegennehmen und an das Callcenter von Williams-Sonoma in Las Vegas weiterleiten, wo sie wie schriftliche oder telefonische Bestellungen behandelt werden konn-

»Plötzlich waren wir im Internet. Es war so, als würde man mit einem Geliebten durchbrennen, mit dem man sich am Vortag noch nicht einmal verloben wollte.«

ten. So konnte man ohne großen Aufwand die Möglichkeiten im Internet ausloten, ohne die betrieblichen Abläufe in der Weihnachtszeit zu stören.

Im Geist der Improvisation entschloss sich das Team, sich auf das Projekt zu stürzen. Die Kunden stürzten sich ebenfalls darauf. »Sie begannen rascher zu kaufen, als wir vermutet hatten«, berichtet Kerry Chappelka, Vice President für Creative Services. »Die größte Schwierigkeit bestand darin, neue Waren hereinzubekommen, wenn die Bestände verkauft waren. Plötzlich waren wir im Internet. Es war so, als würde man mit einem Geliebten durchbrennen, mit dem man sich am Vortag noch nicht einmal verloben wollte.«

Williams-Sonoma macht Ernst

Sobald das Team einmal über ein Geschäftsmodell verfügte, das rasch rentabel zu werden versprach, wurde die Finanzierung genehmigt. Das nächste Ziel bestand darin, im folgenden Herbst ein vollständiges Produktsortiment im Internet anzubieten. Im Januar 1999 wurde das Internet-Team in den Stand eines Unternehmensbereichs erhoben, und seine Leiterin Cathy Halligan, die aus dem Direktverkauf stammte, wurde zur Leiterin des E-Commerce ernannt. Einigen internen Mitarbeitern, die mehrheitlich aus dem Katalogbereich kamen, standen mehrere Leute von der Beratungsfirma Prophet Brand Strategy, ein Technologieteam und einige freiwillige Teilzeitkräfte aus anderen Bereichen zur Seite.

W-S brachte einige Elemente mit, die für das Internet geeignet waren: ein Callcenter, Kundendienstvertreter, Auftragsabwicklung, Nachfrageplanung für Direktbestellungen. Doch um den neuen Kanal einführen und betreiben zu können, mussten die Geschäftsabläufe neu gestaltet werden. Alle wichtigen Funktionen (Merchandising, Lagerhaltung, Callcenter, Vertriebszentrum, Datenbankmarketing und Finanzberichterstattung) suchten die enge Koordination mit dem Internet-Team, um Direktvertrieb, Einzelhandel und Internet-Site nahtlos miteinander zu verbinden.

Die Bereiche Kataloghandel und Einzelhandel waren traditionell voneinander unabhängig. Obwohl rund 70 Prozent des Produktsortiments im Katalog und in den Filialen identisch waren, hatten die beiden Bereiche eine eigene Lagerwirtschaft und eigene Händler. Beide nutzen das zentrale Warenlager in Memphis, führten aber getrennte Gewinn- und Verlustrechnungen. Die Gehälter der Mitarbeiter hingen weitgehend vom Umsatzwachstum ihres eigenen Bereichs ab. Die beiden Bereiche hatten getrennte Vertriebszentren und -systeme, verschiedene Abnehmer und getrennte Kontaktstellen für die Lieferanten. Obwohl sie gemeinsame Kunden hatten, die sich beider Kanäle bedienten, gab es zwei interne Kulturen: Der Katalogbereich hatte Erfahrung im Direktverkauf, der Einzelhandel hatte die Ware. Die Hochzeitslisten waren traditionell Sache der Einzelhandelsfilialen - und der Einzelhandel war daran gewöhnt, unabhängig zu arbeiten. Das aus dem Katalogbereich stammende E-Commerce-Team musste den Einzelhandel für seine Sache gewinnen, um an die Waren zu kommen: »Aber warum sollten sie uns helfen, ihnen Geschäft wegzunehmen?«, erinnert sich ein Teammitglied. »Von dem Konzept waren sie anfangs nicht unbedingt überzeugt, doch sie waren sehr wohl davon überzeugt, dass sie Opfer unseres Kannibalismus werden würden.«

Es zeigte sich bald, dass der Verkauf im Internet Veränderungen in der Arbeitsweise vieler Leute im Unternehmen erforderlich machen würde. Beispielsweise wurden die Produkte für den Einzelhandel in großen Posten an die Filialen geschickt. Die Verkäufer und Mitarbeiter des Vertriebszentrums waren nicht daran gewöhnt, diese Posten in einzelne Sendungen aufzuteilen oder Geschenkpakete zu schnüren. In vielen Bereichen mussten die Leute umgeschult werden. Die Telefonisten im Callcenter mussten sich mit der Website vertraut machen und lernen, mit E-Mails umzugehen. Die Angestellten in den Filialen mussten den Kunden erklären können, was die Website ermöglichte und was nicht.

Mitte Februar 1999 waren immer noch einige umstrittene Fragen offen. Welchem Bereich sollte man die Umsätze im Online-Geschäft zuschlagen? Sollte man eine eigene Gewinn- und Verlustrechnung für den E-Commerce aufstellen oder sie dem Versand bzw. dem Einzelhandel zuschlagen? Wer war Inhaber der Lagerbestände? Gab es bestimmte Lagerbestände nur für den E-Commerce? In einer Klausurtagung der Unternehmensspitze wurde schließlich grünes Licht für die uneingeschränkte Kooperation des gesamten Unternehmens gegeben.

Doch einige Wochen nachdem sich die Führung endgültig für den elektronischen Handel entschieden hatte, kam es zu einer neuen Krise, als Halligan und zwei weitere Schlüsselmanager des Bereichs E-Commerce unerwartet aus dem Unternehmen ausschieden, um sich einer erfolgreichen Dotcom anzuschließen, die Luxusartikel vertrieb. Kurz entschlossen stellte die Beratungsfirma Prophet Brand Strategy, die Williams-Sonoma beim Aufbau des Internet-Geschäfts half, ihren Präsidenten Michael Dunn als Interimsleiter des E-Commerce von W-S zur Verfügung. Dunn richtete in der Zentrale einen Internet-Generalstab ein. Auf einem riesigen Kalender lief ein Countdown: »Noch 87 Tage bis zum Start. Noch 86 Tage bis zum Start ...«

Pünktlich am 1. Juni 1999 nahm wsweddings.com den Betrieb im Internet auf und wurde an der Börse freundlich aufgenommen, obwohl es seine aggressiven Umsatzziele nicht erreichte. Noch wichtiger war jedoch, dass Howard Lester Gefallen an der Tätigkeit des neuen Unternehmensbereichs fand und im Juli 1999 einer finanziellen Unterstützung der Website williams-sonoma.com zustimmte, die im November den Betrieb aufnehmen sollte.

Doch Williams-Sonoma war noch immer kaum über das Stadium kosmetischer Veränderungen hinaus. Zwar war der E-Commerce mittlerweile eine anerkannte Geschäftsstrategie, doch die neuen Prozesse, die für diesen Kanal benötigt wurden, waren noch nicht in die Abläufe der Gesamtorganisation integriert. Die betriebliche Verwirrung, die wsweddings.com umgab, zeigte, dass ein Betriebsleiter für E-Commerce dringend benötigt wurde, denn diese Position hatte immer noch Michael Dunn inne. Er empfahl Shelley Nandkeolyar, der das E-Commerce-Projekt bei Levi Strauss geleitet hatte.

Von kosmetischer Verschönerung zu innerer Schönheit

Nun konnte eine Veränderung beginnen, die das gesamte System erfassen würde. Dunn und Nandkeolyar gestalteten den Bereich E-Commerce neu, um einige der bei wsweddings.com zutage getretenen Schwachpunkte zu eliminieren und alle Zuständigkeiten zu klären. Der Bereich wurde eine halbe Meile von der Zentrale in einem Gebäude untergebracht, wo der Großteil der Technologieexperten saß. Dort konnten Marketing, Kreativpersonal und Technologieabteilung gemeinsam das Internet-Erlebnis der Kunden gestalten. Es wurden elegante technologische Lösungen gefunden: Um beispielsweise zu gewährleisten, dass die von den Kunden gewünschten Artikel auch vorrätig waren, löschte das System jeden auf der Website ausgewählten Artikel automatisch aus dem virtuellen Lager, wenn ein Kunde ihn in seinen virtuellen Einkaufswagen legte.

Nandkeolyar konzentrierte sich auf die Integration: Er bemühte sich um Unterstützung von Seiten des übrigen Unternehmens und versuchte, den Weg zu einer reibungslosen Zusammenarbeit zwischen den Bereichen Internet, Einzelhandel und Katalogversand zu ebnen. Er bündelte die Verantwortung für die Kundenschnittstelle und die technische Abwicklung und legte sie in die Hände eines außenstehenden Unternehmens. Er integrierte Mitarbeiter anderer Bereiche in seine Einheit, um ihnen die Gelegenheit zu eröffnen, im Internet zu arbeiten und zugleich ihre Markenerfahrung und ihre Beziehungsnetze zu nutzen. Außerdem förderte er die Kommunikation zwischen seiner Gruppe und den anderen Geschäftseinheiten und Abteilungen.

Williams-sonoma.com nahm wie geplant im November 1999 den Betrieb auf. Im Rahmen der begleitenden Werbekampagne wurde die Internet-Adresse der neuen Website in der ersten Woche in den Schaufenstern der Einzelhandelsfilialen ausgestellt. Die Mitarbeiter der Filialen trugen Buttons mit der Aufschrift »Williams-Sonoma Now Online«. Postkarten und E-Mails wurden verschickt; in großen Tageszeitungen erschienen Anzeigen. Im Katalog war die URL der Website auf jeder Seite zu finden. Williams-sonoma.com ging Portalpartnerschaften mit zwei Websites ein, die zu seiner Marke passten: Epicurious.com, eine kulinarische Website, und WeddingChannel.com, ein Geschenkverzeichnis. Diese Partnerschaften halfen dabei, 11 Prozent des Geschäftsaufkommens zur Website von Williams-Sonoma zu lenken.

In den ersten drei Wochen erzielte die Website Einnahmen von einer Million Dollar. In den folgenden zwei Wochen erhöhte sich der Betrag auf 2 Millionen Dollar (der durchschnittliche Jahresumsatz der Einzelhandelsfilialen lag zwischen 2 und 2,5 Millionen Dollar). Zwischen Thanksgiving und Weihnachten erreichte williams-sonoma.com eine Umwandlungsrate (der Anteil der Besuche auf der Website, die mit einer Bestellung endeten) von 8 Prozent, was deutlich über dem Branchendurchschnitt von 3 bis 4 Prozent lag. Rund 30 Prozent der Online-Kunden waren Neukunden. Von den 70 Prozent Online-Kunden, die bereits in der Datenbank von W-S erfasst waren, bedienten sich 40 Prozent aller drei Kanäle. Pro Woche wurden bei williams-sonoma.com 10 000 Kataloge bestellt, was bewies, dass Synergien zwischen den Vertriebskanälen möglich waren.

»Gelingt es nicht, über das Internet zusätzliches Umsatzvolumen zu den Einzelhandelsfilialen und zum Versandgeschäft zu lenken, ist der E-Commerce nur eine kostspielige Verteidigungsreaktion.«

»Wir müssen beweisen, dass man den anderen Kanälen mittels des Internets Umsatz verschaffen kann«, erklärt Patrick Connolly. »Wir müssen den E-Commerce zum Aufbau und zur Erweiterung unserer Marken nutzen. Gelingt es nicht, über das Internet zusätzliches Umsatzvolumen zu unseren Einzelhandelsfilialen und zum Versandgeschäft zu lenken, so ist der E-Commerce nur eine kostspielige Verteidigungsreaktion.«

Als die Hälfte der Weihnachtssaison verstrichen war, lagen die Ergebnisse der Website über den Erwartungen: Der Gesamtumsatz im Online-Geschäft belief sich im vierten Quartal auf 8 Millionen Dollar im Einzelhandel; im Versandhandel wurden 530 Millionen Dollar umgesetzt. Das Unternehmen hoffte, innerhalb eines Jahres die Gewinnschwelle zu überschreiten. Doch die Prognose der Online-Nachfrage erwies sich als schwieriges Unterfangen: Am 6. März 2000 gab das Unternehmen bekannt, die Gewinne im vierten Quartal würden rund 13 Prozent unter den Schätzungen der Analysten bleiben, da die Warenbestände für die Feriensaison übermäßig hoch seien.

Trotz des Einnahmenrückgangs verkündete Williams-Sonoma nach sechs Monaten im Internet den »umfassenden Erfolg seiner E-Commerce-Site«. Die Zeitschrift *Internet World* kürte W-S zum besten Neueinsteiger unter den Bricks-and-Mortar-Unternehmen. Die Hochzeits- und Geschenkliste im Internet wurde im Januar 2000 wieder in Betrieb genommen und hatte auf Anhieb Erfolg: Die Zahl der Registrierungen im gesamten Unternehmen stieg um 87 Prozent, was sich in der Hochzeitssaison auszahlte, als die Brautpaare begannen, ihre Hochzeitsgäste auf diese Listen zu verweisen. Und noch eine viel sagende Statistik: Die Kosten für die Kundenwerbung im Internet waren gemessen an den Branchenstandards lächerlich gering und beliefen sich auf weniger als 15 Prozent des Umsatzes.

Dauerhafter Erfolg: Zusätzliche Herausforderungen der E-Culture

Die ersten Gehversuche von Williams-Sonoma im elektronischen Handel waren erfolgreich verlaufen, doch würde das übrige Unternehmen den Umbau unterstützen?

Der Widerstand seitens des Einzelhandels galt weiterhin als Problem. Eine Managerin im E-Commerce äußerte den Verdacht, in den Einzelhandelsfilialen würde die Werbung für die Website in ein Fenster beim Hinterausgang gestellt. Nandkeolyar wollte das Merchandising und die Lagerhaltung sowie den Inhalt der Website unter seine Kontrolle bringen, doch in den traditionellen Einheiten war niemand bereit, Terrain abzugeben. Unterdessen hatten sich viele neue Konkurrenten im Internet (darunter Cooking.com, digitalchef.com und BabyCenter) mit ehemaligen Mitarbeitern des Unternehmens verstärkt.

Die Manager des Internet-Bereichs waren davon überzeugt, dass die Mitarbeiter bleiben würden, sofern man ihnen eine interessante und herausfordernde Arbeit anbieten konnte. Eine Methode, um ihr Interesse wachzuhalten – und dem übrigen Unternehmen das Gefühl zu geben, eingebunden zu werden –, bestand in kontinuierlichen Schulungen. Jeden Freitag hielt der Bereich E-Commerce »E-School«-Kurse für die Mitarbeiter der anderen Bereiche ab. Man erklärte ihnen den Fachjargon und verschiedene Konzepte wie die Personalisierung, die kooperative Filterung, die kundenspezifische Anpassung. Doch Nandkeolyar wusste, dass die Frage der Gehälter weiterhin einer Klärung bedurfte. Um mit den Dotcoms mithalten zu können, musste man die Gehälter im Internet-Bereich anheben. Zudem war es erforderlich, das gesamte System zu ändern und die Zusammenarbeit zu fördern, anstatt die Bereiche nur für ihre eigenen Leistungen zu bezahlen.

»Wir sind immer noch ein süßes Kätzchen ohne Krallen«, sagte Nandkeolyar, der nun, da sich eine dauerhafte Internet-Präsenz von W-S abzeichnete, Reibungen mit den anderen Teilen des Unternehmens voraussah – insbesondere dann, wenn diese erkannten, dass weiterhin von ihnen erwartet wurde, ihre eigene Arbeitsweise zu ändern, die Gehaltsfragen zu klären und das Rampenlicht mit einer Gruppe von Leuten zu teilen, die nicht aus dem Einzelhandel stammten. Es war an der Zeit, mit der Veränderung des gesamten Systems zu beginnen.

Williams-Sonoma ist eben deshalb ein derart gutes Beispiel, weil dieses Unternehmen so große Mühe hatte, seine anfängliche Verweigerungshaltung zu überwinden und erste Erfolge zu erzielen. Aus seinen Erfahrungen lassen sich drei Lehren ziehen: Der Unternehmensleiter wandelte sich angesichts von zwei improvisierten Pilotprojekten vom Skeptiker zum überzeugten Förderer des E-Commerce. Das erste Projekt war die Website für die Feiertage, ein einfaches, billiges Experiment, das keine Veränderungen und keine Verpflichtung erforderte und nur dazu diente, festzustellen, ob die Kunden überhaupt etwas im Internet kaufen würden. Hier wurde der Bulldogge rasch ein wenig Lippenstift aufgetragen, während sie einen Augenblick lang stillhielt. Das zweite Pilotprojekt, die Hochzeitsliste, war um einiges kreativer und zeigte, dass die Internet-Technologie dem Unternehmen vollkommen neue Möglichkeiten eröffnete, neue Kunden zu erreichen.

Die erste Lehre lautet also: *Solange man zweifelt, sollte man sich mit kleinen Experimente begnügen. Man sollte ein aussichtsreiches Projekt aus-*

wählen, das kaum Veränderungen erfordert, jedoch die potenziellen Vorteile der Veränderung verdeutlicht. Verwetten Sie nicht die Zukunft Ihres Unternehmens und vergeuden Sie keine Zeit. Handeln Sie, und zwar schnell, denn Sie brauchen etwas Greifbares, um die Zweifler zu überzeugen.

Nachdem sie eine niedrige und anschließend eine etwas höhere Hürde genommen hatten, konnten die Befürworter des E-Commerce bei Williams-Sonoma darangehen, die Unterstützung der Unternehmensführung für ein voll entfaltetes elektronisches Geschäft zu gewinnen. Die Arbeitsgruppe aus Teilzeit-Freiwilligen (Stadium kosmetischer Veränderungen) verwandelte sich in ein professionelles Team, als sie ein solides Geschäftsmodell vorlegte, das sich relativ rasch als rentabel erwies. Dank der Unterstützung, die sich das Team mit funktionierenden Prototypen und einem vernünftigen Geschäftsplan verdiente, konnte es Rückschläge wie die Probleme mit den Lieferanten und den Verlust von Schlüsselpersonen wegstecken. Die Förderer des E-Commerce würden sie nun nicht mehr im Stich lassen.

Aus dieser Erfahrung lässt sich die zweite Lehre ziehen: *Neue Unternehmensprojekte sind auf engagierte Mitarbeiter, auf Spielraum und auf Autonomie angewiesen. Doch die Teams, die ein neues Geschäft aufbauen, müssen auch der Realität auf dem Markt Rechnung tragen. Und angesichts der Vielzahl möglicher Rückschläge brauchen sie starken Rückhalt in der Organisation.*

Die Ernennung eines erfahrenen Bereichsleiters, der sowohl die Technologie als auch die Unternehmenspolitik verstand, sicherte Williams-Sonoma den Erfolg im Internet. Der neue Leiter versammelte kenntnisreiche Insider aus allen Teilen des Unternehmens um sich, um die Website zu gestalten. Im Bewusstsein der Herausforderungen, die mit Veränderungen einhergehen, bemühte er sich um gute Beziehungen zu den anderen Abteilungen und Bereichen, um sie behutsam auf die bevorstehenden Veränderungen vorzubereiten.

Die dritte Lehre lautet daher: *Man muss sich darüber im Klaren sein, dass das elektronische Geschäft im gesamten System Veränderungen zahlreicher Arbeitsabläufe erforderlich macht. Hier schlummert Potenzial für Synergien, doch hier verbergen sich auch Hindernisse. Ohne gute Beziehungen, ohne Diplomaten, die mit allen Teilen der Organisation verhandeln können, können diese Hindernisse nicht überwunden werden.*

Ein Fundament für Veränderungen

Wannadots lassen sich eher auf die für den Aufbau von E-Commerce und E-Culture erforderlichen Veränderungen ein, wenn sich das Versprechen der Technologie mit anderen großen strategischen Zielen deckt, sodass das E-Business keine Nebenbeschäftigung abseits der wirklich bedeutsamen Aktivitäten darstellt. Die Erfahrung der Schrittmacher zeigt, dass es einen anderen, besseren Weg zur Veränderung gibt. Anstatt von einer Verweigerungshaltung auszugehen, gehen sie mit Neugierde an die neue Aufgabe heran. Anstatt untaugliche Schminkversuche zu unternehmen, bemühen sie sich um eine Veränderung von innen heraus. Auch dann kann es einige Zeit dauern, das richtige Geschäftsmodell zu entwickeln und die Hindernisse zu beseitigen, doch dieser Zugang ermöglicht zumeist kühnere Vorstöße an mehreren Fronten und größere Terraingewinne.

Honeywell, ein globaler Akteur in den Bereichen Steuerungen und Luftfahrt, setzte auf das Internet, um sich von der Produktion auf die Dienstleistung zu verlegen. Unter den Industriegiganten war Honeywell ein Internet-Pionier. Das Unternehmen hatte schon Auszeichnungen für seine Aktivitäten im Netz erhalten, als die meisten großen Produktionsunternehmen gerade erst auf den fahrenden B2B-Zug aufsprangen. Anfang 1999 erklomm Honeywell den fünften Rang unter den in *PC Week* aufgelisteten Innovatoren der Internet-Technologie. Das Unternehmen verfügte über einen Internet-Lenkungsausschuss und eine Website, auf der Kunden, Lieferanten und Mitarbeiter nicht nur Informationen, sondern auch Online-Prozesse zur Unterstützung ihrer Arbeit fanden. E-Commerce-Angebote über das Internet ergänzen Honeywells umfangreichen elektronischen Datenaustausch über private Netze. Über das Internet erreichte Honeywell neue Kundengruppen, darunter tausende kleine Unternehmen, mit denen der Konzern über sein herkömmliches Vertriebssystem nicht in Kontakt gekommen wäre.

Echte Schrittmacher unternehmen keine untauglichen Schminkversuche, sondern bemühen sich um eine Veränderung von innen heraus.

Honeywells Leiter Mike Bonsignore, bekannt dafür, dass er Kundenbesuchen immer sehr viel Zeit widmete, war ein persönliches Beispiel für Honeywells Offenheit gegenüber der Umwelt und für sein Bekenntnis zu kundenorientierter Innovation. »Wir können mehr für unsere Kunden tun, wenn wir ihnen zuhören«, erklärte er. »Die Kunden wollen keine Produkte von uns kaufen.

Sie wollen, dass wir ihre Probleme lösen.« Innerhalb von fünf Jahren führte Bonsignore eine Reihe von Innovationsmechanismen ein. Einer davon war ein System zur internen Finanzierung neuer Unternehmungen, das zwei Arten von Förderungen umfasste: so genannte »Wachstumsprogramme« für in den Geschäftseinheiten entwickelte Ideen, für die im Budget der Einheit keine Finanzierung vorgesehen war, und Programme zur internen Umsetzung von Technologiekonzepten, für die keine anderen Finanzierungsmethoden gefunden werden konnten.

Honeywell hatte eine Reihe junger Softwareunternehmen erworben und zum Bereich Hi-Spec Solutions verschmolzen, der in die Gruppe Industriesteuerungen (3 Milliarden Dollar Umsatz) integriert wurde. Der neue Bereich sollte sich auf Lösungen und technische Dienste konzentrieren, anstatt die Hardware für Steuerungssysteme zu verkaufen. Auf der Suche nach fortschrittlicher Technologie sowohl außerhalb als auch innerhalb des Unternehmens stieß Hi-Spec im Jahr 1998 auf Abuzz, und Honeywell wurde zur ersten Testsite für das von Abuzz entwickelte System für den Wissensaustausch. Hi-Spec entwickelte virtuelle Testwerkzeuge wie zum Beispiel Wärmeaustauschtests, die die Kunden von seiner Website herunterladen und einsetzen konnten, um ihre Produktionsabläufe selbst zu verbessern.

Zu den wichtigsten Initiativen von Hi-Spec zählte MyPlant.com, ein elektronisches Verteilerzentrum für das produzierende Gewerbe, das im Jahr 1999 in die Unabhängigkeit entlassen wurde. MyPlant.com verbindet die Anbieter von Lösungen (Industrieberater, Lieferanten von Software-Anwendungen, Ingenieur- und Baufirmen, Anbieter von Ausrüstungen und Wissenschaftler) direkt mit den Endbenutzern (Werksingenieure, Bedienungspersonal, Techniker, Planer, Beschaffungspersonal). Die Benutzer können Anfragen übermitteln, Produktdemonstrationen abrufen, an interaktiven Seminaren teilnehmen und netzgestützte Software-Applikationen ablaufen lassen. Honeywells Beziehungen zu großen Unternehmen verschaffen MyPlant.com einen großen Vorteil gegenüber unabhängigen Dotcoms.

Während MyPlant.com den Betrieb aufnahm, gab Honeywell seine Fusion mit AlliedSignal bekannt. Im Oktober 1999 bildeten die beiden Unternehmen einen E-Business-Rat, dessen 80 Mitglieder jeweils eine Einheit von AlliedSignal und Honeywell vertraten. Die meisten E-Business-Leiter von AlliedSignal kamen neu ins Unternehmen, weil es den Schritt ins Internet später vollzogen hatte als Honeywell. Bonsignore forderte mehr Innovation von der E-Business-Gruppe. Die hunderte von Projekten von AlliedSignal bezeichnete er als

»Häschen« - sie waren klein, hübsch und fraßen nicht viel. Doch das neue Unternehmen brauchte seiner Ansicht nach »Tiger-Projekte«, die neue Märkte schaffen und das Geschäft verändern konnten.

MyPlant.com hatte bereits gezeigt, dass es das Zeug zum Tiger hatte, und sollte daher als Modell für Online-Angebote in anderen Geschäftseinheiten dienen. Der neue Präsident des Bereichs E-Business, Russel McMeekin, warb in beiden Unternehmen für das Konzept der elektronischen Verteilerknoten (E-Hubs) und für zwei neue Internet-Unternehmen, myFacilities.com und MyAircraft.com. Das zweite, ein Gemeinschaftsprojekt mit i2 Technologies und United Technologies, sollte der erste offene elektronische Markt für die Luftfahrtindustrie (Umsatz 500 Milliarden Dollar) werden, auf dem die Kunden Zugang zu Teilen und Dienstleistungen, zu Nachfrageprognosen und Inventarplanung sowie zu technischen Experten und Online-Publikationen erhalten würden. Honeywell war davon überzeugt, dass die elektronischen Verteilerknoten oder E-Hubs letzten Endes das Gesicht ihrer Branchen verändern würden. Und Honeywells virtuelle Marktplätze sollten im Zentrum dieser Umwälzung stehen.

MyPlant.com wuchs rasch: Im Jahr 2000 hatte es bereits 6000 registrierte Mitglieder. Über 300 Unternehmen hatten sich als Anbieter von Lösungen eintragen lassen, und die Zahl der User-Sessions belief sich auf 42 000. In Kooperation mit TrainingNet konnte MyPlant.com 600 000 Internet-Schulungskurse anbieten, und eine strategische Partnerschaft mit Microsoft erlaubte es ihm, den Verkehr auf seiner Site zu erhöhen. Im Frühjahr 2000 wurde MyPlant.com als eigenes Unternehmen eingetragen, erhielt einen eigenen Firmensitz und bereitete sich auf den Börsengang vor. Doch der Wettbewerb im Internet wurde härter, denn die Kapitalmärkte hatten das B2B-Geschäft zu ihrem neuen Favoriten erkoren. Um sich in den bevorzugten elektronischen Marktplatz zu verwandeln, musste Honeywell rasch Partner für sich gewinnen. Allerdings versuchten die Konkurrenten dasselbe.

Die internen Herausforderungen waren nicht geringer. Der Aufbau der E-Hubs bei Honeywell war ein ähnlicher Balanceakt wie alle neuen Geschäftsprojekte in etablierten Unternehmen. Wie konnte man unabhängige Unternehmen gründen und zugleich das Wissen, die Ressourcen und die Organisation von Honeywell International nutzen? Gemeinsam mit den Leitern der E-Hubs pflegte Online-Chef McMeekin die Beziehungen zu den Abteilungsleitern und versuchte der Organisation zu erklären, warum die E-Hubs von den traditionellen Regeln des Unternehmens ausgenommen werden mussten.

Er musste erfolgreiche Einheiten davon überzeugen, dass es von Vorteil war, winzigen Neugründungen, die ihnen ihr Geschäft abspenstig machen konnten, Unterstützung zu gewähren. Eine Führungskraft aus dem E-Business erklärte: »Du befürchtest, deine traditionelle Geschäftseinheit zu untergraben. Deine Kollegen fragen dich: Wer finanziert das? Wer erhält die Einnahmen? Gehört mein Kunde euch oder mir? Macht ihr mir meinen Vertriebskanal kaputt?«

Die bestehenden Geschäftseinheiten waren bereit, sich die neue Strategie im Interesse des Erfolgs von Honeywell anzueignen. Die Führungskräfte erklärten ihre Entschlossenheit, die Funktionsweise der Organisation zu ändern, um den elektronischen Verteilerknoten die notwendigen Ressourcen zur Verfügung zu stellen. Doch das Verhalten in der Praxis zu ändern war schwieriger. Tom Galanty, der Präsident von MyPlant.com, musste einige größere, etablierte Abteilungen (Personalwesen, Finanzwesen) davon überzeugen, dass die Bedürfnisse seiner 30 Köpfe zählenden Einheit weit über jene anderer Einheiten hinausgingen. Um fähige Mitarbeiter für die Dotcom zu gewinnen, musste man die Einstellungsverfahren ändern und bereit sein, Gehaltsgrenzen zu überschreiten. Viele Leute im Konzern hatten wenig Verständnis dafür.

James Cudd, ein Spitzenmanager aus der Strategieplanung von Honeywell, erläutert diese Einstellung zum Internet-Geschäft: »Bei einer derart tief greifenden Veränderung gilt die größte Sorge dem Zeithorizont. Wie schnell müssen wir uns bewegen? Wie dringend ist die Veränderung? Handelt es sich vielleicht nur um eine Modeerscheinung? Welchen langfristigen Nutzen oder Schaden werden wir davon haben? Wir glauben, uns in einer Krisensituation zu befinden. Müssen wir uns schneller bewegen als je zuvor?«

Die Schrittmacher zeichnen sich durch ihre Entschlossenheit aus, diese Reise ins Ungewisse fortzusetzen. Ein Fundament für Veränderungen ist keine Gewähr für Erfolg, doch es ist eine Gewähr dafür, dass ein Unternehmen früher handeln kann. Die Probleme treten früher zutage und werden früher in Angriff genommen (statt geleugnet), die Führung erhält die Dynamik aufrecht und eine neue Kultur kann entstehen.

Ohne Neugierde und Leidenschaft wird kein Wannadot zur Dotcom

Es ist gewagt, Unternehmen Gefühle zuzusprechen. Doch einige der Unterschiede zwischen Nachzüglern und Schrittmachern haben ihren Ursprung in emotional begründeten Schlüsselentscheidungen. Während die Nachzügler eine Verweigerungshaltung einnehmen, zeigen die Schrittmacher Neugierde. Vielleicht verzichten sie auf die aggressive Rhetorik der Dotcoms, doch sie wollen unbedingt die Hindernisse für den Wandel niederreißen.

Die Schrittmacher können vielfach auf einer soliden Tradition der Innovation aufbauen. (Ein Spitzenmanager eines auf industrielle Dienstleistungen spezialisierten Konzerns erklärte uns, sein Unternehmen sei unter anderem deshalb ein Nachzügler, weil es traditionell wenig in Forschung und Entwicklung investiere.) Anstatt nur das Nötigste zu tun, verfolgen die Schrittmacher potenziell große Vorhaben. Doch da die Unsicherheit groß und die richtigen Modelle noch nicht bekannt sind, müssen sie ihre Vorhaben in Grundzügen formulieren und sich auf Experimente einlassen, aus denen spezifische Konzepte entstehen können. Diese Konzepte entspringen einer genauen Kenntnis der Bedürfnisse ihrer Kunden, nicht dem Bemühen, einen Konkurrenten nachzuahmen. Die Schrittmacher bemühen sich, das Potenzial der Technologie für Neuerungen zu nutzen, anstatt mit Gewalt zu versuchen, ihre herkömmlichen Modelle dem Internet anzupassen.

Einige Unterschiede zwischen Nachzüglern und Schrittmachern haben ihren Ursprung in emotional begründeten Schlüsselentscheidungen.

Zugleich versuchen sie, die potenziellen Vorteile etablierter Unternehmen gegenüber reinen Dotcoms zu nutzen: die Synergien zwischen mehreren Kanälen, die sich ergeben, wenn sie ihre Marke, ihre Kundenbeziehungen und ihre logistische Erfahrung nutzen.

Diese erfolgreichen Unternehmen setzen nicht nur kulturelle Veränderungen im gesamten System durch, sondern ändern auch ihre Arbeitsweise. Sie stellen ihren Internet-Zweigen Ressourcen zur Verfügung, verleihen ihnen eine klare Identität und gestehen ihnen Autonomie zu. Das Topmanagement engagiert sich und unterstützt die neuen Bereiche, ohne sich in das Management der Details einzumischen.

Es gibt klare Themen vor, überlässt die Einzelheiten jedoch dem Führungsteam des Internet-Unternehmens. Zudem fördert die Unternehmensführung die Kooperation mit der übrigen Organisation. Um Branchenerfahrung und gute interne Beziehungen mit neuen Vorstellungen und neuen technologischen Kenntnissen zu kombinieren, wird internes Personal mit neuen Mitarbeitern gemischt.

Die Schrittmacher-Unternehmen haben einen Startvorsprung, denn sie arbeiten »im grünen Bereich«, wo bereits Aussicht auf Gewinne besteht. Sie sind den vier Schlüsselelementen der E-Culture näher:

- Die Gestaltung der Strategie wird als Improvisationstheater betrachtet.
- Das Unternehmen öffnet sich einem Netz von Partnern.
- Organisationszellen werden in integrierte Gemeinschaften verwandelt.
- Die Kultur zieht die talentiertesten Mitarbeiter an und bindet sie.

Teil II

Im grünen Bereich: Die Essenz der Effektivität im E-Commerce

4

WOGENDER APPLAUS: Strategie als Improvisationstheater

> Es ist nicht lukrativ, etwas zu tun, was alle Welt kann.
> *Robert Shapiro, Chairman von Pharmacia*

> All the world's stage,
> And all the men and women merely players;
> They have their exits and their entrances,
> And one man in this time plays many parts.
> *William Shakespeare, As You Like It (II, 7)*

Eine einzelne großartige Vorstellung, die vom Publikum mit frenetischem Applaus bedacht wird, gewährleistet keinen Erfolg auf lange Sicht. In der rasanten Internet-Ära müssen Menschen und Unternehmen die Fähigkeit entwickeln, eine Reihe von Erfolgen zu erzielen und ihr Publikum immer neu zu überzeugen.

Lange Zeit hatte das Drama des Managements Ähnlichkeit mit dem traditionellen Theater. Jede Spielzeit beinhaltete eine Reihe von Aufführungen, die, unabhängig davon, ob es sich um Neuinszenierungen oder bekanntes Repertoire handelte, einem festgelegten Skript folgten. Den Akteuren wurden Rollen zugeteilt, und sie hatten ihren Text in allen Vorstellungen weitgehend identisch zu wiederholen. Außenseiter, deren Interpretation zu weit über bestimmte Grenzen hinausging, sahen sich harscher Kritik ausgesetzt. Die Handlung führte zu einem unveränderlichen Ende.

Manche Unternehmen wollen noch immer einen perfekten Plan festlegen, bevor die Handlung beginnen kann. Die Grundregel lautet: Bitte keine Überraschungen! Doch diese Einstellung begünstigt kosmetische Veränderungen und lähmt genau die Kreativität, die man braucht, um sich in einem neuen Vertriebskanal wie dem Internet durchzusetzen. Eine Führungskraft in einer im Einzelhandel tätigen Wannadot meint dazu: »Unsere traditionelle Methode bestand darin, nur mit perfekten Produkten auf den Markt zu gehen. Wir betrieben umfangreiche Marktforschung und brauchten anderthalb bis zwei Jahre, um ein neues Produkt in den Handel zu bringen. Im Online-Bereich müssen wir uns viel schneller bewegen. Vielen Leuten im Unternehmen fällt das schwer, doch wir müssen einfach handeln und Fehler später beheben.«

Anstatt sich an ein Skript zu halten, spielen Unternehmen, die sich erfolgreich im Internet bewegen, Improvisationstheater. Sie legen ein Grundthema fest, an dem sich die Akteure orientieren können. Solche Schrittmacher begeben sich ins Internet, ohne über einen Plan zu verfügen, der alle Risiken ausschaltet. Tesco, eine der größten britischen Lebensmittelhandelsketten, stürmte mit Tesco.com an die Spitze des Online-Geschäfts (Marktanteil von 66 Prozent), doch das Unternehmen steuerte nicht direkt auf das Internet zu. Ende 1995 testete Tesco Direct an einigen Versuchsstandorten das Homeshopping und ermöglichte die Bestellung per Telefon, Fax und Internet. In einem anderen Projekt wurde mit dem Direktverkauf von Geschenken und Blumen experimentiert. Parallel dazu liefen mehrere Internet-Projekte. Nach einer Reihe von Rückschlägen und Korrekturen verhalf die Kombination von Internet-Bestellungen und Hauszustellung der im Geschäft ausgesuchten Produkte dem Unternehmen zum Durchbruch. Mitte 2000 probten die Akteure in dem Wissen, sich ohne stetige Innovation nicht an der Spitze behaupten zu können, eine neue Variante ihres Stücks. Bedienungsfreie Lieferung? Nächtliche Verarbeitung von Bestellungen aus den Filialen? Einführung neuer Produkte auf der Website? Tesco hat bereits großen Applaus erhalten, aber es improvisiert weiter.

Innovation durch Improvisation ist ein Kernelement der E-Culture. Planungen sind vielfach nur Ratespiele. Die Strategie entwickelt sich im Verlauf der Umsetzung, denn wenn man die Ergebnisse nicht im Voraus kennt, erzeugt das Handeln selbst das Ziel. Wie meine Kollegen Stephen Bradley und Richard Nolan aus Harvard erklärt haben, lauschen und reagieren Internet-Unternehmen, anstatt herzustellen und zu verkaufen.[1] An die Stelle der Entscheidungshierarchie tritt ein interner Ideenmarkt. Erfinder gestalten und verkaufen Projekte, um anschließend ihre Umgebung für ihre Vorhaben zu gewinnen.

Innovation durch Improvisation ist ein Kernelement der E-Culture.

Das Konzept der Improvisation in der Wirtschaft hat eine lange Tradition. John Kao verglich die Innovation mit dem »Jamming« der Jazzmusiker.[2] Doch in der Internet-Ära tritt an die Stelle des Wechselspiels zwischen den Akteuren die größere Aufgabe, das gesamte Unternehmen in ein Innovationstheater zu verwandeln, in dem auf mehreren Bühnen verschiedene Dramen aufgeführt werden, von denen sich einige innerhalb der Organisation abspielen, während andere auch die externen Partner einbeziehen. Um Internet-Geschwindigkeit zu erreichen, kann man von innen nach außen und von außen nach innen improvisieren. Einige Unternehmen improvisieren in erster Linie von innen nach außen, indem sie interne Unternehmer ermutigen, neue Wege einzuschlagen. Die Unternehmensführung fördert die Innovation, wobei sie manchmal mit der Einleitung eines Projekts selbst den Anstoß gibt und manchmal von internen Partnern bereits gestartete Projekte unterstützt. Die außenstehenden Partner sind hier nur Nebenakteure, die bei Bedarf einbezogen werden. Steigt die Zahl der innovativen Projekte, so nimmt eine neue Strategie Gestalt an – das Unternehmen gewinnt ein besseres Bild von dem, was es zu tun hat. Bis zu diesem Punkt handelt es sich um ein vertrautes Innovationsdrama, das in den besten Unternehmen der Old Economy schon lange aufgeführt wird.

Das zweite Konzept, die Improvisation von außen nach innen, ist ein aufstrebendes Modell, das sich gut für die Internet-Ära eignet. Heute entstehen neue Konzepte und neue Technologie vielfach nicht in den Entwicklungsabteilungen der Großkonzerne, sondern in vielen kleinen, unabhängigen Unternehmen. Ein Großunternehmen kann nun Kontakt zu diesen unabhängigen Theatertruppen knüpfen, die an etwas Neuem und viel Versprechenden arbeiten, das jedoch noch keine Form angenommen hat. Die Unternehmensführung betätigt sich dann als Talentscout und knüpft Verbindungen zwischen den Improvisationsensembles und der Unternehmensstrategie.

In diesem Kapitel werde ich zwei herausragende Beispiele für beide Modelle darstellen: Sun Microsystems, das die Improvisation von innen nach außen betreibt, und Reuters Greenhouse, das den umgekehrten Zugang gewählt hat. Doch zunächst geht es um die Elemente, die zusammengefügt werden müssen, um Improvisation überhaupt zu ermöglichen.

»I'll know it when I see it«: Die sechs Elemente des Improvisationstheaters

Die Improvisation ist ein Wesenszug der Innovation, denn man kann unmöglich wissen, wie die Menschen auf etwas reagieren werden, was sie noch nie gesehen haben, was noch nicht erfunden oder noch nicht geschehen ist. Vielleicht gefällt ihnen die Grundidee, aber sie haben nichts für die Umsetzung übrig. Vielleicht finden sie keinen Gefallen an der Idee, mögen jedoch, was daraus entsteht. Ich bezeichne dies als IKIWISI-Effekt (I'll know it when I see it).[3] Vielleicht können wir die perfekte Antwort auf unsere Bedürfnisse und Probleme nicht immer beschreiben, doch wir erkennen sie mit Sicherheit, wenn wir sie sehen.

Wenn das Stück nicht im Voraus beschrieben werden kann, muss es oft aufgeführt werden, um im Spiegel der Reaktion des Publikums Gestalt anzunehmen. Aus diesem Grund beziehen die besten Improvisatoren Angehörige des Publikums in eine Reihe von Kurzaufführungen ein und gestalten auf der Grundlage dieser Reaktionen die nächste Vorführung. In der Welt der Technologie wird dieser Prozess als *Rapid Prototyping* (Schnellmusterentwicklung) bezeichnet. Jeder Prototyp führt uns Möglichkeiten vor Augen, die so lange schwer zu beschreiben sind, bis man sie mit eigenen Augen gesehen hat.

Es ist schwierig, andere Menschen von einer Vision zu überzeugen, ohne ihnen die Vision in einer Reihe spezifischer Anwendungen vor Augen zu führen. Selbst die Führungskräfte eines Unternehmens erkennen manchmal erst, was sie wollen, wenn sie es zu Gesicht bekommen haben. Bei Williams-Sonoma waren zwei Demonstrationen nötig, um dem Unternehmen einen Weg zum E-Commerce zu zeigen (wobei die erste hastig zusammengestoppelt wurde, um festzustellen, ob die Führungskräfte es erkennen würden, wenn sie es sahen). Das Reinventing Education Project von IBM begann teilweise ohne klare Pläne oder Budgets, wie Doug Walker von der Schulbehörde von Vermont eingesteht: »Ich glaube, wir wären keinen Schritt von der Stelle gekommen, wenn wir nicht bereit gewesen wären zu handeln, ohne das Ende der Geschichte zu kennen.« Doch gibt es einmal ein greifbares Ergebnis, so erkennen die Entscheidungsträger den Wert des Vorhabens, weil sie ihn vor Augen haben – und die Improvisatoren erhalten Rückendeckung für die nächste Runde der Innovation.

Die strategische Improvisation beruht auf sechs Elementen: Thema, Theater, Akteure, Spannung, Publikum und sukzessive Variationen des Themas.

Thema

Ohne klares Thema mündet die Improvisation in Chaos und völlige Verwirrung. Beim Thema kann es sich um eine Richtungsangabe seitens der Führung (»Suchen wir nach der besten Nische im E-Commerce!«) oder um eine wichtige Frage handeln (»Wo sind die Technologien, die uns aus dem Geschäft drängen können?«). Das Thema muss allgemein genug formuliert sein, um eine Vielzahl von Möglichkeiten zu umspannen, zugleich jedoch auch ausreichend exakt definiert, um ein gezieltes Vorgehen zu ermöglichen. Ein weit gefasstes Thema gibt Spielraum für Flexibilität und für die Suche nach alternativen Wegen. Führt ein Weg in die falsche Richtung, so kann man einen anderen einschlagen. Fehlt dieser Spielraum, so kann ein einziger negativer Faktor das ganze Unterfangen zum Scheitern verurteilen. (Der Leiter einer kanadischen Bank wollte ein junges Internet-Unternehmen schließen, weil eine Studie gezeigt hatte, dass die Konsumenten nicht willens waren, ihre Kreditkarten im Internet zu benutzen.) Gleichzeitig ermöglicht es das gezielte Vorgehen, sich eine Vorstellung davon zu machen, wie weit man gehen kann, bevor die Unternehmung als gescheitert betrachtet werden muss.

Das Thema bildet die Grundlage für Kommunikation, ohne die Kreativität zu zerstören: Alle Beteiligten stehen auf derselben Bühne, spielen jedoch verschiedene Rollen. Das Thema kann auch eine Wertvorstellung wie der Gemeinschaftssinn bei eBay sein. Amazon.com stützt sich bei der Innovation auf ein gutes Thema, an dem es festhält. Ein Manager aus einem digitalen Einzelhandelsunternehmen äußert sich bewundernd über diese Methode: »In den ersten drei Jahren tat das Unternehmen nur eins: Es war ein Yahoo! für Bücher und schaffte es, diese Bücher pünktlich an die richtige Adresse zu liefern. Amazon machte keine Schwierigkeiten bei Rücksendungen und reagierte umgehend auf jede E-Mail. Der andere große Vorteil eines Starts mit Büchern besteht darin, dass es 1,5 Millionen Artikelpositionen gibt. Beherrscht man diese, so kann man relativ einfach Musik (50 000 Artikelpositionen) oder Video (80 000 Artikelpositionen) ergänzen.«

Das Theater

Man kann die Zukunft nicht in einer Struktur aufbauen, die dafür gemacht ist, die Vergangenheit zu wiederholen. Die Innovatoren brauchen einen eigenen Ort, an dem sie ihr Stück ohne Beschränkungen der kreativen Improvisation proben und inszenieren können. Diese einst als *skunk works* (unabhängige F&E-Gruppen) bezeichneten Refugien der Grundlagenarbeit ähneln heute eher Inkubatoren und internen Wagniskapitalfonds, die bahnbrechende Projekte und frisch geschlüpfte Unternehmen unterstützen, denen ein eigenes Kästchen im Organigramm zusteht, selbst wenn sie im selben Gebäude wie die Muttergesellschaft untergebracht sind. Selbst Dotcoms brauchen Orte für die Improvisation: Women.com richtete eine Abteilung für die Erforschung des E-Commerce ein, um eine skeptische Unternehmensleiterin dazu zu bewegen, eine Community-Site durch den Verkauf von Produkten zu ergänzen.[4]

Man kann die Zukunft nicht in einer Struktur aufbauen, die dafür gemacht ist, die Vergangenheit zu wiederholen.

Nachdem Lucent Technologies im Jahr 1995 aus AT&T ausgegliedert worden war, gründete es die New Ventures Group (NVG), um auf der Grundlage viel versprechender Ideen aus den Bell Laboratories, die von den traditionellen Geschäftseinheiten nicht genutzt wurden, Wachstumsunternehmen aufzubauen. Die Unternehmer von NVG ähnelten einem Repertoir-Ensemble, das bereit war, eine Vielzahl von Stücken aufzuführen. NVGs erste Gründung elemedia (Internet-Telefonie) hielt Krishna Murti davon ab, Lucent zu verlassen und ins Silicon Valley zu gehen. »12 Jahre bei AT&T reichten mir«, erklärte er, doch bei elemedia erhielt er Unternehmensanteile und die Sicherheit eines Konzernpostens. Dem Leiter von elemedia, Joe Mele, wurde vollkommene Freiheit gewährt, sämtliche Regeln zu brechen. Von allen Fesseln befreit, gewann elemedia ein Rennen mit Netscape und Microsoft um eine Neuentwicklung; sieben Monate nach der Gründung zählte es Netscape zu seinen Kunden. 1998 und 1999 wurde elemedia zum Produkt des Jahres in der Internet-Telefonie gewählt. Im Juni 1999 wurde das Unternehmen mit dem Bereich Schaltungs- und Zugangssysteme von Lucent verschmolzen.

Wenn sie nicht bis zu einem gewissen Grad von der übrigen Organisation abgeschirmt werden, werden die Improvisationsensembles unter Umständen derart mit Forderungen bombardiert, dass ihre Kreativität erstickt wird.[5] In einer Dotcom, die ihren Konkurrenten hinterherhinkte, fand das Technologieteam jeden Morgen irgendein neues Projekt auf dem Tisch vor: »Es gab immer etwas, was uns von unseren Aufgaben ablenkte.«

Akteure

Gute Improvisation verlangt unter Umständen mehr von den Akteuren als die Interpretation feststehender Rollen. Die Akteure müssen gut ausgebildet und disziplniert sein. Sie müssen bereit sein, unbekannte Rollen zu übernehmen, mehreren Dingen gleichzeitig Aufmerksamkeit zu schenken und sich in Situationen zu begeben, auf die sie nicht vorbereitet sind. Es ist viel von der Risikobereitschaft der Unternehmensgründer die Rede, doch kaum jemand spricht von der Selbstdisziplin und der Teamdisziplin, die erforderlich sind, um tatsächlich Innovationen hervorzubringen, oder von der Zuversicht, die erforderlich ist, um das vertraute Terrain zu verlassen und sich auf etwas Neues einzulassen.

Die Improvisatoren müssen bereit sein, in Ermangelung von Informationen zu handeln. Ein Manager eines Dotcom-Geburtshelfers beschrieb seine Erfahrung mit einem kühnen Unternehmensprojekt: »Wenn man sich mit einem genauen Zeitplan auf eine derartige Unternehmung einlässt, kann man es sich nicht leisten, auf alle benötigten Informationen zu warten. Tatsächlich gibt es diese Information überhaupt nicht, denn die Unternehmung ist eine Premiere für das Unternehmen. Wenn man 60 Prozent der benötigten Information hat, muss man handeln.« Ein Marketing-Manager von eBay berichtete darüber, wie er mit seinem Team über ein für die Website geeignetes Design sprach, das er am Vortag gesehen hatte. Die Hälfte der Leute sagte »Ja«, die andere Hälfte »Nein«, einige meinten, man müsse das Design umgestalten, und er sagte: »Tut es einfach.«[6]

Die Improvisationsensembles werden von Produzenten und Regisseuren geleitet, doch die Führung entwickelt sich oft aus dem Wechselspiel zwischen den Akteuren. Wer macht freiwillig Überstunden? Wer hat im richtigen Augenblick die beste Idee? Wer verdient sich den Respekt der Kollegen? Im Improvisationstheater können die Hauptrollen nicht immer im Voraus mit den Stellenbeschreibungen festgelegt werden.

Spannung

Was wird auf der Bühne geschehen? Wenn das Ende vorhersehbar ist oder wenn man das Stück bereits gesehen habt, wird es kaum von Interesse sein. Die Improvisation beinhaltet wie jedes gute Theater immer eine Spannung, die am Ende aufgelöst wird. Das Ergebnis – unsere Strategie, unsere Ausrichtung, unser Zugang – gewinnt mit fortschreitender Handlung an Klarheit. Manchmal wird das Ergebnis erst am Ende sichtbar, wenn alle Stränge zusammenlaufen und eine unter der Oberfläche stets vorhandene Strategie zutage tritt. An Spannung gewinnt die Improvisation dadurch, dass das Publikum auf den nächsten Schritt wartet, weil bisher niemand Derartiges versucht hat.

Nach getaner Arbeit preisen wir den Weitblick der Strategen, doch am Anfang hatten sie vielleicht noch gar keine Vorstellung von der richtigen Richtung. Für die Fernsehanstalt NBC zum Beispiel hatte das Internet schon Priorität, bevor Jack Welch von General Electric, der auch Konzernchef von NBC ist, einen Vorstoß in die digitale Wirtschaft ankündigte. NBC war schon sehr weit, als es 1993 ins interaktive Fernsehen einstieg; nur Time Warner arbeitete an ähnlichen Technologien. Insider schrieben den Vorsprung der Tatsache zu, dass NBC-Präsident Bob Wright sein Augenmerk auf neue Geschäftsmodelle richtete. Allerdings verfuhr sich NBC mehrfach auf dem Information-Superhighway und geriet bei seiner improvisierten Reise in zahlreiche Sackgassen und Nebenstraßen. Als das Unternehmen erkannte, dass die Interaktivität nicht beim Fernsehgerät, sondern beim PC beginnen würde, gründete es gemeinsam mit Microsoft den Kabelkanal MSNBC und die Website MSNBC.com, die im Jahr 1996 den Betrieb aufnahm. CNBC.com wurde 1999 wieder eingeführt. Eine Reihe von Investitionen in verschiedene neue Internet-Unternehmen mündete schließlich in eine Strategie für NBC Digital Media.

Kühne neue Strategien haben ihren Ursprung oft in Dramen, die das Publikum fesseln und mit der Frage beschäftigen, wie all diese Verwicklungen je gelöst werden sollen. Wir brauchen Vorstellungskraft, um zu improvisieren. Wir brauchen Mut, um in Entwicklungen mit ungewissem Ausgang zu investieren, denn wir werden die Lösung erst erkennen, wenn wir sie vor Augen haben.

Publikum

Die Interaktion mit dem Publikum ist ein wichtiger Bestandteil des Improvisationstheaters. In der digitalen Welt wird das enger gefasste Konzept der Kundschaft vom umfassenderen Konzept des Publikums verdrängt. In den von den Dotcoms bevorzugten komplexen Geschäftsmodellen ist nicht immer klar, wer eigentlich der zahlende Kunde ist: der Verbraucher eines Produkts, der Empfänger einer Dienstleistung, der Werbekunde, der ein Banner auf der Website bezahlt, der Partner, zu dem die Besucher weitergeleitet werden, oder der Investor, der das Kapital zur Verfügung stellt? Hier handelt es sich nicht durchweg um Kunden im herkömmlichen Sinn, doch es handelt sich zweifelsfrei um Publikumsgruppen. Dazu kommt ein vielgestaltiges Publikum im Unternehmen, das einem Drama zum Erfolg verhelfen oder es zum Scheitern verurteilen kann: Entscheidungsträger, unmittelbare Vorgesetzte, Kollegen.

Außerhalb des Unternehmens kann das Publikum schwer greifbar sein und sowohl Kritiker als auch leidenschaftliche Anhänger umfassen. Das Publikum, das auf die Vorstellung reagiert, ist möglicherweise nicht dasselbe, welches das Unternehmen anlocken wollte. Das Unternehmen Monsanto zum Beispiel geriet in eine Krise, weil es seine Kunden (die Landwirte, die gentechnisch verändertes Saatgut kauften) und sogar die Kunden seiner Kunden (die Lebensmittelindustrie) berücksichtigte, nicht jedoch das wachsende Publikum der Umweltschützer, welche die Opposition gegen diese Produkte organisierten - eine Opposition, die die Konsumenten dazu bewegte, die aus gentechnisch veränderten Pflanzen gewonnenen Lebensmittel abzulehnen, und die britischen Handelsketten bewog, diese Produkte aus den Regalen zu verbannen.

In komplexen Geschäftsmodellen ist nicht immer klar, wer eigentlich der zahlende Kunde ist: der Verbraucher eines Produkts, der Empfänger einer Dienstleistung, der Werbekunde, der ein Banner auf der Website bezahlt, der Partner, zu dem die Besucher weitergeleitet werden, oder der Investor, der das Kapital zur Verfügung stellt.

Es genügt nicht, die Reaktionen des Publikums zu beobachten. Man muss es in die Handlung einbeziehen. Die Kunden können zu Partnern bei der Gestaltung der Produkte werden. Die Benutzer sind die beste Quelle für Anregungen zum nächsten Entwicklungsschritt. Die potenziellen Kritiker geben wertvolle Kommentare zu jeder neuen Produktversion ab.

Sukzessive Variationen des Themas

Die E-Culture erfordert eine rasche Abfolge stetig verbesserter Variationen, die kritische Reaktionen berücksichtigen.

Das Rapid Prototyping half IBM, in seinem Reinventing Education Project bahnbrechende neue Technologien für die öffentlichen Schulen zu entwickeln, darunter Stimmerkennungswerkzeuge für den Leseunterricht und Software für eine an den Lernerfordernissen der Schüler orientierte flexible Planung der Unterrichtsstunden. Die Teams hatten ihren Sitz nicht in den Laboratorien von IBM, sondern in den Schulen, wo sie im Wechselspiel mit den Lehrern Korrekturen vornehmen konnten. Improvisation bedeutet, Fehlstarts und Fehlentwicklungen hinzunehmen. Wichtig ist nur, dass Feedback und nötige Veränderungen rasch erfolgen.

Wie funktioniert das bei jenen Unternehmen, die ins Internet gehen und nicht nur eine Abfolge von Produktversionen entwickeln, sondern auch ihr Geschäftsmodell ständig verändern müssen? Technologieunternehmen erfinden sich seit jeher alle paar Jahre neu: Das von Rudy Chan geleitete hongkong.com betrieb zunächst unter dem Namen WebHK Wahlberichterstattung, um sich anschließend in einen Stadtführer namens Corner.com zu verwandeln, der durch eine Einkaufssite ergänzt wurde und seine Tätigkeit schließlich unter dem aktuellen Namen auf Unterhaltungs- und Internet-Dienste (E-Mail und Einrichtung von Websites) ausweitete. Abuzz begann als Softwareunternehmen, verliebte sich in das Internet, enschloss sich dann jedoch, Anwendungen für Unternehmens-Intranets anzubieten - doch dann trat die *New York Times* auf den Plan und bot Abuzz die Möglichkeit, sein System dem Internet anzupassen. Und das alles innerhalb von zwei Jahren.

Die improvisierte Geschäftsentwicklung kann kühne neue Konzepte und erfolgreiche neue Strategien hervorbringen. Meine Detailanalyse dieser Methode beginnt im Silicon Valley, wo Sun Microsystems mit seiner von innen nach außen gerichteten Improvisation den Markt verblüfft. Anschließend wechsele ich nach London, um dort die in der umgekehrten Richtung verlaufende Improvisation bei Reuters vorzustellen.

Von innen nach außen: Wie Sun zum Inbegriff der digitalen Wirtschaft wurde

Wenn man von Projekt zu Projekt improvisiert, kann man ein Unternehmen immer neu erfinden, ohne eine traumatische Revolution inszenieren zu müssen. Die Kritiker, die keinen Gefallen an dem einen Stück finden, können sich auch noch andere ansehen, da stets neue Inszenierungen auf dem Spielplan stehen. Ein Innovator bei Sun Microsystems brachte die Skeptiker, die seine Unternehmensgründung zu stoppen versuchten, zum Verstummen, indem er immer neue Strategien vorlegte und das Unternehmen an der Spitze der Veränderungsbewegung hielt: »Wir begannen mit normalen Desktops, gingen dann zu CAD-Desktops über und verlegten uns schließlich auf kleine kommerzielle Server. Daraus wurden Großserver. Und jetzt sind wir im Bereich Speichersysteme tätig.«

Im Jahr 1982, als Sun Microsystems gegründet wurde, war das Zeitalter der Vernetzung noch eine Vision. Damals gab es nichts Moderneres als einen Computer auf dem Schreibtisch. Von einer Kommunikation mit dem Computer eines anderen Menschen wagte noch niemand zu träumen. Doch Suns Konzentration auf die Computernetze (»Herz und Seele dieses Unternehmens«, wie CEO Scott McNealy erklärte) sollte sich bezahlt machen. Ende der neunziger Jahre, als die übrige Welt versuchte, auf den fahrenden E-Commerce-Zug aufzuspringen, schwebte Sun dank der Improvisation seines Vernetzungsthemas auf einer Welle des Erfolgs. In aufeinander folgenden Innovationswellen veränderten sich die Produkte und Dienstleistungen des Unternehmens ständig. Im Jahr 1982 führte Sun die erste Workstation der Welt ein. 1984 bot es Gratislizenen für seine Netzlaufwerktechnologie NFS an, um dieses Angebot zwei Jahre später auf die PC-Benutzer auszuweiten. 1987 ging Sun ein Bündnis mit AT&T ein, um das Betriebssystem UNIX für Unternehmenskunden zu entwickeln. Im Jahr darauf - die Erträge des Unternehmens waren mittlerweile auf über eine Milliarde Dollar gestiegen - festigte es seine Führungsposition bei den Netzwerken mit einer Reihe von Innovationen: das System SPARC-station, Java, Solaris, Jini. Als im Jahr 1999 der Goldrausch im Internet einen Höhepunkt erreichte, stand Sun mit einem Umsatz von 12 Milliarden Dollar, mehr als 25 000 Angestellten und Niederlassungen in 170 Ländern an der Spitze der Netzwerkbranche. Sein Ziel: die Welt mit Dotcoms zu übersäen, indem man Systeme und Software für den elektronischen Markt bereitstellte. In einer Welt, in der Autos, Fernseher und Kühlschränke an das Internet angeschlossen werden können, will Sun seine Technologie in die Milliarden Geräte einbauen, die in den kommenden zehn Jahren vernetzt werden können.

Unternehmensleiter McNealy duldet keine Selbstgenügsamkeit und besteht auf unablässiger Veränderung. Dieser Grundsatz wird nicht nur in schönen Reden verkündet, sondern ständig in die Tat umgesetzt: Strukturen werden umgebaut, die Aufgaben der Mitarbeiter geändert, die Leute immer neuen Spezialprojekten zugeteilt. Obwohl sich manch einer im Unternehmen nach mehr Stabilität sehnt, erkennen die meisten an, dass diese Methode, die Akteure durch eine stetige Abfolge immer neuer Projekte zu schleusen, Sun zu dem gemacht hat, was es ist. Da die Struktur selbst dann, wenn die Dinge gut laufen, häufig geändert wird, können sich die Rollen nicht so festigen, dass sie die Suche nach Neuerungen verhindern. Und die Mitarbeiter erkennen, dass ihre Erfahrung rasant wächst: Sie gewinnen Einblick in verschiedenste Facetten der Unternehmenstätigkeit und kennen die Mitglieder in anderen Abteilungen gut genug, um gemeinsam mit ihnen aufzutreten, wenn sich der Vorhang für die nächste Vorstellung hebt.

Trotz seiner Größe hat sich Sun viel von seiner ursprünglichen Kultur bewahrt. Als endgültig abgesegnet gilt ein neues Produkt immer noch, wenn eine Vorführung in einer Sitzung des Board bei Scott McNealy Begeisterung auslöst. Ein Insider erklärt: »Es ist immer wieder erfrischend zu sehen, wie die Führungskräfte bei Sun von einer neuen Idee hingerissen sind. Wenn man es durch den Morast auf der mittleren Ebene schafft, findet man an der Unternehmensspitze uneingeschränkte Unterstützung für die Innovation.«

Sun ist auf die Initiative seiner Führungskräfte auf allen Ebenen angewesen, um neue Chancen aufspüren und rasch nutzen zu können. Zahlreiche Ströme unabhängiger unternehmerischer Aktivität fließen zu Suns nächster großen Innovationswelle zusammen. Unter den 32 von uns befragten Sun-Managern befanden sich Innovatoren, die unterschiedlichste Wege einschlugen. Viele hatten überhaupt kein spezifisches Ziel, sondern gingen von einem Thema aus und erzielten durch Improvisation Ergebnisse. Wir fanden in diesem Unternehmen einige ausgezeichnete Beispiele für Improvisation und dafür, dass Führungskräfte erst begriffen, was sie wollten, als sie es sahen – der IKIWISI-Effekt. Albert Ormiston, der Leiter von E-Sun und Sun.com, erzählte uns im Juni 1999, noch ein Jahr zuvor habe die Unternehmensführung nicht sagen können, was genau E-Sun eigentlich werden sollte. »Doch jeden Monat wurde ihnen klarer, was sie erreichen wollten. Das Management unterstützte ›es‹, ohne am Anfang klar sagen zu können, was ›es‹ war. Doch im Lauf der Zeit entwickelten sämtliche Führungskräfte von Sun eine gute Vorstellung von den Zielen für E-Sun.« Genau das ist strategische Improvisation.

Wenn man von Projekt zu Projekt improvisiert, kann man ein Unternehmen immer neu erfinden, ohne eine traumatische Revolution inszenieren zu müssen.

Die Milliardenwette auf Netra

Suns Bereitschaft, trotz großer Unwägbarkeiten auf das Netra-Projekt zu setzen, verschafften dem Unternehmen einen unerwarteten strategischen Vorteil bei einer neuen Kundengruppe. Mitte 1997 erbte die von Neil Knox geleitete Network Systems Group ein kleines von Sun übernommenes britisches Unternehmen namens Netra, das fehlertolerante Computer für die Telekommunikation baute. Das war möglicherweise Suns Chance, im Netzwerkgeschäft von der Peripherie in die eigentliche Infrastruktur vorzustoßen und eine neue Branche zu erschließen. Doch dazu brauchte man unverbrauchte Leute mit Unternehmergeist, die ohne jede Planungssicherheit arbeiten konnten. Das Führungsteam der Network Systems Group stellte dem Board ein Milliardengeschäft in Aussicht, das allerdings Investitionen in die Erweiterung des Produktangebots des übernommenen Unternehmens sowie eine Integration in die bestehende Produktlinie von Sun erforderlich machte. Der Board sah darin eine natürliche Evolution des Internet, und innerhalb weniger Wochen standen die benötigten Mittel zur Verfügung.

Ein flexibler Umsetzungsplan gab Spielraum für die Anpassung an einen sich entwickelnden Markt und an die Reaktionen der Kunden. Es bedurfte eines sehr mutigen Managements. »Um diesen Produktplan umsetzen zu können, mussten wir eine Reihe anderer Technologien an andere Produktgruppen abtreten«, erläuterte Verkaufsleiter Philip Nenon. »Wir mussten Ingenieure abgeben und Projekte aufgeben, die sich in der Entwicklungsphase befanden. Vielen unserer Leute fiel das schwer.«

Die Gruppe arbeitete von Anfang an eng mit ihrem Publikum - das aus Kunden wie Cisco, Lucent und Nortel bestand - zusammen, um jedes neue Netra-Produkt zu modifizieren. Sun musste diese potenziellen Kunden zunächst für die Entwicklung von Netzwerkcomputern gewinnen. »Einige von ihnen hegten Zweifel«, erklärte Nenon, »während andere rascher bereit waren, mit uns darüber zu sprechen, was sie von einem Anbieter wie uns erwarteten. Wir mussten mehrmals an die Zweifler herantreten, bevor sie sich öffneten und tatsächlich einen fruchtbaren Dialog mit uns begannen.« Lucent und Cisco stellten fest, dass Sun auf dem richtigen Weg sei, sofern es eine Plattform einrichtete, die ihren Erfordernissen entsprach und die traditionellen Sun-Technologien SPARC, Solaris, UNIX und die integrierte Vernetzung beinhaltete.

Knox' Truppe legte den Abteilungen Entwicklung und Marketing die Forderungen der Kunden vor. Die Akteure passten den Text ihrer Rollen den Reaktionen des Publikums an, wiederholten jedoch jedes Mal, wenn die Abteilungsvertreter das Vorhaben für unmöglich erklärten, im Chor: »Wir müssen einen Ausweg finden.« Die Zeit war knapp. Man versuchte, das Projekt doppelt so schnell wie üblich durchzuführen, und Sun nahm einen erst entstehenden

Markt mit sehr strikten Standards in Angriff. Dazu Nenon: »Man muss einmal die Reaktion von Lucent auf ein Angebot oder eine Qualitätsprüfung bei Cisco erlebt haben - diese Unternehmen foltern dich.«

Ein Teil des Publikums begann zu applaudieren. Ein Kunde ging rasch über das Versuchsstadium hinaus und machte hunderte von Produkten weltweit zu einem grundlegenden Bestandteil seiner Kabel- und Funknetze.

Aus einigen übernommenen Produkten, die weniger als 25 Millionen Dollar an Jahreseinnahmen einbrachten, entwickelte die Gruppe für neue Kunden (darunter Lucent und Cisco) eine Reihe neuer Produkte, die bereits nach zwei Jahren 150 Millionen Dollar einbrachten und im dritten Jahr den Prognosen zufolge die Einnahmenschwelle von einer Milliarde Dollar überschreiten sollten. Netra sicherte Sun eine zentrale Rolle im Aufbau der Netzinfrastruktur, die sich im Jahr 2000 in das herausragende Thema der Branche verwandelt hatte.

Der Netzwerkcomputer

Eine Gruppe von Sun-Laboratorien unter der Leitung einer herausragenden Ingenieurin, Dr. Duane Northcutt, hatte ein Konzept für eine neue Generation von Netzwerkcomputern (NC) entwickelt. Das Ziel bestand darin, Computer zu geringeren Kosten mit der Leistungsfähigkeit von Workstations auszustatten. Im Jahr 1998 wurde Robert Gianni, ein technischer Direktor, der seit elf Jahren bei Sun war, mit der Leitung der Produktentwicklung im NC-Projekt betraut. Der Netzwerkcomputer verlagerte Datenspeicherung, Drucker und andere Anwendungen in ein zentrales Netzwerk, wodurch auf den Desktops weniger Hardware und Software benötigt wurde.

Die Idee war nicht ganz neu. Mehrere Hersteller, darunter IBM, Cisco und Sun selbst (mit seiner Java-Station) hatten bereits Produkte eingeführt, die als Netzwerkcomputer bezeichnet wurden. In den Prognosen war davon ausgegangen worden, innerhalb von zwei Jahren könnten eine Million Einheiten verkauft werden, doch tatsächlich waren es nur 200 000 geworden. »Sie waren in der Wartung nicht so viel billiger als die PCs, und ihre Funktionen waren beschränkt«, erläuterte Gianni. Ab 1998 war es dank der Verbesserung der Ethernet-Technologien möglich, das Netzwerk in den PC zu liefern; in einem Schaltsystem stand eine um das Zehnfache höhere Bandbreite zur Verfügung als in einem Gemeinschaftssystem.

Giannis erste Aufgabe bestand darin, einen Aufführungsort für sein Projekt zu finden. »Dieses Produkt erstreckte sich offenkundig über viele Geschäftseinheiten«, erklärte Gianni. »Es war keine Desktop-Workstation. Es war kein Server. Es war keine reine Softwareanwendung. Also musste ein neuer Bereich dafür eingerichtet werden.« Man ging mit der Idee hausieren und fand einen Bereichsleiter, der erkannte, dass sie gut zu seiner recht neuen Organisation passte, die ihren Kunden Netzrechner anbot.

Als Nächstes engagierte Gianni die Akteure. Das anfangs aus acht Ingenieuren bestehende Ensemble wuchs auf gut 40 Personen, die von dem kreativen Konzept angelockt wurden. »Wir durften natürlich niemanden aus anderen Einheiten abwerben, doch viele Leute, die uns kannten und von unserem Vorhaben erfuhren, wollten mit uns arbeiten.«

Gianni verglich die Arbeit mit konzentrischen Wissenskreisen, die von einem Mittelpunkt Produktentwicklung ausgingen. Der »Synchronisationspunkt« des Teams bestand in einer Sitzung am Montagvormittag, in der bis zu 40 Vertreter aller Projektkomponenten - Hardware, Software, Mechanik - die Aktivitäten der letzten Woche und die Pläne für die kommende Woche besprachen. Den nächsten Kreis bildete ein Produktteam (eine Tradition bei Sun), gebildet aus einigen Ingenieuren und Vertretern von einem Dutzend oder mehr Abteilungen: Dokumentationsingenieure, Betrieb, Kundendienst, Stromversorgung, Qualitätssicherung und andere. Den äußeren Kreis bildete ein Team von Führungskräften aus den Abteilungen Marketing, Engineering, Betriebliche Abläufe und Dienste. Jede Improvisationsrunde orientierte sich am Feedback dieser Publikumsgruppen.

Die internen Kritiker betrachteten den NC als Rückfall in die alten Zeiten des Mainframe-Computers. Das Gerät würde nicht wie ein PC funktionieren, meinten sie, denn der Benutzer würde keine Möglichkeit haben, direkt Programme auszuführen oder eine CD zu lesen. Auch einige Kunden hegten Zweifel oder konnten nicht auf das System umsteigen, da sie gerade die Installation ihres Netzwerks abgeschlossen hatten.

Das Ensemble probte die Premierenvorführung seiner Botschaft weiter. Der Applaus schwoll an, als das Produkt Fortschritte machte. Als der NC im Frühjahr 1999 für die globale Einführung bereit war, organisierte die Truppe eine Wanderausstellung für die Verkaufs- und Kundendienstorganisationen auf den wichtigsten Märkten.

Lernen durch Improvisation

Sun ermutigt seine Innovatoren, alles Erforderliche zu tun, um einem Projekt zum Erfolg zu verhelfen, stellt ihnen jedoch kaum Werkzeuge, Prozesse oder Methoden zur Verfügung. Das Unternehmen überlässt es tatsächlich den Betroffenen, ein Projekt auf den Weg zu bringen und durchzuführen. Viele Innovatoren im Unternehmen äußern den Wunsch nach mehr Ordnung und Disziplin (was bedeutet, dass sich andere Leute ihrem Projekt anpassen sollten, während es nicht heißt, dass sie ihre eigene Freiheit aufgeben möchten). Doch die Improvisation ist die wichtigste Quelle für Lernfortschritte.

Die Innovatoren lernen, wie das Spiel funktioniert. Aggressive Fristen helfen, die Entwicklung voranzutreiben: »Am 1. Januar wird der Vorhang steigen.« Bedeutsam erscheint ihnen auch, für ein größeres internes Publikum zu spielen und dieses in die Handlung auf der Bühne einzubeziehen: »Man sollte eine Veränderung nicht auf einen Bereich beschränken, wenn sie sich auf viele Teile der Organisation auswirkt. Alle müssen an der Veränderung teilhaben. Wenn nur ein einziger Bereich versagt oder die Veränderung nicht akzeptiert, kann das ganze Projekt scheitern«, erklärt ein Innovator. Nenon fügt hinzu: »Ich habe gelernt, meinem Instinkt zu folgen. Wenn man eine Chance sieht und glaubt, dies sei das Richtige für das Unternehmen und die Kunden, dann sollte man dazu stehen.«

Wenn eine Improvisation Erfolg haben soll, bedarf es unermüdlicher Kommunikation.

Die Führer von Suns Improvisationsensembles wenden sich auf der Suche nach Ideen für das Stück direkt an ihr Publikum. Ein Innovator erläuterte, wie diese Interaktion die Entwicklung der Technologien für Java TV beschleunigte: »Wir haben Expertengruppen gebildet, um uns bei der Ausrichtung der Produkte zu helfen; wir haben die besten Köpfe in den Kundenunternehmen mit eingebunden, um uns ein realistisches Bild von den tatsächlichen Fortschritten zu machen. Eines unserer Vorhaben beinhaltete den Versuch, Java als technologische Grundlage für Fernsehgeräte zu nutzen. Natürlich ist Sun nicht in der Fernsehindustrie tätig. Also wandten wir uns an eine sehr große Gruppe von Unternehmen – Kabelsender, Networks, Produzenten von Fernsehserien, Werbebranche. Wir sprachen die Kunden direkt an, um festzustellen, welche Form wir dieser Technologie geben mussten, um sie für die Fernsehindustrie nutzbar zu machen.« Die Java-TV-Technologien kamen Mitte 1999 auf den Markt.

Suns gemeinsam mit Netscape entwickelter Internet-Mail-Server war ein weiteres Projekt, das sich im Wechselspiel mit den Kunden entwickelte. »Die Kunden waren sehr anspruchsvoll. Sie brauchten eine einzigartige Software-Architektur«, erklärt Stuart Wells, der Leiter des Bereichs Infrastrukturprodukte. Die Kosten des Mail-Server-Projekts (mehrere 10 Millionen Dollar) waren unterschätzt worden, doch das positive Feedback von wichtigen Kunden wie Pacific Bell überzeugte die Entwicklungsgruppe davon, dass das Projekt der Mühe wert war. Im April 1997 hatte Sun noch nicht mehr als eine Idee, im November desselben Jahres kam der erste Mail-Server auf den Markt, und im Februar 1998 war der Solaris-Server fertig, der binnen eines Jahres auf den zweiten Rang in der Branche vorstieß.

Das schwierigste Publikum findet Sun vielfach im eigenen Unternehmen vor. »Du kannst einen Vorschlag ausarbeiten und von der Unternehmensführung absegnen lassen, doch mehr geschieht nicht«, erklärt ein Innovator. »An diesem Punkt fängst du von vorne an, um dein Projekt wirklich durchzuführen. Du musst die Angehörigen einer ganz anderen Personengruppe einen nach dem anderen von deiner Idee überzeugen.« Soll die Improvisation Erfolg haben, so bedarf es unermüdlicher Kommunikation, die eine Aufgabe für ausgezeichnete Schauspieler ist: »Ohne eine visionäre, dynamische Person, die das Projekt im Unternehmen verkaufen kann, kommt es zum Stillstand, denn es gibt keinerlei Vorkehrungen für die Umsetzung.« Doch wenn die Beteiligten selbst ein unerschütterliches Bekenntnis zu ihrem Projekt ablegen, ist die Unterstützung garantiert: »Letzten Endes setzt sich bei Sun immer derjenige durch, der beharrlich und überzeugt für seine Sache eintritt.«

Bei Sun gilt die Regel, dass sich alle Beteiligten zu einem einmal beschlossenen Projekt bekennen müssen, selbst wenn sie nicht davon überzeugt sind. Ein Mitarbeiter beschreibt das Prinzip so: »Du bist einverstanden und leistest deinen Beitrag, oder du bist nicht einverstanden und leistest deinen Beitrag, oder du gehst aus dem Weg.« Es kann vehement über den Sinn eines Projekts gestritten werden, doch fällt einmal eine Entscheidung zu seinen Gunsten, gibt es keinen Weg zurück. Dieser Grundsatz hält in einem Unternehmen, das den Individualismus fördert, die Gemeinschaft zusammen.

»Wir tun vieles aus dem Bauch heraus«, sagt ein Innovator. »Wir müssen oft Feuer löschen, weil wir so viele Dinge tun wollen und nur so wenig Zeit haben. In unsren Augen hängt der Erfolg von der Geschwindigkeit der Durchführung ab.« Ein Produktentwicklungsleiter, der für einen Konkurrenten gearbeitet hatte, verglich die von seinem früheren Arbeitgeber praktizierte

Methode »Ziele, Ziele, Ziele« mit der erfolgreicheren Methode »Feuer, Feuer, Feuer« von Sun, das mehr Risiken eingeht und die Korrektur eigener Fehler besser beherrscht. Die Mitarbeiter von Sun weisen bereitwillig auf die Mängel des Unternehmens hin: Platzprobleme, von Veränderungen ausgelöste Konflikte, die Notwendigkeit zur Entwicklung besser geregelter Abläufe und die von den Erfolgen heraufbeschworene Gefahr der Selbstzufriedenheit auf den mittleren Ebenen. Doch das Unternehmen wird weiter die Innovation vorantreiben, denn wie eine Führungskraft erklärt: »Wir wissen, dass sie unumgänglich ist.«

Von außen nach innen: Das Silicon Valley wird nach London geholt

Suns Standort im Silicon Valley ist acht Zeitzonen von London entfernt, doch als das ehrwürdige Medienunternehmen Reuters die Gefahr erkannte, das Internet könne sein Kerngeschäft auslöschen, holte es das Silicon Valley nach London. In den Jahren 1999 und 2000 kündigte Reuters-Chef Peter Job eine Reihe neuer Strategien an, um dem Internet einen zentralen Platz im Unternehmen einzuräumen. »Reuters durchläuft eine tief greifende Umwandlung«, verkündete ein Analyst der Credit Suisse First Boston. »Es verwandelt sich in ein Hybridunternehmen von der Art von CMGI, in dem ein Cash erzeugender Betrieb mit einer Flotte neuer Medienunternehmen kombiniert wird.«[7]

Die Fähigkeit von Reuters, sich von einem Unternehmen der Old Economy in ein Unternehmen der New Economy zu verwandeln, beruht auf jahrelanger Improvisation, die schließlich in den Entwurf eines neuen Skripts mündete. Einen entscheidenden Beitrag zu dieser Wandlung leistete John Taysom, der Gründer des Reuters Greenhouse Fund. Die Aufgabe des Funds besteht darin, eine Zukunftsvision der Informationswelt zu entwerfen und all jene Unternehmen zu finden, die diese Zukunft gegenwärtig schon errichten. Deren Wachstum unterstützt Reuters und erhält damit Zugang zu Technologien, die eine potenzielle Bedrohung für sein Geschäft darstellen. »Wir suchen nach unseren schlimmsten Albträumen, um in sie zu investieren«, erklärt Taysom.

Die Geschichte von Reuters begann mit einigen Brieftauben. Im Jahr 1850 setzte Paul Julius Reuters, der Börsennachrichten verkaufte, diese Vögel ein, um eine Lücke von 122 Kilometern in der Telegrafenleitung zwischen Berlin und Paris zu überbrücken. Als die Lücke geschlossen war, stieg Reuters von

Tauben auf Kabel um und übermittelte über die Leitung unter dem Ärmelkanal die Londoner Börsenkurse an die Aktienmärkte auf dem Kontinent. Später ergänzte Reuters Finanzinformationen durch allgemeine Nachrichten und weitete sein Angebot auf die Zustellung privater Telegramme und Geldüberweisungen aus. In den siebziger Jahren kontrollierte Reuters das größte private Kommunikationsnetz der Welt.[8]

Anfang der achtziger Jahre entwickelte Reuters eine Technologie, die den Kauf und Verkauf von Aktien über sein Netz ermöglichte, womit es als erstes Unternehmen den virtuellen Aktienhandel ermöglichte und die erste B2B-Online-Börse erfand. Seine Mitarbeiter bezeichnen Reuters als ältestes Online-Unternehmen der Welt, da es seine Dienste in eigenen Netzen anbietet, ohne irgendwelche materiellen Produkte zu vertreiben. Im Jahr 1999 belief sich der Marktwert von Reuters auf 25 Milliarden Dollar, und seine 16 000 Mitarbeiter in aller Welt erzielten einen Umsatz von 7 Milliarden Dollar.

Reuters Talentscout

John Taysom kam 1982 als Verkäufer zu Reuters und wurde nach Bahrain entsandt, wo er die Dienste des Unternehmens an Banken und Versicherungen verkaufte. Doch der Markt für die Reuters-Produkte auf der arabischen Halbinsel war durch die gesetzlichen Bestimmungen beschränkt. »Man konnte nicht mehr tun, als die Technologie zu nutzen«, erinnert er sich. Also begann Taysom seine Kenntnis der Technologie einzusetzen, um die Infrastruktur des Unternehmens in ein offenes, standardisiertes Transaktionsnetz zu verwandeln. Als Mitte der neunziger Jahre das Internet ins Rampenlicht rückte, hatte sich Taysom in einen Experten für die Bereiche verwandelt, in denen das Netz von Reuters und das öffentliche Internet technologisch ähnlich waren: Caching-Hierarchien, Edge-Caching und Proto-XML-Systeme. In den Bereichen Navigation, Sicherheit und Leistung hatte sein Netz immer noch Vorteile, doch sollte das Internet aufholen, würde Reuters in Schwierigkeiten geraten. Warum sollten die Kunden noch auf ein unternehmenseigenes Netz zurückgreifen, wenn sie alles, was sie brauchten, auch in frei zugänglichen öffentlichen Netzen finden würden?

Taysom hatte kleine Technologiefirmen mit Projekten beauftragt, doch er erkannte, dass diese kleinen Projekte (mit einem Umfang von 100 000 bis 150 000 Dollar) die kleinen Unternehmen nur ablenkten, ihr Innovationspotenzial einschränkten und Reuters lediglich Erkenntnisse lieferten, die bereits veraltet waren, wenn sie zur Verfügung standen. Taysom stellte fest, dass die innovativen Unternehmen im Silicon Valley von »Serienunternehmern« und »zwanghaften Neuerern« geführt wurden, die auf der unentwegten Suche nach der nächsten bahnbrechenden Technologie von einem Projekt zum anderen hüpften. Anstatt den Technologieunternehmen (mittels Subaufträgen) zu sagen, was sie tun sollten, schien es ihm daher klüger, die jungen Unternehmen (mittels Investitionen) auf dem Weg zur nächsten Entdeckung zu begleiten. Und vor allem musste man das schnell tun. »Wenn jemand anderer diese Unternehmen vor uns aufspürte, in sie investierte und die neue Technologie damit unserem Zugriff entzog, drohte Reuters große Gefahr.« Und Taysom wollte nicht die letzte Erfindung der Unternehmen, sondern ihre nächste Idee. »Es geht nicht um das, was sie tun, sondern um das, was sie vorhaben.«

»Wir suchen nach unseren schlimmsten Albträumen, um in sie zu investieren.«

Um dem wichtigsten Schauplatz näher zu sein, zog Taysom 1994 ins Silicon Valley um. In jenem Jahr hatte Reuters für 124 Millionen Dollar das in Palo Alto (Kalifornien) ansässige Unternehmen Teknekron Software erworben, das Wertpapierhäuser mit Systemen für das Informationsmanagement versorgte. Taysoms Vorgesetzter Buford Smith, der Leiter des Bereichs Neue Medien, war ein Visionär, der Taysoms Einschätzung teilte, das Internet werde das Geschäft von Reuters vollkommen verändern.

In Palo Alto angekommen, trieb sich Taysom in der Szene herum und hielt die Augen offen. Eines Tages saß er in einer Pizzeria neben Mark Andreessen, einem der Gründer von Netscape. Bei einer anderen Gelegenheit las Taysom in der Studentenzeitung der Stanford University einen Artikel über zwei Jungunternehmer namens Jerry Yang und David Filo, die vom Campus aus eine Suchmaschine mit Namen Yahoo! betrieben, die sich, wie Taysom bald erkannte, in eine der größten Gefahren für Reuters verwandeln konnte. Also rief er die beiden Studenten an, um sie davon zu überzeugen, dass sie die Besucher besser an ihre Site binden könnten, indem sie Reuters-Nachrichten darauf stellten – und um über eine Übernahme zu sprechen.

Die Gründer von Yahoo! wollten nicht verkaufen, und die Londoner Zentrale von Reuters wollte nicht investieren. »Als die Gespräche begannen, hatte Yahoo! noch keine Gestalt«, erinnert sich Taysom. »Sie hatten keinen Betriebsprozess, besaßen den Programmcode nicht und hatten keine Vereinbarung mit Stanford. Da sie keine Mitarbeiter hatten, schliefen sie nur vier Stunden, um die Arbeit zu bewältigen.« Taysom warb mit den Vorteilen einer Verbindung, zu denen ein mögliches neues Geschäftsmodell mit Werbeeinnahmen zählte. (Reuters verkaufte Inhalte an einige neue Medienunternehmen wie AOL und CompuServe, doch dies waren private Dienstanbieter, und die Einnahmenstruktur ähnelte der im traditionellen Mediengeschäft von Reuters.) Im November 1995 willigte der Board schließlich ein, 4 Millionen Dollar zu investieren, von denen Yahoo! allerdings nur 1 Million akzeptierte.

Taysom wurde in beratender Funktion in den Board von Yahoo! aufgenommen. Als er sah, dass Yahoo! einen Finanzdienst für seine Online-Benutzer einrichten wollte, schlug er vor, Teknekron zur Plattform für diesen Dienst zu machen. Yahoo! war interessiert, und Teknekron passte sein Produkt dem Internet an. Das Unternehmen baute ein neues Geschäft auf und verkaufte seine Anwendungsinfrastruktur an andere große Portale und Online-Akteure.

Plötzlich nahm die Entwicklung einen ganz anderen Lauf. Anfang 1996 wurde Taysom entlassen. Der Börsengang von Yahoo! befand sich noch in der Schwebe, und Taysoms Vernetzungsaktivitäten zeitigten keine greifbaren Ergebnisse. Die Zentrale wollte kein Geld mehr für seine unrentablen Entdeckungsreisen ausgeben. Taysoms Leben lag in Scherben. Obendrein hatte er sein Haus in London für zwei Jahre vermietet, und für die Vereinigten Staaten hatte er keine langfristige Aufenthaltsgenehmigung. Doch dann kam ein Anruf aus London – und die Kündigung wurde wieder rückgängig gemacht.

Der Greenhouse Fund: Das Improvisationstheater blüht im Gewächshaus

Im folgenden Akt wurde die Krise überwunden. Taysom blieb bei Reuters, und der Reuters Greenhouse Fund wurde ins Leben gerufen. Bald begannen sich die Investitionen auszuzahlen.

Der Börsengang von Yahoo! im April 1996 ließ die Marktkapitalisierung des Unternehmens innerhalb einer Woche auf 848 Millionen Dollar steigen. Im Jahr darauf wurde der Softwarebereich von Teknekrom unter dem Namen TIBCO an die Börse gebracht und spülte 110 Millionen Dollar in die Kassen; drei Jahre später lag die Marktkapitalisierung von TIBCO bei 20 Milliarden Dollar. Dank des zunehmenden Internet-Verkehrs erzielte Reuters Einnahmen mit seinen Inhalten. So wie Yahoo! wuchsen auch andere Portale, die ebenfalls an den Nachrichten von Reuters interessiert waren. Bald waren sie auf rund 900 Websites zu finden und wurden von schätzungsweise 40 Millionen Benutzern im Jahr gelesen. Die positive Wirkung auf die Marke Reuters ließ nicht lange auf sich warten. Bis zur Kooperation mit Yahoo! war der Nachrichtendienst von Reuters in den Vereinigten Staaten kaum bekannt gewesen. Kurz nach Geschäftsabschluss stellte ein Manager aus der Londoner Zentrale bei einem Besuch in Palo Alto zu seiner Überraschung fest, dass sogar der Taxifahrer Reuters als Medienunternehmen kannte.

Die Aufmerksamkeit des »Gewächshauses« Greenhouse Fund galt auch weiterhin der Navigation. Im Anschluss an Yahoo! investierte Reuters in Infoseek (automatisierte Navigationswerkzeuge) und in VeriSign. Taysom hatte VeriSign schon vor seiner Gründung im Mai 1995 dazu bewegt, in einem für Reuters wichtigen Bereich (Authentifizierungstechnologie für das Internet) tätig zu werden, indem er eine Investition in Aussicht gestellt hatte.

Anfang 1998 hatte der Greenhouse Fund in acht Unternehmen investiert, von denen fünf bereits an der Börse notierten (Yahoo!, SportsLine, Infoseek, USWeb und VeriSign). Mit dem Verkauf eines Teils der Unternehmensanteile verdiente Reuters fast 15 Millionen Dollar. Die Unternehmensführung gestand Taysom und seinem wachsenden Team immer mehr Spielraum für die Improvisation zu. Im Jahr 1998 beliefen sich die realisierten Gewinne des Greenhouse Fund auf fast 40 Millionen Dollar und waren damit hoch genug, um eigens ausgewiesen zu werden. In der ersten Jahreshälfte 1999 fielen ebenso hohe Gewinne an wie im gesamten Vorjahr (10 Prozent des Gesamtgewinns von Reuters), und in der ersten Hälfte des Jahres 2000 war der Gewinnanteil des Greenhouse auf 17 Prozent gestiegen. Von den 52 Portefeuille-Unternehmen waren 15 an die Börse gebracht und sechs verkauft worden. Man hatte keine einzige Investition abschreiben müssen.

Als die interessanten Unternehmen in Kalifornien teuer wurden und überall viel versprechende Technologien auftauchten, expandierte der Greenhouse Fund nach Asien, Israel und Europa. Reuters beteiligte sich mit Investitionen zwischen 1 und 7 Millionen Dollar als Minderheitsaktionär an einer Reihe von Unternehmen, die ihm im Gegenzug die Option einräumten, ihre neuen Technologien für seine Produkte zu nutzen. Das Greenhouse investierte in Themen, die für Reuters' Zukunft wichtig waren. Neben der Navigationstechnologie konzentrierte man sich auf die Bereiche Sicherheit (Entegrity in Schweden), Leistung (Fantastic Corporation in der Schweiz, Software für den Multimediavertrieb), Mobilität (Phone.com in Kalifornien) und Nischeninhalte, die in den Mittelpunkt neuer Produkte gestellt werden konnten (SportsLine in den USA). Dazu kamen kleine Investitionen in wichtige Portale (Yahoo!, StarMedia, GO/Infoseek) sowie Investitionen in Unternehmen, die E-Mail-Technologie oder Funktionen zur Ergänzung der Internet-Inhalte (VeriSign, Authentifizierung) anboten. Die Unternehmen sollten selbst dann unabhängig arbeiten, wenn Reuters einen Mehrheitsanteil hielt. Im Jahr 1999 erwarb Reuters sämtliche Anteile an VentureOne, einem Online-Anbieter von Informationen über Wagniskapital. Reuters belieferte dieses Unternehmen täglich mit Nachrichten zur Weiterleitung über das Internet, hielt sich jedoch aus dem Management heraus. »Der rote Faden besteht in dem Bemühen, gefährliche Technologien in Chancen auf einen Startvorsprung zu verwandeln«, erklärt Taysom.

Taysom bemühte sich, dem Publikum in den traditionellen Geschäftsbereichen die Technologiedramen näher zu bringen, die sich im Greenhouse abspielten. Vertreter des Greenhouse Fund reisten durch Europa und hielten Vorträge vor den Mitarbeitern von Reuters. Das Topmanagement wurde mit einem täglichen Online-Briefing auf dem Laufenden gehalten. Im Jahr 1997 lud Taysom die Unternehmensführung erstmals zu einer jährlichen Klausurtagung ins Silicon Valley ein, wo sie von den Leitern bestehender und potenzieller Portfolio-Unternehmen zwei Tage lang über neue Technologien aufgeklärt wurden. Nachdem im Juli 1999 mit InterTrust das zehnte Greenhouse-Unternehmen an die Börse gebracht worden war, nahm Reuters Gespräche mit Handels- und Investmentbanken auf, um einen Börsengang des Greenhouse Fund in die Wege zu leiten, wobei das Augenmerk des eigenständigen Unternehmens weiterhin auf Technologien liegen sollte, die für Reuters Kerngeschäft von Nutzen waren.

Der Greenhouse Fund weist viele Merkmale der Dotcom-Kultur auf. Die Entscheidungen fallen in wöchentlichen Videokonferenzen, an denen sämtliche Mitglieder der kleinen Greenhouse-Teams in London, San Francisco, Paris und Singapur teilnehmen. Die Konferenzen sind so konzipiert, dass die Teilnehmer einander offene Fragen stellen und rasch zu Entscheidungen gelangen können. Marc Goldberg, Technologieleiter des Greenhouse Fund, schwärmt von dem »unglaublichen Maß an Freiheit«, das die Mitarbeiter genießen. »Wenn man etwas tun will, was für das Unternehmen von Nutzen ist, kann man es tun.« Die entscheidende Frage, die es bei jeder potenziellen Investition zu beantworten gilt, lautet: Passt sie zu Reuters Thema? Im Improvisationstheater sind Abweichungen zulässig, sofern sie sich am Ende als sinnvoll erweisen.

Eine Investition muss als nützlich für ein Reuters-Produkt oder für das zukünftige Wachstum des Unternehmens betrachtet werden, weshalb die Greenhouse-Mitarbeiter ermutigt werden, für jedes Portfolio-Unternehmen einen Kunden im Kernunternehmen zu finden.

Ein Beispiel dafür, wie wichtig es ist, beim Thema zu bleiben, ist Persistence. Im Jahr 1997 trat das neu gegründete Unternehmen Persistence Software an den Greenhouse Fund heran und legte ihm seine für die Datenübertragung zwischen den Computersystemen in der betrieblichen Abwicklung und den Benutzerschnittstellen bestimmte Caching-Technologie nahe, die geeignet erschien, die Verzögerungen bei Online-Transaktionen zu reduzieren. Taysom fand die Technologie interessant, jedoch riskant. Er riet Persistence, sich einen Kunden bei Reuters zu suchen, um sicherzustellen, dass die Technologie für das Unternehmen relevant und brauchbar war. Persistence stellte eine enge Beziehung zum Bereich Instinet von Reuters her, der Produkte für den Rentenmarkt entwickelte, und nachdem das Produkt ein halbes Jahr lang sorgfältig geprüft worden war, wurde das junge Unternehmen aufgefordert, zusätzliche Funktionen für das Hauptprodukt von Instinet zu entwickeln. Mit zusätzlicher Synchronisationsfähigkeit stärkte Persistence seine Produkte, und der Instinet-Brokerdienst nahm mit beträchtlichem Erfolg den Betrieb auf, wobei Persistence für Wartungs- und Unterstützungsdienste engagiert wurde.

Im Improvisationstheater sind Abweichungen zulässig, wenn sie sich am Ende als sinnvoll herausstellen.

Die Zusammenarbeit mit Persistence stellte den ersten Schritt zu einem neuen Zugang dar. Bei Reuters wurde die Entwicklungsarbeit traditionell im Haus gemacht. Von außenstehenden Lieferanten wurden ausschließlich fertige Produkte gekauft. Doch nachdem die Geschichte von Persistence und Instinet im Unternehmen die Runde gemacht hatte, übernahmen auch andere Reuters-Bereiche dieses Entwicklungsmodell.

Der Greenhouse Fund finanzierte Projekte zur raschen Integration neuer Technologien in die Produkte von Reuters. Beispielsweise stellte er Kapital für ein Projekt bereit, dessen Ziel darin bestand, Digimarc einzusetzen, um Sportbilder im Internet mit Wasserzeichen zu versehen und so vor Urheberrechtsverletzungen zu schützen. Taysom erläutert: »Jedes Mal, wenn wir 5 Millionen Dollar investieren, lege ich 50 000 Dollar für ein Pilotprojekt beiseite, in dem Reuters den Nutzen der Technologie untersuchen kann. Wenn man in VeriSign investiert und keine praktischen Maßnahmen ergreift, geschieht auch nichts. Weist man jedoch nach, dass es von Journalisten, die einen Bericht von einem Kriegsschauplatz übermitteln, zur Authentifizierung benutzt werden kann, so gewinnt die Software an Überzeugungskraft.«

Im Jahr 1999 gab CEO Peter Job bekannt, Reuters werde in Zukunft nicht mehr selbst entwickeln, sondern Entwicklungen kaufen. Hinter diesem Strategiewechsel, der in erster Linie auf die Aktivität des Greenhouse Fund zurückzuführen ist, steht das Ziel, die Technologien, auf die Reuters eine Option hat, noch besser zu nutzen. Anstatt alles selbst zu machen, geht Reuters nun Partnerschaften mit führenden Technologiefirmen ein. So will man das Truthahnfarm-Syndrom vermeiden, wie ein Reuters-Mitarbeiter in Anspielung auf eine Geschichte erklärte, die Scott McNealy von Sun gerne erzählt. Die Geschichte handelt vom Leiter eines großen Hochtechnologieunternehmens, der die horizontale Integration einer Truthahnfarm vorschlägt, um die Ausgaben für die Truthähne zu senken, die zum Erntedankfest an die Angestellten verschenkt werden.

Das Internet stellt mittlerweile ein Kernelement des Geschäfts von Reuters dar. Zu Jahresbeginn 2000 gab Job bekannt, Reuters werde das Internet in den Dienst der Finanzdienstleistungen stellen. Es wird an zahlreichen Entwicklungen gearbeitet, darunter an einem persönlichen Portal (dem Reuters Digital Dashboard), das gemeinsam mit Microsoft für die Finanzdienstleistungsbranche entwickelt wird.

Wie man sich weiteren Applaus sichert: Optionen auf die Zukunft

Eine auf die Zukunft ausgerichtete Kultur ist zwangsläufig eine Kultur der Improvisation. Bei Sun und Reuters kann man die Funktionsweise der E-Culture studieren: Die Improvisatoren, die im Inneren von Sun tätig sind und bei Reuters von außen Neuerungen ins Unternehmen tragen, erfinden die Strategie, indem sie auf verschiedene Art und Weise das Thema der Vernetzungstechnologie durchspielen – sie erkunden und handeln. Bei Sun ist das Unternehmen selbst mit seinen Entwicklungslaboratorien und seiner Kultur des Unternehmertums das Theater, bei Reuters wurde sein Investmentfonds zum Schauplatz der Dramen. Gemeinsam ist beiden Unternehmen eine Kultur des Experimentierens. In beiden Fällen herrscht ausreichende Spannung, und das nicht nur, weil niemand genau weiß, wie sich die Technologien entwickeln werden. Die Improvisatoren in beiden Unternehmen wissen, wie sie ihr Publikum einbinden können, das bei Sun von den Kunden und Partnern und bei Reuters vom Kernunternehmen gebildet wird. Beide Unternehmen haben bisher sehr von ihren raschen Innovationsexplosionen profitiert und ihre Optionen auf die Zukunft vor der Konkurrenz ausgeübt.

Das Improvisationstheater passt zum Internet. Die Technologie begünstigt rasche Veränderungen. Neue Ideen verbreiten sich so rasch wie Viren und bringen Virusorganisationen und Virus-Marketing hervor. In komplexen Interaktionssystemen können es sich die Leiter nicht erlauben, alle offenen Fragen zu klären, bevor sie den Startschuss zum Handeln geben. Dafür gibt es zwei Gründe: Zum einen ist es unwahrscheinlich, dass es ihnen gelingen wird, alle relevanten Beteiligten zu kontrollieren, von denen einige ohnehin tun werden, was ihnen gefällt. Zweitens sind Verzögerungen kostspielig. Die Grundregel der Netzwerkwirtschaft (Vorteile für Ersteinsteiger, die Gewinner erringen Monopolstellungen) besagt, dass man keine Chance in einem Geschäft hat, wenn man nicht früh einsteigt - oder dass es zumindest sehr viel mehr kostet, später einzusteigen. Das bedeutet, dass jeder Schritt besser ist als kein Schritt, wobei man natürlich rasch die erforderlichen Korrekturen vornehmen muss. Schnelle Reaktionen sind wichtiger als frühzeitige Perfektion.

Niemand kann sich in komplexen Interaktionssystemen erlauben, erst alle offenen Fragen zu klären, bevor er den Startschuss gibt.

Das bedeutet, dass die Unternehmen Einstellungen und Verhaltensweisen ablegen müssen, die ihre Handlungsfähigkeit einschränken. Sie müssen die am häufigsten anzutreffenden Hemmnisse beseitigen: das Warten auf den perfekten Plan und auf umfassende Information, die Angst vor Fehlern, das Festhalten an früheren Verpflichtungen, eine unflexible Vorstellung von der richtigen Vorgehensweise, fortgesetzte Diskussionen nach Entscheidungen, Unterbrechungen und Ablenkungen der Unternehmung, strikte Ablehnung aller Ideen, die nicht klar formuliert oder nicht richtig verstanden werden.

Wer die Geschwindigkeit, die Lernfortschritte und die Veränderungen anstrebt, die für die E-Culture charakteristisch sind, muss sich ganz andere Einstellungen und Verhaltensweisen aneignen. Schrittmacher-Unternehmen müssen:

- viel versprechende Themen auch ohne abgeschlossenes Skript auf die Bühne bringen,

- handeln, bevor alle Informationen vorliegen,
- Fehlentwicklungen hinnehmen und sich rasch von Fehlschlägen erholen,
- zukünftige Ziele anvisieren und sich von den Verpflichtungen der Vergangenheit lösen,
- mit neuen Methoden experimentieren, die von den bewährten abweichen,
- Meinungsverschiedenheiten rasch klären, um anschließend ein gemeinsames Bekenntnis zur beschlossenen Vorgehensweise zu erreichen,
- am eingeschlagenen Kurs festhalten und Hindernisse umschiffen,
- mit der Ungewissheit leben und das Prinzip IKIWISI anwenden: »I'll know it when I see it.«

Schrittmacher-Unternehmen erlauben kleinen Gruppen, für die die Beschränkungen der Hauptorganisation nicht gelten, mit neuen Konzepten zu experimentieren, die das eigene Geschäft bedrohen: Sie erlauben ihnen, ihre schlimmsten Albträume zu verwirklichen. Diese Gruppen müssen nicht darüber nachdenken, heute Geld zu verdienen, sondern sie sollen herausfinden, wo morgen das Geld verdient werden wird. Solche Schrittmacher kommen rasch voran, weil sie früher loslaufen. So erwecken sie den Eindruck, sich über Nacht zu verwandeln. Doch in Wirklichkeit brauchen auch ihre scheinbar plötzlichen Erfolge Zeit. Ihre neuen Strategien sind das Ergebnis zahlreicher kreativer Experimente.

5

DIE DOTS VERBINDEN: Partnernetze

> Da die Grundregel im Internet lautet, schnell groß zu werden, wird man für den Abschluss neuer Geschäfte belohnt. Es ist, als müsse man sich alles unter den Nagel reißen, dessen man habhaft werden kann, um sich später Gedanken darüber zu machen, wie das Geschäft funktionieren soll.
>
> *Ron Sege, Executive Vice President von Lycos*

Über den Aufstieg dynamischer Partnernetze in der herkömmlichen und in der digitalen Wirtschaft wurde schon viel geschrieben. Sehr viel weniger Aufmerksamkeit hat der tief greifende Bewusstseinswandel gefunden, der erforderlich ist, um sich in einer vernetzten Welt zu behaupten. Es ist, als improvisiere man gleichzeitig für verschiedene Publikumsgruppen, die an mehreren Orten einer Vielzahl von Vorstellungen beiwohnen, wobei jedes Ensemble gleichzeitig auf sämtliche Zuschauergruppen reagieren muss. Alles kann mit allem anderen an jedem Ort im bekannten Universum (und darüber hinaus) verknüpft werden. Die Aufgabe lautet: »Big, everywhere, fast!« und kann nur gelöst werden, indem man so viele Verbindungen wie möglich optimal nutzt.

Neu gegründete Dotcoms gehen Partnerschaften ein, um rasch Größenvorteile zu erlangen. Wannadots verwandeln sich in Verteilerknoten für neuartige Märkte, auf denen Konkurrenten zu Partnern werden. Partnerschaften für die Kundenbetreuung erweitern die Online-Verbindungen und eröffnen damit riesige Räume für Information und Aktivitäten, deren Zugangspunkte sich allesamt in Portale verwandeln. Partnerschaften im Bereich der technischen Abwicklung machen ihren Mitgliedern die beste und modernste Technologie zugänglich, um die Vitalität des Netzwerks zu erhalten. Finanzpartnerschaften rufen Unternehmensportfolios ins Leben, die von gemeinsamen Ressourcen oder von der Kooperation profitieren können. Outsourcing-Partnerschaften geben den beteiligten Unternehmen Zugang zu einem großen Reservoir an Fähigkeiten.

Es gibt bereits eine Vielzahl neuer Namen für die Partnernetze der Internet-Ära: *b-webs*, *e-hubs*, *e-partner*, *ecosystems*, *eco-nets*, *netglomerates*, *e-form organizations*.[1] Doch es ist schwierig, etwas zu definieren und zu katalogisieren, das aus komplexen und einander überlappenden Beziehungen besteht, die sich unablässig in Bewegung befinden und sich laufend wandeln. Einige Unternehmensnetze wurden wie die japanischen Ansammlungen untereinander verknüpfter Unternehmen als *keiretsu* bezeichnet, doch anders als diese Konglomerate haben sie keinen langfristigen Charakter, sind nicht exklusiv und weisen keine klaren Grenzen auf. Beispielsweise besteht eine Partnerschaft zwischen williams-sonoma.com und dem Geschenkverzeichnis Della.com; gleichzeitig ist Della jedoch auch Partner von Amazon.com, das seinerseits mit seinem Küchenmarkt williams-sonoma.com Konkurrenz macht. Hier haben wir es nicht mit stabilen Strukturen, sondern mit einem in Entstehung begriffenen Universum zu tun, in dem wir jede Nacht durch unser Teleskop neue Planeten in ständig wechselnder Anordnung sehen können. Der virtuelle Raum ist ebenso ein Grenzgebiet wie der Weltraum.

Die Kooperonauten: Entdecker des entstehenden Partneruniversums

Die Entdeckung des neuen Universums von Verbindungen ist die Aufgabe von neuartigen Abteilungen, die Vorteile in der Zusammenarbeit suchen: die Abteilungen für strategische Allianzen, für Geschäftsentwicklung, für Communities und angegliederte Websites oder für Partnerbeziehungen. Diese neuen Gruppen setzen sich aus Geschäftsleuten, Botschaftern und Diplomaten zusammen, die Partnerschaften eingehen und auflösen können. Sie tragen prosaische Titel (bei Hewlett-Packard werden sie als »globale Allianzmanager« bezeichnet) und sind manchmal nichts anderes als bessere Kundenbetreuer, die eine Stufe unter den Verkaufsvertretern stehen. Doch sie sind die Vorhut einer Gruppe, die eine neue Funktion erfüllt. Sie begeben sich auf Reisen, um neue Bündnisse zu schmieden und kreative Möglichkeiten zu erkunden, so als würden sie ihren Heimatplaneten verlassen, um Erkenntnisse über fremde Welten und neue Zivilisationen zu sammeln. Ich bezeichne sie als Kooperonauten.

Die besten Kooperonauten besitzen die Fähigkeit, sowohl menschliche als auch intellektuelle Bindungen herzustellen. Sie sind unentwegt auf der Suche nach neuen Möglichkeiten, um aus der Verbindung mit Partnern Nutzen zu ziehen. Sie stoßen in unerschlossenes Gebiet vor, schließen dort Geschäfte ab und kehren mit Kenntnissen heim, die ihre Welt verändern. Sie bringen Unternehmen und Menschen zusammen und knüpfen Beziehungen zwischen Gruppen, die einander von Haus aus vollkommen fremd sind. Sie gestalten komplizierte Vereinbarungen zwischen den Partnern, klären Gerüchte auf, führen Friedensmissionen durch und lösen Probleme. Sie nutzen persönliche Freundschaften und ihre Überzeugungskraft, um den Beteiligten klar zu machen, wie wichtig es ist, einem Partner zu helfen. Sie bewegen ihre Kollegen dazu, die geltenden Regeln zu brechen und neue Methoden auszuprobieren, die sich aus der Zusammenarbeit mit Partnern ergeben.

Kooperonauten knüpfen Beziehungen zwischen Gruppen, die einander von Haus aus völlig fremd sind.

Wer die Kooperonauten auf der Reise durch ihr Universum begleitet, wird drei Formen von Partnernetzen kennen lernen. Die erste Form kann mit einem Sonnensystem verglichen werden, in dem mehrere Planeten und Monde in einer Umlaufbahn um einen leuchtenden Stern kreisen, das heißt um ein Unternehmen, das seine Satelliten mit Energie versorgt und ihr Verhalten entscheidend beeinflusst. Das zweite System ähnelt eher einer Galaxis ohne einen klaren Mittelpunkt, in der es zahlreiche voneinander unabhängige Einheiten gibt. Allerdings kann ein kluges Unternehmen, das erkennt, wie eine Vielzahl möglicher Verbindungen zwischen den Planeten zu ihrer aller Vorteil genutzt werden kann, diese Galaxis vernetzen. Das dritte System ähnelt einer Raumstation, von der aus andere Unternehmen in den virtuellen Raum starten können und in der Lösungen für die komplexen und wechselnden Kooperationen zwischen mehreren Partnern gefunden werden.

Betrachten Sie diese Reise als Fortsetzung des Strategiedramas, das im vierten Kapitel begann. Einige Akteure tauchen wieder auf – Amazon.com und barnesandnoble.com, Reuters Greenhouse, Sun Microsystems –, neue kommen hinzu. Die Lehren, die sich aus diesen Kooperationserfahrungen ziehen lassen, können auf alle Arten von geschäftlichen und nicht geschäftlichen Partnerschaften angewandt werden. Im virtuellen Raum entsteht ein besonders deutliches Bild davon, wie die Punkte (die *dots*) miteinander verbunden werden können. Davon, wie die Kooperonauten diese Aufgabe bewältigen, kann der geschäftliche Erfolg im Internet abhängen.

A star is born: Das Sonnensystem von Amazon.com

Innerhalb weniger Jahre knüpfte Amazon.com ein Netz von Partnerschaften, das von seiner starken Anziehungskraft zusammengehalten wurde. Das Geschäftsmodell einer Dotcom wie Amazon beruht von Anfang an auf derartigen Partnerschaften. Amazon erhält ausgezeichnete Noten für gute Partnerschaftsvereinbarungen, doch das Unternehmen brauchte einige Zeit, um zu lernen, wie es mit den Partnern umgehen musste, die in seine Umlaufbahn eingetreten waren. Die erste Lektion, die die Kooperonauten lernen müssen, lautet: Eine Vereinbarung macht noch keine Beziehung.

Mit rund 18 Millionen Verkaufsartikeln und fast 20 Millionen Kunden ist Amazon.com ein Stern, um den ein Sonnensystem entstehen kann. Amazons erklärtes Ziel bestand stets darin, sich in das führende Einkaufszentrum im Internet zu verwandeln - in einen Ort, an dem man einfach alles finden kann. Nach seinem Börsengang im Jahr 1997 unterzeichnete Amazon Vereinbarungen mit Portalen und Internet-Communities (darunter Yahoo! und iVillage), um Kunden zu gewinnen. Das Unternehmen bezahlte Provisionen an tausende von assoziierten Websites, die seine Produkte verkauften, und erwarb Unternehmen wie PlanetAll (Dienste: Adressbücher, Kalender), Junglee (Technologie), LiveBid (Live-Auktionen), Back to Basics Toys (Spielzeug) und Tool Crib of the North (Werkzeuge).

Mitte des Jahres 2000 verdiente Amazon nicht nur mit dem Buchladen (seinem Flaggschiff) Geld, sondern auch mit Online-Kaufhäusern für Musik, DVD und Video, Elektronik, Software, Videospiele, Werkzeug und Hardware, Gartenzubehör (all diese Artikel wurden von sieben Vertriebszentren in den USA geliefert) sowie mit einer Reihe von Marktplätzen, zu denen Auktionshäuser und z-Shops gehörten.

Die z-Shops boten kleinen Einzelhändlern gegen eine monatliche Gebühr (die abhängig von der Platzierung im z-Shop 9,95 Dollar oder mehr betrug) und eine prozentuale Beteiligung die Möglichkeit, ihre Waren auf Amazons Website zu verkaufen. So verwandelte sich das Netzwerk von Amazon.com in eine Plattform für den Aufbau neuer Geschäfte. Jeffrey Wilke, der bei Amazon für die betrieblichen Abläufe zuständig ist, erklärt: »Ich will, dass die Leute vor unserer Tür Schlange stehen und darum betteln, uns ihre Abläufe übertragen zu dürfen.«[3]

Das Amazon Commerce Network

Im Einzelhandelssystem von Amazon.com sind die strategischen Partner in das Amazon Commerce Network (ACN) integriert, an dem Amazon finanziell beteiligt ist. Bei den ACN-Partnern handelt es sich um amerikanische Internet-Unternehmen, die generell in Produktlinien tätig sind, für die spezielle Kenntnisse und Genehmigungen (zum Beispiel Pharmazeutika, Wein) oder eine spezielle Vertriebsinfrastruktur (zum Beispiel Möbel oder Autos) benötigt werden. Einige dieser Unternehmen stellten große Summen in Aussicht, um einen der wertvollen Plätze auf Amazons Homepage zu ergattern. Die großen Geschäfte, die Amazon in den ersten Monaten des Jahres 2000 abschloss, entsprachen theoretischen Einnahmen von rund 500 Millionen Dollar in den kommenden fünf Jahren, die sich zum Großteil in Gewinne verwandeln würden - sofern es den Partnern gelingen würde zu überleben, denn um Amazon bezahlen zu können, mussten die meisten Partner auf einem für die Dotcoms harten Markt überleben. (Die internationalen Sites, Amazon.co.uk und Amazon.de, hatten noch keine derartigen Partnerschaften abgeschlossen.)

Völlige Konzentration auf den Kunden ist eines der wesentlichen Kriterien, die Amazon bei der Wahl seiner Partner heranzieht. Das erste Partnerunternehmen für den E-Commerce war drugstore.com. Im Jahr 1998 erwarb Amazon einen Anteil an dem Unternehmen, noch bevor drugstore.com überhaupt den Betrieb aufgenommen hatte. Zu jenem Zeitpunkt verkaufte Amazon lediglich Bücher und CDs, ein relativ einfaches Geschäft, da man die Produkte lediglich verpacken und verschicken musste. Die im Silicon Valley ansässigen Venture Capitalists von Kleiner Perkins Caufild & Byers waren an beiden Unternehmen beteiligt.[4] Amazon hielt drugstore.com für einen perfekten Partner, da sich die Tätigkeiten der beiden Unternehmen kaum überschnitten und die potenziellen Hebelwirkungen groß waren. Besonders wertvoll war drugstore.com dank seiner Partnerschaft mit Rite Aid, die ihm Zugang zu 3800 Verkaufsstandorten und 50 Millionen Kunden gab. Drugstore.com siedelte sich sogar in Seattle an, um bei der Vorbereitung seiner Einführung eng mit Amazon zusammenarbeiten zu können. Diese Beziehung, die Amazons erste derartige Partnerschaft war, bewegte Amazon dazu, Verbindungsmänner einzusetzen: einen Beziehungsmanager aus dem Bereich Geschäftsentwicklung, einen Marketing-Kontaktmann, Ansprechpartner für Technologiefragen und einige Spezialisten für die betrieblichen Abläufe.

Im Januar 2000 investierte Amazon 30 Millionen Dollar, um seinen Anteil an drugstore.com auf 28 Prozent zu erhöhen. Gleichzeitig willigte drugstore. com im Rahmen einer Marketingvereinbarung ein, für die Aufnahme in Amazons Gesundheits- und Schönheitssite drei Jahre lang 105 Millionen Dollar pro Jahr an Amazon zu zahlen. In weiteren großen Geschäften, die in den heißen Tagen vor dem Niedergang der Dotcoms an den Börsen im Frühjahr 2000 abgeschlossen wurden, wurden ähnlich hohe Zahlungen vereinbart. Zu diesen Vereinbarungen zählte jene mit Audible, einer Site, von der Audiodateien wie Radiosendungen und Buchkassetten heruntergeladen werden können. In dieser Beziehung winkten zahlreiche Synergieeffekte: Die Kunden von Amazon kauften Bücher, die den gleichen kulturellen, Informations- und Unterhaltungsgehalt hatten wie die Audio-Produkte von Audible. »Diese Kunden hätten wir gerne«, erklärte uns Don Katz, der Gründer von Audible. Den höchsten Preis zahlte living.com: 145 Millionen Dollar für fünf Jahre auf der Homepage von Amazon.com. Obendrein gestand living.com Amazon einen Anteil von 18 Prozent an seinem Eigenkapital sowie Optionen auf weitere 9 Prozent zu. Doch die Gebühren wurden nie entrichtet, denn im August 2000 schloss living.com seine Website und stellte den Konkursantrag. Amazon war Minderheitsaktionär einer Vielzahl weiterer E-Commerce-Unternehmen, darunter das mittlerweile ebenfalls verblichene Pets.com sowie das Geschenkregister Della.com.

Im Spätsommer 2000 umfassten die ACN-Beziehungen Online-Promotions und Hotlinks, doch der Einkaufsprozess war noch nicht integriert. Zwar verwies ein Tab auf Amazons Site auf drugstore.com (»ein vertrauenswürdiger Partner«), und Amazon unterstützte Käufe bei drugstore.com, doch die Artikel konnten nicht in ein und denselben Einkaufswagen gelegt werden. Doch auch ohne umfassende Integration brachte es beträchtliche Vorteile mit sich, im Sonnensystem von Amazon.com zu kreisen. Amazon lenkte den Verkehr zu seinen Partner-Sites und unterstützte diese mit E-Mail-Kampagnen und Promotionmaterial, das es seinen Lieferungen beilegte. Die Umwandlungsrate von Amazon war bis zu 20 Mal höher als bei Portalen wie Yahoo! oder AOL, weil die Kunden von Amazon nicht zum Surfen, sondern zum Einkaufen ins Netz gingen.

> *Im Sommer 2000 war die Umwandlungsrate bei Amazon 20 Mal höher als bei Yahoo! oder AOL, weil die User nicht zum Surfen, sondern zum Einkaufen ins Netz gingen.*

Dennoch fragten sich die außenstehenden Beobachter, warum drugstore.com 105 Millionen Dollar für den Tab bezahlen musste, nachdem das Unternehmen bereits fast ein Drittel seiner Anteile an Amazon abgetreten hatte. Die Bedingungen für die Vereinbarung mit drugstore.com und anderen ACN-Partnern zeigten, dass Amazon ein strahlender Stern war, der gewaltige Anziehungskraft auf zahlreiche Planeten ausübte. Amazon hatte aus Erfahrung gelernt, dass es von Vorteil war, sich in den Verträgen die Möglichkeit einer Neuverhandlung und Neuauslegung offen zu halten. Ein gutes Beispiel war Amazons Entscheidung, im August 2000 in Anbetracht der gefährlichen finanziellen Lage einiger ACN-Partner deren Zahlungen herabzusetzen. In einem geschäftlichen Umfeld, das durch Improvisation entsteht, sind einige Dinge nicht von Anfang an vorauszusehen. Die Vereinbarungen zwischen Amazon und seinen Partnern beruhten auf dem Gedanken, dass die Unternehmen gemeinsam die Entwicklungen verfolgen würden, welche die Partnerschaft veränderten. In Anbetracht der Bedingungen, die Ende 2000 auf dem Markt herrschten, war es unwahrscheinlich, dass Amazon bezahlt werden würde, wenn es seinen Partnern nicht half.

Die Leute von Amazon erklärten, dass die Flexibilität beiderseitig sei. Amazon schränkte die Produktangebote seiner Partner auch dann nicht ein, wenn sie mit dem Angebot auf seinen eigenen Webseiten konkurrierten. Living.com verkaufte ebenso Mikrowellenherde wie das Küchengeschäft von Amazon. Die Entscheidung, das Angebot der Partner nicht zu beschränken, solange die Konkurrenz nicht zu groß wurde, beruhte auf der Konzentration auf den Kunden, dem der Einkauf leicht gemacht werden sollte. Und sie diente dazu, den Partnern zum Erfolg zu verhelfen. Einige Partner waren dankbar für die Freiheit, sich mit Konkurrenten von Amazon verbinden zu können, doch sie waren nicht glücklich darüber, dass z-Shops und Auktionshäuser Produkte aus ihren Kategorien anboten und für einen Bruchteil der Summen, die sie bezahlt hatten, ins Internet kamen.

Die Kooperonauten von Amazon

Wenn Verträge nicht in Stein gemeißelt sind und Ideen sich in stetigem Fluss befinden, gewinnen Beziehungen an Bedeutung. An diesem Punkt treten die Kooperonauten auf die Bühne.

Die Interaktion auf höchster Ebene findet bei Amazon nach Bedarf statt: Jeff Bezos sitzt in den Boards einiger Partnerunternehmen, obwohl es keine Richtlinien dafür gibt, wann er mit welchen Partnern reden soll. Auf der nächsten Ebene widmen sich mehrere Teams den Partnerbeziehungen, zum Beispiel den Kontakten zu Portalen wie AOL, Yahoo! oder Excite und zu den Partnern im ACN. Nach dem Abschluss einer Vereinbarung arbeiten die Partnermanager mit abteilungsübergreifenden Teams an der Herstellung der Verbindungen zwischen den Sites. Das ACN wird von einem großen technischen Team betreut; andere Abteilungen wie Betrugsbekämpfung und Außenstände werden bei Bedarf eingebunden.

Die ACN-Manager beobachten die Entwicklung der Partner, um zu gewährleisten, dass diese die Leistungsziele erreichen. Und sie suchen nach neuen Möglichkeiten zur Entwicklung der bestehenden Partnerschaften. Die Marketing-Abteilung von Amazon organisiert gemeinsame Verkaufsförderungsaktivitäten mit den Partnern. Diese werden in mancher Hinsicht wie Unternehmensmitglieder behandelt, nicht jedoch zu den internen Sitzungen eingeladen. Todd Edebohls, der seit Oktober 1999 im Board von Amazon sitzt, erklärt im Scherz: »Das gegenwärtige System besteht seit etwa 30 Minuten und wird noch weitere fünf Minuten Bestand haben.« Wie es sich für eine authentische Dotcom gehört, besitzt Amazon.com keine Bürokratie. Titel haben wenig Bedeutung und die Mitarbeiter übernehmen verschiedenste Funktionen.

Edebohls macht vielleicht 8 Prozent der Arbeit für die großen Partnerschaften (etwa für drugstore.com oder living.com) und ist für sämtliche Facetten der Partnerschaften der nächsten Ebene zuständig (beispielsweise für einen Link zu 1-800-flowers auf der ersten Seite der Geschenkideen von Amazon). Darüber hinaus prüft er die Pläne, die an das Unternehmen herangetragen werden. Andere Amazon-Einheiten wenden sich um Rat an ihn, wenn es gilt, potenzielle Partnerschaften zu bewerten und zu gestalten. Todd Edebohls hat sich in einen Mentor für andere Kooperonauten verwandelt.

Nach einer sorgfältigen Überprüfung werden die Leistungen der strategischen Partner an objektiven Maßstäben wie den »vier Neunen« (99,99 Prozent Betriebszeit) gemessen, die von Dritten überprüft werden. Bei regelmäßigen Treffen sollen Probleme ausgeräumt werden, bevor sie sich in eine Gefahr für das Geschäft verwandeln. Diese Überwachung ist wichtig, da jede Partnerschaft Risiken birgt. Wird ein Kunde über die Site von Amazon zur Webseite eines Partners geleitet, die ausgefallen ist, so schreibt er diesen Fehler Amazon zu. Fällt eine Partnersite aus, so läuten bei Amazon die Alarmglocken. Ist der Partner nicht in der Lage, seine Probleme rasch zu beheben, so kommt ihm Amazon mit seinen eigenen Backup-Systemen zur Hilfe. Doch anschließend wird dem Partner klargemacht, dass derartige Mängel inakzeptabel sind.

Auch negative Schlagzeilen über Sites, zu denen Amazon Links herstellt, können dem Ansehen schaden. Obwohl die Firmenpolitik ausdrücklich Sites ausschließt, die Gewalt verherrlichen oder kriminelle Handlungen fördern, fand ein Reporter im Jahr 1998 heraus, dass unter den angeschlossenen Sites von Amazon eine neonazistische Organisation war. Gefährlich ist es auch, wenn Partnerschaftsprobleme in den Mittelpunkt des öffentlichen Interesses rücken. Nach dem Debüt von sothebys.amazon.com im November 1999 wurde das angesehene Auktionshaus in eine Kontroverse verwickelt und geriet in betriebliche Schwierigkeiten, die seine Aktie in die Tiefe riss (womit der Wert des 2-prozentigen Anteils von Amazon innerhalb von zwei Jahren von 45 Millionen auf 16 Millionen Dollar sank). Das *Wall Street Journal Europe* bezeichnete die Arbeitsbeziehung als »bewegt« und berichtete, mehrere hochrangige Mitarbeiter von Sotheby's hätten in der Einrichtungsphase keinen Zugang zu der gemeinsamen Site erhalten und seien erst einen Monat im Voraus von der Inbetriebnahme unterrichtet worden. Doch die beiden Partner erklärten, die Beziehung funktioniere gut.[5]

Die direkten Beziehungen zwischen den Partnern des Amazon-Netzes sind »eher organisch als geregelt«, wie uns Insider erklärten. Die Gespräche sind unförmlich. Geregelte Schulungen der Partner gibt es nicht, doch Amazon hilft seinen Partnern gerne, wenn konkrete Fragen auftauchen. Die Führung eines Partnerunternehmens lobte Amazons Beratung in Fragen der Website-Prioritäten, der Technologiearchitektur und der Vermarktungsmethoden.

Während Mitte des Jahres 2000 in den Medien und auf den Finanzmärkten Zweifel bezüglich der Zukunft der im B2C-Geschäft tätigen Dotcoms laut wurden, priesen die Partner öffentlich Amazons Marketing-Kenntnisse, und die Analysten lobten die finanziellen Beiträge der Partnerschaften – während sie darauf warteten, was das Unternehmen tun würde, um an die potenziell gewaltigen Werbeeinnahmen heranzukommen und die Gewinnschwelle zu erreichen. Zu jener Zeit wurde die Vermutung geäußert, Amazon werde keinen dauerhaften Platz in einem Sonnensystem einnehmen, sondern sich als Sternschnuppe erweisen. Hinter vorgehaltener Hand fragten die Partner, ob sie den Ausleseprozess im E-Commerce überleben würden und ob sie jemals den vollen Nutzen aus der Partnerschaft ziehen könnten. Es

Um erfolgreiche Partnernetze aufzubauen, muss der Gemeinschaft Vorrang vor dem einzelnen Unternehmen gegeben werden.

kursierten Gerüchte, Amazon könne seine Anziehungskraft verlieren, wenn sich alternative Galaxien zur Entdeckung anböten, oder das Netzwerk könne außer Kontrolle geraten, wenn Amazon nicht die Fähigkeit erwerbe, seine Schlüsselpartner besser zu unterstützen. Doch andere Partner waren der Meinung, Amazon habe gelernt, langfristige Beziehungen aufzubauen. Und dass das Unternehmen im August 2000 die Bereitschaft zeigte, die Vereinbarungen neu zu gestalten, war ein Signal, das den in finanzielle Bedrängnis geratenen Dotcoms in Amazons Umlaufbahn Hoffnung gab.

Um erfolgreiche Partnernetze aufzubauen, muss der Gemeinschaft Vorrang vor dem einzelnen Unternehmen gegeben werden. Jede in beide Richtungen funktionierende Partnerschaft weist acht Komponenten auf, und jeder Riss in der Beziehung beruht darauf, dass eines dieser Elemente nicht ausreichend entwickelt ist.[6] In Amazons Fall mündet die Analyse dieser acht Komponenten in ein Muster formaler Stärken, die mit einigen informellen Schwächen einhergehen:

- *Ausgezeichnete individuelle Leistungen:* Amazon erhält Bestnoten dafür, dass es ein herausragendes Unternehmen ist und ebensolche Partner wählt.
- *Bedeutung:* Die oberste Schicht der Partner hatte größere strategische Bedeutung, erhielt jedoch nicht immer die entsprechende Aufmerksamkeit und Unterstützung.
- *Investitionen:* Amazon und seine Schlüsselpartner investierten ineinander, und zwar insbesondere Kapital.
- *Wechselseitige Abhängigkeit:* Einige Partner boten die gleichen Produkte an wie Amazon. Würden sie langfristig aufeinander angewiesen sein?
- *Information:* Es gab Leistungsmaßstäbe, doch in einigen Fällen (etwa im Fall von Sotheby's) gab es Bedenken, dass nicht genug strategische Information ausgetauscht werde. Wenn Amazon keine offene Informationspolitik betreibt, können dem Unternehmen einige geschäftliche Chancen entgehen.
- *Integration:* Es wurde gemeinsames Marketing betrieben, doch die betriebliche Integration mit den Schlüsselpartnern war noch unvollkommen. Zwischen den verschiedenen Ebenen der Partnerunternehmen fand lediglich informelle Kommunikation statt.
- *Institutionalisierung:* Die Beziehungen waren vertraglich geregelt, und Amazon hatte Kooperonauten mit ihrer Pflege betraut.
- *Integrität:* Obwohl niemand an Amazons Integrität zweifelte, glaubten manche Partner, die Vereinbarungen und Aktivitäten seien nur auf Amazons

Interessen abgestimmt. Das Unternehmen bewies seine Sorge um die Partner, als es die finanziellen Forderungen herunterschraubte, doch möglicherweise beruhte dieses Vorgehen lediglich auf der Erkenntnis, dass Amazon vielleicht überhaupt kein Geld bekäme, wenn die angeschlagenen Partner scheitern.

Amazon besitzt ein gutes Modell für den Abschluss von Vereinbarungen, doch seine Methode zur Pflege der Partnerschaften befindet sich noch im Entwicklungsstadium. Vor dem Dotcom-Crash konnte das Unternehmen die »goldene Verkehrsregel« anwenden, die Ron Sege von Lycos so definiert: »Im Internet regiert derjenige, der den meisten Verkehr auf seiner Website hat. So setzen die größten Akteure die härtesten Konditionen durch, die möglicherweise nur für sie selbst von Vorteil sind.« In diese Lücke stieß Amazons größter Konkurrent vor, um seine eigenen Kooperonauten für den Krieg um den Cyberspace zu mobilisieren. Amazon konnte es sich als Marktführer erlauben, gegenüber seinen Partnern sein Gewicht auszuspielen. Barnesandnoble.com hatte keine andere Wahl, als einen kooperativen Zugang zu wählen.

Krieg der Sterne: Wie man mit innovativen Lösungen für die Partnergalaxis neue Planeten anzieht

Frage*:* »Wo lässt sich ein 400 Kilo schwerer Gorilla nieder?« Antwort*:* »Wo immer er will.« Doch wenn man die Nummer zwei ist und sehr viel weniger Gewicht auf die Waage bringt, gelten andere Spielregeln.

Als barnesandnoble.com im März 1997 den Betrieb aufnahm, war Amazon. com bereits ein Schwergewicht im Internet. Es hatte sich bereits gezeigt, dass Portalpartnerschaften geeignet waren, den Verkehr auf einer Site zu erhöhen, und sowohl barnesandnoble.com als auch Amazon bemühten sich um Partner. Im Februar 1997 wurde barnesandnoble.com der exklusive Buchhändler für AOL-Mitglieder, doch Amazon reagierte, indem es im Mai desselben Jahres Vereinbarungen mit den führenden Portalen Yahoo! und Excite schloss. Es folgten Verträge mit AltaVista, Netscape und AOL.com (der öffentlichen Site von AOL). »Amazon hatte bereits einige der größten Partner für sich gewonnen«, erklärt eine Führungskraft von barnesandnoble.com. »Deshalb mussten wir uns auf die zweite Ebene konzentrieren.«

Da barnesandnoble.com eine Tochtergesellschaft eines Offline-Unternehmens war und keinen Zugang zu den Kapitalmärkten hatte, besaß es keine derart gut gefüllte Kriegskasse wie Amazon. Es bestand die Gefahr, in einen unaufholbaren Rückstand zu geraten. Also begab sich barnesandnoble.com auf Partnersuche und wurde mit Lycos handelseinig. Schließlich wurde es zum exklusiven Buchhändler für viele andere große Inhaltanbieter, darunter MSNBC, CBS SportsLine, TicketmasterONLINE, NYTimes.com und CNN.com. Dazu kamen Partnerschaften mit ISPs wie Earthlink und Mindspring (die später fusionierten) oder AT&T World Net.

Um in den Verhandlungen mit potenziellen Partnern einen Vorteil gegenüber Amazon zu erlangen, entwickelte das für die Geschäftsentwicklung zuständige Team innovative Methoden zur Pflege der Partnerschaften. Die leitenden Kundenbetreuer wurden zu »Besitzern« einer Partnerschaft gemacht, die dafür verantwortlich waren, die Beziehung durch Kooperation und innovative Praktiken zu verbessern. Ein ehemaliger Manager erinnert sich: »Es genügte nicht mehr, dass ich eine Vereinbarung unterzeichnete und die Abwicklung der entsprechenden Abteilung überließ. Ich musste die Partnerschaft auch selbst betreuen.« So gelang es barnesandnoble.com, seine Gesprächspartner davon zu überzeugen, dass es ihnen größere Aufmerksamkeit widmen könne als Amazon.

»Wenn man lediglich das eigene Logo oder ein Banner auf die Website des Partners stellt, funktioniert die Partnerschaft nicht«, erklärt ein Mitglied des mit der Geschäftsentwicklung betrauten Teams. »Man muss diese Beziehungen pflegen. Wir denken unentwegt darüber nach, wie wir den E-Commerce in die Partnerschaft integrieren können. Wenn man beispielsweise heute bei Lycos ›Kochen‹ eingibt, findet man auf der Resultatseite einen Button mit dem Text: ›Weitere Informationen zum Thema Kochen erhalten Sie bei barnesandnoble.com.‹«

Dank solcher Neuerungen konnte sich barnesandnoble.com in der Auseinandersetzung um neue Partner gegen Amazon.com durchsetzen, selbst wenn der Konkurrent mehr Geld bot. Unter anderem ging barnesandnoble.com eine Partnerschaft mit Be Free ein und erlangte dadurch als erstes Unternehmen Zugang zu einer Technologie, die eine Verfolgung des Verkehrs und der Transaktionen der Besucher erlaute. So konnte das Unternehmen seine Partner mit fundierten Daten über die Aktivität im Netz versorgen. Dazu eine Führungskraft: »Wir konnten sehen, dass der Link auf der Site von Lycos am Vortag 3000 Mal angeklickt worden war. Lycos konnte dasselbe sehen. Anschließend konnte man feststellen, ob der von Lycos gekommene Kunde das Buch tatsächlich gekauft hatte. Die Partner konnten verfolgen, was die Besucher taten, was sie sich ansahen und was sie kauften. Im Lauf der Zeit erhöhte unsere Berichterstattungstechnologie die Effizienz der Partnerschaften, da sie die Partner dazu bewegte, die Werbung mit anderen Augen zu betrachten.«

Für das Affiliate-Programm (eine Reihe von Links ähnlich jenen in Amazons E-tail-Partnerschaften) stand vom ersten Tag an eine eigene Website zur Verfügung. Unter www.affiliate.net hatten die angegliederten Unternehmen Zugang zu einem Online-Berichtsystem, konnten Links einrichten und Ratschläge zu verschiedensten Fragen vom grafischen Design bis zur Optimierung einer Webseite für die Suchmaschinen einholen. Indem das Team der Kooperonauten einen Teil seiner Arbeit auf die Partnerschaftswebsite auslagerte, konnte es enge Beziehungen zu den Partnern pflegen und erhielt gleichzeitig mehr Zeit für die Suche nach neuen Möglichkeiten.

»Wir versuchen, bessere Partner zu sein und uns durch Kreativität einen Vorsprung zu verschaffen«, erklärt eine Führungskraft von barnesandnoble.com. »Wenn wir für einen Partner nicht mehr tun, als ein Logo auf die Site zu stellen, kann er uns leicht gegen jemand anderen austauschen. Das fällt ihm schwerer, wenn wir uns in sein Geschäft integrieren.« Die Kooperonauten bei barnesandnoble.com hörten die in der Branche kursierenden Gerüchte über die angebliche Arroganz von Amazon, das Telefonanrufe und E-Mails nicht beantwortete. »Die Partner verglichen uns mit Amazon und stellten fest, dass wir auf sie eingingen und ein Affiliate-Netz aufgebaut hatten. Das entging auch Amazon nicht. Schließlich führten sie ein Online-Berichtsystem ein und passten ihr Partnerschaftsprogramm dem unsrigen an«, berichtet ein anderer Manager.

Wenn man nur das eigene Logo oder ein Banner auf die Website des Partners stellt, funktioniert die Partnerschaft nicht.

Der Krieg der Sterne im Online-Buchhandel nahm Züge eines unendlichen Dramas an, in dem die Beziehungen im Gleichschritt mit dem Auf und Ab an den Kapitalmärkten wechselten. Im September 2000 trennten sich Amazon.com und Yahoo! einvernehmlich, sodass sich Amazon auf seine Beziehung zu AOL konzentrieren konnte. Yahoo! machte barnesandnoble.com zu einem Händler auf seiner Site und zu einem Partner für einen kostenlosen Internetdienst. Doch Amazon bewahrte sich seine herausragende Position auf den Sites von Yahoo! außerhalb der USA. Unterdessen arbeiteten beide Unternehmen hart, um den Status meistbegünstigter Partner zu erlangen.

Amazon.com und barnesandnobles.com sind ein gutes Beispiel für zwei rasch wachsende Internet-Unternehmen, die nach den besten Wegen suchen, um ihre Partnerschaften zu pflegen: mehr Kommunikation, mehr Aufmerksamkeit, neue Methoden zur Integration in das Geschäft der Partner, Nutzung des Internets für Routinetätigkeiten, um mehr Zeit für die Beschäftigung mit strategischen Möglichkeiten zu erhalten. Aber bei all diesen Bemühungen handelt es sich hier erst um die einfachste Form des Partnering.

In dem von Amazon.com und barnesandnoble.com verkörperten Modell zieht ein Stern im Zentrum des Sternensystems immer neue Partner an. Gute Kooperonauten wissen aber auch, wie sie ein ganzes Netz nutzen können, indem sie die Beziehungen in einer Galaxie unabhängiger Sternensysteme festigen. Dieses Ziel verfolgen einige der so genannten Netglomerate, und Reuters Greenhouse hat es bereits erreicht. Während Amazon zeigt, welche Macht ein einzelnes Unternehmen über seine Partner haben kann, zeigt Reuters, wie man praktisch ohne Macht Nutzen aus der Vernetzung ziehen kann - ein ausgezeichnetes Beispiel dafür, was Kooperonauten erreichen können, wenn sie nicht nur an den Geschäftsabschlüssen, sondern auch an den Beziehungen arbeiten.

Vorstoß in die Galaxis: Netglomerate

Im Juni 2000 führte die Investmentbank CIBC World Markets eine neue Kategorie von Unternehmenskonglomeraten ein: die Netglomerate. Dabei handelt es sich um ein Netz untereinander verbundener unabhängiger Unternehmen, die etwas mehr als die Finanzierungsquelle miteinander teilen.[7] Zu den von CIBC ausgewählten Unternehmen zählte CMGI, das 83 Prozent der Anteile an AltaVista hielt und in mehr als 70 Internet-Unternehmen investiert hatte, darunter Lycos, Engage und Furniture.com. Aufnahme in eine entsprechende Liste würden auch andere Inkubatoren und strategische Investoren wie der Hotbank Incubator der Softbank oder der Cambridge Incubator verdienen (der in der Nähe des MIT ein Startup-Hotel mit Trainings- und Schlafeinrichtungen für ein Arbeitsleben rund um die Uhr betreibt und den Dienst an der Gemeinschaft fördert).

Der Reuters Greenhouse Fund will all diese Netglomerate noch überflügeln. Im vierten Kapitel wurde John Taysom als meisterhafter Improvisator vorgestellt. Doch er war auch einer der ersten ausgewiesenen Kooperonauten der

Welt. Die Prinzipien der Vernetzung waren von Anfang an in das Konzept des Greenhouse eingebettet. Obwohl sich die einzelnen Investitionen für Reuters schon gelohnt hatten, als die Dotcoms an den Börsen reüssierten, standen noch größere langfristige Erträge in Aussicht, wenn man die Technologien miteinander kombinierte. Daher versuchte John Taysom, das Netz rasch auszubauen und zu festigen.

Die individuellen Bindungen brachten für die Reuters-Partner beträchtliche Vorteile mit sich. Doch die Machtposition eines Netzes hängt nicht nur von den bilateralen Beziehungen zwischen einem zentralen Unternehmen und seinen Verbündeten ab. Dieses Beziehungsgeflecht ist zu leicht zu destabilisieren, da die Partner einzeln herausgelöst werden können. Wirklich stabil wird ein Netzwerk durch enge Bindungen zwischen sämtlichen Partnern. Die Aufgabe des Greenhouse bestand nicht nur darin, Geld mit den einzelnen Investitionen zu verdienen, sondern darin, den Wert des gesamten Netzes zu erhöhen. Ein solcher Wettbewerbsvorteil ist ebenso schwer zu erringen wie nachzuahmen.

Vernetzungsvorteile: Enge Bindungen zwischen allen Partnern

Anfang des Jahres 2000 machten mehr als die Hälfte der Unternehmen, an denen Reuters beteiligt war, untereinander Geschäfte. Sie hatten keinerlei Verpflichtung dazu. Vielmehr eröffneten ihnen die Kooperonauten des Greenhouse Möglichkeiten, indem sie Überzeugungsarbeit leisteten und Kontakte herstellten. Und die Vernetzungsvorteile waren ein Verkaufsargument, das eingesetzt wurde, um neue Unternehmen an das Greenhouse zu binden: das Portfolio umfasste 52 Unternehmen, die Zugang zu Reuters, zu den Kunden von Reuters und zueinander hatten.

Die Kooperonauten des Greenhouse verknüpften die Unternehmen miteinander. Im Mai 2000 gaben drei Portfolio-Unternehmen - Persistence, Adero und Equinix - bekannt, in Zusammenarbeit mit den Branchenriesen Cisco und Sun ein gemeinsames Produkt namens Dynamai zu entwickeln. Dieses sollte in direkter Konkurrenz zum Börsenliebling Akamai das Internet beschleunigen. Taysom erklärte, die Synergie sei nicht zufällig: »Wir wissen zwar noch nicht genau, wie die Teile zusammenpassen werden, doch wir können sehen, dass es sich um passende Bausteine handelt. Und wenn wir das sehen können, können wir es ihnen auch vor Augen führen. Wir versuchen, das von ihnen angehäufte intellektuelle Kapital optimal zu nutzen und gleichzeitig den finanziellen Aufwand zu verringern.«

Ende 1999 wurden Multiplikatoreffekte im Netzwerk sichtbar. Das Greenhouse lockte neue Unternehmen an, welche die Attraktivität des Netzes weiter erhöhten. Im Frühjahr 2000 wurde Reuters zum ersten externen Investor bei Forbes, und die Beziehung zwischen Reuters und Forbes.com erwies sich als vorteilhaft für jene Portfolio-Unternehmen, die Inhalte anboten. Eine Investition in das kleine israelische Unternehmen Zapper Technology war für mehrere Portfolio-Unternehmen potenziell von Nutzen, weshalb die Kooperonauten Versammlungen der Technologieleiter organisierten, um die Möglichkeiten neuer Verbindungen zu untersuchen. Solche Partnerschaften würden die Geschäftsentwicklung von Zapper zum Vorteil aller Beteiligten vorantreiben und die Suche nach Partnern drastisch verkürzen.

Die persönliche Begegnung trägt wesentlich dazu bei, die Mitglieder eines Netzwerks zusammenzuschweißen. Im März 2000 lud Reuters mehr als 3000 bestehende und potenzielle Kunden zu seiner ersten InfoWorld-Konferenz ein. Führungskräfte aus rund 15 Portfolio-Unternehmen blieben zwei Wochen am Veranstaltungsort in Genf, um Manager aus aller Welt zu treffen. Anschließend fuhren etwa 20 Manager auf Einladung des Greenhouse zum Skifahren in die Alpen. Es wurde bewusst keine Tagesordnung für das Beisammensein aufgestellt. »Am ersten Tag forderten wir alle Gäste auf, sich und ihre Unternehmen kurz vorzustellen«, erklärt Taysom. »Zusammenfinden mussten sie sich selbst.« Zur Überraschung aller Beteiligten verstanden die individualistischen Unternehmer sich auf Anhieb gut und ergänzten sich blendend. So entstand allein aus diesem Zusammensein eine Reihe potenzieller Partnerschaften. Unter anderem wurde die Idee für die Zusammenarbeit von Persistence, Adero und Equinix auf der Skipiste geboren.

Das Greenhouse-Team verknüpft die Aktivitäten der Netzwerkmitglieder miteinander. Die Präsenz in den Boards der Portfolio-Unternehmen ermöglicht es nicht nur, die Entwicklung der Investitionen zu verfolgen und den Unternehmen bei der Entwicklung langfristiger Strategien zu helfen, sondern erleichtert es auch, die Unternehmen miteinander in Kontakt zu bringen. Taysom besitzt große Erfahrung darin, die Aktivitäten der Unternehmen aufeinander abzustimmen und das Netzwerk auszubauen. Norman Fiore, ein Kollege aus dem Führungsstab des Greenhouse Fund, preist Taysoms Fähigkeiten: »John bringt in jedem Gespräch mindestens zehn oder fünfzehn Unternehmen zusammen. Er verkauft ständig Geschäftskonzepte. Wenn er in einem Board sitzt, kann man sich darauf verlassen, dass er in jeder Sitzung Kontakte zwischen Unternehmen herstellt, Telefonnummern verteilt und Gesprächspartner vorschlägt.« Fiore folgte Taysoms Vorbild und begann, in den Unternehmen, in deren Board er saß, Beziehungen im Netzwerk herzustellen. Im Allgemeinen erhielt im Greenhouse derjenige den Sitz im Board eines neuen Unternehmens, der das Geschäft abgeschlossen hatte, da man sich darüber im Klaren war, dass ein Austausch des Vertreters die Beziehung zu dem Portfolio-Unternehmen untergraben würde.

Das Mentoring hat nicht so große Bedeutung wie der Aufbau von Netzwerken, doch die Kooperonauten des Greenhouse versuchen, wo immer dies möglich ist, in betrieblichen oder finanziellen Angelegenheiten zu helfen. Taysom selbst fungiert als Mentor einiger Unternehmensleiter. Bis zum Absturz der Internet- und Technologieaktien an den Börsen im Frühjahr 2000 waren die neu gegründeten Unternehmen kaum empfänglich für Ratschläge, doch nach dem Crash änderten sie ihre Einstellung. »Vergangenes Jahr brauchten sie nicht gefördert zu werden«, erklärt Fiore. »Sie brauchten nur einen Geschäftsplan und das Geld, und ab ging die Post. Sie machten keinen Umsatz, erzielten keine Betriebsergebnisse und wollten über nichts anderes reden als über den verfluchten Börsengang.«

Das Ziel der Vernetzung besteht nicht darin, die Kontrolle zu bewahren, sondern die Leistungsfähigkeit des gesamten Netzwerks zu erhöhen.

Naivere Portfolio-Unternehmen wurden mit erfahreneren zusammengespannt, die sie beispielsweise bei der Beschaffung von Kapital beraten sollten. Im Juni 2000 tat das Greenhouse einen weiteren Schritt zur Vernetzung der Portfolio-Unternehmen, indem es eine Website einrichtete, über die sie miteinander kommunizieren konnten.

Wir stellten die Frage, ob niemand befürchte, Reuters könne die Kontrolle über das Netzwerk verlieren, wenn die Portfolio-Unternehmen zunehmend direkte Verbindungen untereinander eingingen. Die Führungskräfte des Greenhouse antworteten uns, Reuters könne die Kontrolle nicht verlieren, da es nie die Kontrolle gehabt habe.

Diese Aussage zur (nicht vorhandenen) Kontrolle ist bedeutsam: Das Ziel der Vernetzung besteht nicht darin, die Kontrolle zu bewahren, sondern die Leistungsfähigkeit des gesamten Netzwerkes zu erhöhen. Reuters hält lediglich Minderheitsbeteiligungen an seinen Portfolio-Unternehmen, weshalb es sich der Methode der Überzeugung bedienen und verlockende Möglichkeiten anbieten muss. Noch wichtiger ist, dass das eigentliche Ziel des Greenhouse darin besteht, ein Netzwerk aufzubauen, das aus eigener Kraft wachsen kann. Es könnte sich sogar in eine Bedrohung für das Kerngeschäft von Reuters verwandeln. »Man muss sich vor Augen halten, dass wir in Unternehmen investieren, deren Technologie in gewissem Sinn eine Gefahr für uns darstellt«, erklärt Taysom. »Kombiniert man diese Technologien miteinander, so kann man wesentliche Bestandteile der Infrastruktur von Reuters zusammensetzen. Dies ist eine potenziell subversive Entwicklung.« Doch als Teil des von ihm geknüpften Netzes hätte Reuters in jedem Fall Anteil an der Zukunft.

Die Greenhouse-Galaxis entwickelte sich von einem reinen Kapitalportfolio zu einem synergetischen Netzwerk. Möglich wurde dies, da man sich ausdrücklich um die Vertiefung der Beziehungen bemühte. Das zeigt, dass starke Partnernetze nicht von der Technologie, sondern von den Menschen abhängen.

Raumstationen im Cyberspace

Die Netzwerke der dritten Gruppe funktionieren eher wie Raumstationen: Die beteiligten Unternehmen liefern die Bauteile für gemeinsame Anwendungslösungen. Die Dotcom-Geburtshelfer, deren Plattformen, Systeme, Dienstleistungen und Lösungen die größten Raumstationen im virtuellen Raum darstellen, spielen auch eine Vorreiterrolle in der Entwicklung vorbildlicher Methoden für die Kooperonauten. Unternehmensriesen wie IBM, Cisco, Hewlett-Packard (HP) und Sun sowie zahlreiche Software- und Dienstleistungsunternehmen erfinden laufend neue Netzwerke mit zahlreichen Partnern.

Die einzelnen unternehmerischen Vorhaben können ganz unterschiedliche Partner erfordern. Die Bindungen zwischen den Unternehmen wechseln ständig. Indem man ein Unternehmen kennen lernt, kommt man zwangsläufig in Kontakt mit anderen: Die Mitarbeiter von IBM bewundern Hewlett-Packard für den gekonnten Einsatz seiner globalen Allianzmanager (GAMs). Bei HP beneidet man Sun Microsystems für dessen Fähigkeit, einige der besten Partner für sich zu gewinnen. Alle bewundern Cisco Systems – und Cisco ist IBMs größter Partner und ein Vorbild für seine übrigen Allianzen.

Diese komplizierten Aktivitäten mit einer Vielzahl von Partnern sind ein Ergebnis der Machtverschiebung von der Hardware zur Software und schließlich zu den Dienstleistungen. Die Endlösungen sind wichtiger als die Frage, welches Unternehmen seinen Namen auf die Bauteile setzen darf. »Man kann es sich nicht mehr leisten, lediglich einem einzigen Netz anzugehören«, erklärt Towney Kennard, der bei IBM für strategische Allianzen zuständig ist. »Die Kunden wollen das Beste vom Besten und verlangen, dass die Anbieter zusammenarbeiten. Das erschwert die Aufgabe, denn der Partner kann sich eines Tages in den Kunden oder in den schlimmsten Feind verwandeln. Wer hätte je gedacht, dass IBM und Sun eines Tages einen Preis für eine gemeinsame Lösung entgegennehmen würden?« Oder dass IBM ein Team für Microsoft-Anwendungen bilden würde, obwohl Microsoft ein direkter Konkurrent von IBMs Software-Partner Lotus ist? Das E-Business hat derartige Partnerschaften zu einer unverzichtbaren Voraussetzung für den Erfolg gemacht.

Aus den Methoden, die sich in solchen Netzwerken bewährt haben, lassen sich eine Stellenbeschreibung und eine Arbeitsanleitung für Kooperonauten ableiten.

Die Rolle des Kooperonauten: Konkurrenz durch Kooperation

In den neuen Dotcoms nehmen die Kooperonauten vielfach eine bevorzugte Stellung ein, da es gilt, Vereinbarungen zu schließen, die einem Unternehmen gewaltige Ressourcen sichern können (wie zum Beispiel in Amazons Beziehung zu drugstore.com). Wer ein Geschäft unter Dach und Fach bringt, erntet große Anerkennung. In etablierten Unternehmen hingegen ist diese Tätigkeit nicht immer erstrebenswert, da sie mit viel Verantwortung und geringer formaler Macht einhergeht und der Ruhm mit vielen Leuten geteilt werden muss.

Die Gruppe der globalen Allianzmanager (GAM) bei Hewlett-Packard hat Vorbildcharakter in der Branche. Die GAM waren ursprünglich hochrangige Verkaufsvertreter, deren Aufgabe darin bestand, die Hardware von HP an den Mann zu bringen. Daraus wurde ein Korps von Diplomaten, die nun den Weg für neue Geschäftsinitiativen ebnen. Allerdings ist das Allianzprogramm von HP reparaturbedürftig: Mitte des Jahres 1999 warteten die Ziele des globalen Allianzprogramms auf ihre Neudefinition, die Leistungsmaßstäbe waren verwirrend und aufgrund mangelnder Unterstützung wanderten zahlreiche Mitarbeiter ab.

Maßgeblich für den Erfolg der Kooperonauten ist die Unterstützung mächtiger Sponsoren, an der es bei HP mangelte. HP hinkte im Aufbau von Partnernetzen hinter Sun her, wie wir aus beiden Unternehmen erfuhren. Bereits im Jahr 1997 hatte ein Allianzmanager von HP erkannt, dass die Anbieter von

Internet-Diensten (ISP) zu wertvollen Partnern werden konnten, doch es dauerte fast zwei Jahre, bis das Unternehmen reagierte. Zu diesem Zeitpunkt war es fast zu spät, da sich viele ISP bereits für die Plattformen von Konkurrenten entschieden hatten (Compaq für Windows NT und Sun für UNIX). Douglas Kaewert von Sun erklärte uns die Vorgehensweise seines Unternehmens. Kaewart war Mitte der achtziger Jahre von HP zu Sun abgewandert (als 73. Mitarbeiter), wo er Mitte der neunziger Jahre zum Leiter des Bereichs Marktentwicklung und Entwicklerbeziehungen aufstieg. Er hegte noch immer große Wertschätzung für das Know-how von HP, doch bei Sun erhielt er von höchster Stelle Unterstützung für rasche Maßnahmen.

Die Aufgabe von Kaewerts Team bestand darin, unabhängige Entwicklungspartner anzuwerben, um Softwarelösungen für Suns Plattformen zu finden, und diese Unternehmen in ihrer Arbeit zu unterstützen. In der Vergangenheit hatte Sun diese Entwicklungspartner als Kunden betrachtet, denen mit Gewinn Kompilierprogramme verkauft wurden. Im Jahr 1997 begegnete Kaewert zahlreichen Venture Capitalists, die ihm von interessanten kleinen Unternehmen erzählten, die Schnittstellensysteme für Netzwerke benötigten. Nach einigen Unternehmensbesuchen erkannten Kaewert und seine Vorgesetzten Scott McNealy und Ed Zander einen Trend, von dem Sun profitieren konnte. »Zum Teil war es einfach eine glückliche Wahl des richtigen Zeitpunkts«, erinnert sich Kaewert. »Die ISP wurden immer zahlreicher, und Sun hatte Produkte für Netzwerkumgebungen.« Also ging Sun rasch Partnerschaften mit einer Reihe von ISP ein, denen es die Entwicklungssoftware gegen geringe Kosten oder gratis zur Verfügung stellte. Im Gegenzug übernahmen die ISP die Sun-Plattform für das Internet. Unter anderem damit begründete Sun seinen Anspruch, »the dot in dot-com« zu sein.

Unterdessen suchte HP weiter nach einer Strategie und ging bis Mitte 1999 eine Reihe von Partnerschaften für elektronische Dienste ein. So verwendete beispielsweise Millenium Commerce die Hardware von HP und Cisco, dazu Software von zahlreichen Lieferanten, um eine Lösung für die Anbieter von Internet-Diensten zu entwickeln. Die ISP konnten ihren kleinen und mittleren Unternehmenskunden ein komplettes Paket für den elektronischen Handel anbieten, einschließlich Website, Auftragsbearbeitung und Kreditkartenabwicklung. Es war nicht mehr nötig, sämtliche Hardware- und Softwarekomponenten zu kaufen. Doch Sun warb weiterhin aggressiv um Bündnispartner. Mitte 1999 kündigte das Unternehmen seine gemeinsam mit Netscape gestaltete Preferred Integrators Initiative an, um E-Commerce-Lösungen für seine

Kunden zu entwickeln. An der Initiative nahmen große globale Systemintegratoren teil – Andersen Consulting, CapGemini, die Computer Sciences Corporation (CSC), EDS und PricewaterhouseCoopers. Die Liste enthielt einige der Partner, auf die auch HP für seine E-Services-Strategie zählte. Judi Hirsch, Hewlett-Packards Allianzmanagerin für CSC, versuchte, diesen Partner bei der Stange zu halten. Doch Sun ließ nicht locker. Anfang des Jahres 2000 kündigte es eine neuartige Partnerschaft mit den elektronischen Integratoren an, um End-to-End-Solutions für das E-Business zu entwickeln.

Der Kampf um die besten Partner wird nicht einfach vom Schnellsten gewonnen. Die Oberhand behält, wer seine Netze am besten pflegt.

Diese Kurzbeschreibung der Auseinandersetzung zwischen Sun und Hewlett-Packard hört sich an wie der Bericht über einen Wettlauf, doch bei der Beschäftigung mit der Arbeitsweise dieser Unternehmen zeigt sich, dass man die Leistungsfähigkeit von Netzwerken nicht beurteilen kann, indem man ständig das Zwischenergebnis im Wettbewerb um Partner ermittelt. Der Kampf um Partner wird nicht einfach vom Schnellsten gewonnen. Vielmehr behalten jene die Oberhand, die ihre Netze am besten pflegen. Aus der Beobachtung der erfolgreichsten Kooperonauten können fünf Lehren gezogen werden:

Lektion 1: Konzentriere dich auf die Zukunft und sei offen für neue Entdeckungen

Der Nutzen der Vernetzung liegt nicht nur in der augenblicklichen Vereinbarung, sondern hängt von der Aussicht auf bedeutsame Entdeckungen in der Zukunft ab. Diese Aussicht liegt der Tätigkeit des Reuters Greenhouse zugrunde. Mit Entschlossenheit kann ein Unternehmen rasch Partner gewinnen, doch um die Partnerschaften nutzen zu können, muss eine Vertrauensbeziehung geschaffen werden.

Wenn eine Partnerschaft die Erkundung neuer Möglichkeiten einschließt, sind ihre Ziele zwangsläufig nicht exakt definiert. Die Allianz zwischen IBM und Cisco war derart umfassend, dass sie vom amerikanischen Justizministerium vier Monate lang geprüft wurde, bevor sie im Januar 2000 genehmigt wurde. Dennoch war der Vertrag über die Partnerschaft relativ locker gefasst. »Er beinhaltete gemeinsame Aktivitäten und Informationen, war jedoch zugleich relativ offen, um eine Anpassung an die Marktentwicklungen zu ermöglichen«, wie Towney Kennard von IBM erklärt. Die Geheimhaltungsklauseln beinhalteten Technologie, die sich noch im Forschungsstadium befand, doch IBM bemühte sich um Offenheit gegenüber den strategischen Partnern.

Anfang 2000 wurden gemeinsame Entwicklungsteams gebildet, die mit Zeithorizonten zwischen sechs Monaten und zwei Jahren in vier bis fünf Schlüsselbereichen arbeiten sollten, um die Sachkenntnis und die Technologie der beiden Unternehmen optimal zu nutzen. »Wir teilen die Marktstrategie, wir teilen die Produkte im Entwicklungsstadium«, sagt Kennard. »Und wenn wir beide unsere Produkte aufgrund der Informationen des Partners modifizieren, haben wir innerhalb von zwölf Monaten ein überzeugendes Ergebnis. Wenn wir keine Daten austauschen, wachen wir möglicherweise nach einem Jahr auf und stellen fest: ›Hätte ich gewusst, dass euer Produkt dies und das kann, so hätte ich dieses und jenes getan.‹«

Lockere Vereinbarungen, denen die Vertrauensbasis fehlt und die eine gegenseitige Erkundung ausschließen, können zur Frustration der Partner führen. Viele Dotcoms sehen den Erfolg im Abschluss der Vereinbarungen, doch die wirklichen Erträge stellen sich erst mit gemeinsamen Innovationen ein.

Die Partnerschaft zwischen IBM und Cisco wuchs rasch: in den ersten vier Monaten des Jahres 2000 erhöhte sich der Umfang der Geschäfte zwischen IBM und Cisco auf das Zehnfache des im gesamten Jahresverlauf 1999 erreichten Volumens. Die Partnerschaft wirkte sich sehr vorteilhaft auf die Ertragssituation beider Unternehmen aus und verschaffte den Kunden bessere End-to-End-Solutions. Douglas Kaewert von Sun wies darauf hin, dass es Sun dank der ISP-Partnerschaften gelungen sei, die Design-Ergebnisse zu verbessern und neue Kunden zu gewinnen. So stieg beispielsweise Bidcom, das netzgestützte Managementwerkzeuge für das Baugewerbe entwickelt, von Windows NT auf die Plattform von Sun um.

Doch wie kann man den wirtschaftlichen Nutzen des Vertrauens messen? HP kann zurückverfolgen, wie viel Hardware über Systemintegratoren verkauft wird, die auch als Wiederverkäufer von Hardware tätig sind, doch woraus könnte man schließen, ob sich die Hardware nicht ohnehin verkauft hätte und inwieweit das Allianzteam die Ergebnisse verbessert? Muss das Global Alliance Program von HP einfach dem Marketing-Overhead zugeschlagen werden? Wenn eine Partnerschaft kein spezifisches Produkt oder Gemeinschaftsunternehmen hervorbringt, ist kaum festzustellen, ob die Marketingaktivitäten oder auch die gemeinsamen Verkaufsvorführungen zum Verkauf von Hardware führen.

Noch komplizierter wird die Frage, wenn man es mit mehreren Partnern zu tun hat: Auf wessen Aktivitäten beruhen die Erträge? Intern stellt sich die Frage, wie man bei HP feststellen kann, welchen Anteil an den Ergebnissen die für die Pflege der Beziehung zuständigen Allianzmanager beziehungsweise die für die Geschäftsabschlüsse verantwortlichen Verkaufsmanager haben. »Da es schwierig ist, die Ergebnisse zu messen, wird die Unterstützung des Allianzprogramms zu einer Frage des Vertrauens«, meint John Fogarasi, ein HP-Allianzmanager für den Pazifikraum. Doch visionäre Führungskräfte sehen auch die Vorteile: Carly Fiorina, der neue CEO von HP, unterstützte das Global Alliance Program von Anfang an vorbehaltlos.

Lektion 2: Stelle ausreichende Mittel zur Verfügung und schenke den Partnern Aufmerksamkeit

Die Pflege der Partnernetze darf nicht als verschwommene allgemeine Verpflichtung betrachtet werden. Es müssen engagierte Kooperonauten eingesetzt werden - eine Investition von Unternehmensressourcen in die Zukunft der Partnerschaft -, die anschließend andere Mitglieder des Unternehmens dazu bewegen, den Partnern ebenfalls Aufmerksamkeit zu schenken.

Mitte des Jahres 2000 waren 15 Personen bei IBM und etwa 45 Personen bei Cisco mit nichts anderem beschäftigt als mit der Pflege des Bündnispartners. Towney Kennard von IBM unterteilt sein Team in drei Gruppen: Eine Gruppe ist für das gemeinsame Marketing und die Geschäftsentwicklung von IBM und Cisco zuständig. Eine Gruppe für Wartungsdienste überwacht, inwieweit IBM unter Berücksichtigung der unterschiedlichen Prozesse der beiden Unternehmen in der Lage ist, die von ihm verkauften Cisco-Produkte in aller Welt zu warten. Ein kleines Team für die betrieblichen Abläufe sorgt für reibungslose Abläufe und behebt Störungen. Neben Kennards Team gibt es Verbindungsleute in anderen Abteilungen (etwa in der Rechtsabteilung oder in der Abteilung Informationstechnologie), die genau über die Partnerschaft informiert sind. Bei Cisco sind im Büro für die IBM-Allianz noch mehr Mitarbeiter damit beschäftigt, die gemeinsamen Entwicklungschancen zu nutzen. Einmal in der Woche halten die für die Allianz zuständigen Manager eine Telefonkonferenz ab.

Viele neu gegründete Internet-Unternehmen, die nichts anderes im Sinn haben, als rasch Partner zu finden, vergessen zwei Dinge: Die Beziehung muss gepflegt werden, und diese Pflege erfordert beträchtlichen Aufwand. Es gibt keinen Ersatz für Aufmerksamkeit auf der höchsten Ebene, doch es erfordert Zeit, den Bedürfnissen und Vorhaben der Partner Aufmerksamkeit zu schenken. Die strategischen Partner wollen nicht von einer mächtigen Führungskraft hofiert und anschließend an einen Kundenbetreuer aus der dritten Reihe weitergereicht werden.

Suns Partner iXL wurde von der Gartner Group unter jene Unternehmen eingereiht, die sich besonders gut auf Allianzen verstehen, denn seine Spitzenmanager widmen den Partnern größte Aufmerksamkeit. So half iXL seinem Partner Sun bei der Gestaltung seiner Initiativen e-Integrators und iForce und wurde von Oracle zum »Neupartner des Jahres« gekürt. »Bei uns werden die Allianzen in einem anderen Licht betrachtet und anders bewertet«, erklärt Lorin Coles, der bei iXL für die weltweiten Allianzen zuständig ist. Er leitet ein Team von 28 hochrangigen Führungskräften aus dem gesamten Unternehmen, die darauf achten, dass die Partner tägliche Betreuung erhalten.

Viele Dotcoms sehen den Erfolg im Abschluss des Partnerschaftsvertrages, doch die wirklichen Erträge stellen sich erst mit gemeinsamen Innovationen ein.

Selbst ein großes Unternehmen kann unfähig sein, den Schlüsselpartnern besondere Aufmerksamkeit zu widmen. HP pflegte im Jahr 1999 keinerlei exklusive Beziehungen und bot allen Unternehmen, die die Kriterien für eine Allianz erfüllten, dieselbe Unterstützung an. Einigen seiner Partner missfiel es, dass ihre Konkurrenten dieselbe Aufmerksamkeit wie sie erhielten. Die Leiterin des Computerbereichs von HP, Ann Livermore, bezeichnet dies als Fairness. Doch andere Führungskräfte sind der Ansicht, diese Einstellung halte das Unternehmen davon ab, die notwendigen strategischen Entscheidungen zu fällen. Sie bezeichnen HP als »die Schweiz der Allianzen«, als neutrales Gebiet, das jedermann willkommen heißt. Einige hegen die Sorge, HP nehme die erforderlichen Investitionen mit den Partnern nicht vor. Ein Allianzmanager sagt: »Wir sind nicht aggressiv genug, wenn es darum geht, Technologie zugänglich zu machen und Kenntnisse weiterzugeben, gemeinsame Vermarktungsprogramme durchzuführen und den Partnern Aufmerksamkeit zu schenken. Auf der Führungsebene pflegen wir sehr gute Beziehungen zu allen unseren Partnern. Doch was die konkreten Projekte und den Verkauf anbelangt, sind wir nicht so stark wie unsere Konkurrenten, weil wir nicht genug Verkaufsunterstützung anbieten.«

Lektion 3: Nimm Anteil an der Tätigkeit deiner Partner

Es geht nicht nur darum, gemeinsame Projekte umzusetzen, sondern auch darum, miteinander zu improvisieren und sich an der Tätigkeit der Partner zu beteiligen. Das bedeutet, dass man den Partnern nahe genug kommen muss, um zu einem Teil ihres Geschäfts zu werden und ihnen zum Erfolg zu verhelfen. Die Kooperonauten sind wie lebende Hotlinks zwischen den vernetzten Unternehmen. Das ist der Grund dafür, dass die globalen Allianzmanager von HP rund 40 Prozent ihrer Zeit reisen und die ganze Zeit kommunizieren.

Die Kooperonauten von Sun arbeiten sowohl mit den Technologiechefs als auch mit den kaufmännischen Leitern ihrer Internet- und Softwarepartner zusammen. Im Bereich der Technologie helfen sie dabei, die Sun-Produkte in die Projekte der Partner zu integrieren. Im kaufmännischen Bereich beteiligen sie sich an der Nachfrageförderung für die auf der Sun-Plattform beruhenden Produkte der Partner. Einige Produkte werden in die Öffentlichkeitsarbeit von Sun einbezogen, um ihnen größere Glaubwürdigkeit zu verleihen. Kaewert unterstreicht die Bedeutung der formalen Aktivitäten sowie der informellen Kommunikation: »Wir müssen Beziehungen knüpfen, um Teil ihrer Tätigkeit zu werden. Es ist ungemein nützlich, einfach nur vorbeizuschauen, um zu fragen, wie die Dinge vorankommen. Das gibt den Partnern die Gewissheit, dass sie für uns wichtig sind. Und es gibt uns die Möglichkeit, jene Entwicklungen zu unterstützen, die wir für wichtig halten.«

Die erfahrenen Allianzmanager von HP sehen in den *Mehrfachknoten* ein Geheimnis ihres Erfolgs: Gemeint ist die Verknüpfung vieler Menschen in den Partnernetzen. In der HP-Organisation für globale Allianzen sind erfahrene Manager tätig, die über ein Netz persönlicher Beziehungen im Unternehmen verfügen und sich darauf verstehen, die richtigen Leute in den Partnerorganisationen zu finden. Ein gutes Beispiel für ein System von Mehrfachknoten ist auch die Partnerschaft zwischen Sun und iXL. Im Rahmen von »Sun Lunch and Learn« können die Mitarbeiter von iXL Kollegen von Sun bei einem gemeinsamen Essen kennen lernen. Sun-Kompetenzzentren bei iXL verbreiten Kenntnisse und bieten Schulungen für Sun-Technologie an. Führungskräfte von Sun und iXL betreiben gemeinsame Planung und nehmen an technischen und kommerziellen Veranstaltungen des Partnerunternehmens teil.

Besonders erfolgreich ist eine kleine Gruppe von Kooperonauten, die dank der Vernetzung gewaltige Aufgaben bewältigt: Towney Kennard von IBM leitete in seiner früheren Tätigkeit 1500 Mitarbeiter in aller Welt. Heute unterstehen ihm in der Abteilung für die Cisco-Allianz lediglich 15 Personen. Doch mit dieser kleinen Gruppe hat er sehr viel größeren Einfluss auf die Geschäftsentwicklung als früher mit 1500 Mitarbeitern. Sein Team hat Zugang zu vielen Einheiten von Cisco und lenkt dessen Zusammenarbeit mit anderen Teilen von IBM. Das E-Business zwingt die Manager laut Kennard, sich davon zu lösen, ihren Selbstwert an der Zahl ihrer Untergebenen zu messen, und sich stattdessen darauf zu konzentrieren, wie sie anderen zum Erfolg verhelfen können.

Die Aufgabe der Kooperonauten von IBM besteht darin, die richtigen persönlichen und Online-Verbindungen herzustellen. Die persönlichen Verbindungen beginnen bei regelmäßigen Gesprächen zwischen den beiden Unternehmensleitern. Dazu kommt technologische Unterstützung. IBM entwickelte eine Website für die Allianz mit Cisco, auf der man sich über die Regeln der Zusammenarbeit, über Ansprechpartner und Beispiele für Erfolge informieren kann. Externe Websites verbinden die Kunden entweder mit IBM oder mit Cisco. Da diese Websites den Informationsaustausch ermöglichen, kann eine kleinere Zahl von Personen die Verbindungen zwischen einer größeren Zahl von Partnern aufrechterhalten. Dieselbe Funktion erfüllen das affiliate.net von barnesandnoble.com und das Extranet des Reuters Greenhouse.

Lektion 4: Betreibe Diplomatie

Während eine Website im Cyberspace durch einen einfachen Mausklick mit einer anderen verbunden werden kann, können die Beziehungen in den Offline-Netzen auf große Hindernisse stoßen. Es bedarf großen diplomatischen Geschicks, um die politischen Beziehungen in den Partnerschaften zu regeln.

Eine wichtige diplomatische Funktion der Kooperonauten besteht darin, die Herausforderungen der *Koopetition* zu bewältigen – die Tatsache, dass Unternehmen gleichzeitig Partner und Konkurrenten sein können.[8] Abgesehen davon, dass ein Partner auf einem Gebiet zugleich ein Konkurrent auf anderen Gebieten sein kann, ist es auch sehr wahrscheinlich, dass die verbundenen Unternehmen aufgrund ihrer Zugehörigkeit zu größeren Netzwerken mit Konkurrenten ihrer Partner zusammenarbeiten. »Am schmerzhaftesten ist es, wenn wir in ein und demselben Bereich Partnerschaften mit unseren jeweiligen Konkurrenten eingehen«, erklärt Towney Kennard von IBM. »Cisco ist Partner von KBMG, Cap Gemini und Arthur Andersen, während wir auch mit Lucent,

Nortel und Alcatel zusammenarbeiten. Das ist der heikelste Punkt. Wir wissen beide, dass die andere Seite Partnerschaften mit unseren jeweiligen Konkurrenten eingegangen ist, wobei wir bestimmte Beziehungen nicht gutheißen. Einige Partnerschaften sind problematischer als andere. Dieses Problem haben wir bisher nicht geklärt.«

Die Allianzmanager von HP verbringen viel Zeit mit der Suche nach neuen Kooperationen, während die bestehenden Partner den Eindruck haben, HP überschreite die dünne Trennlinie zwischen freundlicher unverbundener Konkurrenz und Versuchen, sie aus dem Geschäft zu drängen. Die Softwaregruppe hat Allianzen mit einigen Konkurrenten von HP im Hardwarebereich vereinbart (darunter Sun Microsystems und Dell), während die Hardwaregruppe mit Computer Associates zusammenarbeitet, das ein direktes Konkurrenzangebot zum führenden Sofwareprodukt von HP auf dem Markt gebracht hat. Als HP in das Geschäft mit Internet-Diensten einstieg, verbrachte die Allianzmanagerin Judi Hirsch einige Monate damit, die Befürchtung des Dienstanbieters CSC zu zerstreuen, HP könne versuchen, in seinen Markt einzudringen.

Die Kooperonauten suchen in der eigenen sowie in der Partnerorganisation nach Anzeichen für Schwierigkeiten und schreiten im Namen ihrer Partner ein, wenn die Konkurrenz außer Kontrolle gerät. Bis zum Abschluss ihrer Kooperationsvereinbarung waren IBM und Cisco laut Towney Kennard »erbitterte Feinde«. Mittlerweile sind sie enge Freunde. »Doch auf beiden Seiten vergessen manche Leute immer wieder, dass der Krieg vorbei ist.«

Ein Beispiel: IBM und Cisco entwickelten zwei konkurrierende Schaltungen für Hochgeschwindigkeitsnetze, die IBM 2029 und die Cisco Metro 1500. Als die Spannungen zunahmen, berief Kennard zunächst Meetings mit den zuständigen HP-Gruppen ein und sprach anschließend mit Cisco. Ein Vergleich der Technologien förderte einige Unterschiede zwischen den Schaltungen zutage. Also wurde der Verkauf angewiesen, welchem Produkt er wann den Vorzug zu geben hatte und an wen er sich im Zweifelsfall wenden sollte. »Das bedeutet nicht, dass alle mit der Antwort zufrieden wären«, sagt Kennard. »Doch zumindest kennen wir die Regeln der Zusammenarbeit.« Das ist eine für IBM typische Methode der Problemlösung: Sammle Daten, versuche das Problem im Gespräch mit den Kollegen zu lösen, wende dich an die nächste Ebene, wenn es erforderlich ist, und vermittle die Lösung über das Internet der gesamten Organisation. Je rascher die Kommunikation stattfindet, desto besser kann vermieden werden, dass Gerüchte laut werden.

Gerüchte sind eine stete Gefahr für Partnernetze. Die rasche Verbreitung von Informationen über das Internet zwingt die Kooperonauten dazu, Partnern und besorgten Mitgliedern der eigenen Organisation unentwegt Gerüchte zu erklären oder Deutungen für die Vorgänge anzubieten. Die Kooperonauten werden mit verschiedensten Friedensmissionen betraut. Als beispielsweise ein großer Systemintegrator erfuhr, dass er bei einer HP-Veranstaltung die Bühne mit zwei kleinen, aufstrebenden Integratoren teilen sollte, entschloss er sich, nicht wie geplant das Führungsteam, sondern einen Manager der mittleren Ebene zu entsenden. Der Allianzmanager hatte große Mühe, ihn dazu bewegen, diese Entscheidung wieder rückgängig zu machen.

Koopetition heißt die Devise, wenn Unternehmen gleichzeitig Partner und Konkurrenten sind.

Lektion 5: Beseitige die internen Hindernisse für die Kooperation

Die Kooperonauten arbeiten nicht selbst an den Partnerprojekten, sondern mobilisieren virtuelle Teams für Netzwerkinitiativen. Diese Teams sind oft groß und über den ganzen Erdball verteilt. »Der größte Fehler, den IBM in den Beziehungen zu Partnern begehen kann, besteht darin, die Erwartungen nicht zu erfüllen«, erklärt Towney Kennard. »Man vereinbart etwas auf höchster Ebene, doch die Umsetzung kommt nicht voran.« Der Grund dafür sind Hindernisse in der Organisation.

Douglas Kaewert von Sun spricht von »Antikörpern auf den unteren Ebenen des Systems«, die bekämpft werden müssen, um die im Rahmen der Internetpartnerschaften erforderlichen Veränderungen durchzusetzen. »Die Unternehmensführung bekennt sich einhellig zu der Partnerschaft. Doch um das Vorhaben umzusetzen, müssen viele Personen im Unternehmen überzeugt und zur Änderung ihrer Arbeitsmethoden bewegt werden.« Kaewerts Team musste überall im Unternehmen dafür werben, Internet-Unternehmen zu unterstützen, die in jeder Beziehung Fremde waren.

Eigentlich waren es gar keine Kunden im traditionellen Sinne, sondern Empfänger von Geschenken, sie bezahlten Sun mit Unternehmensanteilen und versprachen ungewisse zukünftige Gewinne: »Die üblichen Verkaufsmethoden widersprechen dem Verhalten gegenüber den Anbietern von Internet-Diensten, denen Hardware und Software zur Verfügung gestellt werden muss, damit sie ihre großartigen Produkte auf deiner Plattform entwickeln können.«

Je weiter die Organisationseinheiten von der Zentrale entfernt sind, desto schwieriger wurde Kaewerts Aufgabe. »In Asien glaubten die Leute, es sei nicht ihre Aufgabe, sich um die Partner zu kümmern.« Die einzige Methode bestand darin, mehr Kooperonauten einzusetzen, um überall im Unternehmen Verbindungen herzustellen und die Kommunikation zu intensivieren. Erschwert wird die Aufgabe durch geografische Distanz. »Jemandem, der auf einem anderen Kontinent sitzt, fällt es fiel leichter, nicht mitzuziehen«, erklärt ein globaler Allianzmanager. In einem dezentralisierten, jedoch um Konsens bemühten Unternehmen, in dem die Meinung von Mitarbeitern an vielen verschiedenen Orten eingeholt werden muss, wird es schwierig, mit Internet-Geschwindigkeit zu arbeiten.

Vielfach ist es leichter, Partner für das Netzwerk zu gewinnen, als die eigene Organisation zur Zusammenarbeit zu bewegen. Das folgende Beispiel einer gescheiterten Partnerschaft zeigt, was geschieht, wenn ein Kooperonaut einen bereitwilligen Partner hat, in der eigenen Organisation jedoch auf widerwillige Kollegen und undurchdringliche Mauern stößt.

Jahrelang war die auf tiefem Vertrauen beruhende Beziehung zum deutschen Softwareriesen SAP die Modellallianz von HP. Anfang der neunziger Jahre wollte SAP eine für Kleincomputer geeignete Version seiner ERP-Software (Enterprise Ressource Planning) entwickeln. Oracle war der Partner für die Datenbankinfrastruktur, und wegen der Hardware war SAP an IBM und Digital herangetreten, bevor es sich an HP wandte. Hewlett-Packard machte das Rennen, weil es bereit war, in die Beziehung zu investieren. Es fanden häufige Gipfeltreffen zwischen den Führungen der beiden Unternehmen statt, um Strategiefragen zu klären. In einem gemeinsamen Entwicklungszentrum in Waldorf arbeiteten die Ingenieure von SAP und HP an Innovationen, die dem Produkt R/3 zum Durchbruch verhalfen. HP half SAP beim Umzug in die USA, baute gemeinsam mit dem Partner ein weiteres Zentrum zur Koordinierung der Entwicklungsarbeit und bemühte sich zusammen mit SAP um eine Vereinbarung mit Chevron.

Die Beziehung beruhte auf gegenseitigem Vertrauen, wie sich Peter van der Fluit, damals Allianzmanager für SAP, erinnert: »Wir begannen ohne Vertrag zusammenzuarbeiten. Schließlich zwang uns die Zentrale, einen Vertrag aufzusetzen. Wir taten es und ließen ihn in der Schublade verschwinden.« Die Partnerschaft war derart erfolgreich, dass SAP einen deutschen HP-Manager in seinen Aufsichtsrat aufnahm, während HP die Mitglieder seines SAP-Allianzteams beförderte. Doch dann kam es unvermittelt zum Bruch zwischen den Partnern. Der NT-Bereich von HP (der auf Windows NT arbeitete) sah keine Möglichkeit für eine von SAP entwickelte NT-Lösung für Unternehmenskunden, weshalb sich SAP an Compaq wandte, das sich rasch in den wichtigsten NT-Partner von SAP verwandelte. R/3 war bei HP von einer UNIX-Gruppe entwickelt worden. Es kam zu internen Auseinandersetzungen über die Entscheidung zwischen UNIX und NT, die von zwei verschiedenen Einheiten im Unternehmen betreut worden waren. Man erzählte mir, dass die SAP-Führung noch Jahre später verärgert gewesen sei.

6

VON ZELLEN ZU COMMUNITIES: Die Organisation zerlegen und neu zusammensetzen

Eine Gemeinschaft ist wie ein Schiff. Da müssen alle ans Ruder und mitsteuern.
Henrik Ibsen, Ein Volksfeind, 1. Akt

Das Management, das für seinen gottgegebenen Anspruch auf sein Territorium kämpft ...
Antwort eines CEO auf die Frage nach dem größten Hindernis für Veränderungen

Die Bühne: ein Konferenzzimmer in einer kalifornischen Unternehmenszentrale, in dem sich 20 Spitzenmanager einer fiktiven Einzelhandelskette versammelt haben, die ich Brand E nennen möchte. Um die Diskussion zu eröffnen, stelle ich die Frage: »Können Sie mir sagen, mit welchem Sport die Funktionsweise dieses Unternehmens am ehesten verglichen werden kann?« Eine Managerin antwortet: »Mit der Gymnastik. Wir sind lauter begabte Menschen, die allein trainieren und einzeln am Wettbewerb teilnehmen.« Ihr Tischnachbar denkt eher an Staffellauf: »Jeder von uns muss schnell sein, dann jedoch den Stab an den nächsten weitergeben.« Der Leiter des globalen Vertriebs führt den olympischen Gedanken ins Feld: »Wir alle vertreten unsere Fahne vor einem großen Publikum und müssen uns gegen starke Konkurrenten behaupten. Deshalb sollten wir besser zusammenhalten.«

Brand E ist erfolgreich und genießt weithin Bewunderung. Das Unternehmen ist für sein aggressives Marketing und seine guten finanziellen Ergebnisse bekannt und hat frühe Vorstöße in das Clicks-and-Mortar-Geschäft vorzuweisen. Doch seine Manager wissen nicht genau, ob sie eine Einzelsportart betreiben oder eine Mannschaft führen. Starke externe Kräfte wie das Internet und die Globalisierung verlangen eine geschlossene Reaktion des Unternehmens. Doch es scheint praktisch unmöglich, die verschiedenen Bereiche dazu zu bewegen, auch nur einen kleinen Teil ihrer Hoheitsrechte abzutreten.

So wie zahlreiche andere Unternehmen hat es auch Brand E mit Dezentralisierung versucht, um schlank und flink, konzentriert und ergebnisorientiert zu werden. Vor nicht einmal zwei Jahrzehnten stellten die Managementtheoretiker ein »neues Organisationsparadigma« vor, dessen Grundzüge mittlerweile allgemein bekannt sind, wenn sie auch nicht allgemein in die Praxis umgesetzt werden: flache Hierarchien, offene Grenzen, horizontale Ausrichtung, Vorrang der Prozesse vor den Strukturen. In den achtziger Jahren führte dieses Modell dazu, dass das Pendel zur Dezentralisierung ausschlug. Man ging so weit, Föderationen nahezu unabhängiger Bereiche als Fortschritt gegenüber den zentralisierten Bürokratien zu betrachten.[1] Die in dieser Ära entwickelte Technologie verstärkte die Tendenz zur Dezentralisierung. Ein PC auf dem Tisch jedes Mitarbeiters wurde als Methode zum Empowerment betrachtet, selbst wenn die einzelnen Abteilungen verschiedene Systeme verwendeten, unterschiedliche Informationen hatten und nicht miteinander kommunizieren konnten.

Dann kam das Internet mit seiner Integrationskraft, und die Probleme der übertriebenen Dezentralisierung traten zutage. In einer globalen, von Hochtechnologie beherrschten Welt müssen die Organisationen durchlässiger, umfassender und reaktionsschneller werden. Sie müssen in der Lage sein, komplexe Informationsflüsse zu bewältigen, neue Konzepte rasch zu übernehmen und sie im gesamten Unternehmen zu verbreiten. Es geht nicht darum, dass jedermann E-Mails nutzt, sondern dass die Mitarbeiter Informationen rasch aufnehmen und Chancen ergreifen.

Das E-Business umspannt alle Organisationsabläufe, es erfasst alle Abteilungen und wirkt sich auf alle Produkte aus. Es potenziert Fehler und verwandelt sie in Hindernisse von beispielloser Höhe. Etablierte Unternehmen sind im Internet mehr als je zuvor gefordert, dem Kunden ein einziges Gesicht zu zeigen, getrennte Akteure miteinander zu verbinden und separate Tätigkeiten nahtlos miteinander zu verbinden. Das Internet ist nicht einfach ein weiterer Vertriebskanal: Es ist ein Medium, das Verbindungen zu allen anderen Kanälen erforderlich macht. Wenn Unternehmen nicht imstande sind, online verkaufte Produkte in den Filialen zurückzunehmen, oder wenn die in verschiedenen Winkeln der zahlreichen Abteilungen lagernden Kundendaten zum Ärger dieser Kunden nicht abgerufen werden können, müssen die Betriebsabläufe neu gestaltet werden.

Ein Unternehmen kann die Frage nach der geeigneten Organisation auf verschiedene Arten stellen. Es kann sich auf die Frage beschränken: Wie können wir die E-Business-Einheit am besten strukturieren? Die umfassendere Frage lautet aber: Wie können wir die gesamte Organisation verändern? Die erste Frage wird gestellt, um dem außenstehenden Publikum das vorteilhafteste Gesicht zu zeigen. Mit der zweiten gesteht das Unternehmen ein, dass die größten Herausforderungen in seinem Inneren warten.

Die im Internet erfolgreichen Unternehmen arbeiten anders als die Nachzügler. In meiner globalen Studie zur E-Culture wird deutlich, dass jene Unternehmen, die sich im Internet deutlich besser behaupten als ihre Konkurrenten, zumeist über flexible Organisationen verfügen, die ihren Mitgliedern Autonomie gewähren und die Zusammenarbeit fördern:

- Alle Abteilungen arbeiten zusammen, statt sich auf ihre spezifischen Aufgaben zu beschränken.
- Konflikte werden als schöpferische Vorgänge betrachtet, statt sie als Störung zu empfinden.
- Die Mitarbeiter dürfen alles tun, was nicht ausdrücklich verboten ist - statt nur zu tun, was ausdrücklich erlaubt ist.
- Entscheidungen werden von den Personen mit den besten Kenntnissen gefällt statt von den ranghöchsten.

Es gibt keinen Unterschied zwischen Schrittmachern und Nachzüglern, was den *Arbeitseinsatz* anbelangt. Die Frage in meiner Studie lautete, ob die Arbeit auf die herkömmlichen Arbeitszeiten beschränkt war oder auf die Freizeit übergriff. Doch es gibt große Unterschiede, was das Ausmaß der *Zusammenarbeit* betrifft.

Die Arbeit in der E-Culture verlangt von einem Unternehmen, sich in eine Zweckgemeinschaften zu verwandeln. In einer solchen Community fühlen sich die Menschen nicht als Angestellte, sondern als Mitglieder - als Mitglieder, die Vorrechte genießen, jedoch auch über ihre unmittelbare Tätigkeit hinausgehende Verantwortung tragen. Die Mitglieder einer Community teilen eine Reihe von Vorstellungen, die über ihre spezifischen Tätigkeitsbereiche hinausgehen. Gemeinsame Vorstellungen sind die Grundlage für eine relativ nahtlose Verbindung der Prozesse. Sie ermöglichen den Austausch von Personal, erleichtern den raschen Informationsaustausch und begünstigen die reibungslose Bildung von Teams.

Um im Netz erfolgreich zu sein, muss ein Unternehmen nicht wie eine Bürokratie, sondern wie eine Community funktionieren. Dies ist eine subtile, jedoch bedeutsame Unterscheidung. Bürokratie basiert auf exakten Stellenbeschreibungen und Befehlshierarchien. Informationen werden gehortet und durch die Hierarchie nur an jene Untergebenen weitergereicht, die sie kennen müssen. Communities können eine formale Struktur aufweisen, doch sie zeichnen sich auch durch ein Gefühl der Zusammengehörigkeit aus. Sie besitzen sowohl eine Struktur als auch eine Seele. In jugendlichen Dotcoms findet die Suche nach Gemeinschaft ihren deutlichsten materiellen Ausdruck in der Gemeinschaftsküche. Doch auch die Hindernisse für die Gemeinschaft werden real erkennbar: Es sind die politischen und kulturellen Mauern zwischen den einzelnen Bereichen und Zellen in etablierten Unternehmen.

Die Arbeit in der E-Culture verlangt von einem Unternehmen, sich in eine Zweckgemeinschaft zu verwandeln.

Die Mauern der Vergangenheit: Der Kampf der Abteilungen um das Netz

Wer nicht daran gewöhnt ist, die Welt außerhalb seiner Abteilung zu sehen, versteht nur schwer, dass die für den realen Raum geeigneten Unterscheidungen und Trennlinien im virtuellen Raum ihre Bedeutung verlieren. Manchen Unternehmen gelingt es, sich dieser Realität anzupassen, andere scheitern an der Aufgabe. Ein Beispiel: In der Firma Kraft sind die Produkte Kaffee, Käse und Desserts in getrennten Bereichen untergebracht, da es bei Beschaffung, Verarbeitung, Lagerung, Vermarktung, Handhabung und Konsum große Unterschiede gibt. Nur der Käse trägt die Markenbezeichnung Kraft. Doch mit Unterstützung der auf E-Strategie spezialisierten Marketingfirma Digitas gelang es Kraft, im Internet sämtliche Marken anhand des Konzepts »Kraft Kitchen« miteinander zu verknüpfen. Allerdings musste man sich dazu über die Proteste einiger Geschäftseinheiten hinwegsetzen, deren Autonomie durch das neue Konzept beschnitten wurde.

»Viele Unternehmen haben unabhängige Geschäftsbereiche, die nicht daran gewöhnt sind, das Gesamtbild zu betrachten«, erklärt Sheila Malkin von Digitas. »Die Bereiche verfolgen unterschiedliche Interessen und sind unfähig, Einigkeit über eine Vorgehensweise zu erzielen. Wieder und wieder werden Fristen versäumt und Maßnahmen verhindert.« Die Gegner müssen nicht einmal offene Feindseligkeit zeigen, sondern können in den Sitzungen freundlich nicken und anschließend passiven Widerstand leisten, indem sie die Kooperation auf ein Mindestmaß reduzieren.

Bei meiner Studie zur globalen E-Culture bin ich überall Menschen begegnet, die einen Verlust ihrer Machtposition im Unternehmen fürchteten. Fast 41 Prozent der 108 Großunternehmen (mit mehr als 20 000 Beschäftigten), die an der Studie teilnahmen, bezeichneten Rivalitäten und Konflikte zwischen den Bereichen als Hindernisse für eine erfolgreiche Tätigkeit im Internet. 26 Prozent gaben an, die Manager befürchteten den Verlust von Privilegien.

Innovative Unternehmen, die bisher von Dezentralisierung und internem Unternehmertum profitierten, müssen entdecken, dass das Internet ein hohes Maß an Integration und gemeinsamer Ressourcennutzung erzwingt. Ein Beispiel: Im Jahr 1997 verwendete Sun Microsystems intern noch nicht alle Netzwerk- und Internetapplikationen, die es seinen Kunden verkaufte. Im vierten Kapitel habe ich die Initiative E-Sun als Beispiel für eine Improvisation bei Sun Microsystems beschrieben. Dabei wäre dieser Erfolg aufgrund der Konflikte zwischen den einzelnen Abteilungen fast nicht zustande gekommen.

Die Idee für E-Sun stammte von Präsident Ed Zander. Die Marktanalysten sowie die Kunden verlangten von Sun, Ciscos Beispiel zu folgen und »sein eigenes Hundefutter zu fressen«, indem es die Netztechnologie selbst verwendete. E-Sun sollte ein Portal für das E-Business werden - kein Konkurrent, sondern ein Partner der übrigen Organisation. Soweit die Theorie.

Albert Ormiston, der Leiter von E-Sun, machte sich daran, die Beteiligten für die unternehmensweite Integration der gesamten Kundenbetreuung, der betrieblichen Abläufe und der Lieferkette zu gewinnen. Da die neuen Prozesse die traditionellen Grenzen zwischen den Abteilungen überschritten, war jedermann betroffen, doch anfangs hatte es den Eindruck, als sei kaum jemand an der Veränderung interessiert. Einer der Gründe dafür war das fehlende Vertrauen. »Man wird in furchtbare historische Konflikte zwischen den Abteilungen verwickelt«, erklärt Kenneth Sauter, ein Bereichsleiter von Sun Online, der mit Ormiston zusammenarbeitete. »Der Verkauf hasst die Abteilung Betriebliche Abläufe.

Das Finanzwesen führt mit keiner der beiden Abteilungen ein offenes Gespräch. Und da die Abteilungen derart voneinander abgeschottet sind, findet zwischen ihnen keine Kommunikation mehr über das Geschäft statt. Versucht man unter solchen Bedingungen, Veränderungen einzuführen, die sämtliche

Funktionen erfassen, so stößt man mit den neuen Konzepten auf völliges Unverständnis.«

Wie nicht anders zu erwarten, leistete die Verkaufsabteilung den hartnäckigsten Widerstand. Doch der Hauptgrund für ihre Ablehnung war nicht im Verlust von Provisionen an den Internet-Verkauf zu suchen, denn Sun konnte einen Weg finden, um den Verkauf für den in das Internet-Geschäft umgeleiteten Umsatz zu entschädigen. Das Problem lag eher darin, dass E-Sun den Verkauf zwingen würde, sich der Gemeinschaft anzuschließen – und der Gemeinsinn war im Verkauf nicht sehr ausgeprägt. Eine Führungskraft von Sun erklärt: »Wir hatten die Vorstellung, dass jeder für sich selbst sorgen sollte und dem Unternehmen am besten diente, indem er so viel Geld wie möglich verdiente. Der Verkauf hatte bisher diese Aufgabe erfüllen können, ohne irgendeine andere Abteilung einbinden zu müssen. Doch in der heutigen Welt ist es unmöglich, die eigenen Vorhaben einfach mit roher Gewalt durchzusetzen. Man braucht interne Unterstützung seitens des Kundendienstes, der Partnerbetreuer, der Systemintegratoren, der Wiederverkäufer.«

Sun musste die interne Zusammenarbeit verbessern, um rasch auf die Bedürfnisse seiner Kunden reagieren zu können – und zwar nicht nur im Internet. Die Herausforderung für Ormiston bestand darin, die verschiedenen Unternehmenseinheiten dazu zu bewegen, Beiträge zu etwas zu leisten, für das sie keine unmittelbare Verantwortung trugen. »Wir können die Leute nicht dazu zwingen, an einem Strang zu ziehen und zu sagen: ›Wir können einen neuen Kunden für uns gewinnen, wenn wir innerhalb von fünf Tagen einen größeren Server liefern.‹ Sofort treten zehn Leute vor und erklären, das sei unmöglich. Nebenbei bemerkt, es ist ihnen gleichgültig, denn es gehört nicht zu ihren Aufgaben, irgendetwas für diesen Kunden zu tun.«

Innovative Firmen, die bisher von Dezentralisierung und internem Unternehmertum profitiert haben, müssen sich darauf einstellen, dass das Internet ein hohes Maß an Integration und gemeinsamer Ressourcennutzung erzwingt.

Aufgrund von Suns Tradition der Dezentralisierung und des Unternehmertums war es unmöglich, wie in einem hierarchischeren Unternehmen Veränderungen von oben zu diktieren. Ormiston und sein Team mussten ein Jahr lang Demonstrationsprojekte betreiben und unablässige Überzeugungsarbeit leisten, bis es endlich zur erfolgreichen Einführung von Sun.com kam. Um die Leute aus ihren Zellen zu locken und in eine Community zu integrieren, leisteten sie individuelle Überzeugungsarbeit, schmiedeten Koalitionen und erwähnten E-Sun in jeder Versammlung des Topmanagements. Immer mehr isolierte Zellen im Unternehmen begannen, über eine Verbindung mit der Gesamtorganisation nachzudenken. Und im Jahr 1999 hatte sich Sun in ein führendes Unternehmen im E-Business verwandelt.

Die Gefahr eines neuen Mauerbaus: Neue und traditionelle Geschäftseinheiten

Wie soll die Organisation rund um das E-Business aussehen? Soll man eine Einheit schaffen, die für das E-Business zuständig ist? Soll man ein oder zwei Unternehmen gründen und mit dem E-Commerce oder anderen neuen Geschäftschancen betrauen? Wo sollten diese Einheiten untergebracht werden? Wie viel Unabhängigkeit sollte man ihnen zugestehen?

Diese Fragen stellen sich seit jeher, wenn etablierte Unternehmen in neuen Geschäften tätig werden wollen. In ihnen spiegelt sich die Spannung zwischen neuen Geschäften und dem Hauptgeschäft wider.[2] Haben Wannadots einmal das Stadium der kosmetischen Veränderung hinter sich gelassen, so verfallen sie manchmal in das entgegengesetzte Extrem und bilden eine vollkommen autonome Einheit, die sich kaum mit der Muttergesellschaft ergänzt. Bis zum Absturz der Internet-Aktien an den Börsen im Frühjahr 2000 hatten einige Unternehmen nichts Eiligeres zu tun, als nahezu unabhängige Dotcoms zu gründen und die Aktienbewertung von jener des Mutterunternehmens zu trennen, um sich Kapital für Übernahmen zu beschaffen und die Mitarbeiter mit Aktienoptionen zu entlohnen.

Tesco, eine führende britische Lebensmittelkette, die als eine der Ersten ins Internet ging, suchte unter großen Mühen die richtige Organisation und den richtigen Grad an Trennung zwischen Mutterunternehmen und Internet-Bereich. Im September 1999 wurden Tesco Direct und eine neue Einheit, die sich mit der Suche nach Geschäftschancen abseits des Lebensmittelhandels beschäftigte, miteinander verschmolzen. Dieser Schritt war Teil der Bemühungen von Tesco, über sein Kerngeschäft hinauszugehen und sich in ein umfassendes Portal für den Einkauf im Netz zu verwandeln. (Tesco war bereits ein ISP und bot E-Mail-Dienste an.) Acht Monate später gab das Unternehmen bekannt, Tesco.com in ein separates Tochterunternehmen mit eigenem Gewinnausweis, eigener Rechenschaftspflicht und eigenen Geschäftszielen zu verwandeln. Die Trennung sollte es Tesco.com erleichtern, sich im Wettbewerb mit anderen starken Marken zu behaupten, die den Status von Portalen anstrebten, darunter Virgin.net und FreeServe (ein Ableger von Dixon's). Andererseits hatte auch eine enge Bindung an das Hauptgeschäft von Tesco offenkundige Vorteile, wie ein Insider erklärte: »Ohne Vertriebspartner könnte FreeServe keine Lebensmittel über das Internet vertreiben.«

Die Gründung von Tesco.com beendete die Debatte über die Ausgliederung eines organisatorisch unabhängigen Unternehmens. Die Chance, sich an der Börse Kapital für Investitionen zu besorgen, die das Mutterunternehmen nie vornehmen würde, war verlockend, doch die Führung erkannte auch, dass die Tätigkeit im Netz einfach den nächsten Schritt in der Entwicklung von Tesco darstellte und das ganze Unternehmen erfassen musste. Wie eng die Bindung war, zeigt folgendes Beispiel: Als zu Weihnachten Lieferprobleme auftraten, verpackten die Angestellten aus dem E-Commerce und aus dem Kernunternehmen gemeinsam in den Filialen die Waren, luden sie in die Autos der Manager und lieferten sie persönlich aus. Die Verbindung von Mainstream und Newstream hätte nicht deutlicher sein können.

Interessant ist, dass einige Anhänger des E-Business, die die Organisation rund um das Internet zusammenschweißen wollen, ein Verhalten an den Tag legen, das die Organisation abstößt oder neue Mauern zwischen Newstream und Mainstream errichtet. Die Mitglieder des Newstream tragen ihre Privilegien oder ihren andersartigen Stil zur Schau und wundern sich, warum sie statt Unterstützung Ablehnung ernten. In der Überzeugung, die Avantgarde der Revolution zu sein, betrachten sie die traditionellen Geschäftseinheiten mit Geringschätzung und kapseln sich von ihnen ab, anstatt ihnen dabei zu helfen, sich aus ihren Zellen zu befreien. Beide Seiten müssen aufeinander zugehen. Die Manager des traditionellen Geschäfts müssen einen Teil der Kontrolle abgeben, um das Potenzial des Internets zur Gänze auszuschöpfen. Die Manager der Internet-Einheiten müssen Verbindungen zur traditionellen Organisation herstellen. Um die gesamte Organisation zu einer Zweckgemeinschaft zusammenzuschweißen, müssen beide Gruppen einen Teil ihrer Identität aufgeben.

Wenn die Mauer real wird

Manchmal verwandeln sich geistige Mauern in Mauern aus Stein. Im Frühjahr 1999 begannen Bauarbeiter mit der Errichtung einer dicken, undurchdringlichen Mauer, welche die neue Internet-Gruppe von Arrow Electronics von einer im selben Gebäude untergebrachten Verkaufseinheit trennen sollte.

Arrow Electronics war der weltweit größte Distributor von elektronischen Bauteilen und Computerprodukten. Das Unternehmen betreute175 000 Großkunden, erzielte einen Umsatz von 9 Milliarden Dollar und wies seit Jahren Gewinne aus. Arrow war über eigene Datennetze bereits elektronisch mit seinen Kunden verbunden, doch sein Konkurrent Marshall Industries war als erstes Vertriebsunternehmen im Internet aktiv geworden. Auch andere traditionelle Branchenmitglieder sowie ein Dutzend neuer Dotcoms versuchten, sich einen Anteil an einem Online-Markt zu sichern, der allein in den USA auf 50 Milliarden Dollar geschätzt wurde. CEO Steven Kaufman wollte unbedingt verhindern, dass Arrow Electronics der Disintermediation zum Opfer fiel. Sollte es den Online-Distributoren gelingen, in Arrows Revier zu jagen, so wollte Kaufman dafür sorgen, dass sein eigenes Unternehmen auch zu den Wilderern zählte.

Das Ergebnis war eine Neugründung namens Arrow.com. Erster Präsident des Internet-Ablegers wurde Tom Hallam, bis dahin Personalchef von Arrow, der am MIT zum Ingenieur ausgebildet worden war und viel von Computern und dem Internet verstand. Die neue Gruppe zog in ein Gebäude auf Long Island, wo bereits eine Verkaufsabteilung von Arrow untergebracht war. Hallam war davon überzeugt, dass es einer von Arrow abweichenden flexiblen und reaktionsschnellen Kultur bedurfte, um begabte Mitarbeiter anzulocken und Partner für das neue Medium zu gewinnen. Also übernahm er den üblichen Stil der jugendlichen Dotcoms.

Bei den Büros von Arrow.com handelte es sich um offene Zellen in einem großen Raum, der an ein Lager erinnerte. Jedermann einschließlich des Präsidenten war für alle anderen Anwesenden sichtbar. Es gab nur drei Büros mit Türen, in die man sich für eine vertrauliche Sitzung zurückziehen konnte. In einer für Versammlungen bestimmten Zone waren Ledercouches in einem Kreis angeordnet, und daneben befand sich eine Küche mit einer Einrichtung im Wert von mindestens 35 000 Dollar. Diese Annehmlichkeiten sollten sich in einen Grund für Krisen verwandeln.

Die Bürozeiten bei Arrow.com waren nicht genau festgelegt. Im Interesse der stetigen Kommunikation musste jeder Mitarbeiter stets ein Handy und einen E-Mail-Pager bei sich tragen. »Wir haben die Trennlinie zwischen Arbeits- und Privatleben ausradiert«, erklärt Hallam. »Bei uns ist nicht mehr klar zu unterscheiden, wann wir arbeiten und wann nicht.« Die Mitarbeiter konnten jederzeit ein informelles abteilungsübergreifendes Meeting anberaumen oder einander anrufen, um Probleme zu behandeln.

In Anbetracht dieser Gegebenheiten konnte es nicht überraschen, dass die Verkaufs- und Marketing-Mitarbeiter des traditionellen Arrow-Bereichs auf der anderen Seite des Gebäudes rasch eine Abneigung gegen die Dotcom entwickelten. Hallam erklärte: »Unsere Kultur soll die Kommunikation fördern. Die Tatsache, dass wir keine Sekretärinnen haben, uns anders kleiden und andere Arbeitszeiten haben, frustriert die Leute im traditionellen Unternehmensbereich sehr.«

Kaufman war der Ansicht, dass Arrow.com nach anderen Regeln spielen müsse, um begabte Leute anzulocken. Doch er wusste auch, dass dies den Anschein erwecken konnte, hier handle es sich um eine auserwählte Gruppe, die eine Vorzugsbehandlung genoss. Bevor die Spannungen außer Kontrolle gerieten, entschloss sich die Unternehmensführung, die Tür zwischen Newstream und Mainstream zu schließen. Also wurde die berüchtigte Mauer errichtet.

Doch nicht nur die – nunmehr ausgesperrten – Nachbarn übten Kritik an der Internetgruppe. Viele hochrangige Führungskräfte aus dem Kerngeschäft waren der Ansicht, Arrow.com sei in einem Vakuum tätig und könne sich nicht das Recht auf den Namen des Unternehmens anmaßen, wenn es für sich in Anspruch nehmen wolle, ganz anders zu sein. Kaufman führte die Spannungen zwischen den beiden Bereichen darauf zurück, dass für Mainstream und Newstream unterschiedliche Normen galten: »Wenn du zum Abendessen stets Anzug und Krawatte tragen musst, während dein Zwillingsbruder in einem Sweatshirt auftauchen darf, oder wenn er noch für ein ›Ausreichend‹ in der Schule gelobt wird, während du immer ein ›Sehr gut‹ vorweisen musst, dann wirst du zwangsläufig eifersüchtig.«

Zu diesen emotionalen Reaktionen kam die Sorge, von wesentlichen Diskussionen ausgeschlossen zu werden, die Sorge, Arrow.com sei nicht an den Beiträgen von Geschäftseinheiten interessiert, deren Schicksal im E-Commerce in seiner Hand lag. Die Internet-Gruppe war auf die Unterstützung des Kernunternehmens angewiesen, denn sie brauchte Zugang zu den Computersystemen der traditionellen Geschäftsbereiche, um Datenmaterial besorgen und Bestellungen bearbeiten zu können. Sie brauchte die Unter-

Wenn Mitglieder des Newstreams ihre Privilegien zur Schau stellen, kappen sie damit wichtige Verbindungen zum Mainstream.

stützung der traditionellen Beschaffungsorganisation, um Zugang zu den Lagerbeständen zu erhalten. Sie war auf die Versandabteilung angewiesen, um die Produkte liefern zu können. Selbstverständlich sahen die Kunden die Mauer zwischen dem Mainstream und Arrow.com nicht, sondern versuchten beide Kanäle zu nutzen. Arrow war auf interne Zusammenarbeit angewiesen, um festzustellen, ob neue Kunden, die sich über das Internet registrieren ließen, tatsächlich Neukunden waren. Auch gab es Möglichkeiten für Synergien, die dem gesamten Unternehmen zugute kommen würden.

Die Mauer bei Arrow trennte den Newstream vom Mainstream, doch auch innerhalb neu gegründeter Unternehmen können Mauern entstehen. Ende 1997 bezog barnesandnoble.com ein riesiges Lagerhaus in Chelsea. In der Mitte des 6000 Quadratmeter großen Raums befand sich ein Ladedock, das man in ein Netzwerkzentrum umfunktionierte. Durch ein Fenster konnte man von außen die Aktivität verfolgen, worin viele Beobachter ein gutes Zeichen sahen: Das Netzwerk befand sich für alle sichtbar im Herzen des Unternehmens. Doch als der Umbau abgeschlossen war, stellte die Technologiegruppe ein Regal vor das Fenster. »Man konnte das Licht im Netzwerkzentrum sehen, nicht jedoch die Leute, die an der Technologie arbeiteten«, erinnert sich ein Insider. »Um gerecht zu sein, muss man zugeben, dass sie mit Anfragen und Forderungen bombardiert wurden. Doch sie arbeiteten nun hinter einer Mauer.«

Die Hauptfunktionen des Unternehmens wurden in getrennten Quadranten des Raumes untergebracht und waren klar gegeneinander abgegrenzt: Lektorat und Merchandising befanden sich in einer Ecke, Marketing und Kundendienst in einer anderen. Die Mitarbeiter der verschiedenen Abteilungen waren durch eine soziale Mauer voneinander getrennt. »Man kannte die Leute in den anderen Abteilungen nicht einmal«, erklärte ein früherer Manager des Unternehmens. »Um eine Aufgabe zu bewältigen, hangelte man sich an der eigenen Befehlskette hinauf und an der anderen hinunter, auch wenn die Leute, deren Unterstützung man brauchte, nur wenige Schritte entfernt waren. Sie saßen auf der anderen Seite des Raums, ohne dass wir je mit ihnen geredet hätten.« Diese Trennung hatte unter anderem zur Folge, dass sich die Abteilungen nicht umeinander kümmerten. »Das Marketing arbeitete wie wild, um Kunden für die Website zu gewinnen, ohne die geringste Ahnung zu haben, was dort eigentlich vorging.«

Die Mauer überwinden

Oft sind es menschliche Leitern, die es ermöglichen, solche Mauern zu überwinden. Barnesandnoble.com wählte eine Lösung, die unter starken Dotcoms wie Abuzz bereits verbreitet war: Es bildete ein Produktentwicklungsteam, das sowohl die Sprache des Marketings als auch jene der Technologie sprach.

Arrow Electronics bediente sich verschiedener Bindeglieder, um den Mainstream mit dem Newstream zu verbinden. Als stärkste Brücke erwies sich ein Internet Board, bei dem es sich de facto um ein Direktorengremium handelte und in dem Vertreter verschiedener traditioneller Einheiten saßen. Auf informeller Ebene halfen enge persönliche Beziehungen dabei, eine Brücke zwischen dem herkömmlichen Geschäft und dem E-Commerce zu schlagen. Da Arrow immer wieder Leute aus dem Stammunternehmen in die Internet-Einheit entsandte, hatten die Mitarbeiter des Mainstream Ansprechpartner in der Dotcom. Diese Struktur begünstigte die formale Integration. Persönliche Beziehungen und der gemeinsame Glaube an die Bedeutung des Internets sorgten schließlich dafür, dass die Wunden aus dem Bürgerkrieg bei Arrow heilten.

Ähnliche Brücken halfen der New Ventures Group von Lucent Technology, die klassischen Probleme mit Internet-Ablegern etablierter Unternehmen zu vermeiden. Steve Socolof, Mitgründer und Vice President von NVG, engagierte erfahrene Mitarbeiter von Lucent, die gute Beziehungen zu ihren früheren Geschäftseinheiten und zur Zentrale pflegten. Er machte die Arbeit für NVG zum Bestandteil der Karriereentwicklung bei Lucent und setzte durch, dass die Mitarbeiter im Rahmen der Job-Rotation sowohl Posten im Newstream als auch solche im Mainstream bekleideten. Die Manager von NVG absolvierten Vortragstouren durch Lucent, und das Personal der etablierten Geschäftsbereiche hatte ungehinderten Zugang zu den Einrichtungen von NVG.

Um solche Brücken zu schlagen, ist eine Balance zwischen ausreichender Autonomie und guten Verbindungen zum Hauptunternehmen unabdingbar. Dieses Gleichgewicht versuchte auch Pamela Thomas-Graham herzustellen, als sie im September 1999 zur Präsidentin von CNBC.com ernannt wurde.

Die ehemalige McKinsey-Beraterin hatte gesehen, welche Fehler Einzelhandels- und Medienunternehmen bei ihren Experimenten im Internet gemacht hatten, insbesondere im Stadium der kosmetischen Veränderungen. Thomas-Graham sorgte von vornherein dafür, dass das neue Unternehmen weder wie eine Nebenaktivität behandelt noch von den Mutterunternehmen NBC und General Electric abgekoppelt wurde. Als Leiterin eines eigenen Unternehmens ist sie direkt dem Präsidenten von NBC unterstellt. Gleichzeitig ist CNBC.com, das seinen Markennamen mit der Fernsehanstalt teilt, am Standort von CNBC in Fort Lee (New Jersey) angesiedelt und in zahlreiche Kooperationsvereinbarungen und in kooperative Planungen eingebunden. So findet CNBC.com täglich Dutzende Male Erwähnung in den Fernsehsendungen. Dazu kommen ein rascher Informationsaustausch mit der Nachrichtenredaktion von MSNBC und die Aufnahme in die Werbeverträge von CNBC. Natürlich haben diese Vorteile einen Preis: CNBC.com hat keinen Anspruch auf volle Autonomie, darf keine Regeln brechen und sich der Verpflichtung zur Anpassung an die Finanzsysteme von GE nicht entziehen.

Bei Williams-Sonoma helfen offizielle Integratoren dabei, den neuen E-Commerce-Bereich mit dem Hauptunternehmen zu verschweißen. Obwohl der E-Commerce für jede Marke seine eigenen Abteilungen für Anwendungsentwicklung, Merchandising und Marketing hatte, erkannte Shelley Nandkeolyar, dass ein diplomatischer Betriebsleiter benötigt wurde, um die Legitimität des E-Commerce in den Augen des übrigen Unternehmens zu erhöhen. Es sprach viel dafür, für diese Position einen Insider mit ausgezeichneten Beziehungen im gesamten Unternehmen auszuwählen. Nandkeolyar entschied sich für Patricia Skerrett, die im Lagermanagement und im Marketing tätig gewesen war. Zum ersten Mal wurde ein Mitglied des Topmanagements mit der Aufgabe betraut, Konflikte zwischen den verschiedenen Geschäftskanälen aufzuspüren und zu lösen.

Skerrett erklärt, ihre Aufgabe bestehe in der nahtlosen Integration: »Es wurde jemand gebraucht, der sämtliche Kanäle und Funktionsbereiche miteinander verknüpft. Also pflege ich enge Kontakte zum Callcenter, zum Vertriebszentrum, zu den Verkaufsfilialen, zu Lagerwirtschaft und Marketing, um dafür zu sorgen, dass die Leute verstehen, in welche Richtung der E-Commerce geht, was wir im Internet tun und wie sich die Entwicklung auf ihre Tätigkeitsbereiche auswirken kann.« Skerrett und Nandkeolyar treffen sich regelmäßig mit Führungskräften aus Einzelhandel und Versandhandel, um die Vorgehensweise der Kanäle zu koordinieren und sicherzustellen, dass die Artikel identisch aussehen. Bei Williams-Sonoma sind die zwischenmenschlichen Beziehungen der Schlüssel zur Überbrückung der internen Mauern.

Oft sind zwischenmenschliche Beziehungen der Schlüssel zur Überbrückung interner Mauern.

Von gemeinsamer Information zum gemeinsamen Arbeiten

Eine Organisation wird nicht automatisch zur Community. Die Unternehmensleitung muss diese Entwicklung ausdrücklich fördern. Sie kann mit gutem Beispiel vorangehen, Mitarbeiter mit einem Sinn für die Zusammenarbeit auswählen, Territorialverhalten im Keim ersticken und das Personal in der Kooperation unterweisen.

Michael Robinsons Abneigung gegen politische Auseinandersetzungen am Arbeitsplatz weckten den Wunsch in ihm, renren.com zu einer Community zu machen. Dieser Wunsch kam sogar im Namen des Unternehmens zum Ausdruck: das chinesische Wort »renren« bedeutet übersetzt »alle«. Das in Hongkong ansässige Internet-Portal nimmt für sich in Anspruch, die erste wirklich zweisprachige Site für die weltweite chinesische Community zu sein. Renren.com wurde 1998 von den ehemaligen McKinsey-Beratern Robinson und Anthony Cheng gegründet und nahm mit Unterstützung von Investoren und Partnern aus dem Silicon Valley im Mai 1999 den Betrieb auf. Innerhalb eines halben Jahres erhöhte sich sein Personalstand von sieben auf 100 Mitarbeiter, und im Mai 2000 waren in den Niederlassungen in Hongkong, Peking, Shanghai, Taipeh und Kalifornien 200 Mitarbeiter tätig. Doch die Gründer wollten verhindern, dass die Verstreuung zur Spaltung der Einheiten führte.

Damit renren.com als Community funktionieren kann, wird die Kommunikation in den Mittelpunkt der Tätigkeit gestellt. Da die Sprache eine mögliche Barriere zwischen den Einheiten darstellt, sprechen die Führungskräfte Englisch, Mandarin und Kantonesisch und bedienen sich des Englischen als gemeinsamer internationaler Sprache. Robinson und Cheng suchen gezielt nach Teamspielern, denen sie ihre Abneigung gegen politische Ränke einhämmern. Dennoch stellt die Kommunikation zwischen den Niederlassungen eine große Herausforderung dar, die mit einer für ein Internet-Unternehmen sehr ungewöhnlichen Politik beantwortet wird: Bei Meinungsverschiedenheiten oder strategischen Entscheidungen ist die Kommunikation per E-Mail verboten. Stattdessen sind für solche Fälle Telefonkonferenzen vorgeschrieben. Anfang des Jahres 2000 entbrannte zwischen Shanghai und Hongkong eine erbitterte E-Mail-Diskussion. Der Manager in Shanghai war erbost darüber, dass die Entscheidungen über die Hardware-Ausrüstung in Hongkong gefällt wurden. Er meinte, diese Entscheidungen sollten besser vor Ort fallen, doch eigentlich ging es darum, dass Shanghai nicht Hongkong unterstellt sein wollte.

Robinson zwang die Widersacher, den Streit in einem Telefongespräch beizulegen, und machte sich daran, die Kommunikation und anschließend die Zusammenarbeit zwischen den Niederlassungen zu verbessern. »Es gelang uns, eine schlechte Kommunikation zwischen den Büros durch eine ausgezeichnete Kommunikation zu ersetzen, doch die Zusammenarbeit zwischen den Niederlassungen war weiterhin schlecht«, erklärt Robinson. »Also führten wir wöchentliche Telefonkonferenzen unter Beteiligung aller Niederlassungen ein.« Wenn beispielsweise das Marketing-Team zu Gesprächen nach Hongkong und anschließend nach Peking reiste, lud es anschließend sämtliche Niederlassungen zu einer Telefonkonferenz ein, um alle Abteilungen und Büros auf den letzten Informationstand zu bringen. Die Norm lautete, Informationen per E-Mail weiterzuleiten, damit jedermann wusste, was die anderen Einheiten taten. Doch diese Vorgehensweise war zu passiv, denn nur weil die Leute besser informiert waren, arbeiteten sie noch nicht optimal zusammen. »Sie teilten nicht wirklich die Arbeit«, erklärt Robinson. »Sie teilten lediglich die Information.«

Der nächste Schritt bestand darin, einen aktiven Austausch des Wissens zu fördern, damit die Einheiten von anderen Gruppen eröffnete Chancen rasch nutzen konnten. Die persönlichen Besuche, Telefonkonferenzen und E-Mail-Mitteilungen wurden zahlreicher, und die Einbindung aller Beteiligten wurde zur Norm. Renren.com verwandelte sich tatsächlich in eine Gemeinschaft, als die Teamarbeit spontan wurde, statt von der Führung angeordnet werden zu müssen, und als die Gruppen begannen, sich selbst Ziele zu stecken, statt lediglich die vorgegebenen Ziele anzustreben. »Mittlerweile arbeiten die verschiedenen Bereiche gemeinsam an neuen Ideen«, sagt Robinson. »So machen sich alle Beteiligten die Vorhaben zu Eigen und gehen motiviert an die Aufgaben heran.«

Abuzz ist ein wenig älter als renren.com und hat die Teamarbeit, die Zusammenarbeit zwischen den Abteilungen und die umfassende Kommunikation bereits weiterentwickelt. Doch neue Unternehmen wie diese sind immer noch nicht größer als kleine Dörfer. Kann ein solcher Gemeinschaftssinn auch größere Unternehmen durchdringen? Eine herkömmliche Annahme der Organisationstheorie lautet, die Entwicklung einer Bürokratie sei unvermeidlich. Die Theoretiker vertraten lange Zeit die Auffassung, die Koordination werde mit wachsender Größe eines Unternehmens schwieriger und kostspieliger. Tatsächlich haben einige klassische Studien gezeigt, dass die Gemeinkosten für die Verwaltung im Allgemeinen schneller steigen als die Produktionskapazität.

Doch in der Internet-Ära muss die Größe nicht zwangsläufig die Kommunikation einschränken, und die Arbeitsteilung muss nicht zu bleibenden Klassenunterschieden führen.

Ein ausgezeichnetes Beispiel ist Cisco Systems, das sich von vornherein nicht in allzu viele Einheiten aufteilte und darauf verzichtete, bestimmte Technologien zu Dogmen zu erheben. Cisco fördert die rasche Verbreitung der Information und eine umfassende Kommunikation. Sein Umsatz pro Mitarbeiter und die Geschwindigkeit seiner Abrechnungssysteme sind beeindruckend. Cisco hat ein interne elektronische Community gegründet. Es setzt seine eigenen Netzwerke ein, um eine große Zahl von Menschen in dieselbe Richtung zu lenken. Dasselbe tut auch sein wichtigster strategischer Partner IBM, der Cisco bald im E-Commerce überflügeln könnte. Doch um in diese Position zu gelangen, musste IBM seine Organisation umfassend erneuern. Die IBM-Fallstudie ist komplex, doch hinter einem Wirrwarr von Titeln und Projektgruppen verbirgt sich eine Geschichte, die zeigt, dass auch ein Unternehmen mit 87 Milliarden Dollar Umsatz seine Organisation auf die E-Culture hin trimmen kann.

»One IBM«: Auf dem Weg zur Führung im E-Business

Als das World Wide Web im Jahr 1993 für kommerzielle Zwecke geöffnet wurde, war »Big Blue« ein siechender Koloss, der den Kontakt zum Markt verloren hatte. Seine Komplexität war ebenso überwältigend wie die Zahl seiner Abteilungen: 3 Millionen Aufträge, 10 Millionen Rechnungen, 20 getrennte Geschäftseinheiten, 5000 Hardware- und 20 000 Softwareprodukte, über 1000 Produkteinführungen pro Jahr. »Wir waren ein gestrandeter Wal«, erinnert sich Strategieleiter Bruce Harreld. »Wir standen uns selbst im Weg, und die Wall Street forderte uns auf, uns in mehrere Baby Blues aufzuspalten. Wir hatten uns daran gewöhnt, immer dann, wenn die Dinge komplexer wurden, neue Bereiche zu schaffen und weitere General Manager mit unantastbaren Herrschaftsbereichen zu ernennen.«

Dem neuen CEO Louis V. Gerstner Jr. schwebte eine global integrierte Organisation vor – »One IBM«. Die Technologie sollte die Möglichkeiten eröffnen und die Konzentration auf den Kunden den Anstoß zum Wandel geben. In einem zweijährigen Reengineering wurden ab 1993 Personalwesen, Finanzen und Informationsabteilung zentralisiert. Anschließend wandte man sich den Kunden und Lieferanten zu. Gerstner erkannte das gewaltige Potenzial des Internets und begann, IBM in ein führendes Internet-Unternehmen zu verwandeln. Die Medien reagierten zunächst skeptisch, doch als die Internet-Anwendungen im Jahr 1997 den Markt eroberten, stand IBM mit IT-Lösungen bereit.

Allerdings verlief die Ausweitung der Aktivitäten im E-Business innerhalb des Unternehmens fragmentiert und weitgehend unkoordiniert: Im Jahr 1997 betrieb IBM die größte Unternehmenswebsite der Welt mit über einer halben Million Webseiten, 50 Millionen Aufrufen pro Woche (davon die Hälfte über das Internet) und Investitionen von über 120 Millionen Dollar – Tendenz steigend. Mehr als 250 verschiedene Unternehmen arbeiteten an den Inhalten, und fast 1000 Mitarbeiter waren an der Entwicklung der Websites beteiligt, die über 4000 Server verstreut waren. Viele Sites sprachen ein und dasselbe Zielpublikum mit widersprüchlichen Botschaften an. Die Kunden mussten die Produkte unter verschiedenen Adressen suchen. Noch schlimmer war, dass die Sites dem Verkauf dienten, anstatt die Besucher bei ihren Kaufentscheidungen zu unterstützen. Und wenn der Kunde daran interessiert war, einen Kauf über das Netz zu tätigen, wurde ihm dies durch die umständliche Navigation erschwert. Die innere Organisation wurde so zu einem Hindernis für den Austausch mit den Kunden.

Eine Organisation wird nicht automatisch zur Community – die Unternehmensleitung muss diesen Wandel ausdrücklich fördern.

Mitte des Jahres1997 verlor Gerstner die Geduld. Es wurde immer noch zu viel für IT ausgegeben. Noch beunruhigender war, dass 128 Manager in den Geschäftseinheiten den Titel eines Chief Information Officer trugen. Dave Carlucci, der Informationsleiter des Konzerns, erzwang die Zerschlagung dieses Archipels. Die 128 CIO-Funktionen wurden zu sieben Clustern zusammengefasst und einem einzigen CIO für den gesamten Konzern unterstellt. Die 128 Informationsleiter wurden gegen den erbitterten Widerstand der Geschäftseinheiten zu BEI (Business Information Executives) umfunktioniert, deren Aufgabe von nun an darin bestand, die Informationsbedürfnisse ihrer Einheiten zu befriedigen. Während die Veränderungen in den betrieblichen Abläufen anliefen, rief die Konzernführung eine zentralisierte Organisation für das E-Business namens Enterprise Web Management (EWM) ins Leben, die für die Integration der Produktentwicklung, der Lieferkette und der Kundenschnittstellen zuständig war und die Mitarbeiter vereinen sollte. Ihre Aufgabe war es, alle neu gestalteten Betriebsabläufe ins Netz zu bringen. Dick Anderson, ein erfahrener Marketing-Manager, wurde zum Leiter von EWM ernannt und dem CIO (ab 1998 war dies Steve Ward) unterstellt.

Andersons Aufgabe war, bei IBM ein auf der »Web Governance« beruhendes Geschäftsmodell einzuführen, von dem sich die Berater des Unternehmens größere Produktivität erwarteten. EWM sollte schlüssige Geschäftsstrategien für das gesamte Unternehmen entwickeln und gemeinsam mit den Geschäftseinheiten »One IBM« im Internet aufbauen. Dies war selbstverständlich eine Frage der IT-Infrastruktur, doch es stellte auch eine wesentliche organisatorische Herausforderung dar: Es galt, die Geschäftseinheiten, die daran gewöhnt waren, den Kurs für ihre Marken und Märkte selbst festzulegen, dazu zu bewegen, Kontrollbefugnisse abzugeben. Diese Veränderungswelle bedrohte die einzelnen Zellen noch viel mehr als der Verlust ihrer eigenen Informationschefs.

EWM übernahm unverzüglich die Kontrolle über das Internet-Flaggschiff ibm.com und begann, die zahlreichen Internet-Initiativen einschließlich der Genehmigung von Inhalten und der Sicherheitsstandards zu zentralisieren. Obwohl IBM für Disziplin und Konformismus bekannt war, entbrannten hinter den Kulissen zahlreiche Kämpfe. Doch Anderson erinnerte seine Mitarbeiter immer wieder daran, dass Gerstner den Kunden in den Mittelpunkt zu rücken versuchte und persönlich viel Zeit mit wichtigen Kunden verbrachte. Weil die Zentralisierung eine Voraussetzung für die funktionierende Rückkoppelung mit den Kunden darstellte, hatten die Leiter der Geschäftseinheiten kaum Grund, Widerstand zu leisten, obwohl es einige mit dem Argument versuchten, ihre Kunden seien »anders«. Der Verlust an Autonomie, so erklärte man den Geschäftseinheiten, werde durch den Zugang zu bisher über das riesige Unternehmen verstreuten Technologien und Kenntnissen sowie zu einer gemeinsamen Infrastruktur mehr als aufgewogen.

Um eine neue Organisationsstruktur zu gestalten, bildete EWM eine große, repräsentative Taskforce, an der Führungskräfte der Geschäftseinheiten sowie der bereits an den Aktivitäten im E-Business beteiligten Konzerngruppen (zum Beispiel elektronische Beschaffung und elektronischer Geschäftsverkehr) teilnahmen. Die Taskforce strebte eine Betriebsstruktur an, welche die Vorteile der Zentralisierung (»One IBM«) mit jenen der Dezentralisierung (spezifische Strategien für die Geschäftseinheiten) verbinden würde. Um die Vorteile der Zentralisierung zu nutzen, wurden Direktoren für die Bereiche interaktives Marketing und ibm.com ernannt. Es wurden sieben Kernprozesse festgestellt, für die jeweils ein Leiter und ein den Einheiten übergeordnetes Web Initiative Team zuständig waren: elektronischer Geschäftsverkehr, elektronische Kundenbetreuung, elektronische Betreuung der Unternehmenspartner, elektronische Betreuung der Einflusspersonen, elektronische Beschaffung, elektronische Mitarbeiterbetreuung und elektronische Marketing-Mitteilungen.

Um sämtliche Aktivitäten im Bereich des E-Business zu lenken, richtete die Taskforce eine funktionsübergreifende Managementstruktur mit zwei Ebenen ein. An der Spitze stand ein Lenkungsausschuss für das E-Business, der die Aufgabenstellung zu formulieren hatte und die übergeordnete Autorität besaß. Auf der zweiten Ebene fällte ein Managementausschuss für den ganzen Konzern geltende Entscheidungen, um die Aufgabenstellung umzusetzen. Die EWM-Teams boten in den Geschäftseinheiten Workshops an und entwickelten allgemein anwendbare methodische Werkzeuge. Im Rahmen von »Web-Site-Go« konnten die Geschäftseinheiten eine neue Web-Adresse einrichten oder eine Netzinitiative starten, mussten diese jedoch wirtschaftlich rechtfertigen. Wenn sie nicht bereit waren, auf einen Teil ihrer traditionellen Autonomie zu verzichten, konnte ihren Initiativen die finanzielle Unterstützung verweigert werden.

Die Gehälter wurden an den Willen zur Zusammenarbeit gekoppelt. IBM entwickelte einen neuen jährlichen Bewertungsprozess samt eines Bonusprogramms, das auch die unteren Hierarchieebenen erfasste. Später wurde ein Verfahren zur Messung der Fortschritte der Geschäftseinheiten und zur entsprechenden Anpassung der finanziellen Belohnungen eingeführt.

Zu Jahresbeginn 1999 zeigte sich, dass die zentrale Einheit die Kontrolle erlangte. IBM gewann ein einheitliches Aussehen im Netz. Das elektronische Geschäft entwickelte sich, obwohl EWM immer noch interne Kämpfe auszufechten und Mauern in der Organisation zu überwinden hatte. Das rasante Wachstum des E-Commerce – von rund 3 Milliarden Dollar Umsatz im Jahr 1998 auf prognostizierte 20 Milliarden im Jahr 2000 – erzwang eine Beschleunigung der Fortschritte. Ein Problem bestand darin, dass die dem Markt zugewandte Seite (IBM als führender Akteur im E-Business) vorpreschte, während die Fähigkeit zur Erfüllung der Aufgaben hinterherhinkte. »Wir waren immer noch nicht integriert und mussten die Automatisierung vorantreiben«, sagt Doug Swanson, der damals im Stab des CIO in der Geschäftsumwandlung tätig war. Über das Internet aufgegebene Bestellungen mussten immer noch ausgedruckt werden, was bedeutete, dass eines der führenden Technologieunternehmen der Welt immer noch nicht alle Prozesse integriert hatte und die Bestellungen im elektronischen Geschäftsverkehr weiterhin auf die altmodische Art verarbeitete.

Um das Geschäft im Netz zu fördern, musste die Organisation in eine Community verwandelt werden. CIO Ward beauftragte Swanson, eine Lösung zu suchen. Die für die Umwandlung des E-Business zuständige Gruppe stellte fest, dass 65 Millionen Dollar für Verbesserungen benötigt wurden. Die einzelnen Abteilungen stellten im Interesse des Gemeinwohls das benötigte Geld zur Verfügung und zum ersten Mal konnte man tatsächlich von »One IBM« sprechen.

EWM entwickelte für das gesamte Unternehmen geltende spezifische Maßstäbe für die sieben Gruppen von E-Business-Initiativen. So wurde beispielsweise für die elektronische Betreuung der Mitarbeiter das Ziel formuliert, die Nutzung von Anwendungen für das Selbst- und Fernstudium zu fördern. Im Bereich der elektronischen Betreuung der Kunden sollten die Netzregistrierungen und die Kundenzufriedenheit erhöht sowie die Kosten der Callcenter gesenkt werden. Die Maßnahmen zielten auf drei Bereiche: Inhalt (zum Beispiel Links zu Dritten, akzeptable Nutzung durch Mitarbeiter, Marke und Logo), Kontext (zum Beispiel Site-Navigation, Benutzererfahrung, Site-Gestaltung) und Infrastruktur (zum Beispiel Hosting, Sicherheit, Datenmanagement). Auch hier bedurfte es intensiver Kommunikation. Den Mitarbeitern musste vor Augen geführt werden, wie gefährlich es war, das einheitliche Aussehen zu untergraben oder rechtlich problematische Informationen auf die Sites zu stellen.

Die Entwicklung eines für das gesamte Unternehmen geltenden Inhaltsmodells war ein unverzichtbarer, jedoch schwieriger Schritt auf dem Weg zur angestrebten Geschlossenheit. Innerhalb von zwei Jahren wurde das Modell zehn Mal geändert, wobei jede Modifikation die Kosten senkte und die Navigation erleichterte.

Das Ergebnis ist beeindruckend: IBM hat alles, was möglich ist, ins Netz übertragen: große Funktionen wie den Verkauf von Computern und Details wie die Rezeption in der Zentrale in Armonk (Besucher geben ihre Namen in einen IBM-ThinkPad ein, und ihr Namensschild wird automatisch ausgedruckt). Über 42 Millionen Dienstleistungstransaktionen und 29 Prozent aller Mitarbeiterschulungen werden über das Netz abgewickelt. IBM kommuniziert mit 14 000 Geschäftspartnern über das Netz, und die elektronische Beschaffung hat einen Wert von 13 Milliarden Dollar erreicht. Innerhalb des Unternehmens tauschen 300 000 Mitarbeiter täglich rund 2 Millionen Echtzeit-Mitteilungen aus.

Überall tauchen Elemente der E-Culture auf: eine gelockerte Kleiderordnung, umgekehrtes Mentoring, Improvisationstheater, eine Hinwendung zu Partnerbeziehungen sowie eine Konzentration auf Geschwindigkeit und Teamarbeit. Ein Paradebeispiel für den neuen »E-Mitarbeiter« ist Sean Gresh, der in der IBM-Zentrale Reden für Führungskräfte schreibt. Im Dezember 1999 bewarb er sich online um einen Job bei IBM und verwandelte sich nach einer dreitägigen Einführung in einen virtuellen Mitarbeiter, der seine Arbeit über das Netz abwickelt: »Es überraschte mich, dass bei IBM praktisch alles über das Netz läuft - die Registrierung als Anwender von Lotus Notes, die Ausbildungsprogramme. Das Beste ist, dass ich zu Hause in Massachusetts arbeite und vielleicht einmal in der Woche ins Büro fahre. Wenn ich Hilfe brauche, gehe ich ins Intranet. Wenn ich jemanden suche, der mir ein Verfahren erklärt, erreiche ich an sieben Tagen in der Woche rund um die Uhr jemanden bei der Gratis-Hotline von IBM.«

Wie bei einem der größten Unternehmen der Welt nicht anders zu erwarten, stößt man trotzdem hier und da noch auf Überreste der alten Bürokratie. Doch immer häufiger findet man globale Teams vor, die sich des Netzes bedienen, um ihre Aufgaben schneller zu bewältigen. Im Juni 2000 verkündete EWM seinen endgültigen Erfolg. Die zentrale Gruppe wurde aufgelöst und ihre Aufgaben mehreren Abteilungen übertragen. Die auf zwei Ebenen tätigen Konzernausschüsse gewährleisten weiterhin eine integrierte Führung. Doch Bruce Harreld sagt: »Der Übergang zum E-Business verlangt, zuerst tief in die Seele des Unternehmens zu blicken, um festzustellen, was sich ändern muss, und anschließend das Netz zu nutzen, um diese Veränderungen zu bewältigen.«

Die Vorteile der neuen internen Community bei IBM kommen auch externen Gemeinschaften zugute: Als im Jahr 1999 die Flüchtlingskrise im Kosovo ausbrach, wurde ein IBM-Team gebildet, das dazu beitragen sollte, verlorene Kinder in den Flüchtlingslagern wieder mit ihren Eltern zusammenzuführen. Das International Rescue Committee, das Unterstützungszentren in Mazedonien betrieb, brauchte ein entsprechendes Datensystem. Es entstand ein virtuelles Team, dem Lotus, Global Services, ein Werk in Minnesota und die weltweite Einheit für Government Industry Solutions angehörten. Innerhalb von drei Wochen entwickelten sie

»Der Übergang zum E-Business verlangt, zuerst tief in die Seele des Unternehmens zu blicken, um festzustellen, was sich ändern muss, und anschließend das Netz zu nutzen, um diese Veränderungen zu bewältigen.«

maßgeschneiderte Software für das Katastrophenmanagement, lieferten Server und Laptops und schulten das Personal im Einsatzgebiet. Als auf der IBM-Website über den Beitrag des Unternehmens berichtet wurde, trafen hunderte von E-Mails ein, in denen Mitarbeiter ihrem Stolz auf »ihr IBM« Ausdruck verliehen.

Wie man eine Community aufbaut

Der Aufbau einer Community in einem Unternehmen erfordert mehr als Gehorsam: Er funktioniert nur mit freiwilliger Beteiligung. Die E-Culture beruht auf der Seele der Community, auf ihren menschlichen Elementen. Und das ist der schwierige Teil.

Eine Struktur aufzubauen ist vergleichsweise simpel - viel schwieriger ist es, diese Struktur mit einer Seele zu erfüllen, damit funktionierende Arbeitsgemeinschaften entstehen können. Professor Jody Hofer Gittell von der Harvard Business School hat Studien über Pflegepersonal in Krankenhäusern und Flugzeugbesatzungen durchgeführt, die komplexe Aktivitäten koordinieren müssen. Dabei fand Hofer Gittell heraus, dass gute und effiziente Abläufe am ehesten dort zu finden sind, wo genau programmierte Routineabläufe mit guten zwischenmenschlichen Beziehungen einhergehen. Auf der strukturellen Seite stellen standardisierte Verfahren und Informationssysteme eine einheitliche Infrastruktur dar, die eine präzisere und pünktlichere Information und eine schnellere Problemlösung ermöglicht. Doch Technologie und Regeln erzeugen nicht all jene Empfindungen und Emotionen, die stabilen Beziehungen zugrunde liegen. Menschen müssen direkt miteinander kommunizieren, um gemeinsame Kenntnisse und Ziele sowie gegenseitigen Respekt zu entwickeln. So stellt sich heraus, dass erst stabile Beziehungen effiziente Routineabläufe in Spitzenleistungen verwandeln.[4]

Für den Aufbau einer Community sind sechs Elemente erforderlich:

1. *Eine ausgewogene Führungsstruktur*. Formale Strukturen signalisieren Bedeutung, sorgen für klare Zuständigkeiten und binden all jene ein, deren Beiträge benötigt werden. Aktivitäten, die alle Bereiche eines Unternehmens erfassen, können nicht von Ausschüssen geleitet werden - irgendjemand muss zuständig sein -, doch sie funktionieren auch nicht ohne Bindungen zur übrigen Organisation und ohne deren Beiträge. Im Netz be-

währt es sich, eine engagierte E-Commerce-Einheit, die als Unternehmen mit eigenen Entscheidungsbefugnissen tätig sein kann, mit einem repräsentativen beratenden Gremium zu kombinieren, dessen Auftrag darin besteht, den Newstream mit dem Mainstream zu verbinden (das war auch die Lösung von Arrow Electronics).

2. *Gemeinsame Methoden und Routineabläufe*. Ohne ein gemeinsames Vokabular und eine gemeinsame Sprache ist die Zusammenarbeit fast unmöglich. Erleichtert wird die Kommunikation durch gemeinsame Tools und Methoden, die die rasche Bewältigung von Routineaufgaben erleichtern. Bei Cisco und IBM erleichtert der umfassende Einsatz der eigenen netzgestützten Tools neuen Gruppen die Zusammenarbeit.
3. *Kommunikation in mehreren Richtungen und über mehrere Kanäle hinweg*. Communities sind auf intensive Kommunikation angewiesen, wie in allen untersuchten Unternehmen deutlich wurde. Obwohl sich Cisco für die rasche Routinekommunikation seiner Netzwerke bedient, müssen Führungskräfte sich die Fähigkeit aneignen, ohne Notizen vor großen Gruppen zu sprechen. iXL ruft Dutzende Filialen in aller Welt jede Woche zu einer Managementkonferenz zusammen, in der mittels der Datenübertragung allen Teilnehmern dieselben Zahlen zugänglich gemacht werden; in der Unternehmenszentrale in Atlanta kann jeder, der interessiert ist, die Zahlen auf einem Breitbildschirm sehen. Wenn zahlreiche Kanäle verfügbar sind, kann für jede Gelegenheit der richtige ausgewählt werden: Bei renren.com zum Beispiel dürfen Strategiefragen oder Streitigkeiten nicht per E-Mail ausgetragen werden, sondern sind telefonisch zu klären. Bei Abuzz findet jede Woche eine Versammlung des gesamten Unternehmens statt, um alle Mitarbeiter über die neuesten Entwicklungen auf dem Laufenden zu halten.
4. *Integratoren*. Communities bestehen aus Netzen von Personen aus verschiedenen Bereichen, die zusammenkommen, um Wissen auszutauschen. Es kann sich um formale Strukturen (wie das Produktentwicklungsteam von barnesandnoble.com) oder um lockere und informelle Gebilde handeln. Im Gegensatz zu Ausschüssen sind Netzwerke fließend und durchlässig, obwohl sie nicht auf spontaner Selbstorganisation beruhen. DuPont perfektionierte die Bildung von Netzwerken für den Wissensaustausch dank Parry Norling, der in der Zentrale für Forschung und Entwicklung als Vernetzungsguru wirkte. Er half beim Aufbau von Netzwerken, katalogisierte sie (zeitweise waren es über 400), förderte sie und gab Erkenntnisse bezüg-

lich ihrer Effizienz weiter. Mit der Ernennung offizieller Integratoren - die man auch als interne Diplomaten bezeichnen könnte - kann man Abteilungen und Zellen vereinigen. Was geschieht gerade in Chicago, welche Sorgen gibt es in Frankfurt, welche Neuigkeiten in Singapur? So wie das Internet Webmaster braucht, brauchen die virtuellen Gemeinschaften solche umherziehenden Diplomaten.

5. *Beziehungen über Funktionsgrenzen hinweg*. Den persönlichen Beziehungen kommt größte Bedeutung zu. Hier sind Personen mit ausgeprägten sozialen Fähigkeiten gefordert, die im Team arbeiten können. Bei Sun Microsystems zum Beispiel müssen die Innovatoren Koalitionen schaffen, die ihre Veränderungsprojekte unterstützen. Allerdings fördert das Unternehmen derartige Aktivitäten, indem es bei jeder geeigneten Gelegenheit - Konferenzen, Trainingsprogramme, Feiern - Mitarbeiter aus verschiedenen Bereichen zusammenbringt. Da die Beteiligten bei früheren Gelegenheiten eine positive Einstellung zueinander entwickelt haben, funktionieren Kommunikation und gegenseitige Unterstützung. In den erfolgreichen E-Commerce-Einheiten von Williams-Sonoma und Honeywell wurde ein Gleichgewicht zwischen Neuzugängen und Insidern mit guten Beziehungen zum Kernunternehmen hergestellt. Communities entstehen um Menschen herum, die einander kennen und schätzen und die eine gemeinsame Geschichte haben.
   Erst stabile menschliche Beziehungen verwandeln effiziente Routineabläufe in Spitzenleistungen.
6. *Gemeinsame Identität, gemeinsames Schicksal*. Zusammenarbeit ist nicht gleichbedeutend mit Altruismus. Sie wird möglich, weil sich Menschen miteinander identifizieren und das Gefühl haben, dasselbe Schicksal zu teilen. Kooperationsanreize sind ein Ausgangspunkt. Die Führung von Tesco korrigierte ihren anfänglichen Fehler, die Umsätze im elektronischen Handel von den Ergebnissen der Filialen zu trennen, obwohl die über das Internet eingegangenen Bestellungen von den Filialen ausgeliefert werden mussten. So hatten die Filialleiter keinen Anreiz, die Website zu unterstützen. Bei IBM koppelte Lou Gerstner die individuellen Leistungsbewertungen an den Erfolg des Gesamtunternehmens. Eine gemeinsame Identität kann man auch durch Rollentausch und Job-Rotation fördern. Man kann die Mitarbeiter im Lauf ihrer Karriere durch mehrere Abteilungen schleusen und in die verschiedenen Projektteams einbinden. Der Stolz auf gemeinsame Leistungen fördert die Entwicklung einer gemeinsamen Identität. Beiträge zum Wohl-

ergehen von externen Gemeinschaften tragen dazu bei, die interne Gemeinschaft zu festigen.

Das Ideal der Community beruht nicht auf Uniformität, sondern auf *Geschlossenheit*, nicht auf Konsens, sondern auf *Einbindung*, nicht auf Entscheidungsbefugnissen, sondern auf *Kommunikation*. Eine solche Community liegt auf halbem Weg zwischen Bürokratie und Demokratie. Das Organisationsprinzip ermöglicht es den Menschen, mit Unterstützung der Technologie rasch und effizient zusammenzuarbeiten. Gewiss können auch formale Systeme und Prozesse eine offizielle Integration herbeiführen. Doch die Community stellt jene emotionale Infrastruktur dar, die diese organisatorischen Prozesse erst wirklich funktionstüchtig macht. Gemeinschaftssinn und gemeinschaftliches Handeln ermöglichen schnelle und nahtlose Abläufe, fördern Kreativität und Zusammenarbeit und setzen die Essenz der E-Culture frei: die menschliche Energie.

7

PEOPLE.COM: Wie der Krieg um Talente gewonnen wird

Was mir in Erinnerung geblieben ist? Das Gefühl, einer über den Erdball verstreuten Gruppe intelligenter Menschen anzugehören. Ich war immer wieder beeindruckt von unserem kollektiven Wissen, unserer Kreativität und unserer Teamarbeit.
Ein Website-Designer von Razorfish, der mittlerweile bei einem anderen Unternehmen tätig ist

Stuck in a .bomb?
Stellenanzeige auf einem schwarzen Brett in San Francisco

Alle zukunftsorientierten Arbeitgeber geben die gleiche Antwort auf die Frage nach ihrem wertvollsten Vermögenswert: Menschen. Dieselben Arbeitgeber bezeichnen die Menschen aber auch als ihr größtes Problem. Wie kann man gute Mitarbeiter anlocken, motivieren, an das Unternehmen binden?

Das in Hongkong ansässige Unternehmen Kerry Logistics unterbreitete einem Internet-Programmierer ein Jobangebot, und dieser versprach, seinen aktuellen Arbeitsplatz aufzugeben. Eine Stunde nachdem die Vereinbarung geschlossen worden war rief der neue Mitarbeiter bei Kerry an und erklärte, er könne nicht kündigen, da ihm sein gegenwärtiger Arbeitgeber eine Gehaltserhöhung von 55 Prozent angeboten habe. »Woher diese plötzliche Großzügigkeit?«, fragte Kerrys Leiter Max Jones. »Sie sind verzweifelt«, antwortete der Kandidat. »Ich bin einer der letzten Programmierer, der ihnen geblieben ist.«

Die Unternehmen in aller Welt müssen sich an einem Wettbewerb um begabte Mitarbeiter beteiligen. Dies bringt sie in ein Dilemma und zwingt ihnen neue Regeln auf. Fast 40 Prozent der von mir befragten 785 Unternehmen sind der Meinung, dass der Mangel an geeignetem Personal das wichtigste Hindernis auf dem Weg zum Erfolg im E-Commerce darstellt. Einige verhalten sich, als befänden sie sich im Krieg: Sie schicken Spione, um die Personallisten zu fotografieren, oder erklären in Werbeanzeigen, Abtrünnige seien willkommen.

Die Bindungskrise

Der erbitterte globale Wettbewerb um begabte Mitarbeiter ist nicht zuletzt auf die Flucht in den Cyberspace zurückzuführen. Die Unternehmen müssen fantastische Jobs mit fantastischen Annehmlichkeiten in einer fantastischen Umgebung anbieten – und das Angebot laufend verbessern. Die Softwareingenieure im Silicon Valley und die Internet-Produzenten in der New Yorker Silicon Alley wollen nur mit der besten Ausstattung und an den anspruchsvollsten Projekten arbeiten. Ihre Loyalität gilt nicht mehr einem Unternehmen, sondern ihrer Branche, ihrer Technologie und ihrem Beruf.

Ein erfolgreiches Berufsleben ist nicht länger gleichbedeutend mit einer dauerhaften Beschäftigung in einem großen und angesehenen Unternehmen. Die Leute sind eher an finanzieller Sicherheit, zum Beispiel Aktienoptionen, als an einem sicheren Arbeitsplatz interessiert. Und sollten sie immer noch einen anderen Job suchen, so stehen ihnen immer mehr Wege offen, um ihn zu finden. Im Januar 1998 suchten 17 Prozent der Unternehmen, die der Gruppe der Fortune Global 500 angehörten, aktiv im Internet nach Mitarbeitern; im Januar 2000 waren es bereits 45 Prozent. Die zehn führenden Websites für die Stellensuche im Netz hatten im März 2000 mit 17,4 Millionen fast doppelt so viele Besucher wie ein Jahr zuvor.[1]

Offenkundig sind diese begehrten Mitarbeiter keine Pflanzen, die feste Wurzeln schlagen, sondern Tiere, die auf der Suche nach Nahrung umherziehen. Sie sind Wissensnomaden – diesen Begriff hat Todd Pittinsky aus meinem Harvard-Team geprägt, der Fragen von Mobilität und Bindung im Bereich der Hochtechnologie erforscht.[2]

Diese Technologieexperten, die ihr wachsendes Wissen von einem Projekt zum nächsten tragen, sind mit Aktienoptionen nicht mehr zu binden, da der nächste Arbeitgeber ihnen ein gleichwertiges Angebot machen wird. Selbst in älteren Hochtechnologieunternehmen fragen sich die Manager neuerdings, ob es eigentlich noch ratsam ist, altgediente Mitarbeiter zu haben. Denn die Stabilität des Arbeitsplatzes kann auch dazu führen, dass Menschen zu Gefangenen von Stereotypen werden und die Fähigkeit zur Veränderung einbüßen.

Nicht nur die Ingenieure ziehen im Hollywood-Stil von Projekt zu Projekt.[3] Ein Finanzexperte hatte nach dem Universitätsabschluss innerhalb von fünf Jahren für drei verschiedene Dotcoms gearbeitet. Die gerade 30 Jahre alte PR-Chefin einer erfolgreichen Dotcom war bereits für sieben Arbeitgeber tätig gewesen, darunter Großkonzerne und kleine Neugründungen. Die Leiterin der Beratungsabteilung eines großen Anbieters von Computersystemen wechselte zu einem neu gegründeten E-Business-Beratungsunternehmen, wo sie alles selbst aufbauen konnte und Anteile an den Kundenunternehmen erhielt. Nachdem sie Leute von anderen Firmen abgeworben hatte, machte sie sich Sorgen, wie sie diese Talente binden konnte.

Die Loyalität der Wissensnomaden gilt nicht mehr einem Unternehmen, sondern ihrer Branche, ihrer Technologie und ihrem Beruf.

Die Zugehörigkeit zur wachsenden Gruppe mobiler Arbeitskräfte ist unabhängig von Alter, Geschlecht oder Herkunftsort. In einer Umfrage von Interim Services/Harris stellte sich heraus, dass die Mitarbeiter der neuen Art vor allem an neuen Erfahrungen und an Möglichkeiten zur persönlichen Entwicklung interessiert sind. Hingegen sind traditionelle Arbeitskräfte eher an einem sicheren Arbeitsplatz und an einer klaren Richtung interessiert. Die »Mitarbeiter der neuen Art« geben hohem Wachstum (89 Prozent strebten dies an) den Vorzug vor Vorhersehbarkeit (27 Prozent), während die traditionellen Mitarbeiter meist einen vorhersehbaren Job bevorzugen (56 Prozent). Fast alle wünschen sich Gelegenheiten zu kreativem Denken, doch die traditionellen Mitarbeiter möchten auch, dass man ihnen eine klare Richtung vorgibt, worauf viele Mitarbeiter der neuen Art verzichten können.[4] Autonomie und Bewegungsfreiheit sind Ideale der Internet-Ära.

Die Herausforderungen der Talentsuche

In vielen Unternehmen hat die Suche nach talentierten Mitarbeitern höchste Priorität. Man versucht die Besten zu gewinnen, selbst wenn man nicht über ausreichende Mittel verfügt, um mit den Spitzenangeboten der Konkurrenz mitzuhalten. Als Pamela Thomas-Graham im September 1999 die Leitung von CNBC.com übernahm, bestand ihre erste Aufgabe darin, ihr Managementteam rasch zu vervollständigen. Aus 35 Managern wurden innerhalb von zwei Monaten 65, und bis Mitte des Jahres 2000 sollte die Zahl auf 150 steigen. Obwohl die Konzernmutter General Electric einen Einstellungsstop für alle NBC-Einheiten empfohlen hatte, bekam CNBC.com von Jack Welch grünes Licht für das Vorhaben, dreimal so viel Personal einzustellen wie im Budget vorgesehen. Im Bewusstsein der Tatsache, dass es schwierig war, Personen mit Internet-Fähigkeiten für eine Tätigkeit in einem großen Unternehmen zu gewinnen, holte sich Thomas-Graham die Hälfte der neuen Mitarbeiter aus anderen Einheiten von GE und NBC.

Auf größere Schwierigkeiten stieß CNBC.com auf dem externen Arbeitsmarkt. NBC hatte gerade ein Programm ins Leben gerufen, in dessen Rahmen jeder Mitarbeiter 5000 Dollar und eine Reise zu den Olympischen Spielen in Sydney erhielt, wenn er einen neuen Mitarbeiter anwarb, der länger als 60 Tage im Unternehmen blieb. Die Möglichkeit, besonders leistungsfähigen Mitarbeitern GE-Aktienoptionen anzubieten, war von Vorteil, doch die Gehaltsstruktur von CNBC.com durfte nicht von der im Gesamtkonzern abweichen. Bei General Electric war es bereits zu Konflikten über die Bezahlung der an den Internet-Aktivitäten und internen Unternehmensgründungen beteiligten Mitarbeiter gekommen. In der Wirtschaftspresse wurden Spekulationen über interne Konflikte bei NBC angestellt, nachdem sein Internet-Team den Wert eines Portfolios von rund 30 Unternehmen vervierfacht hatte. Kenneth Krushel, ein Spitzenmanager, der NBC im Herbst 1999 verließ, um in ein Internet-Unternehmen zu gehen, erklärte gegenüber dem Magazin *Forbes*: »Eine Tätigkeit für NBC ist sehr attraktiv, doch es fällt GE schwer, die Frage zu klären, wo die Grenze bei den Gehältern zu ziehen ist.«[5]

Nichtsdestotrotz war Thomas-Graham davon überzeugt, dass es für CNBC.com kein Problem sein werde, gute Leute zu finden, wenn man die Verbindung zu GE richtig nutzte: »Wir können erfahrene Leute für uns gewinnen. Unser Vorteil ist, dass wir ihnen im Gegensatz zu einem neu gegründeten Internet-Unternehmen ein ausreichendes Gehalt anbieten können, um ihren gegenwärtigen Lebensstil aufrechtzuerhalten. Viele Leute würden gern für eine Dotcom arbeiten, wagen den Sprung jedoch nicht, da sie finanzielle Verpflichtungen haben.

Wir können bessere Gehälter als andere Internet-Unternehmen anbieten, dazu den Glanz der NBC-Umgebung und eine Karriere bei NBC oder GE.« Die Mitarbeiter von CNBC.com fanden in Fort Lee (New Jersey) in der Nachbarschaft der CNBC-Nachrichtenzentrale eine inspirierende Atmosphäre vor, doch auch dies war nicht zwangsläufig ein Vorteil. Mehr als ein Mitglied der Personalabteilung bezweifelte, dass es gelingen werde, potenzielle Mitarbeiter aus der Metropole New York wegzulocken.

Auch andere Wannadots bemühen sich um eine ausgewogene Kombination von interner und externer Rekrutierung. Die Vorteile dieser Vorgehensweise liegen auf der Hand: Von außen kommende Mitarbeiter bringen neue Fähigkeiten ins Unternehmen, während Neuzugänge aus anderen Einheiten des eigenen Unternehmens über ein Netz von Kontakten verfügen, das eine Harmonisierung der Beziehungen und den Aufbau einer integrierten Gemeinschaft erleichtert. Und indem man intern nach Mitarbeitern sucht, zeigt man, dass das verlockende neue Internet-Geschäft auch Unternehmensveteranen offen steht. Im E-Commerce-Ableger wurde großer Wert auf die Mischung von Insidern und Außenstehenden gelegt; beispielsweise stellte man genug Insider aus dem Technologiebereich ein, um eine Brücke zu diesem Bereich zu schlagen, ohne jedoch der Technologiegruppe des Konzerns zu viel Kompetenz zu entziehen.

Allerdings wirft die Frage, wie viele interne Mitarbeiter in die Internet-Einheit umziehen sollen, ein Problem auf. Zum Beispiel sah Tesco.com die Gefahr, dem übrigen Unternehmen die besten Manager wegzunehmen, was insbesondere in Anbetracht der Tatsache, dass der traditionelle Lebensmittelhandel weiterhin den Löwenanteil am Geschäft hatte, wenig vorteilhaft erschien. Nicht alle Einzelhandelsmanager wagten den Sprung in die neue Umgebung, aber die besten Manager wollten für Tesco.com arbeiten, da dieser Bereich als besonders aufregend galt. Wie sollte man ihnen beibringen, dass sie nicht gehen konnten, da sie im Kerngeschäft gebraucht wurden?

Ein weiteres Problem bestand darin, dass die Mitarbeiter mit für das Internet geeigneten Fähigkeiten auch auf dem externen Arbeitsmarkt gefragt waren. Besonders viele Abwanderer wurden im Marketing gezählt. Die Ausbildung des Personals für Internet-Tätigkeiten hilft häufig ebenfalls nicht, da viele Mitarbeiter ihren Unternehmen, die als gute Arbeitgeber für loyale Langzeitmitarbeiter gelten, den Rücken kehren, sobald ihre Ausbildung abgeschlossen ist. L.L. Bean schulte altgediente Mitarbeiter für den elektronischen Geschäftsverkehr, um sie dann an neu gegründete Dotcoms zu verlieren, die den Leuten Aktienoptionen anboten. Das erste E-Commerce-Team von Williams-Sonoma wanderte geschlossen ab, um sich einer von einem europäischen Luxusgüteranbieter finanzierten Dotcom anzuschließen. Dieses Unternehmen scheiterte, worauf sich die Gruppe, die zahlreiche neue Angebote erhielt, erneut auf Wanderschaft begab.

Die Mischung von internen und externen Mitarbeitern beschwört noch andere Probleme herauf. In Honeywells E-Hubs und selbst in den E-Business-Einheiten innerhalb der Kernbereiche forderten die neuen Mitarbeiter höhere Gehälter, mehr Flexibilität am Arbeitsplatz sowie Aktienoptionen für den Fall, dass die elektronischen Verteilerknoten an die Börse gebracht würden. Die Frage, ob und wie die interne Gehaltsstruktur geändert werden sollte, stellte das gesamte Unternehmen vor eine Herausforderung. Tom Galanty, Leiter des ersten E-Hub MyPlant.com, musste sich täglich mit dieser Frage auseinander setzen. Galanty wollte die besten Leute und war nicht bereit, sich mit Honeywell-Veteranen abzufinden, nur weil er die Regeln nicht weit genug dehnen konnte, um Leute von außen anzulocken. Die Personalabteilung kritisierte ihn dafür, dass er nicht alle offenen Stellen intern ausschrieb. »Ich war der Ansicht, wir müssten sorgfältig jene Personen auswählen, die über die benötigten Fähigkeiten verfügten«, erklärt Galanty. »Bestimmte Stellen konnten intern ausgeschrieben werden, andere jedoch nicht.« Wie konnte der Leiter einer kleinen Neugründung einen Branchenriesen davon überzeugen, dass das Internet-Personal anders war und besser als die Mitarbeiter der traditionellen Geschäftsbereiche bezahlt werden musste?

Eine hohe Mitarbeiterfluktuation hat ihre Ursache oft darin, dass ein Unternehmen nicht in der Lage ist, diesen Konflikt zwischen alter und neuer Ökonomie zu lösen. Ein gutes Beispiel dafür ist barnesandnoble.com, dessen hohe Mitarbeiterfluktuation großes Medienecho fand. Viele ausgeschiedene Mitarbeiter des Internet-Bereichs sprachen voller Respekt von der Führung des Muttergesellschaft und von der Dotcom selbst. »Aber in letzter Zeit sind viele Leute abgewandert«, erklärte einer dieser Mitarbeiter, »denn die Aktie entwickelt sich miserabel, und es gibt andere Fische im Meer.«

Die Gehälter und Zuständigkeiten bei barnesandnoble.com entsprachen jenen beim Mutterunternehmen, anstatt sich an den Erfordernissen eines Internet-Unternehmens zu orientieren, wie ein ehemaliger Manager erklärte: »Len Riggio baute die Einzelhandelskette mit fünf Personen an seiner Seite und 25 000 Angestellten auf, die einen Stundenlohn erhielten. Unter diesen Angestellten ist eine hohe Fluktuation einfach unvermeidlich. Doch solche Mitarbeiter sind leicht zu ersetzen.« Die Führung von Barnes & Noble verstand nicht, dass für ein Internet-Unternehmen andere Regeln gal-

Gehälter, die im Einzelhandel als angemessen gelten, werden im Internet-Bereich als völlig indiskutabel betrachtet.

ten und dass es in diesem Geschäft sehr viel schwieriger ist, qualifizierte Mitarbeiter zu finden und zu halten: »Man muss 400 Dotcom-Mitarbeiter anders führen als 25 000 Mitarbeiter einer Einzelhandelskette. Wir sind seltener und finden überall Arbeit.«

Ein anderer ehemaliger Mitarbeiter schlägt in dieselbe Kerbe: »Barnesandnoble.com war der attraktivste Arbeitsplatz im New Yorker Literaturgeschäft. Ich nehme an, das Unternehmen wusste das und musste diesen Leuten daher nicht viel zahlen. Doch für Leute mit Internet-Kenntnissen gab es neben Barnes & Noble auch N2K, CDNow, Big Star und viele andere Unternehmen, zu denen jemand mit grundlegenden HTML-Kenntnissen gehen konnte.«

Gehälter, die im Einzelhandelsbereich als angemessen galten, wurden im Internet-Bereich als völlig unangemessen betrachtet. »Die Leute bei barnesandnobles.com verglichen ihre Aktienoptionen mit denen von Walden Books, dem Hauptkonkurrenten im Einzelhandelsgeschäft. Doch im Internet-Bereich verglich niemand mit Walden Books, sondern mit Amazon, Yahoo! und eBay.« Doch nicht nur die Wannadots stehen unter Druck. Auch die reinen Internet-Unternehmen stoßen auf Probleme in dem Bemühen, Mitarbeiter für sich zu gewinnen und an sich zu binden. Mitte des Jahres 2000 mussten viele jener Dotcoms, die Aktienoptionen als Köder eingesetzt hatten, zusehen, wie ihre Mitarbeiter nach dem Absturz der New Economy an den Börsen in Scharen abwanderten. Doch obwohl die Mobilität in der Internet-Branche hoch ist, arbeiten die Menschen immer noch hart, zeigen großes berufliches Engagement und opfern sich teilweise für das Unternehmen auf. Aber sie definieren ihre Loyalität eher als Beitrag denn als festen Vertrag. Obwohl sich die Dauer einer Tätigkeit nicht mehr als Hauptindikator für Engagement eignet, können manche Unternehmen die Mitarbeiter eher an sich binden als andere. Und einigen Unternehmen, darunter auch solche, die auf Wissensnomaden angewiesen sind, gelingt es besser als ihren Konkurrenten, Mitarbeiter für sich zu gewinnen, zu motivieren und an sich zu binden. Diese Unternehmen setzen auf eine neuartige Form der Bindung – die erneuerbare Bindung.

Beherrschung, Zugehörigkeit und Sinn: drei Dimensionen der Bindung

Zu den Kennzeichen der klassischen Bürokratie zählen universell anwendbare Regeln und eine einheitliche Behandlung der Menschen. Zu Beginn des modernen Industriezeitalters galten diese Merkmale als Vorzüge. Die Unternehmen des Maschinenzeitalters machten eine Kunst aus der Massenproduktion von allem - einschließlich der Arbeitsplätze. Die Manager bedienten sich einer beschränkten Zahl von Motivationswerkzeugen und behandelten die Menschen so, als wären sie alle gleich und wollten alle die gleichen Dinge.

Die E-Culture beruht auf anderen Prämissen. Das Internet ersetzt die Anpassung an das Segment durch die freie Entfaltung des Einzelnen. Innerhalb der Unternehmen ist die Anpassung der Arbeitsumgebung an die individuellen Bedürfnisse nicht immer so klar, doch einige der besten Unternehmen haben begonnen, die Wahlmöglichkeiten und die Flexibilität am Arbeitsplatz zu erhöhen, um die Arbeit mit dem Privatleben ihrer Mitarbeiter in Einklang zu bringen und gleichzeitig die Gemeinschaft innerhalb der Organisation zu fördern.

Kreativität hängt sowohl von der inneren als auch von der äußeren Motivation ab. Auf die innere Motivation sind wir insbesondere angewiesen, um neue Ideen hervorzubringen, während die äußere Motivation wesentlich dazu beiträgt, dass wir solche Ideen auch in die Tat umsetzen.[6] Engagement beruht nicht auf einer einzelnen Zutat, sondern auf einer Mischung von Faktoren. Studien haben gezeigt, dass Mitarbeiter bereit sind, hart zu arbeiten und sich langfristig an ein Unternehmen zu binden, wenn sie eine herausfordernde Arbeit und kompatible Kollegen vorfinden - zwei klare, jedoch unterschiedliche Variablen.

WetFeet.com, eine Site für Karriereinformationen, befragte im Frühjahr 2000 an mehreren Spitzenuniversitäten 889 Studenten und fand heraus, dass eine hochwertige Einarbeitung entscheidend für die Wahl des zukünftigen Arbeitsplatzes war. Den von den Dotcoms angebotenen Anreizen wie Aktienoptionen wurde sehr viel weniger Bedeutung beigemessen, und dasselbe galt für eine lockere Kleiderordnung, das Angebot eines eigenen Büros und freie Wochenenden. Die Ausbildung für zukünftige Tätigkeiten nahm den ersten Rang ein, gefolgt von anspruchsvollen Aufgaben, guten Kollegen und einem guten Gehalt. Finanzielle Vergünstigungen wie Aktienoptionen und Bonuszahlungen hatten sehr viel weniger Bedeutung als die Merkmale der Tätigkeit und des Arbeitsplatzes.[7]

Für erfahrene Mitarbeiter sind ähnliche Faktoren wichtig. In einer 1999 durchgeführten Umfrage unter 6357 Arbeitskräften erklärten 73 Prozent der Befragten, lieber härter zu arbeiten und Bonuszahlungen für ausgezeichnete Leistungen zu erhalten, als unter geringem Stress und ohne Termindruck zu arbeiten. Darüber hinaus zeigte sich ein hoher Prozentsatz der Befragten loyal gegenüber ihrem gegenwärtigen Unternehmen. Als wichtigste Gründe für Loyalität nannten sie die Bindung an die Kollegen, ein angenehmes Arbeitsumfeld, eine geringe Distanz zum Wohnort, eine anspruchsvolle Arbeit und flexible Arbeitszeiten.[8]

In Europa haben die nicht-finanziellen Aspekte noch größere Bedeutung. Aus in 19 europäischen Ländern gesammelten Daten geht hervor, dass die Zufriedenheit am Arbeitsplatz, die beruflichen Beziehungen und die Identifikation mit dem Unternehmen den höchsten Stellenwert unter 15 möglichen Faktoren genossen, während die Bezahlung am Ende rangierte.[9]

In Anbetracht all der Diskussionen über finanzielle Anreize für talentierte Mitarbeiter überrascht es ein wenig, dass dieser Faktor in den Umfragen nur eine untergeordnete Rolle spielt. Selbstverständlich erwarten alle eine faire und gerechte Bezahlung, wobei die Fairness anhand des Vergleichs mit Kollegen in entsprechenden Tätigkeiten gemessen wird: In den Internet-Bereichen von Wanadots hört man immer wieder die Klage, die Mutterunternehmen zögen zur Festlegung der finanziellen Anreize die falsche Vergleichsgruppe (das heißt andere herkömmliche Unternehmen) heran. Das Geld ist wichtig, und solange ein Krieg um talentierte Mitarbeiter tobt, wird es eine herausragende Rolle spielen. Doch man darf davon ausgehen, dass das Geld keine ausschlaggebende Rolle für das Engagement spielt. Da es sich um ein universelles Tauschmittel handelt, ist das Geld eines Arbeitgebers so gut wie das jedes anderen. Das Geld ist austauschbar.

Echtes Engagement beruht nicht auf Geld, sondern auf rationalen, emotionalen und moralischen Bindungen zwischen Menschen und Unternehmen.

Für andere Aspekte der Arbeitsumgebung gilt dies nicht. Sie hängen vom Unternehmen ab. Und während die Unternehmen einzelne Aspekte der Praktiken ihrer Konkurrenten kopieren können, ist in Anbetracht der mehrdimensionalen Natur des Engagements das Gesamtpaket zu berücksichtigen. Die Sozialpsychologen unterscheiden seit langem zwischen »Hygienefaktoren« – das sind jene Faktoren, die jeder Arbeitgeber aufweisen muss, da alle anderen sie auch vorweisen können – und wirklichen Motivationsfaktoren, die über das Ausmaß der Bemühung und die Dauer der Bindung entscheiden.

Echtes Engagement beruht auf einer Reihe von Bindungen zwischen Menschen und Unternehmen.[10] Menschen besitzen rationale, emotionale und moralische Fähigkeiten. Wir berechnen rational die instrumentellen Vorteile und versuchen unter Einsatz unserer kognitiven Fähigkeiten, die Elemente zu beherrschen, die uns in Zukunft einen Vorteil verschaffen werden. Wir entwickeln unter Einsatz unserer Emotionen affektive Beziehungen zu anderen Menschen. Und wir suchen ausgehend von einem moralischen Impuls nach Sinn und Zweck. Diese drei Formen der menschlichen Informationsverarbeitung finden ihre Entsprechung in drei Eigenschaften von Unternehmen, die eine Grundlage für jede Form von Engagement darstellen: Beherrschung, Zugehörigkeit und Sinn.

Beherrschung des eigenen Schicksals: Kümmere dich um die Gegenwart und denke über die Zukunft nach

Bevor man ein Bekenntnis zu einem Unternehmen ablegen kann, muss man feststellen, ob es sich lohnt, dort zu bleiben und sich für dieses Unternehmen einzusetzen. Das heißt, man muss eine Reihe von Überlegungen über die gegenwärtige Tätigkeit und ihre zukünftige Entwicklung anstellen. Diesen Überlegungen liegt der Wunsch nach der Beherrschung des eigenen Schicksals zugrunde: nach Befriedigung und Erfolg, gepaart mit wachsenden Möglichkeiten, in der Zukunft Erfolge zu erzielen. Eine anspruchsvolle Arbeit, Fortbildungen, Optionen auf weitere Erfolge und ein Anteil an der Zukunft sind Bestandteile der Beherrschung. Im Idealfall würde man all diese Komponenten gemeinsam vorfinden. In der Realität finden sich die Mitarbeiter abhängig von der eigenen Situation mit einem Mangel in einem Bereich ab, wenn ein anderer alle Erwartungen erfüllt.

Herausforderungen und Empowerment: Die Chance zu lernen, sich zu Wort zu melden und gehört zu werden

Mondera.com, ein rasch wachsendes Unternehmen aus New York City, das online Juwelen und Luxusartikel verkauft, wurde in eine erbitterte Auseinandersetzung um die besten Mitarbeiter verwickelt. Der Leiter der Produktentwicklung, David Palmieri, erklärt: »In meinem Bereich, das sind die Website und die Technologie, ist die Situation besonders schwierig. Ich glaube, dass man am besten nach intelligenten jungen Leuten mit einer zuversichtlichen Einstellung sucht und ihnen mehr Verantwortung zugesteht, als ihnen anderswo übertragen würde. Für Technologiefachleute sind technische Herausforderungen ein großer Ansporn, und sie sind sehr stolz auf ihre Fähigkeiten. Meiner Erfahrung nach wirkt es ansteckend, wenn man eine Umgebung schafft, in der alle an ihre Grenzen gehen müssen. Es spricht sich herum, dass man in diesem Unternehmen viel lernen kann, und das lockt weitere gute Leute an.«

Um kreative neue Mitarbeiter für MyPlant.com zu gewinnen, fordert Tom Galanty von Honeywell Stellenbewerber auf, ihre eigene Stellenbeschreibung zu verfassen und einen Vorschlag für die Entwicklung eines bestimmten Geschäftsbereichs zu unterbreiten. »Das schreckt 80 Prozent der Leute ab, doch diejenigen, die sich auf das Wagnis einlassen, sind genau jene, an denen ich interessiert bin.« Galanty versucht, eine agile Organisationskultur zu schaffen, die den Leuten ausreichenden Freiraum gibt, um das zu tun, wozu sie in der Lage sind: »Wir haben praktisch alle organisatorischen Beschränkungen aufgehoben.« Bei Reuters Greenhouse besteht der Anreiz darin, intelligenten Leuten sehr viel Verantwortung zu übertragen. Senior Associate Norman Fiore erklärt: »Einer unserer neuen Mitarbeiter ist 25 und schließt drei Geschäfte in einer Woche ab. Er tut Dinge, die er eigentlich erst in zehn Jahren tun sollte.«

Auch Abuzz führt seine ungewöhnlich niedrige Abwanderungsrate darauf zurück, dass es seinen Mitarbeitern anspruchsvolle Möglichkeiten eröffnet. Jess Brooks erklärt, dieser Vorzug sei ursprünglich ein ungewolltes Nebenprodukt des Geldmangels gewesen: »Als wir das Unternehmen gründeten, konnten wir uns keine Leute leisten, die wirklich wussten, was sie taten. So musste jeder ein wenig von allem tun. Wenn jemand eine wirklich gute Idee hat, fragen wir nicht, ob sie zu seiner Stellenbeschreibung passt. So kann sich ein Mitarbeiter weit von der Tätigkeit entfernen, für die er ursprünglich eingestellt wurde.« Für diese Methode gibt es bei Abuzz zahlreiche Beispiele:

- Jay Brewer wurde kurzfristig für ein bestimmtes Projekt engagiert, doch da er die Arbeit bei Abuzz »fantastisch« fand, bemühte er sich um einen dauerhaften Job. Brewer, der schließlich Leiter der Produktentwicklung wurde, erinnert sich, dass es ihm freistand, jede Verantwortung zu übernehmen, die er tragen konnte.
- Eine Grafikdesignerin sprang zur Unterstützung der Ingenieure ein, als diese unter großem Zeitdruck standen und nicht genug Personal hatten. »Es war eine Herausforderung für sie«, erinnert sich ein Kollege. »Sie musste in zwei Tagen Java lernen. Doch als sie in die Marketing-Gruppe zurückkehrte, erwies sich diese Verbindung als großer Vorteil.«

- Vivian Wong bewarb sich um den Job einer Community-Koordinatorin, doch man schlug ihr vor, in der Benutzerforschung tätig zu werden. Sie erklärte, verglichen mit ihrem vorigen Arbeitgeber bringe Abuzz den Mitarbeitern viel Vertrauen entgegen, was sie motivierte, rasch zu lernen, um das Vertrauen rechtfertigen zu können.

Fokus, Klarheit und Disziplin: Ergänzungen der Beherrschung

Das Empowerment sollte nicht mit unbegrenzter Verantwortung verwechselt werden. Arbeitsumgebungen, in denen das Engagement ausgeprägt ist, zeichnen sich auch durch ein hohes Maß an Fokus, Klarheit und Disziplin aus. Die Mitarbeiter finden Gefallen an anspruchsvollen Projekten, deren Prioritäten jedoch klar definiert sein müssen. Viele Gesprächspartner erklärten uns, sie hätten Dotcoms verlassen, weil diese ihre Ziele schlecht definierten, häufig die Prioritäten wechselten und in endlosen Meetings Zeit vergeudeten. Um sich in einen attraktiven Arbeitsplatz zu verwandeln, muss eine Dotcom das mit der Unternehmensgründung einhergehende Chaos überwinden.

In großen wie kleinen Unternehmen werden exakte Zielsetzungen und Fristen als Vorzug betrachtet - und obendrein regen sie die Kreativität an, anstatt sie zu hemmen. Pamela Thomas-Graham von CNBC.com erklärt, sie schätze die Disziplin, die ihrem Internet-Unternehmen von der Konzernmutter General Electric auferlegt worden sei, da CNBC.com so zu einem »wirklichen Unternehmen mit Leistungsvorgaben« geworden sei, das Rechenschaft für seine Ergebnisse ablegen müsse.

Die befriedigendsten Projekte für die Ingenieure und andere Wissensarbeiter beinhalten komplexe technologische Vorgaben, die niemand für erfüllbar hält. Fokus und Klarheit helfen den Mitarbeitern dabei, das Unmögliche möglich zu machen. Beispielsweise ersetzte das von Helen Yang und Mark Walden geführte SunPeak-Team innerhalb von zwei Jahren (das längste Projekt in der Geschichte von Sun Microsystems) eine auf Großrechner gestützte betriebswirtschaftliche Standardsoftware (ERP) durch ein netzgestütztes ERP-System. Es galt, monatliche, wöchentliche und tägliche Meilensteine zu erreichen. Die einzelnen Maßnahmen wurden laufend geprüft, um neue oder überraschende Entwicklungen zu erfassen. Es gab einen festen Termin (Inbetriebnahme August 1998) und das Team überprüfte laufend den Zeitplan, um seine

> *Ein stabiler Prozess ermöglicht auch dann ein produktives Vorgehen, wenn die Ergebnisse noch ungewiss sind.*

Erfüllung zu gewährleisten. Die Prioritäten waren genau definiert: An erster Stelle stand der Zeitplan, gefolgt von Qualität und Kosten. »Das half uns sehr, denn es gab keine Verwirrung darüber, was wir zu erreichen hatten.« Dies bestätigt eine in meinen Augen besonders wichtige Lehre für das Management von Veränderungen: Ein stabiler Prozess ermöglicht auch dann, wenn die Ergebnisse ungewiss sind, ein produktives Vorgehen.

Ebenso wichtig für die Betroffenen ist Klarheit: Wer arbeitet woran, wer kann Entscheidungen fällen, an wen muss man sich wenden, um rasch eine Genehmigung zu erhalten, für welche Aufgaben sind die einzelnen Mitarbeiter verantwortlich? In der E-Culture, in der sich die Gegebenheiten rasch ändern, entspringt diese Klarheit nicht den Organigrammen, sondern stetiger, umfassender Kommunikation. Besonders bedeutsam wird der Faktor Klarheit nach tief greifenden Organisationsveränderungen wie Fusionen und Übernahmen. Daher bemüht sich Cisco Systems, ein Meister in der Integration übernommener Internet-Unternehmen, dafür zu sorgen, dass die Tätigkeiten und hierarchischen Beziehungen im neuen Konzernbereich vom ersten Tag an klar definiert sind.

Chancen, Aktienoptionen und Eigentümerschaft

Die Beherrschung des eigenen Schicksals erfordert auch, dass die Mitarbeiter Chancen haben – sie müssen die Aussicht haben, dass sich die gegenwärtigen Erfolge in größere zukünftige Befriedigung verwandeln werden. Hier können zukunftsorientierte finanzielle Anreize eingesetzt werden. Es kann sich nur vorteilhaft auf die Leistungen auswirken, wenn Aktienoptionen das Personal dazu bewegen, sich als Eigentümer des Unternehmens zu fühlen. James Toledano, der Gründer von brandnewmusic.com, hält Aktienoptionen für wichtig, da die Gehälter in einem neu gegründeten Unternehmen oft niedrig sind. Die Aktienoptionen werden auch in herkömmlichen Unternehmen wie Motorola eingesetzt, um das Engagement der Mitarbeiter für ihr Unternehmen zu erhöhen.

Dabei geht es nicht allein ums Geld. Ein Bekenntnis zum Unternehmen beruht auf einer Kombination von Geld und Verantwortung. Ein Mitarbeiter von Abuzz, der früher als Aktienhändler an der Börse tätig war, erklärt: »An der Wall Street ging es um das Geld, das man selbst verdiente. Als Mitarbeiter von Abuzz fühlt man sich als Besitzer des Produkts und der Ziele des Unternehmens.«

Die Unternehmen können ihren Mitarbeitern die Gelegenheit bieten, sich an der Führung des Betriebs zu beteiligen und direkt von einem Anteil am Unternehmen zu profitieren. Die New Ventures Group von Lucent Technologies setzt interne Unternehmensgründungen ein, um talentierte Ingenieure an sich zu binden. Am anderen Ende der Größenskala befindet sich iXL, eine rasch wachsende Beratungsfirma für Internet-Strategie, deren Mitarbeiterfluktuation sogar gemessen am Branchenstandard hoch war. iXL bot Mitarbeitern, die einige Jahre lang erfolgreich für das Unternehmen tätig waren, die Möglichkeit, die Führung einer der von iXL betreuten Internet-Gründungen zu übernehmen.

Ein Internet-Unternehmen, das vor seinem Börsengang Aktienoptionen verwendet hatte, um begabte Leute anzulocken, fragte mich, wie es nach dem Börsengang vorgehen solle. Mein Rat zur Motivierung der Mitarbeiter beinhaltet die vier wichtigsten Elemente zur Beherrschung des eigenen Schicksals:

- Neuen Mitarbeitern muss deutlich gemacht werden, dass das Unternehmen eine Zukunft hat. Andernfalls werden sie den Job nicht annehmen oder sich weiter auf dem Markt umsehen.
- Die Anreize in der E-Culture bestehen nicht im Börsenkapital, sondern im Karrierekapital. Es geht nicht nur darum, reich zu werden, sondern darum, eine Spitzenposition zu erobern. Daher muss man dafür sorgen, dass die Leute an den größten und wichtigsten Aufgaben arbeiten. Die Innovation des Unternehmens erhöht die Motivation.
- Man muss den talentiertesten Leuten die Möglichkeit geben, ihre Reputation in der Öffentlichkeit zu erhöhen, Kenntnisse, die in das Unternehmen einfließen, für sich in Anspruch zu nehmen und sich an der Führung des Unternehmens zu beteiligen.
- Weniger erfahrene neue Mitarbeiter werden durch anspruchsvolle Aufgaben, durch die Möglichkeit zur Zusammenarbeit mit Experten, durch eine hervorragende Ausbildung und durch klare Hinweise auf ihre zukünftigen Verantwortungsbereiche zu Höchstleistungen motiviert.

Zugehörigkeit: Festigung des Wir-Gefühls, Fürsorge für den individuellen Mitarbeiter

Die zweite Komponente der Bindung hat sowohl kollektive als auch individuelle Dimensionen. Sie erfordert die Geschlossenheit der Gruppe und stabile Beziehungen. Wenn man die einzelnen Mitarbeiter und ihre Verschiedenartigkeit respektiert, dann fühlen sich die Menschen eingebunden, so wie sie sind. Das Ergebnis ist ein Gemeinschaftsgefühl, das durch weitere Maßnahmen gefördert werden kann.

- ***Aufnahme in die Community.*** Wie sich das Zugehörigkeitsgefühl entwickelt, hängt davon ab, wie neue Mitglieder aufgenommen werden. Abuzz hat daraus eine Kunst gemacht. Neue Mitarbeiter erhalten im Büro und zu Hause eine Reihe von Geschenken und am Ende des ersten Arbeitstages findet eine Überraschungsparty statt.
- ***»Someone to watch over me.«*** Kollegen und Mentoren stellen Kontakte her, führen den Mitarbeiter in die Gemeinschaft ein und unterstützen ihn in beruflichen und persönlichen Fragen. Ein weiteres Element einer fürsorglichen Umgebung sind Manager, die dafür verantwortlich sind, die Karriere des Mitarbeiters zu fördern. Im SunPeak-Projekt bei Sun Microsystems wurden den Teammitgliedern jeweils ein dauerhafter Karrieremanager und ein wechselnder Aufgabenmanager zugeteilt, weil die Aufgaben - und damit die Führung der spezifischen Projekte - im Projektverlauf wechselten. Diese besondere Managementstruktur ermöglichte es den Teammitgliedern, sich frei zu bewegen, ohne sich ständig fragen zu müssen, welcher Manager für sie zuständig war und ihre Leistungen zu bewerten hatte.
- ***Respekt für persönliche Interessen.*** Bei Abuzz haben die Mitarbeiter Gelegenheit, den Kollegen eine andere Seite ihrer Persönlichkeit zu zeigen und sich beispielsweise als Künstler zu präsentieren. Ein Mitarbeiter erklärt: »Das Tolle an diesem Unternehmen ist, dass ich hier neben meinen beruflichen Aktivitäten auch meinen privaten Neigungen nachgehen kann. Wir arbeiten alle sehr viel, aber die Arbeitszeiten sind nicht strikt geregelt. Solange man seine Arbeit erledigt, kann man zehn weitere Stunden in der Woche persönlichen Beschäftigungen nachgehen.«
- ***Anerkennung.*** In Arbeitsumgebungen, die durch großes Engagement gekennzeichnet sind, erhalten die Mitarbeiter umfassende Anerkennung, die im Idealfall nicht auf Zeremonien beschränkt ist. Die Anerkennung wird eingesetzt, um die Gemeinschaftswerte zu unterstreichen und individuelle Leistungen zu würdigen. Abuzz hat das RAVE-Formular (Respect and Value Everyone) eingeführt, um den Mitarbeitern die Möglichkeit zu geben, einander für außergewöhnliche Beiträge Anerkennung zu zollen. Das Formular kann auf der Unternehmens-Website ausgefüllt werden; bei den wöchentlichen Betriebsversammlungen liest jemand die RAVE-Schreiben vor.

- ***Förderung des Lebens jenseits der Arbeit.*** Die Arbeitgeber können nicht länger so tun, als existierte die Familie nicht. Mittlerweile beginnen sie zu begreifen, dass die Menschen ein Leben jenseits der Arbeit haben. Als das Beratungsunternehmen Deloitte & Touche entdeckte, dass die Personalfluktuation unter seinen Mitarbeiterinnen unannehmbar hoch war, gestaltete es die Arbeitszeiten flexibler, schränkte die Reiseverpflichtungen ein und half seinen Mitarbeitern dabei, ihre beruflichen und familiären Verpflichtungen miteinander in Einklang zu bringen. Diese Veränderungen ermöglichten es Deloitte, sich unter den zehn beliebtesten Arbeitsplätzen in den Vereinigten Staaten zu platzieren.
  Bei Abuzz enthält ein Arbeitsvertrag unter Umständen nicht nur die Aufgaben, sondern auch Vorschriften für das persönliche Leben. Im Vertrag einer Mitarbeiterin hieß es: »Sie müssen Musik hören, joggen oder einer anderen Aktivität nachgehen, die zur Stressverringerung beiträgt. Sie müssen etwas tun, was Ihnen Distanz zur Arbeit verschafft und Ihre seelische Gesundheit erhält.« In Schrittmacher-Unternehmen wie Gap Inc. finden die Mitarbeiter Einrichtungen vor, die es ihnen erleichtern, die Arbeit mit ihrem übrigen Leben zu vereinbaren: Trockenreinigungen, Bankfilialen, Fitnesscenter, Cafés.
- ***Vertrauen und Respekt.*** In Umgebungen, in denen das Engagement hoch ist, sprechen die Mitarbeiter nicht nur von Sympathie, sondern auch von Respekt füreinander. Zahlreiche Wissensnomaden, die heute zufriedene Mitarbeiter eines von offener Kommunikation geprägten Unternehmens sind, erzählten uns von früheren Unternehmen, in denen misstrauische oder ängstliche Kollegen ihre Ziele voreinander verbargen.

Sinn: der Glaube an einen höheren Zweck

Der dritte Faktor, der zur Bindung an ein Unternehmen beiträgt, besteht in der Überzeugung, dass die Arbeit an sich einen Sinn hat, dass die Produkte des Unternehmens einen Wert für die Gesellschaft haben und dass die Zugehörigkeit zu diesem Unternehmen dem Mitarbeiter die Chance eröffnet, einen Beitrag zu einer besseren Welt zu leisten. Wenn die Tätigkeit für ein Unternehmen dem menschlichen Streben nach einem höheren Lebenszweck dient, sind die Mitarbeiter eher bereit, ein unverbrüchliches Bekenntnis zu diesem Unternehmen abzulegen.

Im Gegensatz zu herkömmlichen Unternehmen zeichnen sich Dotcoms häufig durch missionarischen Eifer aus. Eine um die »Beherrschung der Welt« kreisende revolutionäre Rhetorik und die Suche nach »Gläubigen« sind wesentliche Bestandteile ihrer Arbeitskultur. Eine Führungskraft von Women.com berichtet über die Gründungsphase des Unternehmens: »Wir waren alle überqualifiziert für unsere Tätigkeiten und gingen ein kalkuliertes Risiko ein. Die Herausforderung war gewaltig: Wir wollten das neue Medium in die Welt tragen ... Wir hatten eine Mission und mussten Mitarbeiter finden, die unsere Vision teilten.«[12]

Manche Unternehmen binden ihre Mitarbeiter an sich, indem sie ihnen Stolz auf ihre Arbeit vermitteln, andere geben den Mitarbeitern die Chance, mehr als nur ihre Arbeit zu tun. Beispielsweise leisten sie einen Dienst an der Gemeinschaft, wodurch ansonsten abstrakte und nicht sehr glaubwürdige Werte greifbar werden. Die Mission des Softwareentwicklers Allaire – »Machen wir die Menschen mit Technologie unabhängig« – gewann für die 400 Mitarbeiter des Unternehmens an Aussagekraft, als sich Allaire verpflichtete, eine gemeinnützige Organisation zu unterstützen, die sozial benachteiligte Jugendliche für Internet-Tätigkeiten ausbildet. Die Mitarbeiter konnten sich als Freiwillige engagieren und sahen, dass die Früchte ihrer Arbeit einen direkten Nutzen für die Gemeinschaft hatten.

Die Möglichkeit, mit dem Unternehmen der Gemeinschaft zu dienen, zählt mittlerweile zu den attraktivsten Zusatzleistungen für die Mitarbeiter amerikanischer Unternehmen. Timberland stellt zum Beispiel seine Mitarbeiter fünf Tage im Jahr bei vollem Gehalt für gemeinnützige Projekte frei.

Der Dienst an der Gemeinschaft kann die Entwicklung einer gemeinsamen Identität fördern. Als die Pharmaunternehmen Sandoz und Ciba-Geigy zu Novartis fusionierten, formulierte der neue Konzernchef Daniel Vasella mit seinem Führungsteam eine neue Aufgabenstellung, neue Zielsetzungen und neue Werte, zu denen der soziale Zweck des Unternehmens zählte. Als Beraterin in Integrationsfragen empfahl ich, den Mitarbeitern in aller Welt diesen Zweck mittels eines »Tags des Gemeinschaftsdienstes« nahe zu bringen. Am ersten Jahrestag der Fusionsentscheidung fand der erste Global Community Day von Novartis statt und vermittelte den Mitarbeitern und der Welt die neue Identität des Konzerns.

In gemeinsamen gemeinnützigen Aktivitäten können die Angehörigen eines Unternehmens eine direkte emotionale Erfahrung miteinander teilen. Dies erklärt, warum die anscheinend paradoxe Symbiose der virtuellen, an keinen Ort gebundenen E-Culture mit einem praktischen Dienst an der örtlichen Gemeinschaft funktioniert. Die Möglichkeit, mit dem Unternehmen der Gemeinschaft zu dienen, zählt mittlerweile zu den attraktivsten Zusatzleistungen für die Mitarbeiter amerikanischer Unternehmen. Timberland stellt zum Beispiel seine Mitarbeiter fünf Tage im Jahr bei vollem Gehalt für gemeinnützige Projekte frei.

Besonders sinnvoll sind gemeinnützige Aktivitäten, wenn sie der Aufgabenstellung eines Unternehmens entsprechen. Es geht nicht nur um das gemeinnützige Engagement des Unternehmens, sondern auch darum, dass die wesentlichen Fähigkeiten des Unternehmens zur Lösung großer gesellschaftlicher Probleme beitragen können. IBM ist ein preisgekröntes Rollenvorbild. Der Konzern erhält von seinen Mitarbeitern ausgezeichnete Noten für seine Beiträge zu Innovationen im öffentlichen Schulwesen in den USA sowie in Ländern wie Brasilien, Italien, Großbritannien, Vietnam, Südafrika und Singapur.

Gemeinnützige Aktivitäten können sich im Wettbewerb um Mitarbeiter als Vorteil erweisen. Das Beratungsunternehmen Bain lockt Universitätsabsolventen mit einem Gemeinschaftsdienst: Neue Mitarbeiter können vor Beginn ihrer Tätigkeit an einem beliebigen Ort einen Freiwilligendienst für Habitat for Humanity absolvieren und erhalten dafür bis zu 3000 Dollar an Reisespesen. Abuzz weist auf seiner Website auf seine Unterstützung einer Volksschule hin. Dieses Projekt kommt in Bewerbungsgesprächen oft zur Sprache und wird dem Unternehmen von potenziellen Mitarbeitern positiv angerechnet.

In einigen Unternehmen fördert das gute Beispiel einzelner Mitarbeiter die Entwicklung einer gemeinnützigen Ethik. EarthWeb schreibt keine gemeinnützigen Beiträge vor, da es glaubt, eine solche Vorgabe widerspreche der individualistischen Grundhaltung der Mitarbeiter eines Internet-Unternehmens. Doch die Mitarbeiter erhalten Gelegenheit, für gemeinnützige Organisationen tätig zu werden, an deren Führung CEO Jack Hidary beteiligt ist. Nach Ansicht von Hidary ist das Arbeitsumfeld im Unternehmen der wichtigste Faktor, doch er glaubt, dass gemeinnützige Aktivitäten ebenfalls großen Einfluss haben: »Wenn die Leute zwischen zwei gleichartigen Unternehmen zu wählen haben, sehen sie sich wahrscheinlich zunächst an, ob sie sich im Arbeitsumfeld entfalten können und ob die Ausbildung in dem Unternehmen gut ist. Und dann kommen sekundäre Faktoren wie die gemeinnützigen Aktivitäten des Unternehmens ins Spiel.«

Geschäft bleibt Geschäft, und die Arbeit kommt an erster Stelle. Doch indem man ihr einen zusätzlichen Sinn verleiht, festigt man die Bindung zwischen dem Unternehmen und seinen Mitarbeitern.

Kulturelle Identität auf einen Klick

Früher entwickelte sich die Unternehmenskultur oft von allein. Heute ist der Aufbau einer Community ein erklärtes Ziel vieler Gründer von Internet-Unternehmen. Auf der Website von PlanetFeedback kann der Besucher die Entstehungsgeschichte des Unternehmens nachlesen. Das Ziel besteht darin, neue Mitarbeiter mit der Kultur des Unternehmens vertraut zu machen. New York Times Digital richtete einen Kulturausschuss unter Leitung von Abuzz ein, in dem sämtliche Dotcoms des Unternehmens vertreten sind. Sapient, ein Anbieter von Netzdiensten, hat eine eigene Kulturarchitektin ernannt. Selbstverständlich dauert es Jahre, eine herkömmliche Kultur aufzubauen, und Generationen, sie zu festigen. Doch wie im Internet nicht anders zu erwarten, wollen die dort tätigen Unternehmen sofort und ohne Umschweife eine Kultur haben.

Aufbauen soll eine solche Kultur ebenso auf Vergnügen und Spielen wie auf nahezu religiösen Erfahrungen. Razorfish, das sich in den Bereichen Internet-Strategie und Webdesign betätigt, versucht mit Großveranstaltungen rasch eine gemeinsame Kultur zu erzeugen. Das größte und kühnste derartige Ereignis war eine Reise des gesamten Unternehmens nach Las Vegas im Dezember 1999.

Razorfish Fishfry 1.0

Es folgen Auszüge aus einem Tagebuch zu »Razorfish FishFry 1.0«, der ersten weltweiten Versammlung für Razorfish-Mitarbeiter in Las Vegas.

Vor der Abreise konnten sich die Mitarbeiter im Intranet über die Adresse des Hotels und über das allgemeine Ziel der dreitägigen Versammlung informieren. Doch die Informationen waren knapp, da das Überraschungselement eine Voraussetzung für den Erfolg der Veranstaltung war. Wer eine schläfrige Konferenzatmosphäre erwartet hatte, war im

Irrtum. Über 1300 Mitarbeiter machten eine perfekt organisierte, sehr vergnügliche und ungemein aufschlussreiche Erfahrung.

Am ersten Konferenztag versammelten wir uns in einem riesigen Saal zu einer Show mit Lichteffekten und Videovorführung. Die Gründer Craig und Jeff rauschten unter tosendem Applaus auf Rollern in den Saal, in dem sich in den verbleibenden zwei Tagen die Mitarbeiter mischten, Bekanntschaften schlossen, mit den Spitzenmanagern über ihre Aufgaben sprachen und Gelegenheit erhielten, ihre Vorstellungen von der Zukunft des Unternehmens vorzulegen.

Ein Ziel von Razorfish besteht darin, zu wachsen und zu lernen, indem man Projekte gemeinsam mit anderen Büros durchführt. So bot uns FishFry 1.0 Gelegenheit, Zeit mit unseren Kollegen zu verbringen, die nach London, San Francisco, Stockholm und Los Angeles gezogen waren ... Was mir in Erinnerung geblieben ist? Das Gefühl, einer über den Erdball verstreuten Gruppe intelligenter Menschen anzugehören. Ich war immer wieder beeindruckt von unserem kollektiven Wissen, unserer Kreativität und unserer Teamarbeit.

Derartige Ereignisse können Emotionen wecken, Bindungen festigen und Rituale begründen, die einem Unternehmen eine Identität verleihen und besondere Beziehungen zwischen jenen begründen, die die Rituale kennen. Sie erzeugen Erinnerungen an Empfindungen, die über die vermittelte berufliche Information hinausgehen. Für große globale Unternehmen stellt die gemeinsame Kultur, die bei solchen Ereignissen entsteht, einen Vermögenswert dar, weil sie die Angehörigen des Unternehmens in die Lage versetzt, einander als Mitglieder derselben Community kennen zu lernen. Helen Yang von Sun sagt über das SunPeak-Projekt: »Die Arbeit mit meinem Team hatte Ähnlichkeit mit der Führung der Vereinten Nationen. Da waren nicht nur die normalen ethnischen Unterschiede und die Unterschiede in der Unternehmenskultur, sondern auch eine große Menge unabhängiger Auftragnehmer sowie Berater von Andersen und Oracle. Damit alle Beteiligten gut zusammenarbeiten und auf dasselbe Ziel die Inbetriebnahme im August 1998 – hinarbeiten konnten, mussten wir große Anstrengungen unternehmen.«

Für globale Unternehmen stellt die gemeinsame Kultur einen wichtigen Vermögenswert dar.

Doch was für die Insider Ausdruck einer ausgeprägten Unternehmenskultur ist, kann auf Außenstehende befremdend wirken. Unternehmen mit einer starken Kultur werden leicht zum Ziel spöttischer Kommentare über die »Gehirnwäsche«, der sie ihre Mitarbeiter angeblich unterziehen. Wenn im Namen der »Teambildung« mehr und mehr ausgefallene Aktivitäten stattfinden, macht sich leicht Zynismus breit. Das wochenlange Einschulungsprogramm, dem die E-Strategie-Firma Mainspring neue Mitarbeiter unterzog, beinhaltete eine Art von Schnitzeljagd, die eine Reihe bizarrer Aufgaben umfassten: Die Trainees mussten einer unbekannten Person einen Heiratsantrag machen oder auf legalem Weg eine Schaufensterpuppe erwerben.

Selbst die Angehörigen eines Unternehmens finden nicht immer Gefallen an vergnüglichen Aktivitäten oder Veranstaltungen zur Festigung der Unternehmenswerte. Abuzz ist sich der Tatsache bewusst, dass seine zahlreichen Rituale verschroben wirken können, und weist immer wieder darauf hin, dass die Mitarbeiter selbst diese Rituale entwickelt hätten. Die Vollversammlungen waren eine Idee von Andy Sack. Der Anstoß zur Entwicklung des »buddy system for newbies« kam von Jess Brooks. Und über das RAVE-Projekt sagt Brooks: »Es ist ein wenig kitschig, aber es ist eine Art Wettbewerb daraus entstanden, eine gute Lobrede auf einen Kollegen zu schreiben. Manche Leute schreiben sie in Versform, andere fertigen eine Zeichnung an ... Die Leute gehen weg, doch die Kultur besteht weiter.« Ein Designer erklärt: »Das hat nichts mit einem Kult zu tun. Diese kleinen Dinge erhalten den Teamgeist.« Shaun Cutts, einer der Gründer von Abuzz, meint: »Eine starke Kultur wirkt selbstverstärkend. Wer nicht hineinpasst, kommt nicht ins Unternehmen.«

Ein anderer Mitbegründer von Abuzz, Andres Rodriguez, war anfangs skeptisch gegenüber dem Stil des Unternehmens: »Einige Leute hielten all dieses überschwängliche Getue für unecht. Andere meinten, mein rauer Stil sei vulgär, und zwischen diesen beiden Polen fanden die Leute sehr viel Freiraum vor, um eine Identität zu entwickeln. Vieles von dem, was den Leuten am meisten Spaß macht, ging nicht von uns aus. Die Leute in der Entwicklungsabteilung spielen das Computerspiel Quake. Das Außergewöhnliche ist, dass wir ihnen einfach vertrauen. Einer unserer anfänglichen Fehler bestand darin, uns vor diesen Dingen zu fürchten. Wir gaben Anordnungen wie: ›Bis fünf Uhr nachmittags darf kein Quake gespielt werden.‹ Ich erinnere mich an ein ernstes Gespräch mit Andy, in dem wir zu klären versuchten, wie wir uns gegenüber Quake verhalten sollten.«

Abschreckend kann eine verspielte Kultur wirken, wenn sie verordnet wird. Die *New York Times* berichtete darüber, dass noch vor dem Einbruch des

Aktienmarktes eine kleine Abwanderungswelle in den Dotcoms begann, die ihren Grund in einer gezwungenen Kultur hatte: »Carla De Luca, eine ehemalige Produzentin von CNN, zog von Atlanta nach Kalifornien und nahm einen Job bei Beyond.com an ... Nach ihrer Aussage verbrachten die Spitzenmanager viel Zeit mit der Selbstdarstellung in den Sitzungen. Doch als besonders störend empfand sie die Atmosphäre verordneten Vergnügens. Man sagte den Mitarbeitern, wenn sie eine Sitzung bei einem Tischtennisspiel abhalten wollten, so könnten sie dies tun. Und die Politik des ›Hunde willkommen‹ verwandelte das Büro quasi in ein Tierheim. Als De Luca nach vier Monaten wieder ging, ließ sie einen Stapel Aktienoptionen zurück.«[13]

Wertlos ist eine Kultur, wenn in ihr nicht gearbeitet werden kann. Ein Internet-Veteran beschrieb eine prominente Dotcom, der er den Rücken gekehrt hatte: »Es war ein sehr vergnüglicher Ort. Die Atmosphäre war entspannt. Aber es war ein Unternehmen, das nicht wusste, worauf es sich konzentrieren sollte.« Es gab zahlreiche Rituale, Mechanismen zur Festigung der Beziehungen und Diskussionen, jedoch kein klares Geschäftsmodell. »Wenn man die Gründer nach ihren Konkurrenten fragte, erklärten sie, keine zu haben, weil niemand dasselbe tue wie sie. In meinen Augen war das ein schlechtes Zeichen. Wenn du keine Konkurrenz hast, weißt du nicht, was du tust.«

Rückkehr des Nomadenlebens: Der Kreislauf von Attraktion und Bindung

Aus einer Gemeinschaft können Menschen abwandern, doch sie können auch wiederkehren. Die Wissensarbeiter sind keine Leibeigenen, die an das Land ihres Feudalherren gefesselt sind, sondern ähneln eher Gildenangehörigen, die ihr Handwerk von einem Ort zum anderen tragen und ihre Freunde mitnehmen. Unternehmen, die sich die E-Culture zu Eigen gemacht haben, haben es aufgegeben, abwandernde Mitarbeiter zu verstoßen. Stattdessen betrachten sie sie als ehemalige Studenten, die für Versammlungen zusammenkommen und ihre Ausbildungsstätte weiterhin unterstützen. Das Beratungsunternehmen Bain lädt ehemalige Mitarbeiter zur Rückkehr ein. Autodesk schickt ausgeschiedenen Mitarbeitern nach einigen Monaten eine Grußkarte.

Abuzz, dessen starke Kultur anscheinend eine starke Bindung bewirkt, kann sich oft über die Rückkehr von Nomaden freuen. Liesel Pollvogt, die im Jahr 1998 neun Monate lang bei Abuzz tätig gewesen war, verließ das Unternehmen, da sein Geschäftsmodell ihrem Interesse am Internet nicht gerecht wurde. Doch sie pflegte weiter eine gute Beziehung zum Unternehmen und zu seinen Mitarbeitern und vermittelte ihm Mitarbeiter. Nachdem Abuzz ins Internet eingestiegen war, kehrte sie als Marketing-Leiterin ins Unternehmen zurück – ein Vorgang, den sie als ganz natürlich beschrieb.

Bei Abuzz wurden neue Mitarbeiter in den ersten Jahren zumeist von bereits dort tätigen Freunden ins Unternehmen gebracht. »Es beginnt damit, dass eine Person von ihrer Tätigkeit besessen ist«, sagt eine Führungskraft. »Da sie bis spät in die Nacht über die Arbeit sprechen möchte, arbeitet sie am liebsten mit Freunden zusammen.« Ein Computerexperte erzählt: »Ein Freund des Entwicklungsleiters hatte Jay Brewer von meiner Arbeit erzählt. Die beste Methode besteht darin, Freunde von Freunden einzustellen. So weiß man, was man bekommt. Diese Leute passen ins Unternehmen.« Andres Rodriguez ist derselben Ansicht: »Der größte Vorzug eines guten Arbeitsklimas ist, dass die Leute ihre Freunde mitbringen. Sie bewegen sich wie kleine Stammesgemeinschaften in Gruppen von fünf oder sechs Leuten auf dem Markt. Wenn man eine dieser Personen für sich gewinnt, gewinnt man das ganze Team.«

Man beachte die Multiplikatoreffekte. Engagierte Mitarbeiter bleiben nicht nur länger, sondern bringen auch Bezugspersonen ins Unternehmen. Eine wachsende Zahl von Unternehmen betrachtet die Empfehlungen gegenwärtiger Mitarbeiter als ausgezeichnete Quelle für Neuzugänge. Trotz der Online-Stellenvermittlungen bleibt die Mundpropaganda wichtig, insbesondere auf den höheren Ebenen. In einer Umfrage unter 7400 amerikanischen Führungskräften, die innerhalb der letzten zwölf Monate den Arbeitsplatz gewechselt hatten, stellte sich heraus, dass 64 Prozent ihren neuen Job durch Vernetzung gefunden hatten, während nur 4 Prozent über das Internet fündig geworden waren.[14] Manche Unternehmen bieten Anreize für Empfehlungen: Eine E-Strategiefirma bietet Aktienoptionen für Empfehlungen an, die zur Einstellung eines neuen Mitarbeiters führen. Die Anziehungskraft eines Unternehmens steigt mit einer sinkenden Fluktuationsrate. Hier haben wir es mit einem »Engelskreislauf« zu tun: Je enger die Bindung, desto größer die Begeisterung, desto geringer der Wunsch abzuwandern, desto größer die Anziehungskraft auf neue Mitarbeiter.

»Die beste Methode besteht darin, Freunde von Freunden einzustellen. Diese Leute passen ins Unternehmen.«

Unternehmen, die sich durch ein hohes Engagement auszeichnen, sind zumeist in allen drei Dimensionen der Bindung aktiver. Die Bindung zwischen

Mitarbeitern und Organisationen sind vielfältig. Die drei Bindungsmechanismen überlagern einander und funktionieren gemeinsam besser als allein. Ein und dieselbe Unternehmenspraxis kann mehrere Rollen erfüllen. Ein Technologieexperte bei Abuzz sagte: »Die Leute arbeiten wirklich gern hier, niemand sehnt sich danach, um fünf Uhr aus dem Büro herauszukommen.« Als wir ihn fragten, was den Ausschlag für diesen Arbeitgeber gegeben habe, nannte er eine Reihe von Faktoren, die auch die Kultur betrafen:

- die Chance, sich an der Frühphase des Designs zu beteiligen;
- intelligente und motivierte Kollegen, die gern im Team arbeiten, zugleich humorvoll und ernst sind und ihre Aufgaben bewältigen;
- Respekt für den Einzelnen, der den Respekt für das Unternehmen und für harte Arbeit fördert;
- Sicherheit durch die Zugehörigkeit zur *New York Times*.

Eine Kombination mehrerer Bindungsmechanismen kann auch Kosten sparend sein. Viele wirkungsvolle Bindungsmechanismen, darunter Vertrauen und Respekt, sind gratis. Andere kosten nicht viel und können sogar einen unmittelbaren Ertrag bringen - zum Beispiel eine Extrabehandlung für Leute, die sich freiwillig bereit erklären, knappe Termine einzuhalten und dem Unternehmen somit die Möglichkeit eröffnen, wichtige Aufträge zu gewinnen.

Ihren Mitarbeitern finanzielle Anreize zu geben, fällt vielen Unternehmen leichter, als ihnen Chancen und Entscheidungsbefugnisse zuzugestehen und einen Sinn zu vermitteln. Manche Unternehmen bringen ihren Mitarbeitern generell nicht genug Vertrauen oder Respekt entgegen. Die amerikanischen Automobilhersteller kauften sich den Frieden am Arbeitsplatz jahrelang mit hohen Löhnen, anstatt den Arbeitnehmern die Kontrolle über ihren Arbeitsplatz zu überlassen.

Andere Unternehmen bieten lieber finanzielle Vergünstigungen an, als das Verhalten von Managern zu ändern, die sich nicht für die Menschenführung eignen. Und einige ansonsten erfolgreiche Unternehmen vernachlässigen die Förderung der zwischenmenschlichen Fähigkeiten, was letzten Endes ihr Wachstum beschränkt. Beispielsweise gibt es bei Sun viele fähige Innovatoren, aber das Unternehmen bemüht sich nicht ausdrücklich um die Förderung von Talenten. Zudem findet sich bei Sun anders als IBM und Cisco kein gemeinnütziges Engagement. Eine Führungskraft erklärt: »Fragt man die Manager bei Sun nach ihrer Tätigkeit, so erwähnen sie die Menschen nicht. Sie sagen: ›Ich bin für diese Entscheidungen zuständig. Ich entwickle jene Technologie. Ich löse diese Probleme.‹ Nebenbei erwähnen sie möglicherweise, dass sie ihre Teams dazu bringen, all diese Dinge zu tun. Doch sie haben eher eine Mentalität von Befehl und Kontrolle - die Mentalität von Technokraten, die individuelle Leistungen erbringen - als die Einstellung von Managern, die Menschen führen.«

Ein Heer von Freiwilligen?

Beim Blick auf einige Bindungsmechanismen könnte man den Eindruck gewinnen, die Internet-Unternehmen und ihre Gegenstücke in der herkömmlichen Wirtschaft seien dabei, ein Arbeiterparadies zu errichten. Doch weit gefehlt: Die Callcenter sind gesichtslose Fabriken mit übermäßiger Kontrolle und beschränkter Autonomie. In vielen Dotcoms gibt es zwei oder mehr Kulturen. Die hoch bezahlten Wissensarbeiter in den Internet-Unternehmen finden in einer fruchtbaren Umgebung Brot und Spiele, während die schlecht bezahlten und gering geschätzten Lagerarbeiter, die vielleicht nicht einmal Englisch sprechen, im Akkord schuften, um die Online-Bestellungen zu erfüllen - ganz zu schweigen von den Arbeitern in den Entwicklungsländern, die die Produkte herstellen und deren Situation zum Teil durchaus als Ausbeutung bezeichnet werden kann. Doch auf Arbeitsmärkten mit knappem Angebot greifen einige positive Praktiken auf die traditionellen Unternehmen über. Die Mitarbeiter der Bostoner Möbelhandelskette Jordan's Furniture haben ebenso viel Spaß wie die Angehörigen vieler Dotcoms: Das Unternehmen macht mit der gesamten Belegschaft Urlaub auf den Bermuda-Inseln und veranstaltet in seinen Lagerhäusern Festivals und Feiern.

Wer für sich in Anspruch nehmen will, die Bedürfnisse der Mitarbeiter zu berücksichtigen und ihnen Handlungsfreiheit zuzugestehen, darf sie nicht wie Untergebene behandeln, die herumkommandiert werden können, sondern muss sie als Freiwillige betrachten, die aus freiem Willen im Unternehmen sind und es jederzeit verlassen können. Charles Schwab, der Pionier der Online-Finanzdienste, serviert den Mitarbeitern in seinem Callcenter im ersten Quartal jedes Jahres, wenn das Geschäftsaufkommen aufgrund des Abschlusses des Steuerjahres besonders hoch ist, drei Mahlzeiten am Tag. »Mitarbeiter, die außerordentlich lange Arbeitszeiten auf sich nehmen, behandeln wir wie freiwillige Helfer«, erklärt ein Manager.

In gewissem Sinn sind alle Mitarbeiter in einem Teil ihrer Tätigkeit Freiwillige. Sie werden dafür bezahlt, dass sie zur Arbeit erscheinen, und sie erhalten Leistungsanreize für bestimmte Ergebnisse. Doch viele Aktivitäten, die sich langfristig auf die Ergebnisse eines Unternehmens auswirken, erfordern einen freiwilligen Aufwand, der in keiner direkten Beziehung zur finanziellen Entschädigung steht. Das SunPeak-Team, das sämtliche IT-Systeme von Sun umbaute, hatte aufreibende Arbeitszeiten. Mehrere Monate lang war der Samstag ein verpflichtender Arbeitstag. Doch die Teamleiterin Helen Yang behandelte ihre Leute wie Freiwillige und dankte ihnen dafür, dass sie ihre Zeit opferten. Sie versorgte sie mit Mahlzeiten und richtete eine »stressfreie Zone« ein. Sie verpflichtete Redner für Motivationsvorträge, darunter einen Apollo-Astronauten und CEO Scott McNealy. »Sie haben eine göttliche Mission zu erfüllen«, erklärte McNealy dem Team. »Das Unternehmen zählt auf Sie.«

Psychologische Studien haben gezeigt, dass Menschen Aufgaben, die sie als freiwillig wahrnehmen, engagierter verfolgen als aufgezwungene oder verpflichtende Tätigkeiten. In einer Reihe von Studien hat sich gezeigt, dass die Leistungen sogar nachlassen, wenn man die Personen für bestimmte Tätigkeiten bezahlt. Die Menschen schenken unbezahlten Bemühungen, die durch eine starke persönliche Überzeugung gerechtfertigt sind, größere Aufmerksamkeit. Führende Software-Unternehmen engagieren unbezahlte Freiwillige, die beträchtliche Zeit opfern, um Kundenfragen zu beantworten und Kunden in der Verwendung der Produkte unterweisen. Ein führender Hersteller von Client-Server-Programmierwerkzeugen engagierte 32 fähige externe Fachleute, die als unbezahlte Freiwillige mehrere Stunden täglich an Online-Foren teilnahmen. Sie stellten sich für zehn bis zwölf Wochen zur Verfügung und erhielten als Gegenleistung Vorauskopien der Produkte sowie Reisespesen für die Teilnahme an drei Benutzerkonferenzen im Jahr. Dies kostete das Unternehmen nur ein Siebtel des Betrags, der angefallen wäre, hätte es eigene Mitarbeiter eingesetzt.

Doch das Konzept des Freiwilligendienstes will nicht so richtig zu Unternehmen mit Gewinnzweck passen. Die meisten Menschen, die sich ihren Lebensunterhalt verdienen müssen, messen finanzieller Anerkennung große Bedeutung bei. Doch indem man die Menschen wie Freiwillige behandelt und damit ihren eigenen Bedürfnissen entgegenkommt, kann man mehr erreichen als mit Incentive-Programmen. Den Mitarbeitern die Freiheit der Wahl zuzugestehen mag schwierig sein, doch es vergrößert das Motivationsinstrumentarium des Managements.

Von blinder Loyalität zur erneuerbaren Bindung

Angesichts des Auftauchens der Wissensnomaden, die keine ständigen Mitglieder des Unternehmens mehr sind, sondern einen befristeten Freiwilligendienst leisten, fragen sich manche Manager, was aus der Tugend der Loyalität geworden ist. Doch ich glaube, dem Problem der schwindenden Loyalität wird übermäßige Bedeutung beigemessen. Wenn wir das Wort Loyalität hören, denken wir an eine langfristige Bindung, die die Launen des Augenblicks überdauert. Doch Loyalität kann sich auch in Sklaverei oder blinden Gehorsam verwandeln. Sie kann bedeuten, dass man sich an etwas klammert, das nicht funktioniert. All dies ist offenkundig kein Bestandteil der E-Culture.

Hewlett-Packards großartige Unternehmenskultur, in der dem langjährigen Dienst am Unternehmen große Bedeutung zukommt, war auch dafür verantwortlich, dass einige Leute auf ihren Posten blieben, die die Innovation nicht rasch genug vorantreiben konnten, um mit Sun Microsystems mitzuhalten, dessen Kultur die unablässige Veränderung in den Mittelpunkt rückt. In Unternehmen wie Sun hat die Dauer der Tätigkeit an sich keinen Wert, sondern ergibt sich einfach daraus, dass die Mitarbeiter immer wieder mit derart aufregenden Projekten betraut werden, dass sie (in dem Bewusstsein, jederzeit gehen zu können) ihr Bekenntnis zum Unternehmen laufend erneuern. Die Unternehmen sind auf Menschen angewiesen, die fest entschlossen sind, ihre Arbeit so gut wie möglich zu machen. Und sie brauchen Menschen, die lange genug bei der Stange bleiben, um die Investitionen in ihre Ausbildung zu amortisieren. Doch dies ist etwas ganz anderes als unverbrüchliche Loyalität zum Unternehmen, egal, was kommen mag. Spitzenleistungen sind nicht unbedingt gleichbedeutend mit einer lebenslangen Bindung an ein Unternehmen.

Die scheinbare Loyalität von Mitarbeitern, die ohne Karrierechancen viele Jahre im gleichen Job gefangen waren, war in Wirklichkeit nur ein Mangel an Alternativen.

Anfang der neunziger Jahre, auf dem Höhepunkt der Reengineering-Welle, wurde in den Medien die Schattenseite der Beschäftigungsgleichung diskutiert: Als Sparmaßnahme entledigten sich die Unternehmen ihrer Langzeitmitarbeiter. Sie erwarteten Loyalität von ihren Mitarbeitern, ohne diesen gegenüber loyal zu sein. Kann es da überraschen, dass auf dem angespannten Arbeitsmarkt für Wissensarbeiter nun der Spieß umgedreht wird?

Nun sehnen sich die Unternehmen plötzlich nach den goldenen Jahren der Loyalität zurück, als sich die Arbeitnehmer dagegen sträubten, den Arbeitgeber zu wechseln. In Wahrheit waren die Mitarbeiter in vielen Unternehmen nur deshalb loyal, weil sie keine andere Wahl hatten. Bei Beförderungen gab das Dienstalter den Ausschlag, weshalb man es sich nicht leisten konnte, von der Karriereleiter abzuspringen. Status, Einfluss und Gehaltserhöhungen waren davon abhängig, ob man befördert wurde. Es gab keine Aktienoptionen, sondern Pensionspläne, die Mitarbeiter an das Unternehmen ketteten. Die scheinbare Loyalität von Mitarbeitern, die ohne Karrierechancen viele Jahre im gleichen Job gefangen waren, war in Wirklichkeit nur ein Mangel an Alternativen.

Die altmodische Loyalität gegenüber dem Unternehmen verlor ihren wirtschaftlichen Nutzen, als sich der globale Wettbewerb verschärfte. In den bürokratischen Unternehmen alten Stils stagnierten Produktivität und Gehälter. In der von Unternehmergeist und hoher Mobilität der Arbeitskräfte gekennzeichneten New Economy steigen die Produktivität und die Gehälter.

Das Gehalt muss stimmen, doch Loyalität kann man nicht allein mit Geld kaufen. Ob eine langfristige Bindung entsteht, hängt von den Entwicklungsmöglichkeiten ab, von der Chance zur Einflussnahme und davon, ob die Mitarbeiter das Gefühl haben, etwas verändern zu können. Die Angehörigen der neuen Arbeitnehmergeneration wollen keine Untergebenen mehr sein, sondern ihr Schicksal selbst gestalten. Sie interessieren sich mehr für die Schaffung von Wohlstand als für den Aufstieg in einer Hierarchie. Sie suchen nach einer sinnvollen Arbeit, die von Nutzen für die Gemeinschaft ist, ohne dass sie dafür auf ein erfülltes Leben verzichten wollen.

In der E-Culture ist kein Platz für blinde Loyalität. In Anbetracht all der Möglichkeiten und all der mit ein paar Mausklicks zugänglichen Information müssen weder Mitarbeiter noch Kunden ihre Augen vor neuen Angeboten und Möglichkeiten verschließen. Die E-Culture macht Loyalität nicht unmöglich, doch sie macht sie von einer stetig erneuerbaren Bindung abhängig, die auch der Notwendigkeit von Veränderungen Rechnung trägt.

TEIL III

Morphing: Tief greifender Wandel mit Internet-Geschwindigkeit

8

KURS AUF DIE ZUKUNFT: Die Veränderung ins Rollen bringen

> Sie müssen bereit sein, den genetischen Code der Organisation zu verändern.
> *David Weymouth, CIO der Barclays Bank*

Damit Sie es gleich wissen: In diesem Kapitel geht es darum, die Ärmel hochzukrempeln und sich an die Arbeit zu machen. Wenn Ihr einziges Ziel darin besteht, im Handumdrehen zum Dotcom-Milliardär zu werden, indem Sie MakeMeRichQuickOnTheWeb.com gründen, so werden Sie hier keine geeigneten Ratschläge finden. In diesem Kapitel geht es um die Eigenschaften idealer Führungskräfte und die Geschäftskultur der Zukunft – also um HowToGetThereAndKeepItGoing.com.

Für die Wannadots lautet die große Frage, wie sie sich in internet-fähige Organisationen verwandeln können. Die Leiter großer Produktionsunternehmen springen auf den fahrenden Zug und berufen große Versammlungen ein, um »es« über Nacht zu verwirklichen – was immer »es« sein mag. Für Dotcoms und Dotcom-Geburtshelfer hingegen lautet die Frage, wie sie sich ausdehnen und zugleich die richtige Kultur aufbauen und erhalten können, wie sie wachsen können, ohne außer Kontrolle zu geraten. Ungeachtet der unterschiedlichen Ausgangspunkte müssen sowohl Wannadots als auch Dotcoms ihr grundlegendes Organisationssystem verstehen und gestalten.

Das sind genau die Fragen, über die sich die Unternehmensführungen den Kopf zerbrechen. Doch nicht nur Topmanager, sondern alle, die Verantwortung für die Veränderung ihrer Organisation tragen – sei es als Leiter neuer Unternehmensbereiche, als Unternehmensgründer, als Abteilungschefs oder als Leiter von Projektteams –, sind gefordert, sich einen Überblick über das Gesamtsystem zu verschaffen. Die E-Culture ist keine kosmetische Veränderung, sondern eine vollkommen neue Lebensart. Sie kann nicht auf eine bestimmte Kleiderordnung (T-Shirt, Jeans, Pferdeschwanz und Ohrringe) oder ein neuartiges Ambiente (grelle Farben, Spielzimmer, Gemeinschaftsküchen,

Musik) reduziert werden. Vielmehr erfordert sie eine Reihe tief greifender Veränderungen:

- Die Notwendigkeit der raschen Innovation verwandelt die Strategiegestaltung in ein Improvisationstheater.
- Das Prinzip »Big, everywhere, fast« erzwingt den Aufbau eines Partnernetzes.
- Die Macht der Kunden verlangt einen nahtlosen Betrieb und die Verwandlung in eine Community, die geschlossen ein gemeinsames Ziel verfolgt.
- Der Wettbewerb um Talente zwingt die Unternehmen, das Empowerment voranzutreiben und erneuerbare Bindungen aufzubauen.

Die E-Culture bringt neue Jobs und neue Berufsbezeichnungen mit sich: Content Manager, Webmaster, Allianzmanager, Community Director, Kulturarchitekt. Und sie beinhaltet neue Funktionen: Integratoren, Veränderungsmakler, Netzwerkbetreuer, Botschafter und Diplomaten, Kooperonauten. Diese Liste ist ein Signal dafür, dass in alten wie neuen Unternehmen neuartige Tätigkeiten entstehen.

Der stetige Wandel ist ein Wesenszug der digitalen Welt. Das Internet und die damit verbundenen Netzwerktechnologien sind zugleich Stimuli für die Entstehung der E-Culture und Voraussetzungen für ihre Entwicklung. Man könnte von einer sich selbst verstärkenden Spirale sprechen: Je intensiver das Netz genutzt wird, desto mehr Aufgaben muss es bewältigen. Jede Veränderung macht weitere Veränderungen erforderlich. Um diesen Wandel zu bewältigen, müssen die Unternehmen mehr tun, als sich den bereits stattfindenden Veränderungen anzupassen. Sie müssen schnell, beweglich, intuitiv und innovativ sein. Die Angehörigen von Unternehmen, die für den Wandel gerüstet sind, lernen unentwegt, passen sich laufend an, verbreiten Wissen und tauschen Ideen aus. Indem sie die Veränderung zu einer Lebensart machen, tun sie im besten Sinn ihre Arbeit.

Für Dotcoms und Dotcom-Geburtshelfer stellt sich die Frage, wie sie weiter wachsen können, ohne die Kontrolle zu verlieren.

So überrascht es nicht, dass sich die Schrittmacher von den Nachzüglern unterscheiden, wenn es um die Einstellung zu Veränderungen geht:

- Interne Veränderungen werden als selbstverständlicher Teil der Entwicklung betrachtet.

- Konflikte gelten als begrüßenswerte schöpferische Vorgänge.
- Ungewöhnliche Ideen werden ausdrücklich gefördert.
- Wenn das Unternehmen eine wesentliche strategische Veränderung in Erwägung zieht, erfahren die meisten Leute im Voraus davon, damit sie sich dazu äußern können.

Eine Veränderungskultur zu haben bedeutet nicht, alles vollkommen richtig zu machen. Vielmehr bedeutet es, alles schnell zu tun, aus den Fehlern zu lernen und es besser zu machen. Doch wie können Unternehmen, die nicht auf stetigen Wandel eingestellt sind, Veränderungen herbeiführen und dies obendrein mit der im Internet erforderlichen Geschwindigkeit tun? Viele Beobachter sprechen den traditionellen Unternehmen diese Fähigkeit rundweg ab und vertreten die These, umfassende Veränderungen erforderten die Gründung unabhängiger Unternehmen - seien dies nun E-Commerce-Ausgliederungen oder vollkommen neue Unternehmen auf der grünen Wiese. Doch es wäre voreilig, diese Unternehmen abzuschreiben. Sie erzeugen zu viel Wert und sind zu wichtig für das Funktionieren der Wirtschaft. Daher müssen jene Mechanismen aufgespürt werden, die den Wandel in Gang bringen können. Eine Kultur der Veränderung, eine Plattform für die E-Culture muss in den Unternehmen verankert werden. Ohne grundlegende Änderungen am System

Das Veränderungsrad

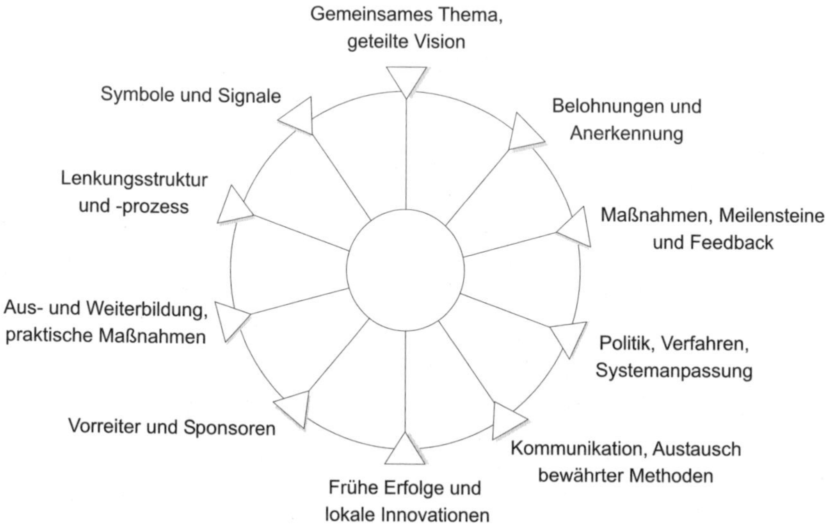

wird ein Unternehmen immer wieder zu seinen alten Verhaltensmustern zurückkehren. Ich habe ein Modell entwickelt, anhand dessen Führungskräfte die wesentlichen Elemente der E-Culture in ihr Unternehmen einbauen können. Ich bezeichne dieses Modell als *Veränderungsrad*, da jede Speiche einem Element entspricht, das in Kombination mit den übrigen Bauteilen die systemweite Veränderung ins Rollen bringt.[1] Und die Kreisform verdeutlicht, dass keines der Elemente Vorrang hat, sondern dass es viele mögliche Ausgangspunkte gibt. Doch wenn nicht alle Speichen eingebaut werden, kann sich das Rad nicht drehen.

Veränderung

Hier die Elemente des Veränderungsrades im Einzelnen:

- *Gemeinsames Thema, geteilte Vision:* Das Ziel der Veränderung muss dem gesamten Unternehmen klar sein. Die Definition des Ziels kann einer kleinen Gruppe übertragen werden, doch zu einem wirklich gemeinsamen Ziel wird es erst, wenn es von einer großen Zahl von Menschen verfolgt wird.
- *Symbole und Signale:* Die Angehörigen einer Organisation suchen ständig nach Hinweisen darauf, ob die Veränderung ernst gemeint ist und wie sie sich auswirken wird. Kleine Symbole können beträchtliche Wirkung haben. Frühe Signale zeigen den Mitarbeitern, was die Veränderung für sie bedeuten wird. (Manche Unternehmen signalisieren zum Beispiel den Abbau der Hierarchie, indem sie reservierte Parkplätze abschaffen.)
- *Lenkungsstruktur und -prozess:* Jemand muss die Veränderung steuern, auch wenn letzten Endes die Beteiligung aller Mitarbeiter erforderlich ist. Es bedarf eines Prozesses, der die Veränderung in die richtige Richtung lenkt. Dazu ist praktisches Projektmanagement im großen Maßstab erforderlich. Es ist wichtig, jemandem die Verantwortung für die gesamte Entwicklung zu übertragen.
- *Aus- und Weiterbildung/praktische Maßnahmen*: Wie kann man herausfinden, was zu tun ist, um die Veränderung tatsächlich in der eigenen Tätigkeit zu verankern? Verschiedene Teile des Unternehmens können dieselben Worte abhängig von ihrer Perspektive unterschiedlich verstehen. Es müssen Ausbildungsmaßnahmen ergriffen werden, um allen Beteiligten die Beweggründe für die Veränderungen nahe zu bringen. Praktische Maßnahmen erleichtern es den Mitarbeitern, eine Beziehung zwischen der angestrebten Veränderung und ihrer täglichen Arbeit herzustellen.

- *Vorreiter und Sponsoren:* Um Veränderungen herbeizuführen, werden leidenschaftliche Verfechter des Wandels gebraucht. Diese Vorreiter sind die Aktivisten der Veränderung und betreuen vielfach selbst kleine Veränderungsprojekte. Sponsoren zeigen, dass dieser Wandel auch von anderen wichtigen Organisationen unterstützt wird.
- *Frühe Erfolge und lokale Innovationen:* Frühe Erfolge beweisen, dass der Wandel möglich ist, und geben Aufschluss über ihre praktischen Auswirkungen. Um die Basis in die Veränderungen einzubeziehen, sollten Projekte ausgewählt werden, die bestimmte Einheiten in Angriff nehmen können. Gutes Improvisationstheater erfordert, dass eine klare Grundrichtung vorgegeben wird, während die Details von den Einheiten festgelegt werden, die sich die Veränderung aneignen. Deshalb liegt dieses Element im Veränderungsrad genau gegenüber der gemeinsamen Vision.
- *Kommunikation, Austausch bewährter Methoden:* Veränderungen erfordern noch mehr Kommunikation als Routinevorgänge. Die Spitzenmanager müssen wissen, was im Betrieb vor sich geht, damit sie wo nötig Anpassungen vornehmen können. Die lokalen Einheiten brauchen Rollenvorbilder, um aus den Erfahrungen ihrer Kollegen lernen zu können und Ansporn zu erhalten. Das Streben nach Veränderung kann im Chaos enden, wenn keine Kommunikation über die Entwicklung an den verschiedenen Fronten stattfindet.

Das Streben nach Veränderung kann im Chaos enden, wenn keine Kommunikation über die Entwicklung an den verschiedenen Fronten stattfindet.

- *Politik, Verfahren, Systemanpassung:* Jede Regel, jedes Verfahren kann den angestrebten Wandel entweder unterstützen oder untergraben: Systeme des Personalwesens (Kriterien für Einstellung und Beförderung, Gehaltspolitik), Informationssysteme (welche Daten werden wann mit wem ausgetauscht), Richtlinien dafür, wer mit Kunden oder der Presse zu sprechen hat. Alle Regeln und Verfahren müssen dem neuen Ziel angepasst werden.
- *Maßstäbe, Meilensteine und Feedback:* Es müssen Maßstäbe für die Beurteilung der Fortschritte festgelegt werden, insbesondere für die weniger greifbaren Veränderungen (wie die Verschiebung der Kultur) oder jene, die sich nicht in den herkömmlichen finanziellen Kennzahlen niederschlagen. Die Unterteilung großer Veränderungsvorhaben in kleine Schritte erleichtert die Messung. Jeder Meilenstein, der erreicht wird, ist ein Grund zum Feiern, jeder, der nicht erreicht wird, gibt Anlass zu Korrekturen. Es

bedarf einer Feedbackschleife, die auf vereinbarten Maßstäben zur Beurteilung der Fortschritte beruht.

- *Belohnungen und Anerkennung:* Die Feststellung, wer wofür belohnt wird, ist ein wesentlicher Bestandteil des Wandels. Die vom Unternehmen angebotenen Belohnungen sind öffentlich, um Helden der Revolution oder Feinde der Veränderung zu schaffen.

In vielen Unternehmen kommt die Veränderung zum Stillstand, weil nur ein Teil der Speichen in dieses Rad eingebaut wurde. Beispielsweise engagierte sich Williams-Sonoma nach einem langsamen Start schließlich mit aktiven Sponsoren und Vorreitern im E-Commerce und feierte einige rasche Erfolge, war jedoch noch nicht bereit, sein Gehaltssystem zu ändern, das die Bereiche in erster Linie für ihre individuellen Erfolge belohnte.

Thomas Highton, Leiter der Schulbehörde von Union City (New Jersey), verwandelte einen verwahrlosten Innenstadtbezirk in ein Musterbeispiel für eine funktionierende E-Culture im öffentlichen Schulwesen. Diese Veränderung gelang nicht, indem man in den Schulen Computer aufstellte, sondern indem man das gesamte Schulsystem grundlegend änderte. Highton setzte die Technologie ein, um die Lehrmethoden zu ändern und die Leistungen der Schüler zu verbessern. Er sandte das Signal aus, dass die Lehrer wichtig waren, indem er zuerst ihre Bedürfnisse feststellte und aufgrund der Ergebnisse die Veränderungsschritte festlegte. Ein symbolischer Akt bestand darin, in die Verbesserung heruntergekommener Schulgebäude zu investieren. Der Leiter der Ausbildungsprogramme, Fred Carrigg, wurde zum Vorreiter der elektronischen Revolution ernannt, und es wurden von Anfang an umfassende Ausbildungsmaßnahmen ergriffen, um einen teamorientierten Kooperationsansatz im Unterricht zu verankern.

Gemeinsam mit dem Partner und Sponsor Bell Atlantic führte die Schulbehörde von Union City eine wichtige lokale Innovation durch – ein Demonstrationsprojekt in einer neuen Public School, die zu einer E-School gemacht wurde. In den Wohnungen von Schülern und Lehrern wurden Computer aufgestellt, und bald nahmen Eltern außerhalb der Schulzeiten an Computerkursen teil. Das Internet wurde in den Lehrplan integriert. Schüler und Lehrer begannen, in zahlreichen Projekten und auf einer von den Schülern gestalteten Website gemeinsam neue Arbeitsmethoden zu entwickeln. Die Fortschritte wurden genau gemessen, und ein auf zwei Jahre befristetes Projekt verwandelte sich in ein langfristiges Konzept zu einer grundlegenden Veränderung der Ausbildung. Die Anerkennung umfasste Berichte im nationalen Fernsehen und Besuche von Präsident Clinton und Kongressabgeordneten. Die Publizität lockte weitere Partner an, darunter Microsoft.

Eine Organisation kann nicht immer alles gleichzeitig tun, und die Entwicklungen in Bezug auf ein Element der Veränderung wirken sich auf die übrigen aus. Daher sind die Speichen des Veränderungsrades folgerichtig im Uhrzeigersinn angeordnet. Es ist sinnvoll, sich den Bereichen Thema/Vision, Symbole/Signale und Lenkungsstruktur/-prozess gleich zu Beginn zu widmen. Anschließend können Bildungsmaßnahmen dazu beitragen, Vorreiter und Sponsoren für das Veränderungsprojekt zu gewinnen. Rasche Erfolge und lokale Innovationen stellen sich in der Folge leichter ein. Die Aktivitäten an der Basis führen dann zu den nächsten drei Elementen: zu vermittelnde Lektionen (Kommunikation), Klärung der erforderlichen Änderungen an Regeln und Verfahren und Maßeinheiten zur Beurteilung der Fortschritte. Belohnungen helfen dabei, die Veränderung zu verankern. Die Elemente überschneiden einander, da ein und dieselbe Maßnahme zahlreiche Mechanismen auslöst: Beispielsweise werden Vorreiter der Veränderung ausgesucht, damit sie lokale Innovationen einleiten und mit anderen Gruppen kommunizieren, um bewährte Methoden auszutauschen.

Ein Jahr im Veränderungsrad: Wie AlliedSignal die digitale Kultur verwirklichte

Thema dieser Fallstudie ist ein Bricks-and-Mortar-Unternehmen, das im Laufe eines Jahres die Weichen zur Wandlung in ein digitales Unternehmen stellte: 1999 hieß es noch AlliedSignal (Luftfahrt und Chemie) und ein Jahr später nach der Fusion mit Honeywell (Luftfahrt und Steuerungen) Honeywell International.

Ein Jahr ist nicht viel Zeit im Leben eines komplexen Industrieunternehmens. Vor Beginn der Internet-Ära ging man allgemein davon aus, dass es fünf bis sieben Jahre dauern würde, die Kultur eines großen Unternehmens zu verwandeln. AlliedSignal war ein erfolgreiches Unternehmen. Der Wandel beinhaltete keine massiven Kündigungen oder Kostensenkungen. Während er stattfand, wurden noch zahlreiche andere Aufgaben bewältigt (darunter eine große Fusion), die das Augenmerk leicht vom digitalen Unternehmen hätten ablenken können. Was waren die Gründe für diesen erfolgreichen Veränderungsprozess?

Die Bühne für den Wandel bei AS/HI wurde 1991 bereitet, als Larry Bossidy die Leitung des Luftfahrt- und Chemiekonzerns AlliedSignal übernahm. Bossidy verbesserte die Ergebnisse des trudelnden Unternehmens in jeder Beziehung: Der Aktienkurs stieg in sieben Jahren um 500 Prozent. 1998 erzielte AlliedSignal mit 70 000 Beschäftigten einen Umsatz von 15 Milliarden Dollar. Ein fester Bestandteil der Unternehmenskultur waren Teams, die in ständig wechselnder Zusammensetzung betriebliche Verbesserungen anstrebten. Doch die Verwandlung in ein digitales Unternehmen erforderte Veränderungen, die weit über die bisherigen Neuerungen hinausgingen.

Im Januar 1999 blieben Bossidy noch knapp anderthalb Jahre bis zu seinem Rückzug aus dem Unternehmen, der für April 2000 geplant war. Also machte er sich daran, die Zukunft von AlliedSignal zu sichern. Eines seiner Ziele bestand in einer Übernahme, und im Dezember 1999 verschmolz das Unternehmen mit Honeywell zu Honeywell International. Bossidys zweites Vorhaben für jenes Jahr lautete, das Unternehmen im Internet zu verankern. Bei einer jährlichen Konferenz von Microsoft, an der unter anderen auch Jeff Bezos von Amazon und Jack Welch teilnahmen, wurde Bossidy klar, dass es im E-Commerce nicht um Technologie ging: »Es ging um Marktöffnung. Im Internet waren dieselben Maßnahmen erforderlich, die man ergreifen muss, um einen neuen Markt zu öffnen. Ich begriff, dass wir rasch handeln mussten.«

Im E-Commerce geht es nicht um Technologie, sondern darum, neue Märkte zu öffnen.

Gemeinsames Thema, geteilte Vision

Die Veränderung ist nicht mehr als eine großartige Idee im Kopf eines Managers, wenn nicht alle Beteiligten ihren Sinn verstehen und wenn sie nicht in einer dramatischen Vorführung im Bewusstsein der Betroffenen verankert wird. Kurz nach Bossidys Rückkehr von der Microsoft-Konferenz hörten rund 100 Führungskräfte aus aller Welt den »ersten Schuss der Revolution«.

Michael Dell, Gründer und Leiter von Dell Computers, und John Chambers, Leiter von Cisco Systems, besuchten im Februar 1999 die Unternehmenszentrale in Morristown, New Jersey, um über ihre Erfahrungen im digitalen Geschäft zu berichten. Dell stellte fast alle geschäftlichen Annahmen der Anwesenden in Frage, sei es in Bezug auf die Fälligkeit der Forderungen (bei

AlliedSignal waren es 30 bis 60 Tage, bei Dell waren es minus sieben Tage), auf die Lagerbestände (Dell hatte keine) oder auf das Qualitätsmanagement.

Doch es war Chambers, der den Führungskräften wirklich die Augen für die neuen Möglichkeiten öffnete, wie ein Teilnehmer berichtete. Wie AlliedSignal belieferte Cisco Unternehmenskunden mit greifbaren Produkten. Doch die Produktionsabteilung von Cisco bestand aus nur 500 Mitarbeitern, während es bei AlliedSignal über 50 000 waren. Don Redlinger, der Personalchef von AS, erinnert sich: »Die Vorstellung, ein Unternehmen in unserer Industrie mit 500 Produktionsmitarbeitern zu betreiben, wirkte bizarr. Cisco hatte mit Hilfe der Technologie eine vollkommen andere Struktur aufgebaut. Es war Schwindel erregend.«

In der folgenden Versammlung der Unternehmensführung nahm das Thema der Veränderung Gestalt an. Um ein gemeinsames Vokabular zu entwickeln und eine einheitliche Richtung zu definieren, legte Bossidy ein »Vier-Säulen-Modell« vor - E-Business, globale Beschaffung, Herstellung und Reengineering:

- Die erste Säule, *E-Business,* bedeutete Integration der Internet-Technologie in sämtliche Aspekte der Unternehmenstätigkeit (nicht nur in die Kundenkanäle), um neue Kapazitäten zu schaffen, die Effizienz zu erhöhen, Kostenvorteile zu erlangen und die Kundenbeziehungen zu verbessern.
- Die Säule *Globale Beschaffung* diente der Entwicklung neuer Beziehungen zu den Lieferanten - insbesondere solcher aus Weltregionen mit niedrigen Arbeitskosten -, um Kostensenkungen, Qualitätsverbesserungen und Kapazitätsausweitungen zu ermöglichen.
- Im Mittelpunkt des Bereichs *Herstellung* stand die Entscheidung zwischen »zukaufen« und »selber produzieren«, das heißt die »Devertikalisierung« (Outsourcing eines Teils der Produktwertkette, anstatt die gesamte Kapazität aufzubauen, um alles selbst herzustellen).
- Die Säule *Reengineering* diente dazu, das Internet zur Erhöhung von Geschwindigkeit, Effizienz und Kostenvorteilen in Verwaltungsfunktionen zu nutzen.

Dieses Modell lieferte einen gemeinsamen Rahmen, ein Thema, von dem die Geschäftseinheiten bei der Improvisation ausgehen konnten. Das Modell war leicht zu vermitteln und zeigte, dass die Verwandlung in ein digitales Unternehmen tatsächlich das gesamte System und sämtliche Teile des Unternehmens betraf.

Symbole und Signale

Das erste Signal, das zeigte, dass es der Unternehmensführung mit der Veränderung ernst war, gab Bossidy, indem er persönlich viel Zeit aufwandte, um dem Unternehmen das neue Thema zu vermitteln. Ein Bereichsleiter aus dem Luftfahrtgeschäft beschrieb die Wirkung dieser Botschaft so: »Er machte allen klar, dass der E-Commerce wichtig war und unser Geschäft verändern würde. Wir hatten nicht erwartet, so etwas von ihm zu hören, da er nie ein Anhänger der Technologie gewesen war.« Die Mitarbeiter wussten, dass er es mit dem E-Business ernst meinte, doch war er auch bereit, Risiken einzugehen, um das Ziel zu erreichen? Schließlich birgt die Improvisation die Gefahr von Fehlern. Bossidy predigte die Revolution: »Man ändert ein Unternehmen nicht mit schrittweisen Modifikationen. Wir werden einige große Fehler machen, sie feststellen und uns anschließend daran machen, sie zu korrigieren. Es ist unmöglich, alles auf einen Schlag richtig zu machen, aber wir werden unsere Fehler beheben und das forcieren, was wir richtig machen.« Der Wendepunkt war erreicht, als sich Bossidy lobend über eine fehlgeschlagene E-Commerce-Initiative äußerte. Im Nu machte die Nachricht die Runde, dass es erlaubt war, etwas ohne Gewissheit bezüglich des Ergebnisses auszuprobieren.

Lenkungsstruktur und -prozess

Jemand muss die Veränderung steuern und die dazugehörigen Maßnahmen überwachen. Es genügt nicht festzustellen, dass das Unternehmen gemeinschaftlich für die Veränderung verantwortlich ist, denn das führt lediglich dazu, dass sich niemand dafür verantwortlich fühlt. Die Verwendung eines bestehenden, vertrauten Prozesses zur Bewältigung einer unvertrauten Aufgabe kann dazu beitragen, den Beteiligten festen Boden unter den Füßen zu verschaffen und ihre Konzentration auf die Aufgabe zu erhalten, anstatt sie zu zwingen, erst ein neues Verfahren zu entschlüsseln, bevor sie überhaupt daran denken können, wie das Ziel zu erreichen ist.

Bossidy war ein Anhänger von Prozessen und musste einen Weg finden, um Aufmerksamkeit in Aktivität zu verwandeln, ohne eine Krise auszulösen. Er entschied sich für den vorhandenen Planungsprozess und verlangte von allen Geschäftseinheiten, einen Strategieplan für das E-Business zu entwerfen. So konnte er die Einheiten für ihre Aktivitäten zur Rechenschaft ziehen, obwohl er noch nicht wusste, welche Resultate angestrebt werden sollten. Bossidy verlangte, dass die Geschäftseinheiten ihre Projekte für die Strategiepläne selbst finanzierten und innerhalb von drei Monaten fertig stellten, um rasche Erfolge zu erzielen.

Da die strategische Planung den Veränderungsprozess darstellte, war das Topmanagement anfangs identisch mit der Lenkungsstruktur für die Veränderung auf Konzernebene; entsprechende Ausschüsse wurden in den Geschäftseinheiten gebildet. Es begann eine Phase der Verwirrung, da sich die Einheiten in die Ausschussarbeit vertieften, ohne dass klar gewesen wäre, wer für die E-Commerce-Aktivitäten zuständig war. Im Herbst 1999, als die Fusion mit Honeywell kurz vor dem Abschluss stand, wurde endlich ein zentraler E-Business-Rat gebildet, der aus 80 E-Business-Leitern aus allen Einheiten von AlliedSignal und Honeywell bestand und die Leitung des Veränderungsprojekts übernahm.

Bossidy wollte nicht warten, bis alle Akteure ihre Plätze eingenommen hatten. Er brachte den Prozess in Gang und steuerte ihn von der Konzernspitze aus, bis Veränderungsführer vorhanden waren, die zur Rechenschaft gezogen werden konnten. Vorteilhaft war, dass auf diese Art rasch Maßnahmen eingeleitet werden konnten. Der Nachteil war, dass es in den Geschäftseinheiten zu Verwirrung und Fehlstarts kam, da die Zuständigkeit für das E-Business nicht geklärt war und häufig wechselte. Verantwortlich dafür war die für einen großen Konzern charakteristische Komplexität mit zahlreichen Sektoren, Bereichen und Geschäftseinheiten.

Der Luftfahrtbereich, mit einem Umsatz von 8 Milliarden Dollar und 37 000 Mitarbeitern in zehn Ländern der größte Sektor, war gerade einer Umstrukturierung unterzogen und in sieben Einheiten unterteilt worden. Obwohl dieser Bereich mit dem Internet-Portal FlightSite bereits Erfahrung im digitalen Geschäft gesammelt hatte, war es schwierig, entsprechende Initiativen einzuleiten, während die Struktur noch in Bewegung war. Da die Mittel begrenzt waren, wurden die Leiter der Marketing-Gruppen zu E-Business-Leitern ernannt und ein zehnköpfiger E-Business-Rat gebildet.

Die meisten Vertreter besaßen betriebliche und Marketing-Erfahrung, doch keiner von ihnen war mit dem elektronischen Geschäft vertraut. Es folgte ein Versuch, mit einem Komitee die Innovation voranzutreiben – etwas, was selten funktioniert. Der E-Business-Rat trat regelmäßig zu Sitzungen zusammen, arbeitete jedoch nicht als Team, da die Teilnehmer getrennte Zellen vertraten. Das Ergebnis war eine Liste, die zu lang war, um in die Tat umgesetzt werden zu können: Sieben verschiedene strategische Pläne enthielten über 50 Projektvorschläge.

Aus- und Weiterbildung, praktische Maßnahmen

Man stelle sich die Szene vor: Ein Event mit berühmten Gastrednern (die Konferenz mit Michael Dell und John Chambers) begeistert und inspiriert die Anwesenden, die allesamt voller Energie an die neuen Aufgaben gehen. Doch bald zeigt sich, dass die Manager eigentlich nicht wissen, was sie tun sollen. Es bedarf umfassender Bildungsmaßnahmen, damit die Inspiration zu Taten führen kann. Um dies mit Internet-Geschwindigkeit tun zu können, muss man mit großen Zahlen arbeiten und große Menschenmengen auf einmal erreichen.

Amir Hartman, der bei Cisco für interaktive Geschäftslösungen zuständig war, hielt auf Einladung von Bossidy eine Schulung für die Führungsspitze von AlliedSignal ab. Einige Wochen später, im April 1999, nahmen über 700 Führungskräfte des Unternehmens aus aller Welt in Person oder via Satellit an einer eintägigen Version derselben Schulung teil. Ihre Aufgabe bestand anschließend darin, die Botschaft in ihren Organisationen zu verbreiten.

Hartman führte bei AS eine von Cisco patentierte Portfoliomatrix zur Bewertung von Internet-Initiativen ein. Der erste Teil des Modells diente dazu, die geschäftlichen Auswirkungen von Initiativen und ihre Aussicht auf Verwirklichung zu beurteilen. In einem zweiten Schritt konnte die Priorität der einzelnen Projekte für den elektronischen Geschäftsverkehr anhand einer Matrix festgestellt werden, deren Achsen geschäftliche Relevanz und Neuheit oder Innovation waren.

> *Damit Inspiration zu Taten führen kann, sind umfassende Bildungsmaßnahmen nötig.*

Die Teilnehmer sahen, dass die Internet-Technologien sämtliche Komponenten der Wertkette, von der Kundenbetreuung bis zum internen Wissensmanagement, neu definieren konnten. Ein Manager sagte über die Schulung: »Es war ein Adrenalinstoß. Sie brachte uns alle innerhalb eines Tages von Null auf Hundert.« Die Manager verließen die Schulungstagung mit der Anweisung, die neuen Konzepte anzuwenden, um die digitale Geschäftstätigkeit in die täglichen Abläufe zu integrieren und radikale Veränderungen in ihren Organisationen herbeizuführen. Zur Unterstützung wurde im Intranet des Konzerns eine Website eingerichtet, auf der Informationen über E-Business-Partner oder bevorzugte Lieferanten sowie Konzernstandards für Software und Hardware zu finden waren. Die Informationen über Verträge, neue Projekte und bewährte Verfahren wurden laufend aktualisiert. Wie IBM und Cisco ging AS in den E-Business-Modus, um die Verwandlung in ein digitales Unternehmen voranzutreiben - im Veränderungsprozess kristallisierte sich die Richtung für die Veränderung heraus.

Vorreiter

Die Mitglieder des Exekutivausschusses des Konzerns waren die wichtigsten Förderer der Veränderung. Von den Leitern der Geschäftseinheiten wurde erwartet, in ihren Zuständigkeitsbereichen eine ähnliche Rolle zu spielen. Im Gegensatz dazu handelte es sich bei den Vorreitern, denen die Aufgabe zukam, die Veränderung im täglichen Betrieb umzusetzen, häufig um Außenstehende. Bossidy ermutigte die Einheiten, E-Business-Leiter einzustellen. Gesucht wurden starke Unternehmensführer mit guten Kenntnissen in den Bereichen Marketing und Informationssysteme, die anders als das bestehende Management von AlliedSignal dachten, neue Chancen vorbehaltlos wahrnehmen und die Organisation zu mehr Bewegung antreiben konnten.

Frühe Erfolge und lokale Innovationen

Im Juni und Juli 1999, rund 90 Tage nach der E-Business-Schulung für die Unternehmensführung, kamen Manager aus 53 Geschäftsbereichen und Konzernabteilungen für mehrere Tage in der Zentrale zusammen, um ihre Pläne vorzulegen. Die Ideen waren zahlreich, jedoch von sehr unterschiedlicher Qualität. Es gab Vorschläge für grundlegende Prozesse, die rasch verwirklicht werden konnten (beispielsweise Online-Reservierungssysteme für Reisen oder Websites für Produktinformationen). Zu den größeren Vorhaben zählten Systeme für die B2B-Auftragsabwicklung oder die Entwicklung eines Online-Suchsystems für Filialen oder Teile.

Dies war ein guter Anfang, da dem Unternehmen die Augen für eine Vielzahl neuer Möglichkeiten geöffnet wurden. Doch der Zwang, rasch Pläne -

irgendwelche Pläne - vorzulegen, führte dazu, dass die Einheiten die tief hängenden Früchte ernteten und im Wesentlichen nahe liegende Vorhaben vorschlugen, die leicht zu verwirklichen waren. Und sie reduzierten die für ihre Projekte erforderlichen Veränderungen auf ein Mindestmaß, sodass die Initiative auf einzelne Zellen und Abteilungen beschränkt blieb.

Einige Monate später fand der Luftfahrtbereich, der mittlerweile mit seinem Gegenstück von Honeywell verschmolzen war, in MyAircraft.com eine Killer-Applikation. Das Konzept beinhaltete eine neue Methode zur Segmentierung des Marktes (abhängig davon, ob die Kunden die Wartung selbst übernahmen), die sämtliche Bereiche in diesem Sektor erfasste. Aus dem Cyberspace betrachtet, sah das Organigramm des Luftfahrtsektors plötzlich ganz anders aus.

Bis zum Herbst war AlliedSignal soweit, die E-Business-Konzepte in die Geschäftspläne zu integrieren, doch echte Innovationen, die das digitale Geschäft wesentlich voranbringen konnten, stellten weiterhin eine Herausforderung für das Unternehmen dar. Im Dezember antwortete Bossidy auf die Frage nach den Fortschritten seines Projekts, dass die großen Veränderungen weiterhin auf sich warten ließen. Obwohl er von den erzielten Fortschritten begeistert war, glaubte er, das Unternehmen stehe erst am Anfang der Entwicklung.

Ende des Jahres 1999 leiteten die Geschäftseinheiten einige ihrer strategischen elektronischen Projekte ein. Trotz der unvermeidlichen Rückschläge wuchs die Zuversicht, dass Honeywell International als digitales Unternehmen Erfolg haben könnte. Drei elektronische Verteilerknoten hatten als eigenständige Unternehmen den Betrieb aufgenommen: MyPlant.com, das von Honeywell aufgebaut worden war, myFacilities.com und MyAircraft.com. Dabei handelte es sich um unternehmensübergreifende Anwendungen, die aus Experimenten innerhalb der Einheiten hervorgegangen waren. Die Lehre daraus liegt auf der Hand: Wenn die Innovation gelingen soll, müssen die lokalen Einheiten die Grenzen verletzen und ihre Gebietsansprüche aufgeben.

Kommunikation und Austausch bewährter Methoden

Die in alle Richtungen fließende Kommunikation ist ein wesentlicher Bestandteil der E-Culture. Wie viele andere Unternehmen neigte auch AS dazu, die Botschaften des Managements an das Fußvolk in den Vordergrund zu stellen, anstatt Multimediakanäle zu nutzen, um aus den Erfahrungen der lokalen Innovatoren zu lernen. Die Gefahr bestand dabei darin, dass die Innovationen isolierte Abenteuer bleiben würden. Obwohl die horizontale Kommunikation nicht formal in den Abläufen verankert war, führten die Erfordernisse jener, die aktiv am Veränderungsprogramm teilnahmen, zu einem informellen Austausch. Die Ernennung engagierter E-Business-Leiter in den Geschäftseinheiten und die Bildung des E-Business-Rates trugen wesentlich dazu bei, den Austausch bewährter Methoden und Best-Practice-Modelle zu fördern. Bis zum Jahresende hatte sich der Rat in ein Vehikel zur Vermittlung von Informationen über die Fortschritte des E-Business und über die neuen Chancen entwickelt.

In alle Richtungen fließende Kommunikation ist ein wesentlicher Bestandteil der E-Culture.

Politik, Verfahren, Systemanpassung

Die Konzernabteilungen von AS arbeiteten zunächst an ihren eigenen E-Strategieplänen, um ihre Aktivitäten ins Internet zu übertragen. Die für die Lieferbeziehungen zuständige Gruppe legte rasch ein Konzept für eine netzgestützte integrierte und globale Lieferkette vor, die auf den gegenwärtigen Aktivitäten beruhte, jedoch eine Änderung der Zuständigkeiten, Rekrutierungsmuster und Karriereschritte erforderlich machte. Das Marketing versuchte, ein System für das Management der Kundenbeziehungen einschließlich einer Automatisierung des Verkaufs, eines Beschwerdesystems für die Kunden, eines Systems für das Data Mining und eines netzgestützten Callcenters einzuführen. Die Personalabteilung in der Konzernzentrale arbeitete an neuen Konzepten, um begabtes Personal für das E-Business anzulocken.

Die damalige Personalchefin Laurie Siegel erklärt dazu: »Wir befürworten das E-Business, doch wir haben immer noch eine traditionelle, gewerkschaftlich organisierte Belegschaft. Wenn die Belegschaft segmentiert ist, müssen wir auch das Personalwesen segmentieren. Wir brauchen verschiedene Programme, um den Leuten eine Wahl zu geben. Ein umfassender Pensionsplan ist ungeeignet für Leute, die in zwei Jahren vielleicht wieder gehen.«

Es gab noch eine weitere Aufgabe, die die Verwandlung in ein digitales Unternehmen begünstigen oder beeinträchtigen konnte: die Fusion. Wie es sich in der Internet-Ära gehört, wurde die Integration der beiden Unternehmen unter Einbindung zahlreicher Akteure rasch vorangetrieben. Über 600 Leute in 130 Teams stellten innerhalb von sechs Monaten bis zur Genehmigung der Fusion die Implementierungspläne fertig. Da die Geschäfte von AlliedSignal und Honeywell einander kaum überschnitten, entstand weniger Aufruhr als bei Fusionen, die viele Mitarbeiter den Arbeitsplatz kosten oder Gewinner und Verlierer haben. Doch die Anpassung der Richtlinien und Verfahren an die E-Culture begann erst Ende 1999, und im folgenden Jahr machten sich die E-Business-Leiter daran, die Routineabläufe zu ändern, die ihren neuen Unternehmungen im Weg standen.

Das größte Problem war die Ressourcenzuteilung - der feststehende Budgetierungsprozess. Zahlreiche Leiter von AS-Geschäftseinheiten machten ihre Fähigkeit zur Erfüllung ihrer Aufgaben von drei Faktoren abhängig: Ressourcen, Lenkungsstruktur und Führung. Dort, wo Mittel zur Verfügung gestellt sowie E-Business-Leiter ernannt und ausreichend unterstützt worden waren, hatten sich die Projekte für das digitale Unternehmen gut entwickelt. Hingegen waren die Projekte dort, wo es an interner Rückendeckung und Ressourcen gemangelt hatte, wo die für die richtige Einschätzung der Märkte und des digitalen Geschäfts erforderlichen Fähigkeiten nicht verfügbar gewesen waren und die Budgetfragen nicht hatten geklärt werden können, zum Stillstand gekommen oder völlig aufgegeben worden.

Es wurde viel über Bossidys Anordnung diskutiert, die Geschäftseinheiten hätten ihre E-Business-Projekte selbst zu finanzieren. Einige Manager hielten diese Vorschrift für kontraproduktiv, da sie zum einen viel versprechende Projekte, die zu groß waren, um sie innerhalb der bestehenden Haushaltslinien zu finanzieren, zum Tode verurteilte und zum anderen die Projekte erschwerte, welche die Grenzen der Abteilungen sprengten. Im November willigte Bossidy ein, diese Anordnung zu überprüfen, und erklärte, viel versprechende E-Commerce-Vorhaben im B2B-Bereich könnten unter Umständen vom Konzern unterstützt werden.

Maßnahmen, Meilensteine und Feedback

Zu den unter den Managern verbreiteten Klischeevorstellungen zählt jene, man erhalte stets das, was man messe. Um die Veränderung rasch in Gang zu bringen, legte AS kurzfristige Ziele und Meilensteine fest: Strategiepläne innerhalb von 90 Tagen, ausführbar innerhalb von weiteren 90 Tagen. Ein fertiger

Plan war der erste Meilenstein, und die Geschäftseinheiten verwiesen stolz auf die zahlreichen Ideen, an denen man sich bei der Einschätzung der Fortschritte orientieren konnte. Doch die nächsten Meilensteine waren nicht so leicht zu erreichen: Welche Maßstäbe sollten zur Beurteilung der Fortschritte im elektronischen Geschäft herangezogen werden? Einige Führungskräfte, insbesondere solche, die seit langem bei AlliedSignal waren und eng mit Bossidy zusammenarbeiteten, waren der Ansicht, dass die herkömmlichen Kennzahlen – Ertragswachstum, Gewinn pro Aktie, Produktivität und Margen – auch auf das E-Business angewandt werden sollten. Andere Führungskräfte befürworteten vollkommen neue Maßstäbe, da sie glaubten, die traditionellen Kennzahlen seien mit der Geschwindigkeit im digitalen Geschäft nicht vereinbar.

Das Unternehmen war nicht darauf vorbereitet, wegen des E-Business sämtliche herkömmlichen Annahmen in Frage stellen zu müssen. Mitarbeiter, die an verschiedenen E-Business-Projekten arbeiteten, wurden in neue Positionen versetzt, und für die Projekte wurden neue geschäftliche Ziele formuliert. »Das Augenmerk im gesamten Unternehmen verlagerte sich rasch von den strategischen Zielen für die digitale Geschäftstätigkeit auf die kurzfristigen Ergebnisse«, erinnert sich der E-Business-Leiter Ritz. Die Bemühungen zur Verwirklichung des digitalen Unternehmens waren oft zwischen widersprüchlichen Konzepten und Messmethoden gefangen.

Belohnungen und Anerkennung

Im Jahr 1999 hatten die in den Dotcoms üblichen Akienoptionen die Bezahlung zu einer der heikelsten Fragen für die etablierten Unternehmen gemacht, und AlliedSignal war keine Ausnahme. Bei AS/HI wurden keine neuen Anreize eingeführt. Doch da der Konzern talentierte Mitarbeiter für das E-Business brauchte, stellte sich die Frage der Belohnungen. Der Wettbewerb um Talente konfrontierte das Unternehmen auch noch mit anderen Problemen. Die Mitarbeiter hatten schon bewiesen, dass sie bereit waren, sich wie Freiwillige mit großer Begeisterung in der Entwicklung des E-Commerce zu engagieren. Doch es waren neue Belohnungen erforderlich, um die Verfechter der Veränderung zu ermutigen und die Aufmerksamkeit auf vorbildliche Projekte und Vorgehensweisen zu lenken.

Honeywell International begann das Jahr 2000 als aufstrebendes digitales Unternehmen. Das ehemalige AlliedSignal hatte das Fundament für die E-

Culture gelegt. Honeywell konnte bereits auf erfolgreiche Innovationen und viel versprechende digitale Unternehmungen verweisen. In seiner Wandlung zum E-Business waren einige Aspekte der E-Culture zu erkennen: Improvisationstheater, umfassende Kommunikation und Gelegenheiten zu autonomem Handeln für kreative Menschen. Zwar mangelte es einigen Speichen des Veränderungsrades noch an Stabilität, doch die systematische Veränderung hatte begonnen.

Wer eine Revolution will, muss in Bewegung bleiben

Das Veränderungsrad darf nie zum Stillstand kommen. Soll die Veränderung vorankommen, so darf keine einzige Speiche des Rades fehlen. Die Elemente des Rades bilden die Grundlage der E-Culture, ja jeder Unternehmenskultur. Sie schaffen die Bedingungen dafür, dass die Menschen ihre Fähigkeiten einsetzen können.

Die Manager steuern die Mechanismen zur Gestaltung der Kultur. Sie legen die Richtung und den Rahmen fest, ziehen die Grenzen für die Zusammenarbeit, die Autonomie und den Austausch von Wissen und Ideen und verleihen Ereignissen Sinn, die ansonsten willkürlich und chaotisch wirken würden. Und sie regen Mitarbeiter an, freiwillig den Kunden zu dienen und nach Chancen zu suchen. Die Fähigkeit zur Veränderung beruht auf der Bereitschaft zu Experimenten und dem Willen zu stetiger Verbesserung. Die Mitarbeiter von Unternehmen, die sich an der Spitze der Veränderung befinden, betrachten die Veränderung nicht als aufgezwungen, sondern streben sie selbst an.

Führungskräfte können die Fähigkeiten von Mitarbeitern fördern, doch sie können ihnen keine Fähigkeiten aufzwingen. An diesem Punkt kommt die E-Culture ins Spiel: Beschleunigte technologische Veränderungen lösen Umwälzungen aus, die als Bedrohung oder als Chance betrachtet werden können. Wer auf der Höhe der Veränderung bleiben und die Zukunft vorwegnehmen und gestalten will, muss eine Kultur schaffen, die unablässige Innovation und produktive Veränderung ermöglicht. Ohne eine solche Kultur und ohne Führungskräfte, die sie leiten können, wird sich ein Unternehmen nur im Kreis drehen.

9

DEN VERÄNDERUNGSPROZESS LEITEN: Neue Herausforderungen und bleibende Potenziale

> Wir müssen die Radikalen, die wirklichen Revolutionäre finden und unterstützen.
> *Louis V. Gerstner jr., Chairman und CEO von IBM*

Mit der E-Culture zu leben bedeutet, mit der Veränderung zu leben. Nicht mit isolierten, einmaligen, gelegentlichen Veränderungen, sondern mit ununterbrochenem, umfassenden Wandel.

Die Forderung nach stetiger Veränderung ist nicht neu. Sie wurde schon lange vor Beginn der New Economy erhoben. Aber neu ist die Geschwindigkeit und der Umfang der Veränderung sowie die Zahl der Menschen, die daran beteiligt sind. Auch stellen sich die Reaktionen auf Veränderungen schneller ein als in der Vergangenheit: Das Virus-Marketing verbreitet in Windeseile die guten Nachrichten, und die E-Organizer von Internet-Protesten tun dasselbe mit schlechten Nachrichten. Die Veränderungen erreichen ein größeres Publikum an weiter entfernten Orten und wirken sich auf tägliche Routineabläufe sowie auf die inneren Mechanismen von Institutionen aus.

Die einzelnen Aspekte der Veränderung mögen zu bewältigen sein, doch in ihrer Gesamtheit können sie überwältigend wirken. Daher muss den Fähigkeiten zur Bewältigung von Veränderungen Vorrang eingeräumt werden. Immer mehr Personen auf allen Ebenen müssen lernen, Veränderungen zu bewältigen und Führungsrollen zu übernehmen, sei es auf Aufforderung oder in Eigeninitiative. Daher können die Erfahrungen erfolgreicher Führungskräfte unverzichtbar für das Überleben in der Internet-Ära sein. Jeder erfolgreiche Veränderungsmanager wird bestätigen, dass es leicht ist, sich für Veränderungen zu entscheiden, während es ungemein schwierig ist, sie in die Tat umzusetzen. Schwierig ist nicht nur die Aufgabe, das Veränderungsrad richtig zu drehen. Veränderungen stellen auch eine emotionale Herausforderung dar. Wir müssen vielleicht mit der Veränderung leben, aber wir müssen sie nicht lieben - und im Allgemeinen tun wir das auch nicht. Die Angehörigen eines Unternehmens widersetzen sich Veränderungen oft aus guten Gründen, auch wenn diese Gründe für das Unternehmen inakzeptabel sind.

Empfindungen, die Widerstand auslösen, können die besten Pläne der effektivsten Neuerer stören. John Taysom zum Beispiel wurde von Reuters entlassen, weil seine Vorschläge von bedrohlicher Ungewissheit umgeben waren. Oft muss sich die Führung gegen Manager durchsetzen, die sich an ihre Herrschaftsgebiete klammern, weil sie befürchten, zu den Verlierern des E-Business zu gehören. Unternehmensleiter blockieren Investitionen in die digitale Unternehmenstätigkeit, da sie sich aufgrund mangelnder Computerkenntnisse vor dem Wandel fürchten.

Die folgenden zehn Gründe für Widerstand gegen Veränderungen können in der Frühphase jedes Vorhabens zutage treten:

1. *Gesichtsverlust.* Die Furcht, man könne seine Würde verlieren oder ein Ehrenplatz könne verloren gehen; die Sorge, die Veränderung könne vergangene Fehler ins Blickfeld rücken.
2. *Kontrollverlust.* Wut über den Verlust von Entscheidungsbefugnissen und über die Verschiebung der Macht.
3. *Übermäßige Ungewissheit.* Das Gefühl, nicht über die Richtung der Veränderung und die kommenden Aufgaben informiert zu sein.
4. *Überraschung.* Automatische Verteidigungsreaktion, weil man nicht gewarnt wurde und keine Chance hatte, sich vorzubereiten.
5. *Fremdartigkeit.* Ablehnung der Veränderung, weil sie nicht den bestehenden Denkschemata entspricht und bisher als selbstverständlich betrachtete Gewohnheiten und Routineabläufe in Frage stellt.
6. *Selbstzweifel.* Unsicherheit darüber, ob die eigenen Fähigkeiten in Zukunft ausreichen und ob man sich auch nach erfolgter Veränderung noch behaupten kann.
7. *Welleneffekte.* Verärgerung darüber, dass andere Aktivitäten gestört und die Bewältigung nicht verwandter Aufgaben behindert wird.
8. *Mehrarbeit.* Widerstand dagegen, unter Zeitdruck zusätzliche Aufgaben auf sich nehmen und neue Dinge lernen zu müssen.
9. *Tief verwurzelter Groll.* Erinnerung an vergangene Konflikte oder Probleme, die nie gelöst wurden.
10. *Tatsächliche Bedrohung.* Furcht vor absehbaren negativen Auswirkungen der Veränderung und davor, zu den Verlierern zu gehören.

Der Widerstand gegen Veränderungen ist nicht auf etablierte Unternehmen beschränkt. Er ist auch in Internet-Unternehmen zu beobachten, die sich in einer frühen Entwicklungsphase befinden. Mit jeder Änderung des Geschäftsmodells gehen Arbeitsplätze verloren. Als Abuzz von NYTD übernommen wurde und ins Internet vorstieß, musste das Unternehmen eine Verkaufsabteilung auflösen, die sich mit dem Verkauf an Unternehmenskunden beschäftigte. Als eBay die Sicherheit der Community in den Mittelpunkt rückte, wurden seine unter den Benutzern rekrutierten virtuellen Verkaufsvertreter durch eine professionelle Abteilung ersetzt.

Wenn selbst unter wenig bedrohlichen Umständen Widerstand gegen Veränderungen möglich ist, müssen die Führungskräfte offenkundig noch geschickter mit der menschlichen Seite des Wandels umgehen. In der E-Culture werden Führungskräfte benötigt, die sich besonders gut darauf verstehen, Hindernisse zu überwinden und Widerstand in Engagement zu verwandeln. Um die neuen Herausforderungen zu bewältigen, muss man ein wahrhafter Meister der Veränderung sein. So wie der Webmaster die auf dem Bildschirm erscheinenden Bilder steuert, steuert der Changemaster die Vorgänge hinter den Kulissen.[1] In allen Tätigkeitsbereichen müssen die Mitarbeiter ihr Qualifikationsprofil um die Fähigkeit »Veränderungsteuerung« erweitern.

In der E-Culture werden Führungskräfte benötigt, die sich besonders gut darauf verstehen, Hindernisse zu überwinden und Widerstand in Engagement zu verwandeln.

Innovation und Veränderung erfordern sieben klassische Fähigkeiten: Empfänglichkeit für Umweltsignale, kaleidoskopisches Denken, Vermittlung einer inspirierenden Vision, Bildung von Koalitionen, Teambildung, Beharrlichkeit – und nicht zuletzt die Fähigkeit, Erfolge anzuerkennen und zu feiern. In ihrer Gesamtheit stellen diese Fähigkeiten die persönlichen Voraussetzungen für die E-Culture dar.

Fähigkeit 1: Das Gespür für Bedürfnisse und Möglichkeiten: Empfänglichkeit für Umweltsignale

Eine Innovation beginnt damit, dass jemand ein neues Bedürfnis wahrnimmt. Um dazu in der Lage zu sein, muss man seine Zeit und seine Aufmerksamkeit auf jene Vorgänge in der Umwelt richten, die signalisieren, dass die Zeit für eine Veränderung reif ist. Ein Changemaster spürt, dass neue Ideen oder Bedürfnisse in der Luft liegen - was manchmal daran liegt, dass er selbst ein derartiges Bedürfnis empfindet. (So beruhte das Konzept für eBay auf dem Wunsch von Pierre Omidyars Freundin, Pez-Spender über das Internet zu tauschen.)

Ein Changemaster spürt Probleme und Schwächen, bevor sie sich in eine ernsthafte Bedrohung verwandeln. Er erkennt die Möglichkeiten, die sich dort bieten, wo sich äußere Kräfte wandeln - neue Technologien, Umwälzungen in der Branche, Änderungen der gesetzlichen Rahmenbedingungen -, und sieht die Lücke zwischen dem, was ist, und dem, was sein könnte.

Max Jones, der Leiter von Kerry Logistics in Hongkong, führt die Tatsache, dass sein Unternehmen früh eine Führungsposition als Fulfillment-House für den E-Commerce erlangte, auf seine Empfänglichkeit für Umweltsignale zurück: »Im Kantonesischen gibt es das schwer zu übersetzende Wort *jahp sahn*, das etwa so viel bedeutet wie: immer aufmerksam sein, die Umwelt beobachten und rasch auf die Vorgänge in der Umgebung reagieren.« Das Improvisationstheater beginnt damit, dass man sich jeder Nuance des Kontextes vollkommen bewusst wird. Um ein Gespür für Veränderungen zu entwickeln, bedarf es des unmittelbaren Kontakts zur Umgebung. Gefilterte und gebündelte Informationen aus zweiter Hand sind nicht genug.

Changemaster entwickeln sich eher in Unternehmen, die bereits offen für Veränderungen sind. Es ist ein sich selbst verstärkender Kreislauf: Jene Unternehmen, die bereits erfolgreich Veränderungen bewältigen, schaffen günstigere Bedingungen dafür, dass ihre Angehörigen die Notwendigkeit der nächsten Veränderung spüren können. Indem sie Kontakte zu den Kunden und Konkurrenten fördern, bringen Schrittmacher-Unternehmen auch mehr Menschen hervor, die neue Bedürfnisse wahrnehmen können.

Manche Unternehmen erkennen neue Möglichkeiten im Kontakt mit den Kunden. Die Leiter von IBM und Honeywell, Louis Gerstner und Mike Bonsignore, verbrachten beide viel Zeit mit ihren Kunden - und zwar in der Umgebung der Kunden. Bei Sun Microsystems gaben Telefonanrufe einer neuen Kundengruppe - Anbieter von Internet-Diensten - bei CEO Scott McNealy und Präsident Ed Zander den Anstoß zu Doug Kaewerts Bemühung, die ISP als Partner zu gewinnen und neue Märkte zu erschließen. Sich auf Konkurrenten einzustellen ist ebenfalls nützlich. Es geht das Gerücht, dass CEO Larry Bossidy von AlliedSignal bei einer Veranstaltung von Microsoft zum E-Business konvertierte, weil Jack Welch von General Electric es auch tat.

Im Gegensatz dazu geht ein Nachzügler-Unternehmen sehr viel eher in jene Fallen, die es daran hindern, von Kunden, Konkurrenten oder Herausforderern etwas über neue Möglichkeiten zu erfahren:

- *Vermeidung der Auseinandersetzung mit den Kunden:* Das Unternehmen nimmt an, bereits zu wissen, was seine Kunden denken. Es fragt nicht nach den Hoffnungen, sondern nach den Erfahrungen der Kunden. Es gibt sich mit positiven Durchschnittsergebnissen zufrieden, anstatt sich Sorgen über negative Details zu machen.
- *Vermeidung der Auseinandersetzung mit den Konkurrenten:* Das Unternehmen wiegt sich in Sicherheit, indem es sich auf die Schwächen und Fehlschläge seiner Konkurrenten konzentriert und nur die eigenen Erfolge sieht. Es bemerkt nur die gegenwärtigen Konkurrenten, nicht jedoch kommende Widersacher, die aus einer ganz anderen Branche kommen könnten.
- *Vermeidung der Auseinandersetzung mit jenen, die sie herausfordern könnten:* Das Unternehmen genießt den klassischen Vorzug einer Spitzenposition in einer Hierarchie: Man muss nie wieder mit jemandem sprechen, der anderer Meinung ist. Es gibt keine Treffen mit Menschen, die von einem anderen Ort kommen, auf einem anderen Spezialgebiet oder in einer anderen Branche tätig sind, andere Methoden anwenden oder die Bedeutung des eigenen Bereichs anders einschätzen.

Ein Changemaster muss leicht neurotisch sein: Er muss sich immer ein wenig davor fürchten, von der Konkurrenz überholt zu werden, und darf auch im Erfolg nie ganz zufrieden sein. John Chambers verbindet sein Ziel, den Umsatz von Cisco innerhalb von drei Jahren zu vervierfachen, mit der Warnung vor Genügsamkeit. Er verlangt selbst angesichts rasant steigender Gewinne gelegentliche Kostensenkungen, um »auf die Bremse zu treten«, wie er es formuliert. So würden auch die Mitarbeiter nicht vergessen, wo die Bremsen sind. (Aber ich habe den Verdacht, dass diese Maßnahme auch dazu dient, das Unternehmen hin und wieder aus seiner Routine zu reißen und dazu zu zwingen, seine Gewohnheiten zu hinterfragen.) Steve Kaufman gründete Arrow.com, um Arrow Electronics die Möglichkeit zu geben, sich selbst das Geschäft abspenstig zu machen, bevor es jemand anderer tat.

Wenn die Menschen ermutigt werden, ständig für ihre Umwelt offen zu sein, den Kontext im Auge zu behalten und stets unzufrieden zu sein, besteht weniger Gefahr, dass sie vor Veränderungen zittern. Gewohnheitsmäßiges

Verhalten ist der Feind der Innovation. Darum achten Changemaster auf die Vorgänge in ihrer Umwelt.[2]

Fähigkeit 2: Kaleidoskopisches Denken: Bahnbrechende Ideen fördern

Wer eine Chance am Horizont wahrnimmt, hat erst den ersten Schritt getan. Nun gilt es, die Vorstellungskraft einzusetzen, um eine kreative neue Antwort auf diese Chance zu finden. Changemaster verwenden die Hinweise auf neue Bedürfnisse und Möglichkeiten, um die Realität ein wenig durcheinander zu schütteln und sich eine Vorstellung von den aufregenden neuen Möglichkeiten zu machen.

Kreatives Denken kann mit dem Blick durch ein Kaleidoskop verglichen werden. Man sieht dieselben Elemente wie alle anderen, setzt sie jedoch zu einem verlockenden neuen Bild zusammen. Ein Neuerer schüttelt die Realität durcheinander, als wäre sein Gehirn ein Kaleidoskop, in dem sich die gegebenen Elemente der Realität zu einer Vielzahl verschiedener Muster zusammenfügen können.[3] Es geht darum, die herrschenden Überzeugungen in Frage zu stellen. Ausgehend von der Prämisse, dass es für ein und dasselbe Problem viele Lösungen gibt, dreht der Changemaster sein Kaleidoskop, um neue Möglichkeiten zu finden. Wo andere nur Probleme sehen, sieht er Möglichkeiten.

Das kaleidoskopische Denken ist eine Methode, anhand deren die verfügbaren Datenfragmente zu neuen Mustern zusammengesetzt werden können, die noch niemandem in den Sinn gekommen sind, da sie die geltenden Annahmen über die richtige Anordnung der Elemente des Unternehmens, des Marktes oder der Gemeinschaft in Frage stellen. Ein Garagenverkauf um die Ecke? Warum sollte dann nicht ein riesiger Garagenverkauf im Internet möglich sein? (Sein Name ist eBay.) Oft sind nur die Annahmen bezüglich der Realität unflexibel, nicht jedoch die Realität selbst: So erklärten Führungskräfte von Williams-Sonoma dem E-Commerce-Vorreiter Patrick Connolly, ihre Kunden würden niemals hochwertiges Küchengeschirr im Internet kaufen.

Oft sind nur die Annahmen über die Realität unflexibel, nicht aber die Realität selbst.

Der Vorteil der Ersten im Internet beruht nicht einfach nur darauf, dass es ihnen gelingt, einen Markt zu erobern, indem sie rasch eine große Zahl von

Kunden erreichen. Diese haben im Kaleidoskop ein neues Muster gefunden, das anschließend von allen anderen übernommen wird. Man sehe sich nur an, wie viele Geschäftskonzepte von Dotcoms heute nichts anderes sind als Abwandlungen ein und desselben Themas.

Viele Wannadots betrachten die Umwandlung in ein digitales Unternehmen als Preis für die Geschäftstätigkeit, statt eine Investition in Innovationen zur Schaffung neuer Möglichkeiten darin zu sehen. Sie imitieren lediglich ein anderswo entwickeltes Modell - ob sie nun Federal Express nachahmen, das seinen Kunden die Verfolgung ihrer Lieferungen ermöglicht, oder sich bei Amazon.com die Ein-Klick-Bestellung abschauen.

Doch selbst bei imitativen Veränderungen müssen die Manager bereit sein, die geltenden Annahmen bezüglich der bestehenden Abläufe zu überprüfen. Viele Nachzügler bezeichneten die unzureichende Kapitalausstattung neuer Projekte als wichtigste Hindernisse für Veränderungen. Tatsächlich liegt ihr Problem nicht in einem Mangel an Geld, sondern in einem Mangel an Vorstellungskraft.

Es gibt Organisationspraktiken, die das kaleidoskopische Denken fördern:

- *Spielbesprechungen*. Wie alle guten Fußballtrainer unterziehen auch Changemaster ihre Erfolge und Misserfolge einer Analyse. Der Versuch, die Ursachen von Ereignissen zu finden oder sie unerwarteten Vergleichen zu unterziehen, kann die geltenden Annahmen in Frage stellen und neue Zugänge nahe legen.
- *Expeditionen nach Labrador* (zu Ehren von Clarence Bridsey, der seine innovative Idee für die Verarbeitung von Tiefkühlnahrung bei der Jagd in Labrador hatte). Indem man die Leute außerhalb des Unternehmens und der Branche auf Entdeckungsreise schickt, kann man ihr Kaleidoskop durcheinander schütteln. Als John Taysom die Führungsspitze von Reuters 1997 nach Kalifornien einlud, um zwei Tage lang Gespräche mit Unternehmern im Silicon Valley zu führen, hielten viele der Führungskräfte diesen Ort wahrscheinlich für ebenso fremdartig wie Labrador. Doch die Erfahrung öffnete ihnen die Augen dafür, wie das Greenhouse die Innovation vorantreiben konnte.
- *Blue-Sky-Veranstaltungen* (über den Horizont hinausblicken). Große Brainstorming-Sitzungen mit Teilnehmern aus verschiedensten Bereichen geben interessierten Außenstehenden die Möglichkeit, Fragen zu stellen, Vorschläge zu machen und den Anstoß zu neuen Ideen zu geben.

- *Talentshows*. Humor, Spiel, künstlerischer Ausdruck und das Spiel mit Traditionen und verborgenen Talenten signalisieren, dass es akzeptabel ist, den Status quo in Frage zu stellen. Die Cool Talks bei Abuzz sind Talentshows, in denen die Mitarbeiter einander ihre persönlichen Neigungen vorstellen können; darüber hinaus fördern die Cool Talks aber auch die Kreativität im gesamten Unternehmen.

Fähigkeit 3: Festlegung des Themas: Die Vermittlung einer inspirierenden Vision

»Was man erträumen kann, kann man auch erreichen.« Diese Redensart trifft die Wirklichkeit nicht genau, denn zwischen Traum und Tat klafft eine Lücke, die mit der Unterstützung anderer geschlossen werden muss. Unsere Vision wird ein Traum bleiben, wenn sie nicht andere zum Handeln inspiriert. Die dritte Fähigkeit zur Bewältigung von Veränderungen besteht darin, die Ideen in Themen zu verwandeln, die alle Beteiligten vom Wert der Veränderung überzeugen.

Die Aufgabe des Changemasters besteht daher darin, die Menschen aus ihrem Trott zu reißen. Er muss die Begeisterung der Mitarbeiter für etwas wecken, das sie noch nicht sehen können, weil es noch nicht existiert. Eine Vision ist nicht nur ein Bild davon, was sein könnte. Sie hält uns auch vor Augen, dass sich die Zukunft nicht zwangsläufig ergibt, sondern unserer eigenen Geschichte, unseren Wünschen und unseren Entscheidungen entspringt. Das Vorhaben muss derart überzeugend sein, dass es den zusätzlichen Aufwand an Zeit und Mühe lohnt. Das bedeutet, dass das Thema die folgende pragmatische Frage beantworten muss: »Was habe ich davon?«

Eine mögliche Antwort auf diese Frage lautet, dass die mühsamen Veränderungen in der Zukunft das Leben erleichtern werden. Der Changemaster muss die Aufmerksamkeit der Beteiligten auf die Belohnung lenken, die am Ende des Veränderungsprozesses wartet. Als hongkong.com sein Geschäftsmodell änderte und ein neues Thema formulierte, erklärte sein Leiter Rudy Chan: »Wir mussten unseren Leuten ausführlich erklären, warum wir das taten. Und wir mussten ihnen sagen, welche Karrieremöglichkeiten ihnen die Veränderung eröffnete. Und wir mussten diese Botschaft oft wiederholen.«

Doch die Formulierung des Themas erfordert nicht einfach intensive Kommunikation, sondern eine ganz bestimmte Art von dramatischer Kommunikation. Inspirierende Visionen zeichnen ein Bild von der Zukunft, in dem Poesie und Prosa, Imagination und Pragmatismus miteinander verschmelzen. Eine Vision sollte sechs Elemente beinhalten:

- *Bestimmungsort:* In welche Richtung gehen wir?
- *Traum:* Was wird sich ändern, wenn wir unser Vorhaben verwirklichen? Wie wird unsere Welt dann aussehen?
- *Belohnung:* Welche positiven Ergebnisse werden wir erzielen? Wer wird profitieren und wie?
- *Zielvorgaben:* Welche Fristen oder Maßstäbe machen die Ergebnisse konkret?
- *Botschaft:* Welches einprägsame Bild, welcher Slogan oder welche Schlagzeile vermittelt die Essenz des Ziels?
- *Erster Schritt:* Welche praktischen Schritte können unternommen werden, um das Ziel real zu machen?

Diese Teile des Bildes sind wichtig, weil die Betroffenen manchmal einfach nicht verstehen, worüber der Changemaster spricht. Sie nicken zu seiner Botschaft, doch sie verstehen ihren Inhalt nicht. Manchmal verstehen sie die Botschaft auch absichtlich falsch. Jeder Mensch, gleichgültig, welche Funktion er in einer Organisation erfüllt, besitzt eine universelle Macht, und zwar die Macht des schweigenden Vetos. Die Menschen üben diese Macht aus, indem sie einfach nichts tun, um die Veränderung zu unterstützen oder voranzutreiben. Auch können sie die Veränderung ignorieren, indem sie leugnen, etwas dafür tun zu müssen, was sie nicht bereits tun. Oder sie können jede Verantwortung für die Veränderung von sich weisen. Sofern die Mitarbeiter keinen überzeugenden Grund zur Kooperation haben, besteht daher die Gefahr, dass sie alle von oben verordneten Veränderungen bremsen. Diese Erfahrung machte Albert Ormiston, als er bei Sun Microsystems die Vision für e-Sun zu verbreiten begann: »Manche Mitarbeiter sagten ›Das ist nicht mein Job‹ oder ›Ich tue mein Bestes‹, was tatsächlich nichts anderes bedeutete als ›Zieht Leine, ich habe kein Interesse‹.«

Jeder Mensch besitzt eine universelle Macht – und zwar die Macht des schweigenden Vetos.

Wichtig ist auch, wie die Vision vermittelt wird, denn Symbole und Worte haben große Bedeutung. John Browitt, der Leiter von Tesco Direct, erklärte, bei Tesco sei während des Übergangs zum Verkauf über das Internet nie über die Kannibalisierung des eigenen Geschäfts gesprochen worden; vielmehr habe man die umfassendere Botschaft in den Mittelpunkt gerückt, dass dies ein Weg sei, um den Kunden dorthin zu folgen, wo sie hinwollten.

Eine Vision ist keine schriftliche Zielsetzung, die wie ein Geschäftsplan oder ein Mission Statement im Unternehmen verbreitet wird. Vielmehr findet sie ihren Ausdruck in der persönlichen Begeisterung des Changemasters und spiegelt sich in seinem leidenschaftlichen Einsatz für die Sache wider. Wird das Veränderungsprojekt lediglich als eine weitere Aufgabe betrachtet, so wird es entweder so routinemäßig abgewickelt, dass es kaum Ergebnisse zeitigt, oder die Skeptiker und Verweigerer finden gute Gründe, um es zu bremsen. Daher müssen Changemaster dafür sorgen, dass ihre Leidenschaft ihrer Bestrebung entspricht, und sich Fragen wie die folgenden stellen:

- Betrachte ich das Veränderungsprojekt als zwingende Notwendigkeit?
- Bin ich davon überzeugt, dass es zu verwirklichen ist?
- Ist meine Begeisterung für das Projekt ansteckend?
- Bin ich bereit, meine Glaubwürdigkeit aufs Spiel zu setzen, indem ich Maßnahmen verspreche?
- Bin ich langfristig entschlossen, das Projekt durchzusetzen?
- Bin ich bereit, Opfer zu bringen, um es durchzusetzen?

Fähigkeit 4: Bildung von Koalitionen

Wie jeder Unternehmer weiß, ist eine gute Idee nicht genug. Auch ein umfassendes Mandat seitens eines mächtigen Förderers ist nicht genug. Der potenzielle Changemaster muss umfassendere Unterstützung für die Idee gewinnen: Er muss geeignete Personen finden, die ihm Rückendeckung und Unterstützung geben, er muss Investoren für sein Projekt gewinnen, er muss jene Interessengruppen überzeugen, die ihm zu einem späteren Zeitpunkt helfen oder schaden können. Je neuer die Idee, desto wichtiger ist es, Koalitionen zu schmieden.

Ob Innovationen und Veränderungen gelingen, hängt nicht zuletzt davon ab, ob es gelingt, innerhalb und außerhalb des Unternehmens die wichtigsten Einflusspersonen zu finden und ihre Unterstützung zu gewinnen. Wirkt sich die Idee auf den Haushalt aus? Dann sollte man besser die Finanzabteilung davon überzeugen. Wird sie sich auf das Image des Unternehmens auswirken? Dann sollte man die Abteilung Öffentlichkeitsarbeit einbeziehen. Erfordert sie Veränderungen bei den Absatzkanälen? Dann sollte man mit den Vertriebspartnern sprechen.

In der Frühphase des Veränderungsprozesses sind die Leiter der Veränderungsprozesse auf die Unterstützung mächtiger Personen angewiesen, die über die Ressourcen, Informationen und Legitimität verfügen, mit denen der Wandel ins Rollen gebracht werden kann. Bei den Ressourcen kann es sich um Menschen, Technologie oder finanzielle Mittel handeln. Die Information umfasst politische Informationen und Erfahrung sowie Daten oder Sachkenntnis. Beides ist wichtig und steht überall zur Verfügung. Ebenso wichtig ist der immaterielle Vermögenswert der Legitimität. Mächtige, gut vernetzte Sponsoren verleihen der Idee Glaubwürdigkeit, öffnen Türen, setzen sich in Sitzungen, zu denen der Changemaster keinen Zugang hat, für seine Sache ein, und halten die Opposition in Schach. Die vorhandenen Koalitionsmitglieder gewinnen weitere für die Veränderung. So wie die Dotcom-Entrepreneure strategische Investoren suchen, nutzte der Leiter der Schulbehörde von Union City das Unternehmen Bell Atlantic, um seine Glaubwürdigkeit bei der Verwaltung von New Jersey zu erhöhen.

Eine effektive Koalitionsbildung stützt sich auf drei Maßnahmen:

1. *Der Vorverkauf*. Der Veränderungsleiter spricht im Rahmen von Aufklärungsoperationen mit vielen Leuten und bringt die Saat seiner Idee aus, damit sie im Unternehmen Wurzeln schlagen kann. Dabei lautet die Regel: Keine Überraschung. Wenn man Menschen ohne Vorwarnung mit etwas Neuem konfrontiert, lautet die Antwort meistens: Nein. Kluge Changemaster ebnen den Weg für eine freundliche Aufnahme neuer Ideen, indem sie die Betroffenen individuell darauf vorbereiten, bevor sie zur Bekanntgabe ihres Vorhabens schreiten.
2. *Geschäfte abschließen*. Hier bewegt der Changemaster die Verbündeten dazu, sich an der Projektinvestition zu beteiligen. Dazu kann ein kreativer Austausch von Vorteilen (Kuhhandel) vereinbart werden, damit die Verbündeten von vornherein eine substanzielle Gegenleistung für ihre Unterstützung erhalten. Zudem werden andere Leute beteiligt, auch wenn sie weniger beisteuern - ein wenig Zeit, einige Daten, einen Mitarbeiter als Verbindungsmann. Dies ist eine gute Präventivmaßnahme: »Alle, die nicht berücksichtigt werden, sehnen insgeheim einen Fehlschlag des Projekts herbei«, wie ein E-Commerce-Leiter erklärte.

3. *Das eigene Urteilsvermögen überprüfen*. Ein guter Changemaster bemüht sich um den Segen erfahrener Verbündeter, doch er holt auch ihre Einschätzung ein, um sicherzugehen, dass er nicht »den Verstand verloren hat«, wie mir ein erfahrener Innovator gestand.

Koalitionen sind zerbrechlich, insbesondere wenn sie Personen beinhalten, die sich danach richten, aus welcher Richtung der politische Wind gerade weht. Die Unternehmensführung entzieht der Veränderungsinitiative möglicherweise ihre Unterstützung, wenn die Opposition in der Organisation wächst, anstatt geringer zu werden.

Daher versuchen die Changemaster, ihre Koalition zu erweitern, das heißt, die Neutralen zu aktiver Unterstützung zu bewegen und die Widersacher in neutrale Parteien zu verwandeln. Albert Ormiston konzentrierte sich auf unablässige Kommunikation, um e-Sun durchzusetzen: »Es ist harte Arbeit, die Botschaft zu vermitteln. Und du musst ständig überprüfen, ob die Leute wirklich verstanden haben, worum es geht. Und du musst ihnen zeigen, was sie selbst für einen Vorteil davon haben.«

Fähigkeit 5: Entwicklung des Traums: Teambildung

Sobald einmal eine Koalition gebildet ist, die einem Changemaster Rückendeckung gibt, kann er sich auf die Suche nach weiteren Partnern machen, um den Traum zu verwirklichen. Anstatt eine Vision anzubieten und den Horizont weiter hinauszuschieben, begnügen sich Führungskräfte allzu oft damit, einen Plan anzukündigen oder eine Taskforce zu bilden, in der Hoffnung, die beauftragten Personen würden die nötigen Antworten allein finden. Im Gegensatz dazu herrscht dort, wo die Menschen das Gefühl haben, für die Gestaltung der Zukunft verantwortlich zu sein, stets rege Kommunikation. Die Beteiligten vernetzen sich, um einander in schwierigen Situationen zu unterstützen. Es entwickelt sich eine Teamidentität.

Die Changemaster wechseln nun die Rolle im Veränderungsdrama: Aus Hauptdarstellern werden produzierende Regisseure. Sie bringen die übrigen Improvisationsakteure auf die Bühne, denen die Aufgabe zukommt, eine Idee in die Tat umzusetzen, aus einem Versprechen einen Prototyp zu machen. Diese Tätigkeit setzt sich aus zwei Funktionen zusammen: Teambildung und Teambetreuung. Ein Arbeitsteam, das sich verpflichtet fühlt, Termine und

Versprechen einzuhalten, ist eine Gewähr für ausgezeichnete Leistungen mit Internet-Geschwindigkeit. Der Ausgangspunkt für eine gelungene Teambildung ist die Entscheidung, einer Gruppe von Personen die Möglichkeit zu geben, sich Ziele zu Eigen zu machen, anstatt nur Anweisungen entgegenzunehmen. Die Produktentwicklungsteams von Abuzz haben beispielsweise mehrere Tage Zeit, eine Neuentwicklung in einer großen Gruppe gemeinsam zu planen, wobei die einzelnen Teammitglieder die Verantwortung für bestimmte Elemente des Plans übernehmen. Die Methode, die Angehörigen aller Abteilungen, die etwas mit der Lösung zu tun haben könnten, zu versammeln, um ihnen gleichzeitig dieselbe Botschaft zu vermitteln, wird bei Abuzz seit langem als geeignetes Mittel betrachtet, die Produktentwicklung oder die Umsetzung von Prozessen zu beschleunigen.[5]

Die netzgestützte Kommunikation, bei der alle Beteiligten Zugang zu denselben Dokumenten oder Entwürfen haben, kann für Geschwindigkeit und nahtlose Zusammenarbeit sorgen. Doch im Allgemeinen gewährleistet eine rein virtuelle Kommunikation keinen Erfolg. Zu Beginn der Zusammenarbeit und an den entscheidenden Punkten kann nicht auf die persönliche Kommunikation verzichtet werden. Das direkte Gespräch schafft erst die Grundlage für eine effektive virtuelle Kommunikation.

Die zweite wichtige Aufgabe besteht darin, das Team richtig zu betreuen, seine Anliegen gegenüber der Außenwelt zu vertreten und ihm die benötigten Ressourcen zu verschaffen. Der Erfolg der Teamarbeit hängt nicht nur von der Persönlichkeit der Teammitglieder oder von ihrer Arbeitsmethode ab, sondern auch davon, ob das Team Zugang zu ausreichenden Ressourcen hat. Eine gute Betreuung kann Dinge wie Mahlzeiten, Stressbewältigung und aufmunternde Vorträge umfassen. Doch wichtiger als solche Annehmlichkeiten sind geeignete Werkzeuge zur Bewältigung der Aufgaben. Ein wesentlicher Unterschied zwischen Schrittmachern und Nachzüglern unter den von uns untersuchten Wannadots hing davon ab, ob die Teams darauf zählen konnten, dass man ihnen benötigte Ressourcen verschaffen würde.

Fähigkeit 6: Bewältigung der Schwierigkeiten auf halbem Weg: Beharrlichkeit und Durchhaltevermögen

Einer der Fehler, die Manager in Veränderungsprozessen begehen, besteht darin, die Veränderung einzuleiten und sich zurückzuziehen. Zahlreiche Hindernisse können ein neu gegründetes Unternehmen oder eine Veränderungsinitiative vom Kurs abbringen. Angesichts dieser Hindernisse sind die Beteiligten versucht, sich von dem Projekt abzuwenden und der nächsten verlockenden Gelegenheit nachzujagen. Es gilt, angesichts der anfänglichen Hürden am Projekt festzuhalten und lediglich die geeigneten Anpassungen und Korrekturen vorzunehmen. Dauert der Prozess zu lange, so muss man selbstverständlich zum Ausgangspunkt zurückkehren: Die Umgebung muss erneut analysiert, die Annahmen müssen überprüft, die Vision muss neu formuliert werden.

Je innovativer ein Projekt, desto zahlreicher sind die Probleme bei der Umsetzung.

Es gibt vier verbreitete Probleme, die bei der Entwicklung neuer Produkte, der Umsetzung neuer Prozesse oder dem Aufbau neuer Unternehmen auf halbem Weg auftreten:

1. *Die Prognosen erfüllen sich nicht.* Pläne beruhen auf Erfahrungen und Annahmen. Wenn man sich um Innovation bemüht, wenn man etwas versucht, das noch nie zuvor jemand getan hat, sind Voraussagen bezüglich der Dauer oder der Kosten der Bemühung schwierig. Hier liegt die Bedeutung des Improvisationstheaters: Vom Team wird erwartet, dass es das Projekt in eine Richtung lenkt, die nicht im Voraus bestimmt werden konnte. Das ist ein positives Element der Innovation. Doch Projekte, die in Internet-Zeit abgeschlossen werden sollen, führen oft zu unregelmäßigen Entwicklungen. Vauxhall zum Beispiel hatte sich für den Verkauf von Autos über das Internet eine aggressive Frist von 14 Wochen gesetzt. Als die Kundenbetreuer ihre Tätigkeit aufnahmen, waren noch nicht alle Abwicklungssysteme fertig. In Situationen wie diesen muss die Führung zusätzliche Mittel bereitstellen, mehr Zeit erbitten oder noch innovativer sein, um die Einschränkungen zu überwinden.
2. *Es tauchen unerwartete Hindernisse auf.* Äußere Ereignisse können die besten Pläne durchkreuzen, aber auch neue Chancen eröffnen. Es ist ein Fehler, ein Projekt in einer solchen Situation einfach abzubrechen. Jede Veränderung hat unerwartete Folgen und die Teams müssen bereit sein, darauf zu reagieren. Beispielsweise fand die Umstrukturierung von AlliedSignals Bereich Spezialfilme inmitten zahlreicher neuer E-Business-Projekte statt. Die äußeren Ereignisse können auch neue Chancen eröffnen – beispielsweise kaufte die *New York Times* Abuzz und leitete seine Soft-

ware ins Internet, während Abuzz gerade dabei war, ein Softwareprodukt für Unternehmenskunden einzuführen.

Der E-Commerce-Leiter einer kanadischen Bank stieß auf ein unüberwindliches Hindernis, als eine Studie veröffentlicht wurde, der zufolge die kanadischen Verbraucher nicht bereit waren, ihre Kreditkartennummer im Internet bekanntzugeben; der Geschäftsführer, der bereits Zweifel am Internet-Geschäft hegte, war bereit, das Projekt fallen zu lassen. Wenn Erfolg oder Misserfolg einer neuen Unternehmung von einem einzigen Faktor abhängen und der Zugang nicht flexibel gestaltet werden kann, ist das Projekt von Anfang an zum Scheitern verurteilt.

3. *Die Dynamik lässt nach*. Nachdem die erste Begeisterung über die Einleitung eines Projekts verflogen ist, hält die Realität Einzug. Es tauchen Probleme auf, für die man keine Lösung hat. Die Anforderungen werden immer zahlreicher, und die Personen, die man um Information oder Unterstützung gebeten hatte, melden sich nicht. Die überlangen Arbeitstage und -nächte ermüden das Team. Und an die Stelle des anfänglichen Zugehörigkeitsgefühls treten erste Differenzen zwischen den Teammitgliedern. In dieser Situation muss der Changemaster unbedingt immer wieder die Aufgabenstellung des Teams überprüfen und feststellen, was erreicht wurde und was noch nicht erledigt ist. Wenn ein Team auf halbem Weg stecken geblieben ist, kann es sich als sehr hilfreich erweisen, die Aufgaben neu zu verteilen, das Team in Untergruppen aufzuspalten und einen anderen Zugang zu wählen.
4. *Die Kritiker erheben die Stimme*. Selbst wenn es gelingt, eine Koalition zu bilden und die wichtigsten Interessengruppen einzubinden, wird es weiterhin Kritiker, Skeptiker und Zyniker geben, die Widerstand leisten. Dieser Widerstand wird nicht am Anfang des Vorhabens, sondern dann am stärksten sein, wenn sich das Projekt auf halbem Weg befindet und am verwundbarsten ist. An die Stelle begeisterter Unterstützung tritt Ablehnung, sobald die Leiter der Geschäftseinheiten begreifen, was der Übergang zum E-Business für ihre territoriale Souveränität bedeutet. Die Kritiker und Skeptiker können innerhalb und außerhalb des Unternehmens zu finden sein: Bei Sun lehnten interne Skeptiker die Entwicklung des (letzten Endes erfolgreichen) Netzwerk-Computers mit der Erklärung ab, es handle sich um ein veraltetes Konzept, das nie funktionieren und nie Abnehmer finden werde. Auch die Kunden zweifelten daran, dass der Netzwerk-Computer funktionieren werde. Der Leiter des Entwicklungsteams, Robert Gianni, war ein Ingenieur,

musste sich jedoch in einen Verkäufer verwandeln, der den wichtigsten Kunden das Produkt zu erklären hatte, bevor es überhaupt betriebsbereit war.

So entscheiden auf halbem Weg die Beharrlichkeit und das Durchhaltevermögen eines Changemasters über Erfolg oder Misserfolg des Veränderungsvorhabens. Während sich das Arbeitsteam vorankämpft, muss der Changemaster um zusätzliche Ressourcen kämpfen, Hindernisse aus dem Weg räumen, die Moral des Teams heben und sich mit den Kritikern auseinander setzen. Und nun kommt es darauf an, ob man sich am Anfang die Zeit genommen hat, eine klare und überzeugende Vision zu entwerfen, eine starke und engagierte Unterstützungskoalition zu schmieden und ein Team zu bilden, das sich sein Vorhaben wirklich zu Eigen machte. Jede dieser Komponenten - die Vision, die Förderer und das Team - erleichtert es, diese schwierige Phase zu überstehen und das Projekt voranzutreiben.

Die Führung kann die Aufgabe übernehmen, den Mitarbeitern die Vision ins Gedächtnis zu rufen. Mächtige Sponsoren können Kritiker in Schach halten oder zum Schweigen bringen. Die Teammitglieder können für die politische Kampagne engagiert werden. Robert Gianni machte aus seinen Ingenieuren Lehrer, die den Mitarbeitern von Sun bei Großveranstaltungen das Produkt erklärten. Philip Nenon, der ebenfalls bei Sun mit der Entwicklung neuer Telekommunikationsprodukte für einen schwierigen Markt und anspruchsvolle Kunden wie Cisco betraut worden war, stützte sich auf interne und externe Koalitionsmitglieder, als unerwartete technische Probleme auftauchten. Die Angehörigen der Unternehmensführung, die das Entwicklungsprojekt unterstützten, wurden nicht nervös, sondern engagierten sich für das Team. Die Schlüsselkunden in der Koalition wurden als inoffizielle Berater tätig. Die Projektbetreiber fanden zusätzliche Ingenieure, umschifften die Hindernisse und bewiesen schließlich, dass Suns Milliardenwette auf diesen Markt richtig gewesen war.

Ein Changemaster darf nie ein Nein akzeptieren, muss unermüdlich um Unterstützung werben und allen Beteiligten ständig auf die Zehen steigen, damit sie ihre Versprechen einhalten.

Manchmal setzen Koalitionspartner ihre Macht ein, um die Kritiker zum Schweigen zu bringen. Der Finanzleiter eines Industrieunternehmens widersetzte sich dem E-Commerce, da ihn dieser zwingen würde, einen Teil seines

Betriebs mit der Verkaufsabteilung zu verschmelzen. Er bekämpfte den E-Commerce-Leiter, indem er nach zahlreichen Sitzungen anscheinend seine Zustimmung gab, dann jedoch immer neue Einwände erhob oder Zeitpläne nicht einhielt. Bei einer wichtigen Sitzung stellte der Verkaufsleiter den Finanzchef vor seinen Kollegen bloß. Dieser verpflichtete sich in Gegenwart des Geschäftsführers, einen aggressiven Zeitplan für die Umsetzung der Veränderungen einzuhalten.

Ein Manager, der in seinem Unternehmen für die Umstellung auf das E-Business zuständig war, verglich die Arbeit des Changemasters mit unablässiger Belästigung: Er dürfe nie ein Nein akzeptieren, müsse unermüdlich um Unterstützung werben und allen Beteiligten ständig auf die Zehen steigen, damit sie ihre Versprechen einhalten. »Einmal sagte mir jemand: ›Ihr seid wie Mücken, die um meinen Kopf kreisen. Ihr geht mir auf die Nerven, lasst mich in Ruhe.‹ Aber ich lasse sie nicht in Ruhe.«

Fähigkeit 7: Erfolge feiern: Jedermann wird zum Helden gemacht

Die E-Culture profitiert von Feiern. Die Dotcoms, in denen der Spaß derart wichtig ist, feiern bei jeder erdenklichen Gelegenheit. Doch nicht allen gelingt es gleich gut, Erfolge ins Rampenlicht zu rücken und den Veränderungsteams das angenehme Gefühl zu geben, die Anerkennung der übrigen Mitglieder der Gemeinschaft zu genießen.

Die Anerkennung ist nicht nur als Motivationsinstrument wichtig, sondern verschafft dem Veränderungsprojekt auch Publizität: Das gesamte Unternehmen und unter Umständen die ganze Welt sieht, was möglich ist, wer es bewerkstelligt hat und welche Talente in der Gemeinschaft schlummern. Förmliche Zeichen der Anerkennung tragen ebenfalls dazu bei, das Ansehen der Wissensnomaden zu erhöhen, die eine solche Auszeichnung in ihrem Lebenslauf erwähnen können.

In traditionellen Unternehmen stellt die Anerkennung wahrscheinlich das am sträflichsten vernachlässigte Motivationsinstrument dar. Dabei sind die Möglichkeiten, Mitarbeitern Anerkennung zu zollen, unbegrenzt, und obendrein kostet die Anerkennung häufig nichts. Sie stellt den logischen Abschluss des Veränderungszyklus dar, doch sie motiviert die Mitarbeiter auch zu weiteren Veränderungen. An einer Veränderung der Funktionsweise eines Unternehmens sind derart viele Menschen beteiligt, dass das Lob unbedingt geteilt werden muss. Die Veränderung ist eine kontinuierliche Aufgabe, und niemand kann es sich leisten, die Talente, Fähigkeiten oder Energien jener zu verlieren, die in der Lage sind, die Veränderung in die Tat umzusetzen.

Der Rhythmus der Veränderung

Die sieben Fähigkeiten des Changemasters – Empfänglichkeit für die Umweltsignale, kaleidoskopisches Denken, Vermittlung einer inspirierenden Vision, Koalitionsbildung, Betreuung des Teams, Beharrlichkeit und Anerkennung – finden eine grobe Entsprechung in den Phasen des Veränderungsprozesses. Das bedeutet jedoch nicht, dass man diese Fähigkeiten in einer festen Reihenfolge einsetzen könnte. Dies wäre sinnlos in der von ständig steigender Geschwindigkeit gekennzeichneten digitalen Welt, in der Chancen zu Themen werden, bevor die Bedürfnisse vollkommen geklärt sind; Akteure auf die Bühne treten, während der Produzent noch nach Sponsoren sucht; und das Ensemble Meilensteine feiert, obwohl noch nicht feststeht, wo der Weg überhaupt hinführt.

Wer Veränderungen durchsetzen will, muss zu einem langen Marsch bereit sein. Um eine wirkliche Veränderung zu bewerkstelligen, müssen die Menschen ihr Verhalten ändern, und das Verhalten entzieht sich oft der Kontrolle durch die Unternehmensführung. Eine Führungskraft kann Ressourcen für die Entwicklung eines neuen Produktes bereitstellen oder eine Einheit umstrukturieren, aber sie kann die Mitarbeiter nicht zwingen, ihre Fantasie einzusetzen oder gut zusammenzuarbeiten.

Ein Changemaster muss ein Gefühl dafür entwickeln, was das Unternehmen verkraften kann, und den angemessenen Veränderungsrhythmus wählen. Doch generell lässt sich sagen, dass ein behutsamerer Beginn das Risiko verringert, auf Hindernisse oder Widerstand zu stoßen. Die Leiter von Dotcoms, die Pressemitteilungen als Managementinstrument einsetzen und große öffentliche Ankündigungen machen, bevor sie wissen, ob sie ihre Versprechen halten können, müssen oft einen überstürzten Rückzug antreten. Es ist besser, sich ein wenig Zeit zu nehmen, um Koalitionen zu schmieden, Zustimmung zum Projekt zu gewinnen und dann erst den großen Schlag zu führen.

So wie die Organisation von Gemeinschaften ist auch die Veränderung von Organisationen ein Zahlenspiel: Man braucht ein paar frühe Enthusiasten zur Verbreitung der Botschaft, um anschließend einen Punkt zu erreichen, an dem Widerstand unvermeidlich wird. Entscheidend ist aber, ob man entschlossen ist, den langen Marsch fortzusetzen.

Die wichtigsten persönlichen Eigenschaften eines Changemasters sind Vorstellungskraft, Überzeugung, Leidenschaft und Vertrauen in seine Mitarbeiter. Um erfolgreiche Veränderungsprojekte zu gestalten, sollten diese Eigenschaften durch einige strategische Lektionen ergänzt werden:

- Eine starke Position genügt ebenso wenig wie Leidenschaft und eine starke Persönlichkeit. Auch die Umgebung muss überzeugt werden, denn von ihrem Verhalten hängt das Ergebnis der Veränderung ab.
- Die Veränderung muss mit Daten unterstützt werden. Prototypen können wesentlich dazu beitragen, die Wirkung der Veränderung zu demonstrieren und für Dynamik zu sorgen.
- Hintermänner und Investoren erhöhen die Glaubwürdigkeit und steuern Wissen bei. Gute Beziehungen erleichtern den Zugang zu den Ressourcen.
- Es kann einige Zeit dauern, Unterstützung zu gewinnen. Viele potenzielle Partner müssen die Botschaft hören, damit sich einige von ihnen in Vorreiter verwandeln und weitere Verbündete gewinnen können.
- Verweigerer haben manchmal etwas zu sagen, was die Verfechter der Veränderung wissen sollten. Man sollte sich in die Lage der Gegner versetzen. Möglicherweise kann man einige Widersacher für die Veränderung gewinnen, indem man ihnen eine Aufgabe im Rahmen des Vorhabens überträgt.
- Der Rhythmus der Veränderung muss der Situation angemessen sein. Wenn man sich ein Bild davon macht, was das Unternehmen verkraften kann, lassen sich angemessene Veränderungen durchsetzen, ohne die Menschen zu überfordern.
- Beharrlichkeit und Durchhaltevermögen machen sich bezahlt.
- Respekt und Anerkennung schaffen Freunde. Darum ist es wichtig, alle an der Veränderung Beteiligten in ein positives Licht zu rücken.

In der Internet-Ära ist der Begriff des *Morphing* zu einem Synonym für Veränderung geworden. Im Cyberspace und auf dem Screen kann sich ein Bild augenblicklich in ein anderes verwandeln – aber offline, hinter dem Bildschirm ist die Veränderung nicht so einfach. Fähige Changemaster können den Wandel beschleunigen, doch die mühsame Arbeit, ihre Umwelt für die Veränderung zu gewinnen, bleibt ihnen nicht erspart.

10

DIE VERÄNDERUNG DES MENSCHEN: Zwischenmenschliche Fähigkeiten und gesellschaftliche Entwicklung

> Der Computer ist ein Chamäleon. Er kann ein Theater, ein Rathaus, ein zerfallendes Buch, ein verzaubertes Land, ein Sportstadion und potenziell sogar eine Lebensform sein. Doch zunächst und vor allem ist er ein Darstellungsmedium, ein Mittel zur Gestaltung der Welt, das den traditionellen Medien, die es so rasch in sich aufgenommen hat, wesentliche Merkmale hinzufügt. Als das bedeutendste bisher erfundene Darstellungsmedium sollte er in den Dienst der höchsten gesellschaftlichen Aufgaben gestellt werden.
> *Janet Murray, Hamlet on the Holodeck: The Future of Narrative in Cyberspace*

> Im Internet weiß niemand, dass du ein Hund bist.
> *Viel zitierte* New-Yorker-*Karikatur aus dem Jahr 1993*

Die folgenden Beispiele zeigen, dass der Erfolg in der New Economy ebenso von den persönlichen Beziehungen abhängt wie der Erfolg in der Old Economy:

- Renren.com, das China mit elektronischer Kommunikation versorgt, verbietet seinen eigenen Mitarbeitern für bestimmte Diskussionen die Verwendung von E-Mails.
- Eine neue Dotcom, drugstore.com, könnte sich an jedem beliebigen Ort niederlassen, wählt jedoch einen Standort in der Nähe ihres Geldgebers und Partners Amazon.com in Seattle.
- Hewlett-Packard und SAP entwickeln an einem gemeinsamen Standort in Deutschland ein neues Produkt und tun später dasselbe in den USA.
- John Taysom lädt die Führungskräfte der Unternehmen, in die das Reuters Greenhouse investiert hat, zu einem Skiausflug ein, um sie zur Zusammenarbeit zu bewegen.

- Die Mitarbeiterstäbe von Louis Gerstner (IBM) und John Chambers (Cisco) vergleichen ihre Reisepläne, damit sie sich treffen können, wenn sie in derselben Stadt sind.
- Das Internet-Beratungsunternehmen Razorfish legt den Grundstein für eine eigene Kultur, indem es mit der gesamten Belegschaft nach Las Vegas fliegt.
- Die kreativste Maßnahme des E-Commerce-Leiters von Williams-Sonoma besteht nicht darin, Websites zu gestalten, sondern darin, Freunde zu gewinnen und Kollegen zu beeinflussen.
- Die Innovatoren von Sun Microsystems und Hewlett-Packard sind viel auf Reisen, um Unterstützung für ihre Projekte zu gewinnen - denn der Widerstand wächst mit der räumlichen Distanz.

In den besten Unternehmen werden die Beziehungen anhand altmodischer Methoden gefestigt: Man veranstaltet Golfwochenenden, Skiausflüge, Treffen und Konferenzen, oder man besucht einen Kollegen in seinem Büro, um ihm ein Bekenntnis zu einem Vorhaben abzuringen.

Das Internet eignet sich hervorragend, um Projekte zu ermöglichen, zu fördern und zu vervielfachen. Doch es ist kein Ersatz für persönliche Beziehungen. Die Welt wird nicht von Einsiedlern mit Internet-Anschluss erobert werden. Der virtuelle Kontakt erlischt nach einer Weile, wenn er nicht durch eine reale Begegnung mit der realen Person vertieft wird. Cisco und IBM ziehen großen wirtschaftlichen Nutzen daraus, dass sie praktisch alle Geschäftsabläufe und die Routinekommunikation über das Netz abwickeln, doch sie berufen weiterhin große Versammlungen ein, in denen die Teilnehmer einander persönlich begegnen - und anschließend ziehen sie noch größeren Nutzen daraus, dass sie diese Veranstaltungen per Webcasting übertragen oder die Diskussion in ihren Intranets fortsetzen.

Das Internet ermöglicht die Kommunikation zwischen weit voneinander entfernten gesichtslosen Menschen und in anonymen Gruppen, die Mitteilungen auf Websites hinterlassen oder sich Information oder Produkte beschaffen können, um anschließend wieder zu verschwinden, ohne dass irgendein zwischenmenschlicher Kontakt stattgefunden hätte. Doch die Unternehmen, die hinter der Explosion des Internets stehen, funktionieren nur so gut, weil sie in den entscheidenden Augenblicken die persönlichen Beziehungen pflegen.

Die Routineabläufe, das Profane, das Geistlose kann man der Maschine überlassen. Doch Improvisation, Innovation, Kooperation, die Überbrückung von

Abteilungen, der Aufbau der Kultur und die Umwandlung der Organisationen erfordern ausgeprägte zwischenmenschliche Fähigkeiten.

Es klingt paradox: Eine Technologie, die die persönliche Begegnung anscheinend überflüssig macht, entwickelt sich am besten in einer Umgebung, in der die zwischenmenschlichen Beziehungen eine zentrale Rolle spielen. Wer online effektiv sein will, muss offline die Beziehungen pflegen. Bei aller Personalisierung und allem Empowerment im Internet beraubt uns maßloser Individualismus (Isolation und Separatismus) der Möglichkeit, wirtschaftlichen und gesellschaftlichen Nutzen aus der Technologie zu ziehen.

Der Philosoph Anthony Giddens, Leiter der London School of Economics, unterscheidet zwischen Egoismus, der stets die eigenen Bestrebungen in den Mittelpunkt rückt, und einem »neuen Individualismus«, der Selbstverbesserung und Selbstverwirklichung mit der Anerkennung der gegenseitigen Verantwortung verbindet.[1] Die besten Unternehmen pflegen diesen neuen Individualismus und funktionieren eher wie Gemeinschaften – mit fließenden Grenzen, freiwilliger Tätigkeit, Interessengruppen, die sich als Mitglieder fühlen, einer gemeinsamen Identität und Kultur, kollektiver Stärke und Verantwortung für das Gemeinwesen. Isoliert das Internet also die Menschen, so untergräbt es eben jene Fähigkeiten, auf die die im Internet tätigen Unternehmen angewiesen sind.

Die Welt wird nicht von Einsiedlern mit Internet-Anschluss erobert werden. Der virtuelle Kontakt erlischt nach einer Weile, wenn er nicht durch reale Begegnungen vertieft wird.

In der New Economy steht der Wettbewerb um Talente im Mittelpunkt. Um die Talente anzulocken und zu binden, die benötigt werden, um Gemeinschaften im Cyberspace aufzubauen, müssen in der realen Welt Gemeinschaften gebildet werden, die diesen Talenten ausreichende Unterstützung zukommen lassen. Der nächste Schritt in der Entwicklung der Menschheit besteht nicht darin, uns in Cyborgs zu verwandeln, deren einzige Beziehung jene zu ihren Maschinen ist. Vielmehr geht es darum, menschliche Fähigkeiten weiterzuentwickeln und Bindungen zu festigen. Maschinen sind nur Werkzeuge.

Die Fallstudien in diesem Buch haben gezeigt, welche Fähigkeiten die Menschen in einer Welt benötigen, die sich mit großer Geschwindigkeit wandelt. Die Erfolgsgeschichten von Williams-Sonoma, Sun Microsystems, IBM oder Abuzz wurden von Menschen geschrieben, die ihre intellektuellen und analytischen Fähigkeiten (ihre kognitive Intelligenz) gemeinsam mit ihren intuitiven und emphatischen Fähigkeiten (ihrer emotionalen Intelligenz) eingesetzt haben. Die Menschen, deren herausragende Leistungen in diesem Buch beschrieben sind, zeichnen sich durch sieben geistige Eigenschaften aus, denen sowohl analytische als auch emotionale Fähigkeiten zugrunde liegen:

- Sie besitzen Neugierde und Vorstellungskraft, was es ihnen erlaubt, Hinweise auf neue Möglichkeiten zu erkennen, das heißt neue Muster im Kaleidoskop zu sehen.
- Sie beherrschen die Kommunikation mit nahen und weit entfernten Menschen. Sie bemühen sich um das Verständnis anderer und darum, Menschen mit anderen Lebenserfahrungen zu verstehen.
- Sie sind Kosmopoliten, die imstande sind, Brücken zwischen unterschiedlichen Kulturen zu schlagen.
- Sie verstehen komplexe Zusammenhänge und können deshalb die Tätigkeiten zahlreicher Partner in komplizierten Allianzen miteinander verknüpfen. Sie sind imstande, den Reaktionen zahlreicher Publikumsgruppen mit widersprüchlichen Standpunkten Rechnung zu tragen.
- Sie sind offen für verschiedenartige menschliche Bedürfnisse sowie für direkte und indirekte Botschaften. Sie sorgen für das Wohl ihrer Teams.
- Sie betrachten ihre Mitarbeiter nicht als Untergebene, sondern als Inhaber von Fähigkeiten. Sie respektieren ihre Beiträge und hören sich ihre Ideen an.
- Ihre Führungsposition beruht nicht auf der mit ihrer Stellung verbundenen Autorität, sondern auf der Überzeugungskraft ihrer Vorstellungen.

Darüber hinaus besitzen die Helden der digitalen Kultur der Zukunft eine andere Eigenschaft, die dort, wo rund um die Uhr gearbeitet wird, besonders wertvoll ist: Ausdauer. Die große Energie dieser Menschen beruht auf ihrer Gesundheit und darauf, dass sie die Unterstützung von Familie und Freunden genießen. Hinter jeder erfolgreichen Person steht eine Umgebung, die sie unterstützt und ihre geistige Kraft nährt.

In den Vereinigten Staaten und anderen Industrieländern wird viel über den »digitalen Graben« gesprochen – darüber, dass Menschen in weniger entwickelten Regionen ohne Zugang zu Computern und zum Internet noch weiter in Rückstand geraten könnten. Doch wir sollten uns nicht über den digitalen Graben, sondern über den sozialen Graben Gedanken machen – darüber, dass es Menschen gibt, die in einer Umgebung leben, in der sich die beschriebenen intellektuellen und sozialen Fähigkeiten nicht entwickeln und in der keine körperliche und geistige Gesundheit gewährleistet ist.

Die Aufgabe, Computer und Internet-Anschlüsse mittels öffentlicher Subventionen und privater Spenden in jeden Winkel der Welt zu bringen, ist einfach im Vergleich zu der Aufgabe, geeignete gesellschaftliche Bedingungen für die E-Culture zu schaffen. In Singapur und Taiwan, wo der Computer verbreitet und die Programmierer zahlreich sind, äußerten Manager und Regierungsvertreter mir gegenüber wiederholt die Sorge, ihre Arbeitskräfte könnten nicht kreativ genug für die Internet-Ära sein. Die Förderung der Künste und der Freiwilligentätigkeiten im Dienst der Gemeinschaft sind Bestandteil der strategischen Pläne Singapurs, um seine technologische Wettbewerbsfähigkeit im 21. Jahrhundert zu sichern. In den USA ist es bemerkenswert, dass Befürworter der technologischen Entwicklung dafür sorgen wollen, dass Kinder in einkommensschwachen Haushalten und in ärmeren Schulen Zugang zum Internet erhalten, während wohlhabende Eltern befürchten, das Internet schade der Entwicklung ihrer Kinder.

Begünstigt oder behindert das Internet die Entwicklung der Fähigkeiten, von denen das Funktionieren netzgestützter Organisationen abhängt? Die Kritiker äußern drei Vorbehalte bezüglich der Wirkung des Internets. Diese betreffen die sozialen Bindungen und Fähigkeiten, die intellektuelle Entwicklung und die Verantwortung für die Gemeinschaft. Eine Auseinandersetzung mit den wichtigsten Argumenten der Kritiker führt uns zurück zur gesellschaftlichen Herausforderung: Es geht nicht um die elektronische Kommunikation, sondern um die soziale Umgebung. Das Internet und seine Verwandten können eine positive Wirkung entfalten, wenn der richtige soziale Rahmen geschaffen wird, und sie können sich nachteilig auswirken, wenn dies nicht gelingt. Um die Vorzüge der Online-Welt nutzen zu können, ist eine gut vernetzte Offline-Gemeinschaft notwendig.

Um die Vorzüge der Online-Welt nutzen zu können, ist eine gut vernetzte Offline-Gesellschaft notwendig.

Sorge Nummer 1: Soziale Tugenden

Nutzt oder schadet das Internet den Beziehungen? Hören wir uns zunächst die Argumente der Kritiker an: Die einen sagen, am Computer verbrachte

Zeit werde nicht mit anderen Menschen verbracht. Andere geben zu, dass die Beschäftigung mit dem Computer weniger passiv ist als der Fernsehkonsum und dass die Bewegung im Internet weniger isolierend ist als die Beschäftigung mit einem einzelnen Computer. Trotzdem hegen sie die Sorge, die Nutzung des Internet werde die persönlichen Beziehungen weiter verkümmern lassen. So können Menschen dank des elektronischen Geschäftsverkehrs schon heute weitgehend darauf verzichten, sich an öffentliche Orte zu begeben, wo sie in Kontakt mit anderen Menschen kommen. Es gibt zahlreiche Belege für die positiven Auswirkungen der elektronischen Kommunikation auf bestimmte Arbeitsabläufe, wo sie andere Kommunikationsformen ergänzt. So zeigte eine Studie über einen großen US-Konzern, dass jene Mitarbeiter, die E-Mails intensiv nutzten, besser über das Unternehmen informiert waren und die Ziele des Managements eher teilten.[2] In einem Experiment in einem anderen Unternehmen wurde ein Jahr lang die Arbeit von zwei großen Taskforces beobachtet, von denen die eine mit und die andere ohne elektronische Kommunikation arbeitete. Die elektronische Kommunikation band die Mitarbeiter besser in die Projekte ein - die Benutzer des Computernetzes waren in mehreren Arbeitsgruppen tätig, entwickelten komplexere Beziehungen, bildeten neue Gruppen und trafen sich auch nach Abschluss des Projekts.[3] Dadurch wurden die Beziehungen gestärkt und die Leistungen verbessert.

Das Internet erleichtert viel beschäftigten Personen die Suche nach Personen in aller Welt, die ihnen bei ihrer Arbeit helfen können. Fast 150 Mitarbeiter von Tandem Computers stellten interne Informationsanfragen sechs Wochen lang ins Internet, und in einer öffentlichen Datei wurden 82 Antworten zugänglich gemacht. Die nützlichsten Informationen im Internet stammten von Personen, zu denen keine Beziehung bestand und die keine Gegenleistung erwarteten - und sie stammten nicht von in der Hierarchie höher angesiedelten Personen, sondern von Kollegen. Die Nützlichkeit hing nicht von der Zahl der Antworten, sondern davon ab, ob es gelang, genau jene Person an irgendeinem Ort der Erde zu finden, die exakt das richtige Puzzleteil besaß. Die Lieferanten der nützlichsten Information stellten sie nach eigenen Angaben nicht mit Blick auf irgendeine Belohnung, sondern zum Nutzen der Organisation zur Verfügung - sie waren Teil der Community.[4]

Um die sozialen und psychischen Auswirkungen der Internet-Nutzung zu untersuchen, wurden 93 Familien in Pittsburgh mit Computern, Telefonleitungen sowie kostenlosen Internet-Anschlüssen ausgestattet und einer Vielzahl psychologischer Tests unterzogen. Nach einem Jahr stellten die Forscher in jenen Familien, die weiterhin an der Studie teilnahmen, einen geringfügigen Rückgang des gesellschaftlichen Engagements, der familiären Kommunikation und des seelischen Wohlbefindens fest. Personen, die in einen großen sozialen Kreis eingebettet waren, verwendeten das Internet zumeist weniger, doch während dieser soziale Kreis erhalten blieb, ging die Zahl der Kontakte zu Personen aus dem Bekanntenkreis, mit denen sich die Versuchspersonen früher mindestens einmal im Monat getroffen hatten, im Lauf des Jahres zurück. Personen, die sich zu Beginn der Studie als niedergeschlagen oder einsam bezeichneten, neigten nicht zu einer größeren Aktivität im Internet, doch im Lauf des Untersuchungszeitraums stieg der Anteil der Personen, die über Einsamkeit und Niedergeschlagenheit berichteten, unter denjenigen, die das Internet intensiver nutzten.[6]

Diese Studie wurde mit Kritik bezüglich ihrer Methodik, ihrer Ergebnisse und ihrer Schlüsse überhäuft. Ein Psychologe wies darauf hin, dass die Wirkungen gering waren: Die untersuchten Personen verwendeten das Internet eher wenig (drei Stunden in der Woche gegenüber drei Stunden am Tag, die der Durchschnittsamerikaner vor dem Fernsehgerät sitzt) und zeigten lediglich einen geringen Anstieg der Stressbelastung. Zudem könnte das Ergebnis den Erfahrungen mit einem E-Mail-Diskussionsforum gegenübergestellt werden, dessen Teilnehmerinnen weit davon entfernt waren, sich einsam oder niedergeschlagen zu fühlen, sondern erklärten, das Forum habe ihnen die Möglichkeit gegeben, »sie selbst zu sein« und ihren »wirklichen Gefühlen« Ausdruck zu verleihen.[7]

Es hängt wohl von den Umständen ab, ob uns das Internet isoliert oder ob es unser Leben bereichert. Während wirkliche Abhängige – Personen, die mehr als 30 Stunden in der Woche in ihrer Freizeit im Internet verbringen – tatsächlich in ihrem beruflichen und Sozialleben eingeschränkt sein dürften, haben mehrere große Studien zum Durchschnittskonsumenten widersprüchliche Ergebnisse gezeitigt: Norman Nie von der Stanford University gelangte zu dem Schluss, je mehr Stunden jemand das Internet nutze, desto weniger Zeit verbringe er mit echten menschlichen Wesen und desto weniger beteilige er sich am Gemeindeleben.[8] Doch eine Studie über 3533 Amerikaner, unter denen 1690 Internet-Nutzer waren, führte zu einem gegenteiligen Ergebnis: Laut dieser Studie pflegen mehr als die Hälfte der Internet-Nutzer dank der elektronischen Post bessere Kontakte zu Familie und Freunden. Die Internet-Nutzer haben eher als Nicht-Nutzer stabile soziale Bindungen – obwohl die Unterschiede gering sind und jene, die den Kontakt zu ihren Familienmitgliedern pflegen, keinen Rat bei ihnen suchen und keine Sorgen mit ihnen teilen.[9]

Das letzte Ergebnis kann zur Auflösung der Widersprüche beitragen: Menschen, die eng mit Familie und Freunden verbunden sind, ziehen es möglicherweise dennoch vor, ihre Probleme im Internet mit Fremden zu besprechen. Forscher der Harvard Medical School haben herausgefunden, dass Eltern von behinderten Kindern im realen Leben größerem Stress und einer umfassenderen Stigmatisierung ausgesetzt sind. Da sie seitens der Familie und Freunde weniger Unterstützung finden, suchen sie im Internet nach Personen, mit denen sie Erfahrungen und Ratschläge austauschen können.[10] In der Unpersönlichkeit und Anonymität des Netzes können die Menschen über Dinge sprechen, die sie keinem Gegenüber anvertrauen würden, oder Menschen außerhalb ihres Lebenskreises finden, die ihnen eine nützliche neue Perspektive eröffnen können.

Sorge Nummer 2: Geistige Entwicklung

Manche Kritiker befürchten, das Internet präge eine bestimmte Art, den eigenen Verstand zu benutzen und die Welt zu sehen. Es geht also nicht nur um die online verbrachte Zeit, sondern auch um das, was bei der Interaktion im Netz geschieht.

Die Kritiker gehen bei ihrer Argumentation von der Prämisse der sozialen Isolation aus und erklären, selbst wenn man das Internet zur Kommunikation nutze, nutze man es allein. Demnach sei der Dialog im Netz nicht so reichhaltig und unvorhersehbar wie die persönliche Kommunikation, was die Entwicklung der intellektuellen und sozialen Fähigkeiten insbesondere von Kindern hemme.

In einem viel beachteten Artikel erklärt Todd Oppenheimer, es sei ein Irrtum anzunehmen, der Computer verbessere die Bildung, wo seine Verwendung doch die wirkliche Bildung beeinträchtigen könne: Der Computer fördert »eine grundlegende Verschiebung der persönlichen Prioritäten – eine Verkleinerung der wirklichen Welt zugunsten der unwirklichen virtuellen Welt«. Er negiert die Bedeutung des Gesprächs, des genauen Zuhörens und des präzisen und individuellen Ausdrucks. Oppenheimer erklärt, der Computer erzeuge – trotz der Interaktivität – wie das Fernsehen die Illusion, man könne sich ohne Bemühung Information aneignen. Und abschließend führte er das Beispiel von Hewlett-Packard an, das nur selten echte Computerexperten einstelle, sondern flexible, innovative und für die Teamarbeit begabte Mitarbeiter vorziehe. Zudem beinhalte die Unterstützung, die HP öffentlichen Schulen gewähre, einen Mathematik- und Wissenschaftsunterricht, in dem mit greifbaren Material wie Pflanzensamen und Magneten gearbeitet werde.[12]

Die Soziologin Sherry Turkle vom MIT zählt zu den wenigen Experten, die sich mit der Frage beschäftigt haben, wie Kinder mit dem Computer interagieren und was sie dabei lernen. Obwohl Simulationsspiele die Spieler lehren können, aktiv über komplexe Phänomene als dynamische Systeme nachzudenken, ist Turkle der Ansicht, eine Kultur der Simulation drohe die unmittelbare Erfahrung zu entwerten: »Die unmittelbare Erfahrung ist vielfach chaotisch, und ihre Bedeutung ist niemals vollkommen klar. Interaktive Multimedia ist immer von vornherein interpretiert. Sie stellt die Version eines anderen von der Realität dar.«[13] Die Simulationen könnten sogar die tatsächlichen Akteure in Webcasts ersetzen und damit die Unterscheidung zwischen dem Virtuellen und Realen weiter verwischen. Im Frühjahr 2000 stellte der britische Presseverband die erste virtuelle Nachrichtensprecherin vor: Ananova, einen Echtzeitcomputer mit einem weiblichen Gesicht, das darauf programmiert war, eine Vielzahl menschlicher Emotionen zu zeigen.

Eine andere Forscherin vom MIT, Janet Murray, schätzt das Potenzial komplexer computergestützer Rollenspiele zur Entwicklung von Fähigkeiten optimistischer ein. In Rollenspielen müssen sich die Akteure in Charaktere versetzen, deren Merkmale verstehen und die Regeln oder den Handlungsstrang mit anderen aushandeln. (Genau diese Merkmale des Rollenspiels werden im Allgemeinen mit dem Spiel von Kindern verbunden.) Murray beschreibt eine Reihe von Eigenschaften der »Cyberdramen« – die Erzählstrange, die in digitalen Umgebungen erzeugt werden können –, die in Bezug auf die in der E-Culture erforderlichen Fähigkeiten besonders interessant sind:

»Interaktive Multimedia ist immer von vornherein interpretiert. Sie stellt die Version eines anderen von der Realität dar.«

- *Verfahren:* Die Charaktere gehorchen einer Reihe von Regeln.
- *Partizipation:* Eine virtuelle Welt kann auf jede mögliche Kombination von Befehlen reagieren, sofern sie darauf programmiert wurde. Der User kann Alternativen gestalten und Rollen besetzen. Die Objekte reagieren, während der User sie erforscht.
- *Raum:* Der Bildschirm kann einen Raum darstellen, statt ihn nur zu zeigen, und die User können sich darin bewegen.

- *Enzyklopädie:* Die virtuelle Welt kann eine Vielzahl von Details beinhalten, darunter Hintergrund und zu entdeckende Räume.

Regt das Internet die Fantasie stärker an als die Realität, oder stellt es einfach einen Raum dar, in dem man Antworten auf eine Vielzahl realer Situationen entwickeln und testen kann? Inwieweit sich der virtuelle Raum eignet, um neue Fähigkeiten zu erwerben, hängt davon ab, wie viel Unterstützung man vom sozialen Umfeld erhält.

Die großen Experimente stehen noch bevor, denn das elektronische Lernen wird die nächste große Etappe in der digitalen Revolution darstellen. Es schießen bereits neue Dotcoms aus dem Boden, die mit den Bildungsstätten zusammenarbeiten. So richten Scholastic Inc. und Harcourt General in Partnerschaft mit tutor.com und thinkbox.com im Internet Tutorennetze für Kinder ein. IBM bietet mit seiner Software Learning Village eine Reihe von Online-Diensten für Schulsysteme an. In vielen Staaten wird an Plänen gearbeitet, um Schulkindern universellen Zugang zum Internet zu geben. Mit solchen Initiativen könnte eine Facette des digitalen Grabens beseitigt werden: das Problem des Zugangs. Doch der Internet-Zugang allein kann das Problem der Ausbildungsqualität nicht lösen und wird auch den sozialen Graben nicht überbrücken. Die bisher verfügbaren Daten zeigen, dass genau jene Schüler von den elektronischen Netzwerken profitieren, die bereits gut sozial vernetzt sind, in einer gesunden gesellschaftlichen Umgebung leben und die Unterstützung ihrer Bezugspersonen genießen. Doch jene, die in überfüllten Klassenzimmern sitzen, in isolierten Wohnvierteln leben oder in sozial benachteiligten Familien aufwachsen, geraten möglicherweise noch weiter in Rückstand - mit oder ohne Computer. Nicht die Verfügbarkeit der Technologie, sondern soziale Faktoren geben den Ausschlag.

Sorge Nummer 3: Soziale Verantwortung

Wenn das Internet in die Isolation führen kann, stellt sich die Frage, ob dies möglicherweise zur Folge hat, dass die Beteiligung an der Zivilgesellschaft nachlässt und das soziale Verantwortungsbewusstsein verloren geht. Was geschieht, wenn reale Gemeinschaften durch virtuelle Communities ersetzt werden?

Zweifellos fördert das Internet durch globale Kommunikation die Entstehung eines globalen Bewusstseins. Immer mehr Dot-Organisationen stellen ohne Rücksicht auf geografische Beschränkungen Verknüpfungen zwischen Sponsoren und gemeinnützigen Projekten her. Doch auch hier erheben Kritiker den Einwand, die Menschen könnten sich lediglich in der Ferne als großzügig erweisen, während sie die Bedürftigen vor der eigenen Haustür vernachlässigen.[18]

Abgesehen vom Konflikt zwischen virtueller und realer Welt kann das Internet als Arbeitsumgebung auch andere Aspekte des Gemeinschaftslebens bedrohen. Nehmen wir zum Beispiel die Tatsache, dass in den Dotcoms sieben Tage in der Woche rund um die Uhr gearbeitet wird. Kann es noch ein Gemeinschaftsleben jenseits des Arbeitsplatzes geben, wenn die Menschen in der Nacht im Büro ein- und ausgehen und wenn man im Büro essen und schlafen kann? Abuzz, dessen Arbeitsumgebung hier bereits beschrieben wurde, ist der Beweis dafür, dass in einer Dotcom sowohl das persönliche Leben als auch ein zupackender Dienst an der Gemeinschaft Platz haben. Doch sogar Abuzz muss sich die Notwendigkeit dieser Aktivitäten immer wieder vor Augen führen. Das Management arbeitet hart daran, ein Gleichgewicht herzustellen.

Nehmen wir ein anderes Beispiel: Nortel Networks, ein führender Dotcom-Geburtshelfer, siedelte 3000 zuvor verstreute Mitarbeiter in seiner neuen Zentrale in einem Vorort von Toronto an und verwandelte diese damit in eine »Stadt« mit eigenen Parks, einem Zen-Garten, einer Bankfiliale, Fitnesszentren, Basketball- und Volleyballplätzen, einer Physiotherapiestation, einer Trockenreinigung, einem Ort der spirituellen Begegnung, einem Café und einem öffentlichen Medienzentrum. Die Mitarbeiter empfinden ihre Tätigkeit als befriedigender und berichten über produktivere Beziehungen zu den Kollegen.[19]

All diese Bedenken scheinen uns vor die Wahl zwischen zwei unvereinbaren Gegensätzen zu stellen. Doch ein solches Denken wird einer Welt, in der wir Zugang zu zahlreichen Kanälen haben, nicht gerecht. Es heißt, das Internet stärke schwache Bindungen (zu Bekannten oder auch weit entfernten Fremden) zu Lasten starker Bindungen (zu Familie, Freunden und Kollegen im Nachbarbüro). Es heißt, das Netz fördere die soziale Identifikation (eine größere Zahl von Menschen an mehr Orten können miteinander in Kontakt treten) zum Preis einer möglichen Einschränkung der direkten sozialen Interaktion. Zwischen diesen Extremen wird ein Wettbewerb konstruiert.

Doch handelt es sich tatsächlich um unvereinbare Gegensätze? Ein virtuelles Team von IBM leistete im Kosovo Hilfsdienste (international), doch einige Mitglieder desselben Teams sind im Rahmen des Reinventing Education

Projects in örtlichen Schulen tätig (lokal). In meinen Augen liegen den genannten Befürchtungen falsche Annahmen zugrunde - nämlich jene, das Internet überwältige uns, ohne dass wir Einfluss auf die Entwicklung nehmen könnten. Diese Annahmen fanden im Dotcom-Rausch, in dem die Kapitalmärkte in den Jahren 1998 und 1999 versanken, einen Widerhall: Fanatische Anhänger der digitalen Wirtschaft erklärten, der E-Commerce werde die Bricks-and-Mortar-Verkaufsstandorte ersetzen - nicht einfach ergänzen oder verbessern, sondern eliminieren.

Das wahrscheinlichere Ergebnis besteht darin, dass die realen und virtuellen Umgebungen nebeneinander existieren werden. Das Internet zwingt selbst die an einem Ort verwurzelten Unternehmen und Organisationen, sich der übrigen Welt bewusst zu werden und Verbindungen zu vielen Orten zu knüpfen. Doch ohne Dienstleistungen, Unterstützungsfunktionen und strategische Diskussionen vor Ort können auch globale Riesen im virtuellen Raum nicht funktionieren. Dies ist keine idealistische Vorstellung, sondern eine pragmatische Feststellung. Sogar Amazon.com kann nicht ohne Warenlager, Logistikpersonal und Lieferwagen funktionieren.

Finale oder großer Auftakt? Evolve!

Wir befinden uns mitten in einer technologischen Revolution und suchen nach Orientierung. Viele Menschen in vielen Unternehmen suchen »die« Antwort - das einfache Rezept für den Erfolg. Doch im Internet gibt es keine einzelne, sondern immer viele Antworten. Es ist ein unbegrenzter Raum, der dank unserer Imagination und Kreativität weiter wachsen wird. Wir müssen für neue Möglichkeiten offen bleiben, aber wir können durchaus klare Vorstellungen davon entwickeln, wohin wir gehen wollen.

In allen Best-Practice-Modellen in diesem Buch findet ein Wechselspiel zwischen realer und virtueller Welt statt. Die beiden Welten ergänzen sich. Sie verstärken einander und zwingen sich gegenseitig zur Veränderung. Wir können bereits beobachten, dass Dotcoms und Wannadots einander in der Mitte begegnen. E-Business wird bald einfach Business sein. E-Commerce wird einfach eine weitere Möglichkeit sein, Dinge zu kaufen und zu verkaufen. E-Learning wird die Klassenzimmer und Hörsäle nicht ersetzen, sondern ergänzen, und die E-Culture wird einfach die Kultur der Zukunft sein. Die elektronische Kommunikation wird uns mit Menschen am anderen Ende der Welt verbinden oder die Zusammenarbeit mit Personen erleichtern, die nur einige Schritte entfernt sind.

Das Internet kann die Welt verändern, aber es ist selbst neutral. Dort, wo bereits ein gut entwickeltes soziales Umfeld und stabile persönliche Beziehungen gegeben sind, fördert es den Aufbau von Beziehungen, die intellektuelle Entwicklung, die Produktivität und die kollektive Verantwortung. Dort, wo die gesellschaftlichen Voraussetzungen schlecht sind, kann das Internet in all diesen Bereichen negative Konsequenzen haben. Das Internet kann die besten und die schlechtesten menschlichen Neigungen verstärken. Es kann eine Ausrede sein, um uns voneinander abzuwenden und in den Cyberspace zu flüchten, doch es ermöglicht auch den Aufbau von Online- und Offline-Gemeinschaften im Beruf und im Privatleben.

Die reale und die virtuelle Welt ergänzen sich. Sie verstärken einander und zwingen sich gegenseitig zur Veränderung.

Möglicherweise ist dies nichts als Wunschdenken – doch wir können uns noch nicht an wissenschaftlichen Fakten orientieren, denn es gibt noch zu wenig Erfahrungswerte und zuverlässige Studien. Wir stehen am Scheideweg. Werden wir uns in eine Masse einsamer Menschen oder in eine verschworene Gemeinschaft verwandeln? Diese Frage betrifft unsere menschlichen Werte, nicht die Technologie.

Wir haben die Wahl.

Anhang

Unternehmensbeschreibungen

Mit fast 80 Unternehmen sowie einem Dutzend weiterer Organisationen (darunter zum Beispiel öffentliche Schulen und gemeinnützige Einrichtungen) wurden im Rahmen meiner Studie zur E-Culture ausführliche Interviews geführt. In diesem Anhang sind nur die Unternehmen angeführt, die mehrfach befragt wurden oder in diesem Buch ausführlich behandelt werden. Die Interviews wurden zwischen November 1999 und Juli 2000 geführt.

Abuzz Technologies wurde 1996 gegründet und ist in Boston (Massachusetts) ansässig. Abuzz betreibt mit 20 Mitarbeitern eine Community-Website für den Wissensaustausch. Im Juli 1999 wurde das Unternehmen von der New York Times Company übernommen und nahm gemeinsam mit New York Times Digital im Januar 2000 www.abuzz.com in Betrieb.

Acer, gegründet 1981 und in Taiwan ansässig, erzeugt Computer- und Multimedia-Produkte der oberen Preisklasse und betreibt eine Reihe von Websites für den elektronischen Geschäftsverkehr.

AlliedSignal, vgl. Honeywell International.

Amazon.com (gegründet 1995) ist ein Online-Einzelhändler mit Sitz in Seattle (Washington). Das Unternehmen hat 7600 Mitarbeiter. Am bekanntesten ist der Internet-Buchladen, doch Amazon bietet mittlerweile auch zahlreiche andere Artikel und Dienstleistungen an, darunter Werkzeuge, Geschenke und Auktionen.

Arcadia, eine führende britische Modehandelskette, bietet an tausenden Verkaufsstandorten in Großbritannien und hunderten weiteren in aller Welt 15 verschiedene Modemarken an und hat die Aktivität auf das Internet ausgeweitet. Im Jahr 1999 belief sich der Umsatz des in London ansässigen Unternehmens, das bis 1997 den Namen Burton Group trug, auf 2,4 Milliarden Dollar.

Arrow Electronics mit Sitz in Melville (New York) ist der weltweit größte Anbieter von Elektronikbauteilen und Computerprodukten (9,3 Milliarden Dollar Umsatz im Jahr 1999).

Audible, Inc. (gegründet 1995) bietet seinen Kunden in einer strategischen Partnerschaft mit Amazon.com die Möglichkeit, Audioprogramme wie Radiosendungen und Hörbücher zu verfolgen.

barnesandnoble.com (gegründet 1997) ist der zweitgrößte Online-Buchhändler und zählt zu den beliebtesten Sites im Internet. Mitte des Jahres 2000 hatte das in New York ansässige Unternehmen über 1200 Mitarbeiter.

Blackboard.com (gegründet 1997) vertreibt Software für Schulungskurse für Bildungseinrichtungen und betreibt eine öffentliche Website, auf der Lehrkräfte ihre eigenen Online-Kurse gestalten können.

brandnewmusic.com (gegründet 1999) ist eine in London ansässige Dotcom, die begabte Musiker ohne Plattenvertrag im Internet promotet.

Cisco Systems bietet End-to-End-Vernetzungsprodukte und -dienstleistungen an, darunter Router und andere Kommunikationsgeräte. Das in San Jose (Kalifornien) ansässige Unternehmen hatte 1999 über 21 000 Mitarbeiter und erzielte einen Umsatz von 13 Milliarden Dollar.

CNBC.com mit Sitz in Fort Lee (New Jersey) ist eine Tochtergesellschaft von NBC (dessen Muttergesellschaft General Electric ist). Es wurde 1997 als Ableger des Kabelsenders CNBC, eines führenden Anbieters von Wirtschafts- und Finanzinformationen; gegründet und im Jahr 1999 ins Internet gebracht.

Deloitte & Touche mit Sitz in Wilton (Connecticut) ist ein Anbieter von Dienstleistungen in den Bereichen Wirtschaftsprüfung, Steuerberatung und Managementberatung. Deloitte hat über 80 000 Mitarbeiter.

Digitas ist eine in Boston (Massachusetts) ansässige Internet-Sozietat mit über 1200 Mitarbeitern.

EarthWeb, gegründet 1994 und ansässig in New York City, vermittelt Kenntnisse im Bereich der Informationstechnologie und bietet Karrierelösungen an. EarthWeb erzielte im Jahr 2000 mit über 350 Mitarbeitern einen Umsatz von rund 60 Millionen Dollar.

eBay, gegründet 1995 und ansässig in San Jose (Kalifornien), ist das größte Online-Auktionshaus und die größte Handels-Community im Internet.

Hewlett-Packard, ein führender Anbieter von Computern und Bildaufbereitungslösungen, ist in Palo Alto (Kalifornien) ansässig. Das Unternehmen hat über 80 000 Mitarbeiter.

Honeywell International mit Sitz in Morristown (New Jersey) hat über 120 000 Mitarbeiter und erzielte 1999 einen Umsatz von 23 Milliarden Dollar. HI bietet Luftfahrtprodukte und -dienstleistungen; Steuerungselemente, Stromerzeugungssysteme, Spezialchemikalien, Kunststoffe und elektronisches Material an. Der Konzern entstand im Dezember 1999 aus der Fusion von AlliedSignal und Honeywell.

hongkong.com (1998 gegründet) bietet online Nachrichten und Informationen zu Reisen, Technologie und Wirtschaft an und betreibt E-Commerce.

IBM, der weltweit größte Anbieter von Informationstechnologie, erzielte 1999 mit über 300 000 Mitarbeitern einen Umsatz von 87 Milliarden Dollar. Das in Armonk (New York) ansässige Unternehmen bietet IT-Lösungen an, erzeugt Computer und entwickelt Software.

iSteel Asia (gegründet 1999, ansässig in Hongkong) ist das erste börsennotierte vertikale branchenspezifische asiatische Portal, das einen neutralen Markt für den Stahlhandel darstellt.

iXL, Inc., ein 1996 gegründetes und in Atlanta (Georgia) ansässiges Internet-Beratungsunternehmen, hatte Anfang des Jahres 2000 über 2000 Mitarbeiter in aller Welt.

Kerry Logistics ist ein in Hongkong ansässiges Unternehmen, das Warenlager, Auftragsabwicklungs- und Vertriebszentren für E-Commerce-Unternehmen betreibt.

Lucent Technologies, einer der größten Anbieter von Telekommunikationsausrüstung und Software, wurde 1996 aus AT&T ausgegliedert. Das in New Jersey ansässige Unternehmen erzielte 1999 mit 153 000 Mitarbeitern einen Umsatz von 38 Milliarden Dollar. Seine New Ventures Group wurde gegründet, um Forschungsergebnisse der Bell Laboratories auf dem Markt zu nutzen.

Lycos, ansässig in Waltham (Massachusetts), ist ein führendes Internet-Portal, das im Jahr 2000 785 Mitarbeiter hatte. Lycos bietet Navigations-, Browsing- und Suchdienste an.

Mainspring, Inc. ist eine wachsende Beratungsfirma für E-Strategie. Mainspring wurde 1996 gegründet und hat seinen Sitz in Cambridge (Massachusetts).

Mary Kay, Inc., verkauft Schönheitsprodukte im Direktvertrieb. Das 1963 gegründete und in Dallas ansässige Unternehmen hat 620 000 Beauty Consultants in aller Welt, die Produkte im Wert von einer Milliarde Dollar verkaufen.

Motorola ist in Schaumburg (Illinois) ansässig und hat über 150 000 Mitarbeiter. Es bietet integrierte Kommunikationslösungen und elektronische Bauteile an.

NBC (**National Broadcasting Corporation**), vgl. CNBC.com.

Online Retail Partners (gegründet 1999) entwickelt und betreibt von New York aus E-Commerce-Sites für Hersteller von Markenprodukten.

PlanetFeedback mit Sitz in Cincinnati (Ohio) nutzt das Internet, um Verbraucherfeedback an Unternehmen weiterzuleiten.

Razorfish, gegründet 1995, bietet weltweit digitale Dienste für das Veränderungsmanagement an. Das in New York ansässige Unternehmen hat über

1300 Mitarbeiter. Razorfish entwickelt strategische Technologielösungen, um die betrieblichen Abläufe seiner Kunden für das Internet zu integrieren.

renren.com, gegründet 1998 in Hongkong, ist ein Internet-Portal für die weltweite chinesische Community. Es nahm 1999 den Betrieb auf und wuchs bis Mai 2000 auf über 300 Mitarbeiter.

Reuters mit Sitz in London bietet Finanzinformationen, Nachrichten sowie Systeme für das Transaktions- und Informationsmanagement an. Der Reuters Greenhouse Fund investiert in Unternehmen, die in den Bereichen E-Commerce und E-Markets, Technologieinfrastruktur und digitale Inhalte Einfluss auf das Geschäft von Reuters nehmen. Zu seinen Portfolio-Unternehmen zählen Adero, Equinix, Harmony Software und Persistence.

Sun Microsystems mit Sitz in Palo Alto (Kalifornien) ist ein globaler Anbieter von Produkten, Dienstleistungen und Unterstützungsdiensten für den Aufbau und die Wartung von Computernetzwerken. Das Unternehmen hat über 27 000 Mitarbeiter.

Tesco (Cheshunt, England) ist eine führende britische Lebensmittelhandelskette, die im Jahr 2000 einen Umsatz von fast 30 Milliarden Dollar erzielte. Die Tochtergesellschaft Tesco.com wurde Mitte 2000 gegründet und hat 250 000 regelmäßige Internet-Kunden.

theglobe.com, gegründet 1995 und seit 1998 an der Börse, ist eine globale Online-Community, die ihren Mitgliedern dabei hilft, Menschen mit ähnlichen Interessen zu finden und mit ihnen zu kommunizieren.

Vauxhall ist ein im englischen Luton ansässiges Tochterunternehmen von General Motors. Das 1903 gegründete Unternehmen beschäftigt 10 000 Mitarbeiter und produzierte 1999 über 315 000 Fahrzeuge. In diesem Jahr begann Vauxhall auch mit dem Verkauf von Autos über das Internet.

Williams-Sonoma ist eine in San Francisco ansässige Einzelhandelskette für Haushaltszubehör. Zu Williams-Sonoma, Inc. gehören Williams-Sonoma, Pottery Barn, Pottery Barn Kids, Hold Everything und Chambers.

Ausgewählte Ergebnisse der globalen Studie zur E-Culture

Der Fragebogen für meine globale Studie zur E-Culture wurde im Januar 2000 in *Worldlink*, der Publikation des Weltwirtschaftsforums in Davos, abgedruckt und an die Teilnehmer des Forums verteilt. Diese konnten den Fragebogen zurücksenden oder auf der Website der Harvard Business School an einer Online-Umfrage teilnehmen. Im Februar wurde die Umfrage in *Inc.* veröffentlicht. In dieser Zeitschrift und auf ihrer Website (http://www.inc.com) wurden die Leser ebenfalls auf die HBS-Website verwiesen. Darüber hinaus verschickte *Inc.* die Umfrage an Unternehmen aus der Gruppe der Inc. 500, an Mitglieder der Young Entrepreneurs Organization und ähnliche Gruppen.

Nach kurzer Zeit trafen die ersten Antworten ein. Links auf der Datamation-Site von EarthWeb und in einem E-Culture-Club bei theglobe.com brachten uns zusätzliche Umfrageteilnehmer. Weitere Antworten lieferte uns Mainspring, eine Beratungsfirma für Internet-Strategie.

Bis zum Stichtag am 15. Mai 2000 trafen 785 ausgefüllte Fragebögen ein, darunter 300 online über die HBS-Website. Die Studie diente dazu, allgemeine Trends und Tendenzen festzustellen, half uns jedoch auch bei der Suche nach Personen, die bereit waren, in weiterführenden Interviews ihre spezifischen Erfahrungen mit uns zu teilen. Die hier behandelten Ergebnisse entstammen ausschließlich der schriftlichen Umfrage, doch bis August 2000 hatte das E-Culture-Projektteam über 300 Interviews mit Vertretern von fast 80 Unternehmen geführt, die mehrheitlich in den Vereinigten Staaten, Großbritannien und Hongkong ansässig waren.

Der Fragebogen

Die Umfrage umfasste 116 Punkte in sechs Abschnitten:

- *Hintergrund:* Feststellung der Einheit, der die Umfrageteilnehmer angehörten (zum Beispiel unabhängiges Unternehmen oder Tochtergesellschaft eines größeren Unternehmens); Standort des Hauptsitzes; Gesellschaftsform (zum Beispiel Aktiengesellschaft, Gesellschaft mit beschränktem Aktionärskreis, Sozietät, staatliche Behörde, gemeinnützige Einrichtung, Gemeinschaftsunternehmen); Hauptbranche; Märkte; Position der Person, die den Fragebogen ausfüllte.

- *Einschätzung des Internets:* Zustimmung zu/Ablehnung von fünf allgemeinen Aussagen zum Internet (siehe Abschnitt »Einschätzung des Internets und seiner Zukunft« in diesem Anhang). Aus den Ergebnissen konnten wir auf das allgemeine Bild schließen, das sich die Befragten vom Umfang der durch das Internet herbeigeführten Veränderungen machten.
- *Erfahrung mit Websites:* Inwieweit war die Geschäftseinheit der Befragten in die Arbeit mit dem Internet eingebunden, inwieweit war das Internet Teil ihres Verantwortungsbereichs, und wie sahen sie die Fortschritte ihrer Einheit bei der Nutzung des Internets? In diesem Abschnitt der Umfrage sammelten wir wertvolle Daten dazu, wie die Unternehmen gegenwärtig das Internet nutzten und wie sie es in den kommenden zwei bis drei Jahren zu nutzen gedachten.
- *Helfer und Bremser:* Wie konnten die verschiedenen Interessengruppen den Befragten helfen oder sie daran hindern, das Internet zu nutzen oder vom E-Commerce zu profitieren (wir gaben 17 Möglichkeiten vor)? Inwieweit hatten sich acht Kernmerkmale und Geschäftskennzahlen in den letzten Jahren verändert? Dabei sollte angegeben werden, auf welche Merkmale das Internet wesentlichen Einfluss nahm.
- *Stil der Organisation:* Hier wurde nach 16 Punkten zu kulturellen und strukturellen Aspekten gefragt, die jeweils zwei Antworten zu einem Organisationszenario umfassten. Beispielsweise folgten auf die Aussage »Schritte und Maßnahmen, die erforderlich sind, um die meisten Aufgaben zu bewältigen« zwei Antworten, die den Endpunkten einer Skala von 1 bis 5 entsprachen: »Detailliert vorgeschrieben« beziehungsweise »Dem persönlichen Urteil überlassen«. Die alternativen Aussagen wurden möglichst neutral formuliert und nach dem Zufallsprinzip der einen oder anderen Seite zugeordnet.
- *Demografische Daten der Organisation und der befragten Person:* Größe und Alter der Organisation (nicht nur der Einheit) sowie persönliche Berufserfahrung und Alter.

In der gesamten Umfrage hatten die Befragten die Möglichkeit, eigene Antworten und Kommentare zu ergänzen. Am Ende des Fragebogens wurden sie um ihre eigene Einschätzung des Internets gebeten und konnten eine Kontaktadresse angeben, wenn sie bereit waren, ein weiterführendes Gespräch über ihre Antworten zu führen. (Den Umfrageteilnehmern wurde Anonymität zugesichert, wobei sie separat ihre E-Mail-Adresse oder andere Kontaktdaten angeben konnten, wenn sie an den ersten Ergebnissen der Studie interessiert waren.) Rund 520 von 785 Befragten gaben eine Adresse an, und fast die Hälfte erklärte sich zu weiterführenden Gesprächen bereit - unter den Freiwilligen waren Spitzenmanager aus Unternehmen der Global Fortune 500 sowie neue Mitarbeiter von Internet-Startups. Wir konnten nur mit einem Bruchteil der Umfrageteilnehmer nachfassende Gespräche führen, doch alle Befragten, die eine Kontaktadresse angegeben hatten, erhielten im Juni 2000 einen vorläufigen Bericht über die Ergebnisse der Studie.

Umfrageteilnehmer

Fast alle Teilnehmer gehörten dem Topmanagement an (Geschäftsführer, hochrangige Führungskräfte oder Board-Mitglieder). Daher kann man davon ausgehen, dass die Antworten tatsächlich Aufschluss über die Situation ihrer Unternehmen geben. Die Befragten vertraten 247 börsennotierte Unternehmen, 497 Gesellschaften mit beschränktem Aktionärskreis (darunter Internet-Unternehmen vor dem Börsengang), Sozietäten und Jointventures (eine Gruppe von Unternehmen, die nur in eingeschränktem Kontakt zu den Kapitalmärkten standen), sowie 51 staatliche oder gemeinnützige Einrichtungen. Fast die Hälfte der Unternehmen waren vor Beginn des Informationszeitalters entstanden, das heißt vor 20 oder mehr Jahren.

519 der befragten Organisationen hatten ihren Hauptsitz in Nordamerika, wo die Entwicklung des E-Business ihren Ausgang nahm. 160 Umfrageteilnehmer stammten aus Europa, 22 aus Asien und 16 aus Lateinamerika. 68 fielen in die Kategorie »Andere«, das heißt, sie machten keine vollständigen demografischen Angaben. 308 Fragebögen wurden von reinen Binnenunternehmen eingesandt (die in einem Land für den Binnenmarkt produzieren). 185 kamen von Exportunternehmen, 19 von Offshore-Produzenten (die im Ausland für den Markt in einem Land produzieren) und 252 von vollkommen internationalen Unternehmen (in Bezug auf Produktion und Märkte). Mehr als 100 Umfrageteilnehmer bezeichneten sich als Angehörige reiner Internet-Unternehmen - einschließlich der Internet-Einheiten etablierter Unternehmen -, und 657 erklärten, ihre Unternehmen seien keine reinen Internet-Unternehmen.

Die Teilnehmer stellten keine zufällige oder repräsentative Stichprobe dar, da die Teilnahme freiwillig war und die Antworten anonym erfolgten. Wir konzentrierten uns auf Personen, die am Internet interessiert sind. Es handelte sich um eine gezielt gewählte Stichprobe, die Hypothesen ermöglicht, und in diesem Sinne habe ich die Ergebnisse ausgewertet.

Ausgewählte Ergebnisse

Einschätzung des Internets und seiner Zukunft

Wir baten die Teilnehmer um eine Stellungnahme zu fünf allgemeinen Aussagen zum Internet und zum E-Business.

1. Revolution?
»Das Internet wird in absehbarer Zukunft sämtliche Aspekte der Unternehmenstätigkeit vollkommen verändern.«

75 Prozent stimmten dieser Aussage teilweise oder vollkommen zu; nur 9 Prozent stimmten ihr nicht zu. Die übrigen 16 Prozent äußerten weder Zustimmung noch Ablehnung. Es ist anzumerken, dass die Zahl der Unentschiedenen in dieser Frage geringer war als in allen anderen.

In der kleinen Gruppe der Vertreter staatlicher und gemeinnütziger Einrichtungen war der Anteil jener, die uneingeschränkte Zustimmung äußerten, sehr viel höher, was möglicherweise ein Zeichen dafür ist, dass die staatlichen Vertreter und die Leiter regierungsunabhängiger Organisationen die Bedeutung des Internets für die Zukunft ihres Landes sehen. Ähnlich groß war die Begeisterung für die Internet-Revolution in den börsennotierten Unternehmen, die im Durchschnitt größer sind als die Unternehmen mit beschränkter Präsenz auf den Kapitalmärkten und daher auf den Druck globaler Märkte reagieren müssen. In der zuletzt genannten Gruppe (Gesellschaften mit beschränktem Aktionärskreis, Sozietäten, Jointventures) war die Zustimmung zu dieser Aussage am geringsten, was vielleicht daran liegt, dass sie weniger Investoren haben und daher weniger als börsennotierte Unternehmen unter Druck stehen, technologische Neuerungen zu übernehmen.

Die Ausrichtung auf die internationalen oder Binnenmärkte hatte ebenso wie der Standort der Zentrale keinen Einfluss auf die Antworten. Die Personen, die sich für dieses Thema interessierten, waren in allen Ländern in gleichem

Umfang von der Revolution überzeugt. Erwartungsgemäß war die uneingeschränkte Zustimmung in den reinen Internet-Einheiten sehr viel größer als in den herkömmlichen Unternehmen. Dabei hatte das Alter der Befragten keinen Einfluss auf die Antwort.

2. Ein unvermeidliches Wettbewerbserfordernis?

»Jedes Unternehmen in meiner Branche muss im Internet präsent sein und aktiv am E-Commerce teilnehmen, selbst wenn es kein Geld damit verdient.«

63 Prozent der Befragten äußerten Zustimmung oder uneingeschränkte Zustimmung; 18 Prozent stimmten dieser Aussage nicht zu. Wir wissen, dass die Befürworter des E-Commerce in unserer Stichprobe überrepräsentiert waren. Dennoch ist es verblüffend, dass derart viele Führungskräfte bereit waren, Geld zu investieren, ohne einen Ertrag zu verlangen. Weniger als 20 Prozent der Befragten waren in dieser Frage unentschlossen.

Besonders hoch war die Zustimmung in den börsennotierten Unternehmen. Eine vorbehaltlose Zustimmung war umso wahrscheinlicher, je internationaler ein Unternehmen war (beide Ergebnisse waren statistisch signifikant). Die Grund könnte in der kosmopolitischen Einstellung internationaler Unternehmen, aber auch in ihrer Größe und in ihrer Einbindung in die globalen Lieferketten und in die globalen Kapitalmärkte liegen. Offenkundig stehen größere Aktiengesellschaften unter Druck, unabhängig von der Möglichkeit unmittelbarer Gewinne in das Internet zu investieren, doch unsere Interviews zeigen, dass der Konflikt zwischen kurzfristigen Investitionen und langfristigen Erträgen zu ständigen Spannungen in den Unternehmen führt.

Es ist interessant, dass die Umfrageteilnehmer aus in Europa ansässigen Unternehmen dieser Aussage sehr viel eher zustimmten als amerikanische Unternehmen. Obwohl reine Internet-Einheiten eher zustimmten, war der Unterschied zu den traditionellen Geschäftseinheiten nicht statistisch signifikant – selbstverständlich kann es auch sein, dass diese Einheiten unter Druck standen, Einnahmen zu erzielen und die Gewinnschwelle zu erreichen. Doch es sollte ermutigend für sie sein, dass Geschäftseinheiten und Führungskräfte, deren Tätigkeit nicht mit dem Internet zusammenhing, ebenfalls die Notwendigkeit von Investitionen sahen.

3. Lediglich ein weiteres Instrument?

»Das Internet unterscheidet sich nicht wesentlich von anderen geschäftlichen Instrumenten und dürfte die grundlegenden Erkenntnisse bezüglich der richtigen Funktionsweise von Unternehmen und der geeigneten Managementmethoden nicht ändern.«

30 Prozent der Befragten äußerten Zustimmung oder uneingeschränkte Zustimmung, 56 Prozent stimmten der Aussage nicht zu. Hier ging es darum festzustellen, wer tief greifende, systematische Veränderungen für notwendig hielt und wer lediglich zu einer beschränkten Nutzung des Internets bereit war.

Die Unternehmen mit beschränkter Präsenz auf den Kapitalmärkten sprachen sich am ehesten gegen Veränderungen aus, während die börsennotierten Unternehmen eher glaubten, das Internet erfordere eine umfassende Veränderung der Betriebsmethoden. Die Unterschiede zwischen beiden Gruppen waren statistisch signifikant.

Auf den Binnenmarkt beschränkte Unternehmen neigten eher dazu, im Internet lediglich ein weiteres Instrument zu sehen, während international tätige Unternehmen diese Einschätzung eher entschieden ablehnten. Die asiatischen Unternehmen neigten besonders dazu, keine Veränderungen für notwendig zu halten, was einige Befragte mit den niedrigen Personalkosten erklärten, die einen Übergang zu elektronischen Abläufen weniger notwendig erscheinen ließen. Die europäischen Unternehmen (die hohe Personalkosten haben) lehnten diese Aussage eher ab und sahen die Notwendigkeit wesentlicher Veränderungen

Die weiterführenden Interviews führten zu der Hypothese, dass sich in den Antworten auf diese Frage die Erfahrung mit dem Internet niederschlägt. Jene, die glaubten, es verändere die Abläufe in einer Organisation nicht wesentlich, hatten zumeist noch nicht viel mit dem Internet zu tun gehabt.

Bricks versus clicks?

»Etablierte Bricks-and-Mortar-Unternehmen mit starken Marken sind weiterhin im Vorteil und werden sich in der Auseinandersetzung mit den reinen Internet-Unternehmen letzten Endes durchsetzen.«

38 Prozent der Befragten äußerten Zustimmung oder uneingeschränkte Zustimmung, 32 stimmten der Aussage nicht zu, und fast ebenso viele Befragte konnten sich weder für Zustimmung noch für Ablehnung entscheiden. Offenkundig herrschte in Bezug auf diese Frage große Ungewissheit.

Die Unternehmen mit geringer Präsenz auf den Kapitalmärkten stimmten der Aussage eher zu und neigten etwas weniger dazu, sie abzulehnen. Diese Unternehmen neigten auch am wenigsten dazu, eine Revolution oder die

Notwendigkeit wesentlicher Veränderungen zu sehen - woraus sich folgerichtig ergibt, dass sie überzeugt sind, der Gewinner von heute werde auch in Zukunft Erfolg haben. Unter den Importeuren - Unternehmen mit internationaler Produktion für den Binnenmarkt - war ebenfalls eine leichte Tendenz zur Zustimmung festzustellen. Zwischen den Regionen gab es ebenso wenig signifikante Unterschiede bei den Antworten wie zwischen reinen Internet-Einheiten und anderen; die reinen Internet-Einheiten waren ebenso unsicher wie die übrigen Befragten.

6. Muss eine ganze Generation verschwinden?
»Das Internet und der E-Commerce werden erst wirklich Fuß fassen, wenn die alte Generation der Unternehmensleitung jungen Entrepreneuren Platz macht.«

Nur 18 Prozent der Befragten äußerten Zustimmung oder uneingeschränkte Zustimmung; 65 Prozent lehnten diese Aussage ab. Dies könnte ein Ausdruck der Zuversicht sein, dass sich etablierte Unternehmen und reife Führungskräfte ändern können, oder es könnte die Einschätzung widerspiegeln, die Einführung des E-Business sei insofern wenig bedeutsam, als sie keine weit reichenden zukünftigen Veränderungen erfordere.

Der Unternehmenstyp, der Umfang der internationalen Tätigkeit oder der Standort der Zentrale wirkten sich nicht wesentlich auf die Antworten aus. Dasselbe galt für das Alter der Befragten. Die Befragten aus reinen Internet-Einheiten waren eher der Ansicht, die alte Generation müsse abtreten (ein Viertel von ihnen stimmte der Aussage zu).

Anwendungsbereiche des Internets

Die 657 Befragten, die nicht in reinen Internet-Unternehmen tätig waren, beantworteten einige Fragen nach den Charakteristika ihrer wichtigsten Website. 92 Prozent erklärten, ihre wichtigste Website stelle keine unabhängige Einheit dar, sondern sei Teil der bereits bestehenden Organisation; 61 erklärten, die Site sei sowohl für individuelle Verbraucher als auch für andere Unternehmen/Organisationen bestimmt; nur 16 Prozent hatten Websites, die ausschließlich von Konsumenten genutzt wurden. Dieses Ergebnis deutet gemeinsam mit den Daten über die Anwendungsbereiche des Internets darauf hin, dass sich viele der Befragten noch nicht des ganzen Potenzials des E-Business bewusst waren und daher noch nicht die Notwendigkeit gesehen hatten, ein eigene Internet-Einheit zu schaffen. Viele Nachzügler nutzten ihre Website lediglich zur Veröffentlichung allgemeiner Information.

Da die Aktivität derart neu ist und zuverlässige Daten über die Effektivität schwer zu finden sind, wurde anschließend nach der eigenen Einschätzung der Internet-Aktivitäten im Vergleich zur Konkurrenz gefragt. 94 Befragte erklärten, die Aktivitäten ihrer Einheiten seien viel besser als jene der Konkurrenz. 256 glaubten, etwas besser zu sein, 286 hielten sich für etwas schlechter, und 21 erklärten, viel schlechter als die Konkurrenz zu sein.

Der einzige Anwendungsbereich, in dem sich die »schlechteren« Unternehmen mit den »besseren« messen konnten, war der grundlegendste und einfachste: die Veröffentlichung von Information. Fast 60 Prozent der Besten und der Schlechtesten erklärten, das Internet zu nutzen, um Nachrichten und Informationen über die Einheit oder ihre Produkte oder Dienstleistungen zu verbreiten. Etwas mehr als die Hälfte der besten und schlechtesten Unternehmen erklärten, im Internet für die Produkte und Dienstleistungen der Einheit zu werben.

Doch die »besseren« Unternehmen verwendeten das Internet sehr viel eher als die »schlechteren«, um ihre Tätigkeit auszuweiten. Die folgende Liste enthält Anwendungsbereiche des Internets, gereiht nach dem Prozentsatz der Befragten, die dieses Einsatzgebiet für wichtig hielten. Die Sternchen weisen darauf hin, dass der Unterschied zwischen »besser« und »schlechter« statistisch signifikant ist.

- Gewinnung neuer Kundengruppen, die zuvor nicht erreicht wurden (67 der besten Unternehmen hielten dies für einen wichtigen Einsatzbereich)*
- Verkauf von Produkten und Dienstleistungen über das Internet an traditionelle Kunden (wichtiger Einsatzbereich für 61 Prozent der Besten)*
- Zusammenarbeit mit Kunden über das Netz: Datenaustausch, Verfolgung von Lieferungen, Modifizierung von Design, Problemlösung (wichtig für 57 Prozent der Besten)*
- Zusammenarbeit mit Lieferanten über das Netz: Datenaustausch, Verfolgung von Lieferungen, Modifizierung von Design, Problemlösung (wichtig für 55 Prozent der Besten)*
- Einkauf über das Netz (wichtig für 51 Prozent der Besten)
- Sitzungen im Internet oder gemeinsame Durchführung von Arbeiten an verschiedenen Orten (wichtig für 47 Prozent der Besten)

- Sammlung von Reaktionen und Feedback der Mitarbeiter (wichtig für 45 Prozent der Besten)
- Ausbildung über das Netz (wichtig für 44 Prozent der Besten)
- Telearbeit (wichtig für 43 Prozent der Besten)

Jene Unternehmen, die sich als »besser« einstuften, fassten eher weitere Einsatzgebiete für das Internet ins Auge als jene, die sich als »schlechter« beurteilten. Zusammenfassend lässt sich sagen, dass jene, die hinterherhinkten, das Internet lediglich als Informationsmedium betrachteten. Einige zwängten das Internet-Paradigma bestehenden Unternehmen auf; andere in dieser Kategorie zweifelten daran, dass das Internet wesentlichen Nutzen für sie haben könnte, fühlten sich jedoch gezwungen, im Netz tätig zu werden. Hingegen integrierten die Schrittmacher das Internet in sämtliche Betriebsabläufe und verwandelten sich umfassender in digitale Unternehmen.

Hindernisse für Veränderungen

Wir forderten die Befragten auf, in einer langen Liste alle spezifischen Hindernisse anzukreuzen, auf die sie gestoßen waren. In der Tabelle sind die Hindernisse nach Häufigkeit gelistet. Unabhängig vom Sektor, der Region, der Unternehmensgröße oder der Erfahrung im Internet wird der Prozentsatz der Befragten angegeben, die auf dieses Hindernis stießen.

Auffällig ist, dass der Mangel an geeignetem Personal am häufigsten genannt wurde. Die Furcht der gegenwärtigen Mitarbeiter vor Veränderungen wurde sehr viel häufiger als Hindernis genannt als ihre Furcht vor dem Verlust des Arbeitsplatzes. Eine mangelnde Vorbereitung auf den Markt und auf die neue Technologie stellten ebenfalls wichtige Hindernisse dar, die ebenso wie Schwierigkeiten bei der Partnersuche weitgehend außerhalb des Unternehmens liegen. Die behördlichen Vorschriften stellten nur für einen kleinen Teil der Unternehmen ein Hindernis dar. Und lediglich 4 Prozent hielten das Internet für irrelevant.

Zu den internen Hindernissen zählen vor allem Auseinandersetzungen um Ressourcen. Relativ wenige Unternehmen betrachteten die Abneigung der Führungskräfte gegen den Computer oder mangelndes Interesse an Veränderungen als Hindernis (was teilweise daran liegt, dass die Studie viele reine Internet-Unternehmen, die mit Engagement in den E-Commerce einstiegen, sowie zahlreiche kleinere Unternehmen mit beschränktem Aktionärskreis erfasste, die ohnehin Veränderungen anstrebten). In den größeren Unternehmen waren vor allem interne Hindernisse für Veränderungen anzutreffen.

Befragte	Hindernis
38 %	Die Einheit verfügt nicht über Personal mit geeigneten technischen oder für das Internet relevanten Kenntnissen.
	Kunden und Schlüsselmärkte wollen ihr Verhalten nicht ändern.
35 %	Es gibt wichtigere Projekte, die die vorhandenen Ressourcen verschlingen.
34 %	Technologie und Werkzeuge sind unzureichend, nicht verfügbar oder unzuverlässig.
31 %	Es ist schwierig, geeignete Partner für die Vorhaben zu finden.
28 %	Die Lieferanten sind nicht kooperativ oder nicht bereit für das E-Business.
25 %	Die Mitarbeiter finden keinen Gefallen an den Veränderungen.
21 %	Die Unternehmensführung weiß nicht, womit sie beginnen soll und wie sie zu den richtigen Entscheidungen gelangen kann.
16 %	Die Topmanager sind nicht mit dem Internet vertraut.
15 %	Rivalitäten und interne Konflikte zwischen den Abteilungen behindern die Veränderung.
13 %	Es ist schwierig, Kapitel für neue Investitionen zu beschaffen.
12 %	Die Manager befürchten einen Verlust ihres Status oder ihrer privilegierten Position.
10 %	Die Mitarbeiter befürchten einen Verlust des Arbeitsplatzes; Gewerkschaften befürchten einen Mitgliederschwund.
10 %	Staatliche Vorschriften und Regelungen behindern die Veränderung
10 %	Das Unternehmen ist in seiner gegenwärtigen Form erfolgreich; die Führung sieht keine Notwendigkeit für Veränderungen.
9 %	Das Unternehmen hat schlechte Erfahrungen mit neuer Technologie gemacht.
4 %	Die Veränderung ist eine Zeitverschwendung und nicht relevant für das Unternehmen.

Der Widerstand gegen Investitionen im Topmanagement stellt ein Hindernis dar, das nur durch außerordentliche Anstrengungen glaubwürdiger interner

Entrepreneure überwunden werden kann. In etablierten Unternehmen sind die Anhänger des elektronischen Geschäfts eher jünger und kommen oft von außerhalb: vielfach fällt es ihnen schwer, das Kernunternehmen dazu zu bewegen, ihnen Unterstützung zu gewähren und Ressourcen bereitzustellen. Erfolgreiche Initiativen beruhen oft auf der Ausgliederung des E-Business, die jedoch nachdrückliche Unterstützung seitens der Führung des Kernunternehmens erfordert, womit der Erfolg des E-Business davon abhängt, welche Bedeutung die Unternehmensführung dem Internet beimisst. Ist die Unterstützung des Topmanagements zaghaft, so erhält das E-Business keine Aufmerksamkeit. Und eine Hinterlassenschaft interner Rivalität sowie die Ablehnung der E-Commerce-Einheiten seitens des Kernunternehmens können die Hindernisse unüberwindlich scheinen lassen.

E-Culture in Führung und Management

Jene Unternehmen, die erklären, besser oder viel besser als ihre Konkurrenz zu sein, erklären auch häufiger, über flexible, die Autonomie und die Teamarbeit begünstigende Organisationen zu verfügen, welche die Innovation begünstigten. Die Schrittmacher – jene Unternehmen, die glaubten, ihrer Konkurrenz auf dem Weg zum E-Business voraus zu sein – sprachen ihrer Unternehmenskultur deutlich häufiger als die Nachzügler die folgenden Charakteristika zu:

- Die Mitarbeiter dürfen alles tun, was nicht ausdrücklich verboten ist (anstatt nur tun zu dürfen, was ausdrücklich erlaubt ist).
- Konflikte werden als schöpferisch betrachtet (statt als störend).
- Ungewöhnliche Ideen werden nachdrücklich gefördert und begrüßt (statt auf Skepsis und Ablehnung zu stoßen).
- Üblicherweise genügt die Genehmigung durch ein oder zwei Personen, um unvorhergesehene oder von der Routine abweichende Maßnahmen ergreifen zu können (statt die Zustimmung von Vorgesetzten auf mehreren Ebenen einholen zu müssen).
- Entscheidungen über wichtige Maßnahmen fallen sehr rasch (statt lange zu dauern).
- Entscheidungen werden von der Person mit der größten Sachkenntnis gefällt (statt von der ranghöchsten Person).

- Die Abteilungen kooperieren (statt sich auf ihren eigenen Bereich zu konzentrieren).
- Die Mitarbeiter übernehmen im Lauf eines Jahres wechselnde Aufgaben (statt sich nur auf vorgesehene Tätigkeiten zu beschränken).
- Wenn eine Einheit strategische Veränderungen in Erwägung zieht, erfahren die meisten Mitarbeiter im Voraus davon, sodass sie sich zu dem Vorhaben äußern können (statt zum selben Zeitpunkt wie die Außenwelt über die Veränderung informiert zu werden).
- Veränderungen werden als selbstverständlicher Teil des Lebens betrachtet, und die Mitarbeiter nehmen sie entschlossen in Angriff (statt sie als unangenehme Störung des Lebens zu empfinden).

Was die Arbeitszeit (Arbeit reicht in die Freizeit hinein), den Zugang zu Allianzen (sind im Voraus genau geregelt oder beruhen auf Vertrauen) und den Dienst an der Gemeinschaft (wird während der Arbeitszeit gefördert oder ist den Mitarbeitern in ihrer Freizeit überlassen) anbelangt, so sind nur geringe und statistisch nicht signifikante Unterschiede zwischen Schrittmachern und Nachzüglern festzustellen.

Dies sind zusammengefasst die wichtigsten Ergebnisse. Geht man von dieser Studie aus, so sind kaum Unterschiede zwischen verschiedenen Ländern oder Wirtschaftszweigen festzustellen. Der erfolgreiche Übergang zum E-Business hängt somit von der Unternehmenskultur und -leitung ab, das heißt davon, ob eine Organisation zu Veränderungen bereit und dafür geeignet ist.

Anmerkungen

Sofern nicht anders angegeben, stammen alle Zitate und Unternehmensinformationen aus 300 persönlichen Interviews und anderen Originalquellen, darunter persönliche Aufzeichnungen über Sitzungen, interne Unternehmensdokumente sowie Daten von Unternehmenswebsites. Die folgenden Anmerkungen enthalten lediglich Angaben zu Material, das über die ursprüngliche Datenbank des E-Culture-Projektteams hinausgeht.

Einleitung

1 *New Yorker*, 29. Mai 2000.

2 Mark Jurkowitz, »E-Coverage Shakes Off the Fairy Dust.« In: *The Boston Globe*, 20 April 2000.

Kapitel 1

1 Diese Analyse beruht auf unserer Forschungsarbeit, auf unseren Interviews sowie auf zwei ausgezeichneten HBS-Fallstudien über eBay: Jeffrey Bradach und Nicole Tempest, »Meg Whitman at eBay Inc. (A)«, Case 400-035 (Boston: Harvard Business School, 2000); sowie Stephen Bradley und Kelley Porter, »eBay, Inc.«, Case 700-007 (Boston: Harvard Business School, 1999).

2 Bradach und Tempest, »Meg Whitman«, S. 6.

3 Bradley und Porter, »eBay, Inc.«, S. 10.

4 Bradach und Tempest, »Meg Whitman«, S. 2.

5 Bradley und Porter, »eBay, Inc.«, S. 2.

6 Ibid., S. 9-10.

7 Ibid., S. 8; Bradach und Tempest, »Meg Whitman«, S. 14.

8 Bradley und Porter, »eBay, Inc.«, S. 10

9 Für eine Zusammenfassung der Ergebnisse des Center for Children and Technology in New York sowie eine detaillierte Chronik vgl. Rosabeth Moss Kanter und Ellen Pruyne, »Bell Atlantic and the Union City Schools (A): The

Intelligent Network«, Case 399-029 (Boston: Harvard Business School, 1999); »Bell Atlantic and the Union City Schools (B): Education Reform in Union City«, Case 399-043 (Boston: Harvard Business School, 1999); »Bell Atlantic and the Union City Schools (Cl): Project Explore«, Case 399-065 (Boston: Harvard Business School, 1999); »Bell Atlantic and the Union City Schools (C2): Project Explore«, Case 399-066 (Boston: Harvard Business School, 1999); »Bell Atlantic and the Union City Schools (D): Results and Replications«, Case 399-084 (Boston: Harvard Business School, 1999); and »Bell Atlantic in Union City«, Video 399-501 (Boston: Harvard Business School, 1998).

[10] Für Angaben zu den Evaluierungen sowie weitere Einzelheiten über die Projekte vgl. Rosabeth Moss Kanter, »IBM's Reinventing Education«, Case 399-008 (Boston: Harvard Business School, 1999); Rosabeth Moss Kanter und John Scannell, »IBM Ireland: Reinventing Education Crosses the Atlantic«, Case 300-034 (Boston: Harvard Business School, 1999); und Rosabeth Moss Kanter, »IBM: Reinventing Education«, Video, 399-502 (Boston: Harvard Business School, 1998). Vgl. auch Rosabeth Moss Kanter, »From Spare Change to Real Change: The Social Sector as Beta Site for Business Innovation«, In: *Harvard Business Review* 77, Nr. 3 (Mai-Juni 1999): S. 122-132.

[11] Philip Willan, »Italians Urge Telecom Site Attack.« In: *ComputerWorld*, 26.10.1998.

[12] »BT Internet Goes Toll-Free.« In: *Network Briefing*, 3.6.1999.

[13] Suh Hae-sung, »Disgruntled Korean Consumers Take Their Complaints to the Net.« In: *Asia Pulse*, 10.1.2000.

[14] William Finnegan, »After Seattle: Anarchists Get Organized.« In; *New Yorker*, 17.4.2000, S. 40-51.

[15] Auf Drängen von Joseph Sweeney ergänzten wir seinen Erinnerungsbericht durch zeitgenössische Presseberichte. Vgl. Peter Stein, »Hong Kong Internet Raids Strand Users.« In: *Asian Wall Street Journal*, 7.3.1995; Maggie Farley, »Next Step Hong Kong's Remedy for Subversive Use of Cyberspace.« In: *The Los Angeles Times*, 25 April 1995; Arman Danesh, »Police Call Halt to Net Investigation.« In: *South China Morning Post*, 23.5.1995.

[16] »Technology Playing to the Cowed: A Japanese Consumer Incites a Web Revolt.« In: *AsiaWeek*, 6.8.1999.

[17] Pam Dixon, »Cyber Artists' War Is Not Child's Play.« In: *San Diego Union-Leader*, 5.3.2000; James Surowiecki, »Eminent Domain.« In: *Artforum*, 1.3.2000.

[18] »Chat Attack: (Message) Board Games.« In: *PR News*, Phillips Business Information, 8.5.2000.

[19] Peter Haapaniemi, »What's in a Reputation?« In: *Chief Executive*, 1.3.2000,S. 48-51.

[20] Kevin Maney, »Cybercurtains Could Partition Off Wide-Open Internet.« In: *USA Today*, 23.2.2000.

Kapitel 2

[1] Michael Diamond, »Teen Success Story.« In: *Netrepreneurs*, 14.3.2000.

[2] Albert Baime, »The Way We Live Now: 4-2-00: Questions for Ryan Zacharia.« In: *New York Times*, 2.4. 2000.

[3] Spencer Stuart, *Internet Board Index '99, A Report on 200 Publicly Traded Companies* (Chicago: Spencer Stuart, 2000).

[4] Myra Hart, »Women.com«, Case 800-216 (Boston: Harvard Business School, 2000).

[5] Kimberley A. Strassel, »Top Deal Makers: The Entrepreneur: Schambach Pushed Intershop into Gear.« In: *The Wall Street Journal Europe*, 21.6.1999.

[6] »The Messiah of Cyberasia: Asia's Mr. Internet.« In: *The Economist*, 8.1.2000.

Kapitel 3

[1] Zeynep Ton und Ananth Raman, »Borders Group, Inc.«, Case 600-067 (Boston: Harvard Business School, 1999).

[2] Warren St. John, »Barnes & Noble's Epiphany.« In: *Wired* 7.06, Juni 1999.

[3] Doreen Carvajal, »Superstore's Online Unit Seeks Stability.« In: *The New York Times*, 17.4.2000.

Kapitel 4

[1] Stephen Bradley und Richard Nolan, *Sense and Respond: Capturing Value in the Network Era* (Boston: Harvard Business School Press, 1998).

[2] John Kao, *Jamming* (New York: HarperBusiness, 1996); weitere Abhandlungen zum Thema: E. Eisenberg, »Jamming: Transcendence through

Organizing.« In: *Communication Research 17* (April 1990), S. 139-164; Karl Weick, »Managing as Improvisation: Lessons from the World of Jazz« (Aubrey Fisher Memorial Lecture, University of Utah, 19.10.1990); Karl Weick, »Organizational Redesign as Improvisation.« In: G. Huber und W. Block (Hrsg.), *Mastering Organizational Change* (New York: Oxford University Press, 1993), S. 436-379; Frank Barrett, »Creativity and Improvisation in Jazz and Organizations: Implications for Organizational Learning.« In: *Organization Science* 9 (September/October 1998), S. 605-622.

3 Die Anregung für IKIWISI stammt aus dem Computerjargon: WYSIWYG bedeutet »What You See Is What You Get« (in Bezug auf grafische Benutzerschnittstellen).

4 Myra Hart, »Women.com«, Case 800-216 (Boston: Harvard Business School, 2000).

5 Teresa Amabile, »How to Kill Creativity.« In: *Harvard Business Review 76* (September/Oktober 1998), S. 77-87.

6 Stephen Bradley und Kelley Porter, »eBay, Inc.«, Case 700-007 (Boston: Harvard Business School, 1999).

7 Michael Picken, »Reuters: Initiating Coverage with a Buy Recommendation« (London: Credit Suisse First Boston Ltd., 2000).

8 Anirudh Dhebar, »Reuters Holdings PLC-1850-1987: A (Selective) History«, Case 595-113 (Boston: Harvard Business School, 1995).

Kapitel 5

1 Donald Tapscott, »Digital Economy: Rewriting the Rules of Engagement: Business Webs are Destroying the Old Competitive Models.« In: *National Post*, 26.5.2000; Donald Tapscott, *The Digital Economy: Promise and Peril in the Age of Networked Intelligence* (New York: McGraw-Hill, 1996); James F. Moore, *The Death of Competition* (New York: HarperBusiness, 1996). Vergleiche auch Benjamin Gomes-Casseres, *The Alliance Revolution: The New Shape of Business Rivalry* (Cambridge, MA: Harvard University Press, 1996).

2 Robert D. Hof, Heather Green und Diane Brady, »Suddenly, Amazon's Books Look Better.« In: *Business Week*, 21.2.2000.

3 Ibid.

[4] Richard L. Nolan,»drugstore.com«, Case 300-036 (Boston: Harvard Business School, 1999).

[5] Ken Bensinger und Daniel Costello, »Sotheby's Push onto the Internet Faces Problems.« In: *The Wall Street Journal Europe*, 9.3.2000.

[6] Rosabeth Moss Kanter, *World Class: Thriving Locally in the Global Economy* (New York: Simon & Schuster, 1995), Kapitel 11.

[7] »CIBC World Markets Starts Netglomerates.« In: *News Traders*, 8.6.2000.

[8] Adam Brandenburger und Barry J. Nalebuff, *Co-opetition* (New York: Doubleday, 1996).

Kapitel 6

[1] Charles Handy, »Balancing Corporate Power: A New Federalist Paper.« In: *Harvard Business Review 70, Nr. 6* (November-December 1992), S. 59-73.

[2] Diese Spannung beschrieb ich erstmals in: Rosabeth Moss Kanter, *When Giants Learn to Dance: Mastering the Challenges of Strategy, Management, and Careers in the 1990s* (New York: Simon & Schuster, 1989).

[3] Eingehend untersucht werden die Strategien des kühnen Streichs und des langen Marsches im letzten Kapitel von: Rosabeth Moss Kanter, Barry A. Stein, Todd D. Jick (Hrsg.), *The Challenge of Organizational Change* (New York: Free Press, 1992).

[4] Jody Hofer Gittell, »Programmed and Interactive Coordination Mechanisms: Toward a Theory of Complementarity« (Arbeitspapier, Harvard Business School, Boston, 2000).

Kapitel 7

[1] Jerry Useem und Wilton Woods, »For Sale Online: You.« In: *Fortune*, 5.7.1999; Dylan Loeb McClain, »For Job Hunters, Networking Beats the Net.« In: *The New York Times*, 17.5.2000.

[2] Todd L. Pittinsky, »Knowledge Nomads: Commitment in a Transient Workforce« (noch nicht erschienene Dissertation, Harvard University, 2001).

[3] Für eine umfassendere Auseinandersetzung mit dem für Hollywood charakteristischen Karrieremodell vergleiche Rosabeth Moss Kanter, *When Giants*

Learn to Dance, sowie Rosabeth Moss Kanter,»From Climbing to Hopping.« In: *Management Review*, 1.4.1989.

4 Interim Services, Inc., gemeinsam mit Louis Harris & Associates, »1999 Emerging Workforce Study«, (Fort Lauderdale, FL: Spherion, Februar 1999).

5 Kerry A. Dolan, »GE's Brain Drain.« In: *Forbes Global*, 1.11.1999, S. 21.

6 Howard Gardner, *Intelligence Reframed: Multiple Intelligences for the 21st Century* (New York: Basic Books, 1999); Teresa M. Amabile, »Motivational Synergy: Toward New Conceptualization of Intrinsic and Extrinsic Motivation in the Workplace.« In: *Human Resource Management Review* 3 (November 1992), S. 185-201; Tereasa M. Amabile, »The Motivation for Creativity in Organizations.« Note 396-240 (Boston: Harvard Business School, 1996).

7 »Top Grads Foregoing Lure of Dot Coms, According to WetFeet.com Research.« In: *WetFeetcom*, 8.5.2000; http://www.wetfeet.com.

8 Randstad-Studie, zitiert nach: *The Wall Street Journal*, 11.4.2000.

9 International Survey Research, »Tracking Trends: Employee Satisfaction in the 90s« (Chicago: International Survey Research, 2000).

10 Rosabeth Moss Kanter, *Commitment and Community* (Cambridge, MA: Harvard University Press, 1972).

11 Lee-Hecht-Harrison-Umfrage, zitiert nach: *The Boston Globe*, 23.4.2000.

12 Myra Hart, »Women.com«, Case 800-216 (Boston: Harvard Business School, 2000).

13 Laura M. Holson und Katie Haffner, »Some Enticed by Dot-Coms Now Have Second Thoughts.« In: *The New York Times*, 14.4.2000.

14 Dylan Loeb McClain, »For Job Hunters, Networking Beats the Net.« In: *The New York Times*, 17.5.2000.

Kapitel 8

1 Erstmals vorgestellt habe ich das Veränderungsrad im letzten Kapitel von: Rosabeth Moss Kanter, Barry A. Stein, Todd D. Jick (Hrsg.), *The Challenge of Organizational Change* (New York: Free Press, 1992).

Kapitel 9

[1] Den Begriff Changemaster habe ich in einem etwas anderen Kontext in einem früheren Buch geprägt. Vergleiche Rosabeth Moss Kanter, *The Change Masters: Innovation and Entrepreneurship in the American Corporation* (New York: Simon & Schuster, 1983).

[2] Für eine ausgezeichnete Auseinandersetzung mit der Aufmerksamkeit und ihren Vorteilen vergleiche Ellen J. Langer, *Mindfulness* (Reading, MA: Addison-Wesley, 1989).

[3] Steven Pinker, *How the Mind Works* (New York: W.W. Norton, 1999).

[4] Kim B. Clark und Takahiro Fujimoto, *Product Development Performance* (Boston: Harvard Business School Press, 1991); Stephen C. Wheelwright und Kim B. Clark, *Revolutionizing Product Development: Quantum Leaps in Speed, Efficiency and Quality* (New York: Free Press, 1992).

[5] Dorothy Leonard und Walter Swap, *When Sparks Fly* (Boston: Harvard Business School Press, 1999).

Kapitel 10

[1] Anthony Giddens, *The Third Way* (Cambridge, England: Polity Press, 1998).

[2] Robert E. Kraut und Paul Attewell, »Media Use in a Global Corporation.« In: Sara Kiesler (Hrsg.), *Culture of the Internet* (Mahwah, NJ: Lawrence Ehrlbaum, 1997), S. 323-342.

[3] J. D. Eveland und Tora Bikson, »Work Group Structures and Computer Support.« In: *Transactions on Office Information Systems* 6 (1988), S. 354-369.

[4] David Constant, Lee Sproull und Sara Kiesler, »The Kindness of Strangers: The Usefulness of Electronic Weak Ties for Technical Advice.« In: Sara Kiesler (Hrsg.), *Culture of the Internet*, S. 303-322. Siehe auch Morton T. Hansen, »The Search-Transfer Problem: The Role of Weak Ties in Sharing Knowledge across Organization Subunits.« In: *Administrative Science Quarterly* 44 (1999), S. 82-111. Die erste Analyse der schwachen Bindungen stammt von Mark S. Granovetter, »The Strength of Weak Ties«. In: *American Journal of Sociology* 6 (1972/3), S. 1360-1380.

[5] Ellen Oler, Brooklyn, Brief an den Herausgeber, *The New York Times Magazine*, 16.4.2000.

[6] Robert Kraut, Michael Patterson, Vicki Lundmark, Sara Kiesler u. a., »Internet Paradox: A Social Technology That Reduces Social Involvement and Psychological Well-Being?« In: *The American Psychologist 53, Nr. 9* (1998), S. 1017-1031.

[7] Jill Rierdan, »Internet-Depression Link?« In: *The American Psychologist 54, Nr. 9* (1999), S. 781-782; Toby Silverman, »The Internet and Relational Theory.« In: *The American Psychologist 54, Nr. 9* (1999), S. 780-781.

[8] Norman Nie und Lutz Erbring, »Internet and Society: A Preliminary Report« (Stanford Institute for the Quantitative Study of Society, Stanford University; interSurvey, Inc.; McKinsey & Company, 17.2.2000).

[9] Pew Internet and American Life Project, »Tracking Online Life: How Women Use the Internet to Cultivate Relationships with Family and Friends.« 10.5.2000. Siehe auch die folgende Website: http://www.pewinternet.org/reports/toc.asp?Report= 11.

[10] Kristin D. Mickelson, »Seeking Social Support: Parents in Electronic Support Groups.« In: Sara Kiesler (Hrsg.), *Culture of the Internet*, S. 157-178.

[11] Todd Oppenheimer, »The Computer Delusion.« In: *Atlantic Monthly* 280, Nr. 1 (1997), S. 45-62.

[12] Sherry Turkle, *Life on the Screen: Identity in the Age of the Internet* (New York: Simon & Schuster, 1995), S. 60, 69-70, 238.

[13] In einer früheren Studie gelangte ich zu dem Schluss, dass die Globalisierung den lokalen Gemeinschaftsdienst beeinträchtigt, wenn sie Unternehmen zur Verlegung ihres Hauptsitzes veranlasst, da die Unternehmenszentralen mehr Zeit und Geld für die Gemeinden an ihrem Standort aufwenden. Vergleiche Rosabeth Moss Kanter, *World Class: Thriving Locally in the Global Economy* (New York: Simon & Schuster, 1995), Kapitel 7. Andrew Shapiro weist ebenfalls auf die Notwendigkeit hin, auch in der Internet-Wirtschaft das lokale Engagement zu gewährleisten. Vergleiche Shapiro, »The Net that Binds The Nation«, 21.6.1999, S. 11-15.

[14] Branda Paik Sunoo, »Redesign for a Better Work Environment.« In: *Workforce*, 1.2.2000, S. 38ff.